FERNANDO DALVI

Administração de Condomínios:
Aspectos Práticos e Jurídicos

Administração de Condomínios - Aspectos Práticos e Jurídicos

Copyright© Editora Ciência Moderna Ltda., 2010
Todos os direitos para a língua portuguesa reservados pela EDITORA CIÊNCIA MODERNA LTDA.
De acordo com a Lei 9.610 de 19/2/1998, nenhuma parte deste livro poderá ser reproduzida, transmitida e gravada, por qualquer meio eletrônico, mecânico, por fotocópia e outros, sem a prévia autorização, por escrito, da Editora.

Editor: Paulo André P. Marques
Supervisão Editorial: Camila Cabete Machado
Capa: Paulo Vermelho
Diagramação: Débora Souza
Assistente Editorial: Aline Vieira Marques

Várias **Marcas Registradas** aparecem no decorrer deste livro. Mais do que simplesmente listar esses nomes e informar quem possui seus direitos de exploração, ou ainda imprimir os logotipos das mesmas, o editor declara estar utilizando tais nomes apenas para fins editoriais, em benefício exclusivo do dono da Marca Registrada, sem intenção de infringir as regras de sua utilização. Qualquer semelhança em nomes próprios e acontecimentos será mera coincidência.

FICHA CATALOGRÁFICA

NORBIM, Fernando Dalvi.
Administração de Condomínios - Aspectos Práticos e Jurídicos
Rio de Janeiro: Editora Ciência Moderna Ltda., 2010

1. Administração
I — Título

ISBN: 978-85-7393-881-4   CDD 658

Editora Ciência Moderna Ltda.
R. Alice Figueiredo, 46 – Riachuelo
Rio de Janeiro, RJ – Brasil   CEP: 20.950-150
Tel: (21) 2201-6662 / Fax: (21) 2201-6896
LCM@LCM.COM.BR
WWW.LCM.COM.BR

Agradecimentos

Agradeço á Deus por todo amor derramado na minha vida. Obrigado Senhor, pela minha conversão ao Amor.

Agradeço a minha mãe, pelo acolhimento, paciência e amor, na espera da minha conversão. Parabéns melhor mãe do mundo. Agradeço a meu irmão gêmeo Luciano pelo exemplo e sua coragem em amar sempre. Agradeço a meu irmão caçula Vinícius pelo exemplo de acolhimento e de amor a todas as pessoas. Agradeço a todos os familiares que acreditaram na minha mudança de vida, continuem suas orações para que o meu Pai Luiz Carlos possa também experimentar a alegria da conversão. Agradeço o amor de todos os professores e alunos das escolas: Cinderela, Les Petits, Álvaro de Castro Matos e Sagrado Coração de Maria. Agradeço todo carinho e atenção com que fui recebido nas faculdades: Univix(ES), Instituto São Tomás de Aquino(BH) e Puc-PR(Curitiba). Agradeço as oportunidades de crescimento profissional e pessoal oferecidos pela Camila, Paulo, Aline, Salezio e Rafael. Muito Obrigado. Espero que esta obra alcance com amor o coração de todos.

> "Em seguida, Jesus entrou no templo e começou a expulsar os mercadores. Disse ele:Está escrito: A minha casa é casa de oração! Mas vós a fizestes um covil de ladrões." (LUCAS 19, $_{45-46}$)

Sumário

1. Noções Preliminares do Condomínio 1
1.1 Autoridades Responsáveis 1
   1.1.1 Síndico 1
   1.1.2 Subsíndico 12
   1.1.3 Conselho Fiscal 12
   1.1.4 Conselho Consultivo 14

1.2 Direitos e Deveres do Moradores 14
   1.2.1 A Emissão de Ruídos no Prédio 14
   1.2.2 Presença de Animais Domésticos na Residência 18
   1.2.3 Regras Inerentes do Locador do Imóvel 19
   1.2.4 Regras Inerentes do Condômino 22
   1.2.5 Dicas de convivência no Condomínio 23
      1.2.5.1 Autonomia relativa no uso das partes comuns do edifício 23
      1.2.5.2 Serviço de correspondência predial 25
      1.2.5.3 Organização funcional das vagas de garagens 26
      1.2.5.4 Proteção sonora no terraço da cobertura 27
      1.2.5.5 Vigilância no estacionamento predial 27
      1.2.5.6 Usucapião de apartamento 28
      1.2.5.7 Cobrança de multa em condomínio 29
      1.2.5.8 Guarda de documentos pela administração do condomínio 31

2. Convenção do Condomínio 35

2.1 Nota do Autor 35
2.2 Elementos da Convenção 36
   2.2.1 Modelo de contrato 36
   2.2.2 Conteúdo formal da convenção 47
   2.2.3 Limites principais do síndico na convenção 48
2.3 Considerações doutrinárias sobre a convenção de condomínio 49

3. Assembleia do Condomínio 51
3.1 Assembleia Geral 51
3.1.1 Assembleia Geral Ordinária 53
3.1.2 Assembleia Geral Extraordinária 53
3.2 Ata da Assembleia 54

4. Prestação de Contas 59
4.1 Plano de Contas 60
4.1.1 Elaboração do Plano de Contas 60
  4.1.1.1 Padronização das Contas 60
  4.1.1.2 Codificação das Contas 61
  4.1.1.3 Cadastro das Contas 62
4.1.2 Contas Padrões 63
  4.1.2.1 Caixa 63
  4.1.2.2 Bancos 65
  4.1.2.3 Desconto de Duplicatas 66
  4.1.2.4 Clientes 67
  4.1.2.5 Adiantamento a Fornecedores 67
  4.1.2.6 Empréstimos a empregados 68
  4.1.2.7 Provisão para Devedores Duvidosos 68
  4.1.2.8 Provisão para Imposto de Renda 68
  4.1.2.9 Provisão para Férias 69
4.2 Sistema de Reconhecimento Tributário 69
4.2.1 Receitas 69
  4.2.1.1 Conceito 69
  4.2.1.2 Reconhecimento de Receitas 71
  4.2.1.3 Omissão de Receitas 71
4.2.2 Despesas 72
  4.2.2.1 Conceito 72
  4.2.2.2 Reconhecimento de Despesas 73

5. Procedimentos para Cobrança de Dívidas do Morador 75
5.1. Noções Preliminares 75
5.2. Serviços de Proteção ao Crédito mais Utilizados 79
5.2.1 SPC 79
  5.2.1.1 Definição 79

5.2.1.2 Serviços Oferecidos 79
5.2.1.3 Iniciativa de Registro 80
5.2.1.4 Aviso de Notificação 80
5.2.1.5 Cancelamento de Registro por Devedor 80
5.2.1.6 Cancelamento de Registro por Associado 81
5.2.1.7 Prazo de Prescrição da Dívida 81
5.2.2 Serasa 81
    5.2.2.1 Definição 81
    5.2.2.2 Serviços Oferecidos 81
    5.2.2.3 Iniciativa de Registro 82
    5.2.2.4 Aviso de Notificação 82
    5.2.2.5 Cancelamento de Registro por Devedor 82
    5.2.2.6 Cancelamento de Registro por Associado 82
    5.2.2.7 Prazo de Prescrição da Dívida 82
5.2.3 Protesto de Títulos em Cartório 83
    5.2.3.1 Definição 83
    5.2.3.2 Cancelamento de Registro por Devedor 83
    5.2.3.3 Local de Protesto 83
    5.2.3.4 Documentação Exigida 84
    5.2.3.5 Modelo de Cheque para Protesto 84
    5.2.3.6 Anotações Importantes 84
5.2.4 Ação Judicial 84
    5.2.4.1 Definição 84
    5.2.4.2 Regularização de Anotação Judicial 84
    5.2.4.3 Intervenção Judicial 85
    5.2.4.4 Indenização Judicial 85
5.3. Entidades de Defesa do Consumidor 86

6. Rotinas Trabalhistas 89

6.1. Descrição de Cargos e Salários 89
    6.1.1 Zelador 89
    6.1.2 Porteiro 89
    6.1.3 Faxineiro 90
    6.1.4 Garagista 90
6.2. Controle de Frequência dos Funcionários 91
    6.2.1. Jornada Comum de Trabalho 91
        6.2.1.1 Exemplos Práticos 92

6.2.1.1.1 Primeiro Exemplo 92
6.2.1.1.2 Segundo Exemplo 93
6.2.1.2 Jornada Especial de Trabalho 94
6.2.1.2.1 Horista 94
6.2.1.2.2 Escala de Revezamento 95
6.3. Organização e Qualidade nas Condições de Trabalho 96
6.3.1 Levantamento, transporte e descarga individual de materiais 96
6.3.2 Mobiliário dos postos de trabalho 97
6.3.3 Equipamentos dos postos de trabalho 98
6.3.4 Ambiente de Trabalho 98
6.3.5 Organização do Trabalho 99
6.4. Registro de Empregados 100
6.4.1 Documentação Exigida pela DRT para Autenticação 101
6.4.1.1 Inicial 101
6.4.1.2 Continuação 102
6.4.2 Dispensa de Autenticação 102
6.4.3 Conteúdo da Ficha 102
6.4.4 Transferência do Livro para Fichas 103
6.4.5 Utilização do Mesmo Registro - Readmissão 104
6.4.6 Registro Informatizado de Empregados 104
6.4.7 Atualização Permanente 109
6.4.8 Controle Centralizado dos Documentos 109
6.4.9 Cadastro Geral de Empregados e Desempregados 109
6.4.9.1 Formas de Envio do CAGED 110
6.4.9.2 Prazo de Entrega do CAGED 111
6.4.9.3 Estabelecimento Autorizado 111
6.4.9.4 Acesso ao Recibo do CAGED 111
6.4.9.5 Guarda dos Comprovantes do CAGED 111
6.4.10 Registro de Ponto 111
6.5. Exame Médico dos Funcionários 112
6.5.1 Finalidade do Exame Médico 113
6.5.2 Obrigatoriedade do Exame 113
6.5.3 Atestado Médico 114
6.5.3.1 Modelo de Atestado Médico 115
6.5.4 Programa de Controle Médico de Saúde Ocupacional – PCMSO ... 115
6.5.4.1 Competências do Empregador 116
6.5.4.2 Custeio do Programa 116
6.5.4.3 Requisitos Básicos para utilização do PCMSO 117
6.5.5 Exame Médico Periódico 118

6.5.6 Exame Médico de Retorno ao Trabalho 118
6.5.7 Exame Médico de Mudança de Função 119
6.5.8 Exame Médico Demissional 119
6.5.9 Atestado de Saúde Ocupacional 119
    6.5.9.1 Modelo de Atestado de Saúde Ocupacional 120
6.5.10 Relatório Médico Anual 121

7. Segurança e Manutenção do Condomínio 123

7.1 Equipamento de Proteção Individual – EPI 125
    7.1.1 Obrigações do Empregador 126
    7.1.2 Obrigações do Empregado 127
    7.1.3 Obrigações do Fabricante ou Importador 127
    7.1.4 Certificado de Aprovação – CA 127
    7.1.5 Lista de Equipamentos de Proteção Individual 128
        7.1.5.1 EPI para Proteção dos Membros Superiores 128
            7.1.5.1.1 Luva 128
            7.1.5.1.2 Manga 129
            7.1.5.1.3 Braçadeira 129
            7.1.5.1.4 Dedeira 129
        7.1.5.2 EPI para Proteção dos Membros Inferiores 129
            7.1.5.2.1 Calçado 129
            7.1.5.2.2 Calça 130
7.2 Comissão Interna de Prevenção de Acidentes– CIPA 130
    7.2.1 Atribuições da CIPA 130
    7.2.2 Funcionamento da CIPA 131
7.3 Programa de Prevenção de Riscos Ambientais– PPRA 132
    7.3.1 Estrutura do PPRA 132
    7.3.2 Documento Base 133
    7.3.3 Principais Etapas 133
    7.3.4 Medidas de Controle 133
    7.3.5 Monitoramento 135
    7.3.6 Responsabilidades do Empregador 135
    7.3.7 Responsabilidades do Trabalhador 135
7.4 Manutenção do Condomínio 135
    7.4.1 Energia Elétrica 136
    7.4.2 Água 137
    7.4.3 Limpeza do Condomínio 137
    7.4.4 Alarme de Incêndio 138
    7.4.5 Antenas 138

7.4.6 Extintores de Incêndio 138
7.4.7 Telhado 138

8. Seguro para Proteção de Bens Prediais 139

8.1 Histórico 141
8.2 Contrato de Seguro 143
8.3 Perda do Direito de Seguro 145
8.4 Seguro Residencial 146
    8.4.1 Tipos de Coberturas 146
    8.4.2 Riscos Cobertos e Excluídos 146
    8.4.3. Bens não Cobertos pelo Seguro 147
    8.4.4 Formas de Contratação das Coberturas 147
        8.4.4.1 Cobertura de Risco Total 147
        8.4.4.2 Cobertura de Risco Absoluto 148
        8.4.4.3 Cobertura de Risco Relativo 148

9. Recolhimento de Tributos 151

9.1 PIS/PASEP 151
    9.1.1 Critérios para Obtenção do Abono 151
    9.1.2 Finalidade do Programa 153
    9.1.3 Cadastramento no PIS 153
        9.1.3.1 Preenchimento de DCT 153
        9.1.3.2 Recebimento do Benefício 154
            9.1.3.2.1 Documentos Exigidos para Saque 154
            9.1.3.2.2 Tipos de Recebimento do Benefício 154
        9.1.3.3 Saque on-line 155
    9.1.4 Saldo de Quotas 155
    9.1.5 Contribuintes 155
    9.1.6 Alíquota de PIS/PASEP 157
    9.1.7 Cronograma de Pagamento 157
        9.1.7.1 Cronograma de Pagamento do PIS 157
        9.1.7.2 Cronograma de Pagamento do PASEP 158
9.2 Contribuição Sindical 158
    9.2.1 Obrigação dos Empregadores 159
    9.2.2 Pagamento de Contribuição Sindical 159

9.2.3 Recolhimento de Contribuição Sindical 160
9.2.4 Aprovação em Assembleia Geral 161
9.2.5 Base de Cálculo 161
9.2.6 Fato Gerador 161
9.2.7 Definição de Atividade Econômica 161
9.2.8 Modalidades de Contribuições Sindicais 162
9.3 FGTS 166
    9.3.1 Conceito 166
    9.3.2 Direito ao Benefício 166
    9.3.3 Responsável pelo Depósito 166
    9.3.4 Valor do Depósito 167
    9.3.5 Contas Inativas 167
        9.3.5.1 Documentação Exigida 168
    9.3.6 Saque do FGTS 168
        9.3.6.1 Demissão Sem Justa Causa 169
        9.3.6.2 Aposentadoria 169
        9.3.6.3 Trabalhador com mais de 70 anos 170
        9.3.6.4 Falecimento do Trabalhador 170
        9.3.6.5 Necessidade Pessoal, Urgente e Grave 171
    9.3.7 Certificado de Regularidade com o FGTS - CRF 171
        9.3.7.1 Obtenção do CRF 171
        9.3.7.2 Obrigatoriedade de Apresentação do CRF 171
        9.3.7.3 Impedimentos de Obtenção do CRF 171
9.4 INSS 172
    9.4.1 Obrigação Principal 173
        9.4.1.1 Valor Pago de Contribuição 174
    9.4.2 Obrigação Acessória 174
9.5 IPTU 176
    9.5.1 Fato Gerador 177
    9.5.2 Base de Cálculo 177
    9.5.3 Sujeito Passivo 178
        9.5.3.1 Lançamento de ofício 178
        9.5.3.2 Contribuintes 179
        9.5.3.3 Prazo de prescrição 179
    9.5.4 Plano Diretor Urbano 179
    9.5.5 Isenção de IPTU 185
    9.5.6 Obrigações Acessórias 185
        9.5.6.1 Segunda via de IPTU 185

9.5.6.2 Restituição de IPTU 185
9.5.6.3 Revisão de Lançamento 185
9.5.6.4 Declaração de Integração ao Cadastro 185
9.5.6.5 Atualização dos dados cadastrais 185
    9.5.6.5.1 Alteração de nome do proprietário 186
    9.5.6.5.2 Preenchimento do CPF ou CNPJ 186
    9.5.6.5.3 Alteração do endereço de correspondência 186
    9.5.6.5.4 Cadastramento de Imóvel 187
    9.5.6.5.5 Desmembramento ou unificação de imóveis 187
    9.5.6.5.6 Edificação de casa ou muro 187
    9.5.6.5.7 Utilização do Imóvel 187
    9.5.6.5.8 Transferência de Pagamento 187
9.6 COFINS **187**
9.6.1 Conceito 188
9.6.2 Contribuintes 188
9.6.3 Alíquota 188
9.6.4 Vencimento 190
9.6.5 Base de Cálculo 190
9.6.6 Prazo de Pagamento 190
9.6.7 Desconto de Créditos da COFINS 191

10. Cálculos Trabalhistas **193**

10.1. Noções Básicas 193
10.1.1 Adicional Noturno 193
10.1.2 Adicional de Insalubridade 195
10.1.3 Adicional de Periculosidade 197
10.1.4 Faltas e Atrasos 198
    10.1.4.1 Comunicação de Faltas e Atrasos 200
10.1.5 Repouso Semanal Remunerado 200
    10.1.5.1 Permissão para Trabalho em dias de Repouso 201
    10.1.5.2 Cálculo de RSM em meses com 28, 30 e 31 dias 205
10.1.6 Vale Refeição 206
10.1.7 Vale Transporte 207
10.1.8 Adiantamento Salarial 209
10.1.9 Férias 210
    10.1.9.1 Recibo de Férias 212
    10.1.9.2 Abono de Férias 213
    10.1.9.3 Férias Coletivas 214

10.1.9.4 Férias Proporcionais 215
    10.1.9.4.1 Cálculo de Férias Proporcionais 215
10.1.9.5 Prescrição de Férias 216
10.1.9.6 Desconto de IR sobre Férias 216
10.1.10 Décimo Terceiro Salário 218
10.1.11 Horas Extras 219
10.1.12 Ajuda de Custo e Diárias de Viagem 221
    10.1.12.1 Ajuda de Custo 221
    10.1.12.2 Diárias de Viagem 221
10.1.13 Imposto de Renda 222
    10.1.13.1 Recolhimento Mensal Obrigatório 223
10.1.14 Auxílio-Doença 225
    10.1.14.1 Inicio do Pagamento 225
    10.1.14.2 Valor do Benefício 226
10.1.15 Salário Maternidade 226
    10.1.15.1 Valor do Benefício 227
10.1.16 Registro em Sindicato Patronal 228
    10.1.16.1 Local de Arrecadação 228
    10.1.16.2.Tabela de Contribuição Sindical 229
10.1.17 Aviso Prévio 229
    10.1.17.1 Exemplo Prático 229
    10.1.17.2 Cálculo de Aviso Prévio 230
    10.1.17.3 Prazo de Duração 230
    10.1.17.4 Tipos de Aviso Prévio 231

11. Modelos de Documentos Importantes 233

11.1 Acordo de Compensação de Horas de Trabalho 233
11.2 Acordo de Prorrogação de Jornada de Trabalho 234
11.3 Ata da Assembleia Geral Extraordinária 235
11.4 Autorização de Uso de Salão de Festas 236
11.5 Aviso Prévio de Empregado 237
11.6 Aviso Prévio de Empregador 238
11.7 Cadastro do Morador 239
11.8 Carta de Advertência 240
11.9 Carta de Apresentação 241
11.10 Carta de Comunicação aos Moradores 242
11.11 Convocação de Assembleia Geral Extraordinária 243
11.12 Controle de Reserva de Salão de Festa 244

11.13 Comunicado Minuta de Reunião 245
11.14 Contrato de Prestação de Serviço 247
11.15 Contrato de Experiência de Trabalho 249
11.16 Convocação de Assembleia Geral Ordinária 252
11.17 Declaração de Quitação Condominal 253
11.18 Ficha de Identificação de Colaborador 254
11.19 Ficha de Frequência 255
11.20 Recibo de Quotas 257
11.21 Convenção de Condomínio 258
11.22 Regimento Interno 268

12. Legislação Anexa 277

12.1 Lei de Locação 277
12.2 Lei de Condomínios 299
12.3 Lei do Consumidor 324

Referências Bibliográficas 353

1 | Noções Preliminares do Condomínio

1.1 Autoridades Responsáveis

1.1.1 Síndico

No sentido da originalidade do tema, anota Chaves[1] que: "o síndico é tradicionalmente considerado como um mandatário do condomínio (...). Daí resulta que o síndico não pode agir em nome dos co-proprietários, principalmente numa ação judicial, e que, ao contrário, ele pode agir contra os co-proprietários".

A respeito da ideia sobre as atribuições do Síndico, registra-se lição de Antônio Soares[2]: "a defesa dos interesses comuns que dele se exige (CC, art. 1.348, II) diz respeito somente à figura do condomínio e não a interesses particularizados, motivo pelo qual o síndico – remunerado ou não, o que a lei não previu, devendo a convenção estabelecer – não mantém qualquer vínculo empregatício com os condôminos ou com o condomínio, podendo ser destituído – pela mesma Assembleia-Geral que o elegeu – sem quaisquer direitos de cunho trabalhista".

No conhecido art. 1.341 do novo código civil fica destacado que o síndico não tem poder irrestrito no condomínio. Por exemplo: "A realização de obras ou reparações necessárias no condomínio, desde que úteis, independe de autorização, feita anteriormente, pelo síndico. No caso de omissão ou impedimento do síndico, poderão ser realizadas, as obras, por decisão dos próprios condôminos".

Segundo Pereira[3]: "A inexistência de disciplina adequada da matéria possibilitava o abuso de direito em muitos condomínios sem que o Judiciário pudesse controlar adequadamente os desvios e distorções. A maioria simples dos condôminos presentes à

---

[1] Chaves, Antônio. Lições de direito civil. v.3. São Paulo: RT,1976.

[2] Antônio Soares Levada, Cláudio. O síndico nos condomínios edilícios. In: Amorim, José Roberto Neves. Condomínio edilício – aspectos relevantes – aplicação do novo Código Civil. São Paulo: Método, 2005.

[3] Pereira, Caio Mário da Silva. Condomínio e incorporações. 3.ed. Rio de Janeiro: Forense, 1977.

assembleia era suficiente para aprovar a execução de obras voluptuárias sem que se desse proteção aos direitos da minoria, contra o 'poder titânico' da maioria".

Explicitando este assunto, acrescenta a autora Maria de Abreu que, alguns condomínios podem optar pelo sistema de autogestão, do qual uma comissão de moradores decide por gerenciar o condomínio. Registrem-se na íntegra as palavras da autora[4]: "O princípio da autogestão em condomínios nasceu da ideia elementar de que em um edifício de apartamentos deve haver pessoas capazes de proceder a sua gerência, pois, afinal, essa não é tarefa tão complicada assim, exigindo apenas alguns conhecimentos elementares de contabilidade, legislação trabalhista, fiscalização de pequenas obras de reparo, exame de contratos de manutenção e de seguros, e o desempenho do cargo de síndico, que pressupõe certa liderança (...). Pelo que pudemos notar, através dos pronunciamentos dos condôminos, embora haja economia para o condomínio, o vício autoritário de uma cúpula que decide sem consultar permanece na autogestão".

Cite-se também opinião de Arruda Alvim Neto[5] sobre referido assunto: "se existir de fato um condomínio, mas não existir síndico eleito, o processo civil atribui como foro de juridicidade, no plano processual, legitimação *ad causam* para representar o condomínio àquele que, de fato, o administra".

O Código Civil busca dar um enfoque novo, ao tratar da eleição do administrador do condomínio: "Art. 1.347. A assembleia escolherá um síndico, que poderá não ser condômino, para administrar o condomínio, por prazo não superior a dois anos, o qual poderá renovar-se". O presente dispositivo vem tratar do síndico que é o representante legal do condomínio, em juízo ou fora dele, exercendo a administração do condomínio assessorado pelo conselho fiscal e subsíndico, todos eleitos pela Assembleia Geral.

O que o síndico pode fazer:

- Realizar a cobrança judicial de atrasados.
- Em assembleias e prestações de contas, revelar o número das unidades inadimplentes, bem como o montante da dívida.
- Contratar e demitir funcionários.
- Aplicar multas previstas no Regulamento Interno, na Convenção e no Código Civil.
- Realizar obras emergenciais de baixo custo, sem autorização da assembleia.

O que o síndico não pode fazer:

- Aplicar multas que não estejam previstas no Regulamento Interno, na Convenção e no Código Civil.

---

[4] Leme, Maria Antonia de Abreu Sampaio. Administração de condomínios residenciais verticais – A reimaginação do cotidiano. Dissertação de Mestrado, São Paulo, PUC, 1995.

[5] Arruda Alvim Neto, José de Oliveira. Código de Processo Civil comentado. v.2. São Paulo: RT, 1975.

- Criar normas de utilização das áreas úteis. O cargo de síndico é executivo, não "legislativo". As normas de convivência legalmente válidas são aquelas previstas na Convenção e no Regulamento Interno, aprovadas pelos condôminos. Para criar novas regras é preciso alterar estes documentos em assembleia, com aprovação de 2/3 dos titulares das frações ideais do condomínio.
- Realizar obras sem aprovação em assembleia, a não ser as emergenciais de baixo custo. As obras emergenciais de médio e alto custos devem ser imediatamente comunicadas à assembleia.
- Deixar de prestar contas anualmente sobre sua gestão, bem como submeter a previsão orçamentária para o ano seguinte à aprovação da assembleia.
- Mudar a empresa que administra o condomínio, sem aprovação de assembleia, a não ser que a Convenção autorize expressamente. Verifique o que diz a respeito o Código Civil:"Art. 1.348. § 2o O síndico pode transferir a outrem, total ou parcialmente, os poderes de representação ou as funções administrativas, **mediante aprovação da assembleia**, salvo disposição em contrário da convenção."

Segundo o art. 22 da lei n° 4.591/64 relata que será eleito, na forma prevista pela Convenção, um síndico do condomínio, cujo mandato não poderá exceder de 2 anos, permitida a reeleição. Compete ao síndico:

a) representar ativa e passivamente, o condomínio, em juízo ou fora dêle, e praticar os atos de defesa dos interêsses comuns, nos limites das atribuições conferidas por esta Lei ou pela Convenção;

b) exercer a administração interna da edificação ou do conjunto de edificações, no que respeita à sua vigência, moralidade e segurança, bem como aos serviços que interessam a todos os moradores;

c) praticar os atos que lhe atribuírem as leis a Convenção e o Regimento Interno;

d) impor as multas estabelecidas na Lei, na Convenção ou no Regimento Interno;

e) cumprir e fazer cumprir a Convenção e o Regimento Interno, bem como executar e fazer executar as deliberações da assembleia;

f) prestar contas à assembleia dos condôminos.

g) manter guardada durante o prazo de cinco anos para eventuais necessidade de verificação contábil, toda a documentação relativa ao condomínio.

As funções administrativas podem ser delegadas a pessoas de confiança do síndico, e sob a sua inteira responsabilidade, mediante aprovação da assembleia geral dos condôminos. A Convenção poderá estipular que dos atos do síndico caiba recurso para a assembleia, convocada pelo interessado.

Ao síndico, que poderá ser condômino ou pessoa física ou jurídica estranha ao condomínio, será fixada a remuneração pela mesma assembleia que o eleger, salvo se a Convenção dispuser diferentemente. O síndico poderá ser destituído, pela forma e sob as condições previstas na Convenção, ou, no silêncio desta pelo voto de dois terços dos condôminos, presentes, em assembleia-geral especialmente convocada. A Convenção poderá prever a eleição de subsíndicos, definindo-lhes atribuições e fixando-lhes o mandato, que não poderá exceder de 2 anos, permitida a reeleição.

O Novo Código Civil Brasileiro permite que o síndico seja condômino, pessoa física ou pessoa jurídica estranha ao condomínio, salvo disposição contrária na Convenção. Tal pensamento, se firma com bases coerentes na preposição da existência de condomínios onde em sua totalidade, há um percentual completo de pessoas inabilitadas para exercer tal cargo. As principais competências do síndico estão dispostas logo abaixo:

- exercer a administração interna do prédio, referente à vigilância, moralidade e segurança;
- representar o condomínio em Juízo ou fora dele, defendendo os interesses comuns;
- selecionar, admitir e demitir funcionários fixando-lhes os salários de acordo com a verba do orçamento do ano, respeitando o piso salarial da categoria;
- prestar contas na assembleia;
- cobrar dos condôminos as suas contribuições, bem como impor e cobrar as multas devidas;
- elaborar o orçamento da receita e da despesa relativa a cada ano;
- escolher empresas prestadoras de serviços ou terceiros para execução das obras que interessem ao edifício, desde que aprovadas por assembleia;
- convocar assembleia geral ordinária e extraordinária;
- realizar o seguro obrigatório da edificação;
- praticar os atos que lhe atribuírem a legislação, a Convenção e o Regimento Interno;
- dar imediato conhecimento à assembleia da existência de procedimento judicial ou administrativo, de interesse do condomínio.

Se estiver previsto em Convenção, o síndico poderá ficar isento da taxa condominial ou receber honorários, sendo omissa esta previsão, esta decisão deverá ser tomada pela Assembleia que o elegeu. O síndico que praticar irregularidades, não prestar conta, ou não administrar convenientemente o condomínio, poderá ser destituído com a deliberação da maioria estipulada pela convenção.

A Convenção de Condomínio é a Constituição, a lei maior de um Condomínio. Geralmente é feita pela Incorporadora que a coloca para apreciação dos Condôminos, na primeira Assembleia do Condomínio para ser lida, discutida e aprovada. É necessário para aprovação da convenção, 2/3 das frações ideais em assembleia especialmente convocada para esse fim. A convenção deve ser registrada no registro de imóveis bem como a averbação das suas eventuais alterações. Após sua aprovação, ela serve de base para todas as dúvidas que com certeza surgirão no decorrer da vida do Condomínio, ela regulamentará o comportamento e o rateio de despesas dos condôminos, estabelecendo normas de utilização tanto nas áreas privativas como nas áreas de uso comum. O Síndico deverá tê-la sempre em mãos, assim como também às suas alterações feitas em Assembleias, logicamente obedecendo aos parâmetros nela citados. São seus principais itens:

- Discriminação das partes de propriedade exclusiva, e as de condomínio, com especificações das diferentes áreas;
- O destino das diferentes partes;
- O modo de usar as coisas e serviços comuns;
- Encargos, forma e proporção das contribuições dos condôminos para as despesas de custeio e extraordinário e para despesas públicas extraordinárias;
- O modo de escolher o síndico e o conselho fiscal;
- Definir as atribuições do síndico e a natureza gratuita ou remunerada de suas funções;
- O modo e o prazo de convocação das assembleias gerais dos condôminos;
- O *quorum* para os diversos tipos de votações;
- A forma de contribuição para constituição de fundo de reserva;
- A forma e *quorum* para as alterações de convenção;
- A forma e *quorum* para a aprovação do regimento interno, quando não incluído na própria convenção.

Todos (proprietários, locatários, funcionários, síndico...) devem obediência à Convenção que, por sua vez, não pode contrariar a Lei n.º 4591/64, conhecida como a Lei do Condomínio e as alterações efetuadas no Novo Código Civil nas partes dos artigos 1.335 e seguintes. O art. 9º da lei nº 4.591/64 relata que além de outras normas aprovadas pelos interessados, a Convenção deverá conter:

   a) a discriminação das partes de propriedade exclusiva, e as de condomínio, com especificações das diferentes áreas;
   b) o destino das diferentes partes;
   c) o modo de usar as coisas e serviços comuns;
   d) encargos, forma e proporção das contribuições dos condôminos para as despesas de custeio e para as extraordinárias;

e) o modo de escolher o síndico e o Conselho Consultivo;
f) as atribuições do síndico, além das legais;
g) a definição da natureza gratuita ou remunerada de suas funções;
h) o modo e o prazo de convocação das assembleias gerais dos condôminos;
i) o quorum para os diversos tipos de votações;
j) a forma de contribuição para constituição de fundo de reserva;
l) a forma e o quorum para as alterações de convenção;
m) a forma e o quorum para a aprovarão do Regimento Interno quando não incluídos na própria Convenção.

O art. 8º da lei nº 4.591/64 relata que quando, em terreno onde não houver edificação, o proprietário, o promitente comprador, o cessionário dêste ou o promitente cessionário sôbre êle desejar erigir mais de uma edificação, observar-se-á também o seguinte:

a) em relação às unidades autônomas que se constituírem em casas térreas ou assobradadas, será discriminada a parte do terreno ocupada pela edificação e também aquela eventualmente reservada como de utilização exclusiva dessas casas, como jardim e quintal, bem assim a fração ideal do todo do terreno e de partes comuns, que corresponderá às unidades;
b) em relação às unidades autônomas que constituírem edifícios de dois ou mais pavimentos, será discriminada a parte do terreno ocupada pela edificação, aquela que eventualmente fôr reservada como de utilização exclusiva, correspondente às unidades do edifício, e ainda a fração ideal do todo do terreno e de partes comuns, que corresponderá a cada uma das unidades;
c) serão discriminadas as partes do total do terreno que poderão ser utilizadas em comum pelos titulares de direito sôbre os vários tipos de unidades autônomas;
d) serão discriminadas as áreas que se constituírem em passagem comum para as vias públicas ou para as unidades entre si.

Obs.: No caso de conjunto de edificações, a que se refere o art. 8º, a convenção de condomínio fixará os direitos e as relações de propriedade entre os condôminos das várias edificações, podendo estipular formas pelas quais se possam desmembrar e alienar porções do terreno, inclusive as edificadas.

O regimento interno é um conjunto de normas e procedimentos que tem como objetivo regular a conduta dos moradores e frequentadores do condomínio, disciplinando o uso das áreas comuns e solucionando os problemas do cotidiano do condomínio, apresentando ainda penalidades a aqueles que ousarem infringir as normas. O Regulamento Interno não pode contrariar a Convenção, sob pena de nulidade.

Normalmente o Regulamento Interno consta na própria convenção ou é redigido posteriormente. Se for elaborado em um documento separado, deve contar não só com a colaboração dos proprietários dos apartamentos, como também dos compromissários compradores, cessionários e promitentes cessionários. Pode ser aprovado através de Assembleia Geral, todavia obedecendo o *quorum* previsto na Convenção, se a mesma estipular. O Condomínio pode, e deve promover revisões periódicas nesses textos para que eles venham garantir-lhes eficácia e solucionar fatos novos não previstos na Convenção e no Regulamento interno.

Terminado o mês o síndico deve apresentar um balancete de contas detalhado, referente ao mês anterior. Todos os documentos comprobatórios deverão ter o visto do síndico e a pasta deverá ser analisada pelos membros do conselho. A pasta conterá também informações sobre quotas em atraso, multas recebidas, saldos bancários, saldos em poupança, posição do fundo de reserva, da conta benfeitorias, etc. Um resumo, de no máximo duas folhas, deverá ser enviado a cada condômino. Algumas dicas[6] são apresentas, logo abaixo:

a) Se sobrar espaço na folha de prestação de contas (resumo), transcreva algum item do Regulamento ou da Convenção ou envie alguma mensagem de utilidade para o condômino ou edifício;

b) Não fixe em quadro de avisos relação de condôminos em atraso. Negocie pessoalmente, via administradora, por meio de advogado, etc., mas não exponha o devedor ao ridículo (previsto no Código de Defesa do Consumidor). Nos demonstrativos relacione somente o número do apartamento devedor.

DIÁRIO	SÍNDICO – Manter uma boa comunicação com o zelador – Exigir que o zelador verifique o livro de ocorrência e notifique-o JARDIM- Observar as plantas, falta ou excesso de água, pragas e doenças – A rega pode ser diária ou a cada 2 dias. LIMPEZA – Limpeza do hall de entrada; recolhimento do lixo- Salão de festa e de jogos, salas de ginástica, e outros espaços de convivência do condomínio devem ser limpos e fiscalizados de acordo com a utilização dos condôminos. A limpeza pode ser diária ou com intervalo de dois dias. SEGURANÇA – Verificar funcionamento câmeras de vídeo e gravação.

---

[6] Material disponibilizado pelo sindicato dos condomínios do estado do Pará.

[7] **Fontes:** Wilton Augusto – Síndico Profissional, Eng. Zeferino F. Velloso Neto – VIP Vistorias e Inspeções Prediais, Fernando Medeiros – Técnico Agrônomo e Paisagista, Atlas Schindler Elevadores.

8　　　　　　　　ADMINISTRAÇÃO DE CONDOMÍNIOS: Aspectos Práticos e Jurídicos

DIÁRIO	CONTRA INCÊNDIO – Conferir se as escadas estão desobstruídasGERAL- Atenção a objetos deixados na garagem e portaria (notificar moradores). ELEVADOR – Observar se há ruídos e anomalias de funcionamento no elevador. PISCINAS – Filtragem e limpeza com rede; a cloração pode ser feita a cada dois dias. BOMBAS – Verificar os quadros de comando e tubulações para se evitar vazamentos em torneiras ou canos.
SEMANAL	SÍNDICO – Acompanhar lançamentos e despesas feitos pela administradora (internet) – Elaborar lista de tarefas a serem executadas por cada área (zeladoria/portaria/faxina/segurança etc) ZELADOR Uma inspeção informal no condomínio é muito recomendável, para prevenir problemas e detectá-los logo no início. com dicas e formulário com os itens a serem vistoriados SÍNDICO – Acompanhar lançamentos e despesas feitos pela administradora (internet)- Elaborar lista de tarefas a serem executadas por cada área (zeladoria/portaria/faxina/segurança etc) ZELADORUma inspeção informal no condomínio é muito recomendável, para prevenir problemas e detectá-los logo no início. com dicas e formulário com os itens a serem vistoriados - PISCINAS- Controle do pH e outras ações - CONTRA INCÊNDIO- Verificar integridade – lacre e carga dos extintores GRUPO GERADOR- Verificar nível de óleo, entradas e saídas de ventilação desobstruída, local isolado INSTALAÇÕES HIDRÁULICAS- Verificar a limpeza de reservatórios (inferior e superior) PLAYGROUND- Verificar integridade dos brinquedos, encaixe e apertos dos parafusos, peças quebradas, desgastadas, se estão adequadamente chumbados, sem riscos aparentes
QUINZENAL	JARDIM- A manutenção ideal do jardim seria 2 vezes no mês (poda, limpeza, controle de pragas e doenças etc.) GRUPO GERADOR- Fazer teste de funcionamento por 30 minutos

Noções Preliminares do Condomínio

QUINZENAL	BOMBA D'ÁGUA - Alternar a chave no painel elétrico para utilizá-las em sistema de rodízio INSTALAÇÕES HIDRÁULICAS - Limpeza dos ralos e grelhas das águas pluviais e calhas
MENSAL	SÍNDICO- Acompanhar os casos de inadimplentes - Acompanhar, Fiscalizar e Analisar – notas fiscais, extrato bancário, pagamentos, contribuições etc. - Ter um plano de previsão de despesas/receita anual e estabelecer os gastos por área (manutenção, consumo de água, encargos sociais etc.). Comparar o planejado com o real no final do mês e projetar os meses seguintes- Verificar se todos os atestados estão em dia, como NR 10 Pára-Ráios (Normas Regulamentadoras de Instalações Elétricas); NR 5 CIPA (Normas Regulamentadoras de Segurança e Saúde no Trabalho)- Checar os balancetes de prestação de contas aos condôminos- Checar recolhimento dos direitos trabalhistas (INSS, FGTS etc)- Checar pagamentos de funcionários, contas água e luz etc. CONSELHO - Reuniões mensais para prestação de contas e análise da parte operacional ZELADOR- Checar se todos os equipamentos e seus comandos estão em perfeita funcionalidade: Alarme de incêndio- Bomba de recalque- Bomba d'água- Central da portaria- Disjuntores- Quadro de força- Sistema de segurança- Pára-raios- Acompanhar revisão de manutenção dos elevadores • Sinalização interna – indicação fluorescente de escada, extintores, porta corta-fogo etc. e de filmagem no ambiente JARDIM - Adubar o jardim BOMBAS- Verificação de vazamentos e/ou vibrações anormais das bombas de recalque de água potável, esgoto, águas pluviais e de incêndio- Verificar o funcionamento das bombas submersas PISCINAS- Supercloração (em períodos de maior uso) ILUMINAÇÃO DE EMERGÊNCIA - A iluminação de emergência deve ser testada uma vez por mês, simulando uma falta de energia. Se o sistema não funcionar por pelo menos 1 hora, o equipamento está com problema. EQUIPAMENTOS CONTRA-INCÊNDIO- Porta corta-fogo: verificar a regulagem das portas (lubrificação, trincas etc) ESCADA- Alternar os ventiladores através de chave comutadora, para reduzir desgaste PÁRA-RAIOS- Verificação visual. Observar se os cabos metálicos não estão soltos. Eles devem estar presos pelo isolador para o funcionamento correto PORTÕES AUTOMÁTICOS- Lubrificação ELEVADORES- Regulagem das sapatas de freio realizada por um especialista, pois a não vistoria pode comprometer a precisão de frenagem e ocorrer danos no tambor GERADOR- Vistoria pela empresa de manutenção

BIMESTRAL	SÍNDICO- Rever os contratos de manutenção (60 dias antes do reajuste) e iniciar negociação ZELADOR- Checar condições das ferramentas de trabalho dos funcionários (inclusive EPI – Equipamento de Proteção Individual, como luvas e botas para faxineiros, entre outros) EQUIPAMENTOS CONTRA-INCÊNDIO- Testar bomba de incêndio ILUMINAÇÃO DE EMERGÊNCIA- Verificar fusíveis, carga da bateria selada, nível de eletrólito da bateria BOMBAS PISCINAS- Manutenção/Visita periódica
TRIMESTRAL	INSTALAÇÕES HIDRÁULICAS- Verificar e limpar as caixas de passagem de esgoto e águas pluviais CONTRA INCÊNDIO- Porta Corta-Fogo: Aplicar óleo lubrificante nas dobradiças e maçanetas- Mangueiras: Esticar e fazer nova dobra, em local diferente da dobra anterior, para não criar vícios e originar furos com o desgaste do tecido
SEMESTRAL	INSTALAÇÕES HIDRÁULICAS- Acionar as tubulações que não são constantemente usadas (ladrão da caixa d'água, por exemplo)- Testar abertura e fechamento dos registros dos subsolos e cobertura (barrilete)- Verificar estanqueidade e regulagem dos mecanismos de descarga- Verificar ralos e sifões das louças (tanques e pias) CAIXAS D'ÁGUA- Limpeza (pode-se chamar empresa especializada) - Checar se o cano do fundo está em bom estado- Verificar se as bordas de alvenaria para conter o acesso da água das chuvas estão em perfeitas condições
ANUAL	SÍNDICO - Extrato de pagamento por funcionário do INSS e FGTS - Verificar envio da RAIS (Relação Anual de Informações Sociais) e DIRF (Declaração do Imposto de Renda Retido na Fonte) - Cronograma do pagamento de impostos e acordos sindicais - Despesas de 13º salário dos funcionários - Seguro de vida para funcionários – previsto em acordo coletivo - Verificar pagamento da taxa anual de licença para o funcionamento dos elevadores e outros aparelhos de transporte (pagas à prefeitura) - Verificar renovação de contratos: seguro; manutenção de elevadores, bombas d'água e piscina; administradora - Previsão Orçamentária e Prestação de Contas à Assembleia Ordinária - Dedetização e desratização - Alvará de Licença de Funcionamento do Condomínio – para condomínios comerciais e/ou de uso misto.

ANUAL	- Verificar ações do PCMSO (Programa de Controle Médico de Saúde Ocupacional) e PPRA (Programa de Prevenção de Riscos Ambientais) – vistoria, laudo e certificado anual - Verificar formalização de CIPA (Comissão Interna de Prevenção de Acidentes) – pelo menos um funcionário designado **DECLARAÇÃO DE IMPOSTO DE RENDA DO CONDOMÍNIO** - Ainda que obrigado a se inscrever no CNPJ, o condomínio não está sujeito à apresentação de declaração de rendimentos (atualmente, Declaração Integrada de Informações Econômico-Fiscais da Pessoa Jurídica - DIPJ), por não ser pessoa jurídica ou equiparada. **INSTALAÇÕES HIDRÁULICAS** - Verificar e eventualmente trocar os vedantes (courinhos) das torneiras, misturadores de lavatório e registros de pressão - Vistoria contra vazamentos por empresa especializada **TELHADOS, CALHAS E RALOS EXTERNOS** – Vistoria antes do período das chuvas (janeiro a março); **CONTRA INCÊNDIO** - Extintores: recarga anual (a cada cinco anos fazer o teste hidrostático) - Mangueiras: teste hidrostático anual - Formação e treinamento de brigada de incêndio - AVCB (Auto de Vistoria do Corpo de Bombeiros) – residencial e comercial: a cada três anos; de uso misto: dois anos **INSTALAÇÕES DE GÁS** - Recomenda-se um check-up realizado por um profissional **ELEVADORES** - Inspeção anual rigorosa, a cargo do responsável pela conservação - Relatório de Inspeção Anual (RIA) dos elevadores, assinado pelo engenheiro **PARA-RÁIOS** - É necessária uma verificação anual das condições do aparelho e do aterramento, incluindo medição ôhmica (resistência do metal), por empresa especializada. A cada 5 anos, revisão completa do sistema **CAIXAS D'ÁGUA** - É recomendável, quando da ocasião da limpeza semestral ou anual, solicitar uma análise da água.
OCASIONAL	**CONSELHO** - Reuniões emergenciais quando ocorrer algum fato incomum, para analisá-lo, e ver quais serão as providências **PISCINA** - Clarificação e decantação

OCASIONAL	ELEVADORES Checar, para garantir, o nível de óleo. Utilizar o elevador com o nível de óleo abaixo do recomendado pode gerar avarias no eixo da máquina, diminuindo o conforto e aumentando o custo do reparo INSTALAÇÕES ELÉTRICAS - Inspeção profissional e atestado de regularidade JARDIM - Além da poda mensal (limpeza galhos, folhas secas, etc.) existe a poda de formação e condução dos ramos. A poda de limpeza será feita todo mês, já a de formação e condução cada espécie tem seu tempo a ser respeitado. - Misturar a terra ao calcário sempre que necessário para afofar a terra

Para ajudar nesta tarefa, segue abaixo uma lista das demandas principais do condomínio, dívidas pelo período (diário, semanal etc.) em que as ações devem ser tomadas ou fiscalizadas[7]

1.1.2 Subsíndico

O subsíndico é um dos membros do tripé do corpo diretivo, assim como o síndico, o subsíndico também deverá ser eleito em uma Assembleia Geral. Entretanto a Lei 4.591/64 (lei do condomínio) é omissa em relação à figura do Subsíndico. Neste caso a convenção deverá prever a eleição do mesmo, conferindo-lhe as suas atribuições. Se o cargo de Subsíndico não estiver previsto na Convenção, nem mesmo a Assembleia Geral poderá criá-lo.

Em um caráter geral, as competências básicas do Subsíndico é a de substituir o Síndico em seus impedimentos eventuais, como por exemplo, viagens, férias, doença, ou em impedimentos definitivos como renúncia, destituição ou morte. Nestes casos, deverá o Subsíndico convocar uma Assembleia Geral para eleição do novo Síndico, o qual, poderá ser ele próprio. Ressaltando que o subsíndico também deverá ser eleito em Assembleia Geral.

1.1.3 Conselho Fiscal

O Novo Código Civil Brasileiro trata da possibilidade de instituir um conselho fiscal no condomínio: "Art.1.356. Poderá haver no condomínio um conselho fiscal, composto de três membros eleitos pela assembleia, por prazo não superior a dois anos, ao qual compete dar parecer sobre as contas do síndico." É de extrema importância a existência deste conselho, pois tem como competência deliberar e opinar sobre as contas do síndico, além disso "fiscaliza" a atuação do síndico como administrador, observando se está atuando com uma conduta ética e assim atingido um bem comum a comunidade condominial.

Todo o condomínio deve ter uma previsão orçamentária, ou seja, quanto pretende gastar com cada elemento ou item de despesa para que se estabeleça parâmetros de quanto será gasto no condomínio. O síndico tem algumas obrigações quando se trata da previsão orçamentária, ele deve planejar o orçamento para obter a previsão das despesas e da receita, apresentando-as aos condôminos para discussão e aprovação em Assembleia Geral. Com base na previsão orçamentária é feito o rateio das quotas condominiais. Em seguida, emitem-se os recibos e controlam-se os pagamentos. Logo abaixo segue os procedimentos comuns utilizados para aprovação orçamentária:[8]

- tome por base o consumo de meses anteriores;
- troque informações com síndicos de prédios vizinhos, preferencialmente do mesmo porte do seu;
- se a proposta for elaborada pela administradora, peça-a cinco dias antes da Assembleia para examiná-la atentamente;
- apresente e discuta a proposta previamente com os conselheiros;
- faça chegar aos condôminos cópias da proposta a ser votada juntamente com o edital de convocação da Assembleia;
- preveja uma margem de segurança em torno de 10% para que o caixa não fique negativo em virtude de pequenas flutuações na economia (para grandes flutuações não há previsão que resista).

Se possível, deverão ser elaborados mapas comparativos, ou seja, coleta de três orçamentos, de diferentes empresas, para a realização de determinada obra ou serviço. Seguindo esses passos você terá um bom planejamento orçamentário.

Em um condomínio é de grande importância a existência de um fundo de reserva, para que venha suprir as necessidades que não estavam previstas. A constituição do fundo de reserva é de responsabilidade, em princípio, do proprietário. Caso haja necessidade de reposição total ou parcial do Fundo de Reserva, devido à utilização no custeio ou complementação das despesas ordinárias do condomínio, a responsabilidade também é do locatário, salvo se referente a período anterior ao início da locação.

Este recurso deve ser arrecadado mensalmente, em valor percentual incidente sobre a contribuição ordinária de condomínio e tem destinação específica dentro da administração financeira do condomínio. A principal destinação do fundo de reserva é garantir a continuidade do funcionamento dos equipamentos do condomínio, quando surgem despesas imprevistas e de urgência, e ainda de formar recursos para viabilizar as grandes reformas das partes comuns do bem em condomínio. Alguns condomínios criam o fundo de reserva para o pagamento de ações trabalhistas.

---

[8] Idem.

O fundo de reserva é uma contribuição diferente da contribuição ordinária e também não é extraordinária e que deve ser suportada pelo condômino proprietário. Se a quantia do fundo de reserva for insuficiente para o pagamento de alguma despesa extraordinária, o valor deverá ser rateado entre os proprietários de cada unidade.

Os recursos do Fundo de Reserva não devem ser aplicados em ações ou imóveis vez que, pela própria natureza de sua finalidade, podem ser necessários de imediato, sem tempo de esperar bom momento na bolsa de valores ou mercado favorável no ramo imobiliário, portanto, é recomendável que os recursos desta origem sejam objeto de uma aplicação financeira segura, em nome do condomínio e com a apreciação do conselho fiscal, com total liquidez, capaz de ser transformada em dinheiro em até 24 horas.

Não se pode imaginar que uma despesa imprevista deva ser coberta pelos recursos do Fundo de Reserva e pronto. Estes recursos somente devem ser utilizados para fazer face às emergências, mas, uma vez resolvidas, o síndico tem a obrigação de promover o rateio das despesas e cobrá-las dos condôminos, de forma que no mês seguinte já possa recompor o Fundo de Reserva. O Fundo de Reserva é um patrimônio do condomínio, portanto, não pode a assembleia geral, por qualquer motivo, distribuir os valores em depósito entre os condôminos, salvo se a decisão for aprovada pela totalidade dos condôminos proprietários, sem qualquer dissidência ou ressalva.

1.1.4 Conselho Consultivo

O corpo consultivo é composto de síndico, subsíndico e conselho fiscal. Esta estrutura é de fundamental importância para uma boa administração do condomínio, pois permite inúmeras vantagens. O síndico é uma pessoa normal que está exposto a todos os fatos que a vida lhe pode proporcionar, enfermidades, férias e outras. Assim sendo o subsíndico assume imediatamente o seu papel, respondendo oficialmente pelas funções que são de sua competência. São pessoas distintas mas que estão ligadas entre si em suas funções objetivando um bem comum à comunidade condominial.

Segundo o art. 23 da lei nº 4.591/64 relata que Será eleito, na forma prevista na Convenção, um Conselho Consultivo, constituído de três condôminos, com mandatos que não poderão exceder de 2 anos, permitida a reeleição. Funcionará o Conselho como órgão consultivo do síndico, para assessorá-lo na solução dos problemas que digam respeito ao condomínio, podendo a Convenção definir suas atribuições específicas.

1.2 Direitos e Deveres do Moradores

1.2.1 A Emissão de Ruídos no Prédio

Considerando que os problemas dos níveis excessivos de sons e ruídos estão incluídos entre os sujeitos ao Controle da Poluição do Meio ambiente.

Considerando que a deterioração da qualidade de vida, causada pela poluição sonora, está sendo continuamente agravada nos grandes centros urbanos. Considerando que os malefícios causados à saúde, por ruídos e sons, está acima do suportável pelo ouvido humano. Vale à pena considerar que a fixação dos critérios e padrões necessários a controle dos níveis de som depende de inúmeros fatores, entre os quais, exigências e condicionamentos humanos, fontes geradoras características do agente provocador, locais e áreas de medição, distribuição, hora e frequência da ocorrência. Segundo a Portaria MINTER nº 92 de 19 de junho de 1980:

I - A emissão de sons e ruídos em decorrência de quaisquer atividades industriais, comerciais, sociais ou recreativas, inclusive as de propagandas, obedecerá no interesse da saúde, da segurança e do sossego público, aos padrões, critérios e diretrizes estabelecidos nesta Portaria.

II - Consideram-se prejudiciais à saúde, à segurança e ao sossego público, para os fins do item anterior, os sons e ruídos que:

a) atinjam, no ambiente exterior do recinto em que têm origem, nível de sons de mais de 10 (dez) decibéis - dB (A), acima do ruído de fundo existente no local de tráfego;

b) independentemente de ruído de fundo, atinjam no ambiente exterior do recinto em que tem origem mais de 70 (setenta) decibéis - dB (A), durante o dia, e 60 (sessenta) decibéis - dB (A), durante a noite;

c) alcancem, no interior do recinto em que são produzidos, níveis de som superiores aos considerados aceitáveis pela Norma NB-95, da Associação Brasileira de Normas Técnicas - ABNT, ou das que sucederem.

III - Na execução dos projetos de construção ou de reformas de edificações para atividades heterogêneas, o nível de som produzido por uma delas não poderá ultrapassar os níveis estabelecidos pela Norma NB-95, da ABNT, ou das que lhe sucederem.

IV - A emissão de ruídos e sons produzidos por veículos automotores, e os produzidos no interior dos ambientes de trabalho, obedecerão às normas expedidas, respectivamente, pelo Conselho Nacional de Transito - CONTRAM, e pelo órgão competente do Ministrado do Trabalho.

V - As entidades e órgãos federais, estaduais e municipais, competentes, no uso do respectivo poder de polícia, disporão, de acordo com o estabelecido nessa Portaria, sobre a emissão ou proibição de emissão de sons e ruídos produzidos por quaisquer meios ou de qualquer espécie, considerando sempre os locais, horários e a natureza das atividades emissoras, com vistas a compatibilizar o exercício da atividade com a preservação da saúde, da segurança e do sossego público.

VI - Todas as normas reguladoras de poluição sonora, emitidas a partir da presente data, deverão ser compatibilizadas com a presente Portaria e encaminhadas à SEMA.

VII - Para os efeitos desta Portaria, as medições deverão ser efetuadas com Aparelho Medidor de Nível de Som que atenda às recomendações da EB 386/74, da ABNT, ou das que lhe sucederem.

VIII - Para a medição dos níveis de som considerados na presente Portaria, o aparelho medidor de nível de som, conectado à resposta lenta, deverá estar com o microfone afastado, ao mínimo, de 1,50 m (um metro e cinquenta centímetros) da divisa do imóvel que contém a fonte de som e ruído, e à altura de 1,20 m (um metro e vinte centímetros) do solo.

IX - O microfone do aparelho medidor de nível de som deverá estar sempre afastado, no mínimo, de 1,20 m (um metro e vinte centímetros) de quaisquer obstáculos bem como guarnecido com tela de vento.

X - Todos os níveis de som são referidos à curva de ponderação (A) dos aparelhos medidores, inclusive os mencionados na NB-95, da ABNT.

A poluição sonora é tratada também na Lei nº 3.688, de 3 de outubro de 1941 – Lei das Contravenções Penais -, cujo art. 42 considera a poluição sonora uma contravenção referente à paz pública:

"Art. 42. Perturbar alguém o trabalho ou sossego alheios:

I - com gritaria ou algazarra;

II – exercendo profissão incômoda ou ruidosa, em desacordo com as prescrições legais;

III – abusando de instrumentos sonoros ou sinais acústicos;

IV – provocando ou não procurando impedir barulho produzido por animal de que tem a guarda:

Pena – Prisão simples de quinze dias a três meses, ou multa."

Vê-se, portanto, que desde 1941 a Lei já protege o cidadão brasileiro dos incômodos da poluição sonora, isto muito antes de se pensar na questão ambiental da forma ampla como hoje é tratada. Há que diferenciar, no entanto, o controle da poluição sonora dentro da abordagem dada pelas legislações ambiental, de trânsito e penal, do controle da localização, nas áreas urbanas, das atividades que a causam, este último intrinsecamente ligado ao planejamento e controle do uso do solo e das funções urbanas e, portanto, de competência exclusiva do poder municipal. Isto porque, como já mostramos, o inciso VIII do art. 30 da Constituição Federal incumbe ao Município "promover, no que couber, adequado ordenamento territorial, mediante planejamento e controle do uso, do parcelamento e da ocupação do solo urbano". A ocorrência de poluição sonora nas áreas urbanas só ocorre, portanto, ou com o consentimento do poder público municipal, ou pela ineficiência ou negligência dele.

Nos planos urbanísticos municipais, as atividades urbanas devem ser distribuídas de modo a não haver incompatibilidades, tais como a localização de uma grande metalúrgica no meio de uma área residencial ou, pior ainda, ao lado de um hospital. São também decisões municipais que determinam outras medidas mitigadoras da poluição sonora, como a restrição ao uso de buzinas em determinadas áreas e os horários e locais em que podem funcionar atividades naturalmente barulhentas, como espetáculos musicais e esportivos, bares, boates, obras civis, etc.

O disciplinamento do uso do solo e das atividades urbanas é estabelecido por meio das leis municipais de ordenamento urbano e pelos códigos municipais de obras e de posturas. Se, em determinado Município, essas leis – ou a ausência delas - permitem a poluição sonora, nada pode ser feito em termos de legislação federal ou estadual, pois o "Pacto Federativo" garante a autonomia administrativa dos entes federados, respeitando-se as competências constitucionais de cada um deles (caput do art. 18 da Constituição Federal).

Segundo Nota Técnica[9], produzida por José de Sena Pereira Junior em Janeiro de 2002: "Para controlar a poluição sonora, os Municípios e os órgãos ambientais e de trânsito valem-se de normas técnicas editadas pela Associação Brasileira de Normas Técnicas – ABNT e pelo Instituto Brasileiro de Normatização e Metrologia – INMETRO, as quais definem os limites de ruído acima dos quais caracteriza-se poluição. Como normas técnicas, esses instrumentos são periodicamente atualizados de acordo com a evolução tecnológica, o que não poderia ocorrer – ou seria muito mais difícil de ocorrer – se fossem leis. Isto sem se levar em conta que as normas técnicas tratam de assuntos altamente complexos, de natureza especializada e, portanto, impossíveis de serem tratados pelos poderes legislativos".

Assinalamos que tramita no congresso nacional o Projeto de Lei n° 4.260, de 2001, de autoria do Deputado De Velasco, o qual *"define poluição sonora, ruídos, vibrações e dispõe sobre os limites máximos de intensidade da emissão de sons acústicos e normatiza a emissão de ruídos e vibrações resultantes de qualquer atividade"*. Esse projeto propõe regulamentar vários aspectos que invadem a autonomia municipal, o que põe em dúvida sua constitucionalidade. Além disso, ele simplesmente reproduz disposições de normas da ABNT, engessando-as em uma lei que poderá, em pouco tempo estar obsoleta. Concluindo, parece-nos claro que, sobre a poluição sonora, a União já legislou até os limites de sua competência, cabendo aos Municípios legislar sobre os aspectos aplicáveis à convivência urbana, tendo como base normas técnicas editadas e atualizadas pelos órgãos normatizadores (ABNT e INMETRO).

---

[9] PEREIRA JUNIOR, José de Sena. Poluição Sonora Urbana. Nota técnica. Jan/2002.

Outra situação que se encontra no dia a dia do morador de condomínios é a questão do serviço de disk silêncio que normalmente visa controlar a emissão de sonoridade, no período noturno. Normalmente, o serviço é disponibilizado pela prefeitura local e tem como atrativo, a manutenção da paz urbana e de níveis de sonoridade considerados saudáveis, para o horário, pois, muitos trabalhadores merecem descansar com tranquilidade, em suas residências.

1.2.2 Presença de Animais Domésticos na Residência

O art.3º do Decreto-Lei n.º 312/2003 revela que a detenção, como animais de companhia, de cães perigosos ou potencialmente perigosos carece de licença emitida pela junta de freguesia da área de residência do detentor. Para a obtenção da licença referida no número anterior o detentor tem de ser maior de idade e deve entregar na junta de freguesia respectiva, além dos documentos exigidos pelo Regulamento de Registro, Classificação e Licenciamento de Cães e Gatos, a seguinte documentação:

a) Termo de responsabilidade, em conformidade com o anexo ao presente diploma, do qual faz parte integrante, onde o detentor declara:

a.1) O tipo de condições do alojamento do animal;

a.2) Quais as medidas de segurança que estão implementadas;

a.3) Historial de agressividade do animal em causa;

b) Registo criminal do qual resulte não ter sido o detentor condenado, por sentença transitada em julgado, por crime contra a vida ou a integridade física, quando praticados a título de dolo;

c) Documento que certifique a formalização de um seguro de responsabilidade civil.

Obs.: A licença pode ser solicitada pela autoridade competente, a qualquer momento, devendo o detentor, quando das deslocações dos seus animais, estar sempre acompanhado da mesma.

O art.5º do Decreto-Lei n.º 312/2003 revela que à exceção dos cães cuja informação é coligida na base de dados nacional do Sistema de Identificação de Caninos e Felinos (SICAFE), as juntas de freguesia devem manter um cadastro de animais perigosos e potencialmente perigosos, do qual deve constar:

a) A identificação da espécie e, quando possível, da raça do animal;

b) A identificação completa do detentor;

c) O local e tipo de alojamento habitual do animal;

d) Incidentes de agressão.

Apesar de muitas convenções proibirem animais em condomínios, as jurisprudências mais comuns da Justiça vem dando ganho de causa a proprietários de animais que não representem perigo aos condôminos. A tendência das convenções dos condomínios recém-formados é permitir animais em suas dependências. Caso a convenção não permita animais, o condomínio pode criar regulamentos para lidar com a "tolerância" aos mesmos. Para evitar aborrecimentos, o ideal é criar regras claras de transporte e permanência dos bichos de estimação. A assembleia e o regulamento interno podem determinar essas normas. Dentro da regulamentação, podem-se criar regras específicas para animais cuja permanência não é bem-vinda. A lista pode incluir desde determinadas raças de cães até algumas espécies, como répteis ou animais silvestres. Podem também levar em consideração o porte e a periculosidade dos animais.

1.2.3 Regras Inerentes do Locador do Imóvel

O **art. 22** da Lei nº 8245/91 relata que o locador é obrigado a:

I – entregar ao locatário o imóvel alugado em estado de servir ao uso a que se destina;

II – garantir, durante o tempo da locação, o uso pacífico do imóvel locado;

III – manter, durante a locação, a forma e o destino do imóvel;

IV – responder pelos vícios ou defeitos anteriores à locação;

V – fornecer ao locatário, caso este solicite, descrição minuciosa do estado do imóvel, quando de sua entrega, com expressa referência aos eventuais defeitos existentes;

VI – fornecer ao locatário recibo discriminado das importâncias por este pagas, vedada a quitação genérica;

VII – pagar as taxas de administração imobiliária, se houver, e de intermediações, nesta compreendidas as despesas necessárias à aferição da idoneidade do pretendente ou de seu fiador;

VIII – pagar os impostos e taxas, e ainda o prêmio de seguro complementar contra fogo, que incidam ou venham a incidir sobre o imóvel, salvo disposição expressa em contrário no contrato;

IX – exibir ao locatário, quando solicitado, os comprovantes relativos às parcelas que estejam sendo exigidas;

X – pagar as despesas extraordinárias de condomínio.

Por despesas extraordinárias de condomínio se entendem aquelas que não se refiram aos gastos rotineiros de manutenção do edifício, especialmente:

    a) obras e reformas ou acréscimos que interessam à estrutura integral do imóvel;

b) pintura das fachadas, empenas, poços de aeração e iluminação, bem como das esquadrias externas;
c) obras destinadas a repor as condições de habitalidade do edifício;
d) indenizações trabalhistas e previdenciárias pela dispensa de empregados, ocorridas em data anterior ao início da locação;
e) instalação de equipamentos de segurança e de incêndio, de telefonia, de intercomunicação, de esporte e de lazer;
f) despesas de decoração e paisagismo nas partes de uso comum;
g) constituição de fundo de reserva.

O **art. 23** da Lei nº 8245/91 relata que o locatário é obrigado a:

I – pagar pontualmente o aluguel e os encargos da locação, legal ou contratualmente exigíveis, no prazo estipulado ou, em sua falta, até o sexto dia útil do mês seguinte ao vencido, no imóvel locado, quando outro local não tiver sido indicado no contrato;

II – servir-se do imóvel para o uso convencionado ou presumido, compatível com a natureza deste e com o fim a que se destina, devendo tratá-lo com o mesmo cuidado como se fosse seu;

III – restituir o imóvel, finda a locação, no estado em que o recebeu, salvo as deteriorações decorrentes de seu uso normal;

IV – levar imediatamente ao conhecimento do locador o surgimento de qualquer dano ou defeito cuja reparação a este incumba, bem como as eventuais turbações de terceiros;

V – realizar a imediata reparação dos danos verificados no imóvel, ou nas suas instalações, provocados por si, seus dependentes, familiares, visitantes ou prepostos;

VI – não modificar a forma interna ou externa do imóvel sem o consentimento prévio e por escrito do locador;

VII – entregar imediatamente ao locador os documentos de cobrança de tributos e encargos condominiais, bem como qualquer intimação, multa ou exigência de autoridade pública, ainda que dirigida a ele, locatário;

VIII – pagar as despesas de telefone e de consumo de força, luz e gás, água e esgoto;

IX – permitir a vistoria do imóvel pelo locador ou por seu mandatário, mediante combinação prévia de dia e hora, bem como admitir que seja o mesmo visitado e examinado por terceiros, na hipótese prevista no art. 27;

X – cumprir integralmente a convenção de condomínio e os regulamentos internos;

XI – pagar o prêmio do seguro de fiança;

XII – pagar as despesas ordinárias de condomínio.

§ 1º Por despesas ordinárias de condomínio se entendem as necessárias à administração respectiva, especialmente:

a) salários, encargos trabalhistas, contribuições previdenciárias e sociais dos empregados do condomínio;

b) consumo de água e esgoto, gás, luz e força das áreas de uso comum;

c) limpeza, conservação e pintura das instalações e dependências de uso comum;

d) manutenção e conservação das instalações e equipamentos hidráulicos, elétricos, mecânicos e de segurança, de uso comum;

e) manutenção e conservação das instalações e equipamentos de uso comum destinados à prática de esportes e lazer;

f) manutenção e conservação de elevadores, porteiro eletrônico e antenas coletivas;

g) pequenos reparos nas dependências e instalações elétricas e hidráulicas de uso comum;

h) rateios de saldo devedor, salvo se referentes a período anterior ao início da locação;

i) reposição do fundo de reserva, total ou parcialmente utilizado no custeio ou complementação das despesas referidas nas alíneas anteriores, salvo se referentes a período anterior ao início da locação.

    O locatário fica obrigado ao pagamento das despesas referidas no parágrafo anterior, desde que comprovadas a previsão orçamentária e o rateio mensal, podendo exigir a qualquer tempo a comprovação das mesmas.

    No edifício constituído por unidades imobiliárias autônomas, de propriedade da mesma pessoa, os locatários ficam obrigados ao pagamento das despesas referidas no § 1º deste artigo, desde que comprovadas.

    Para Gildo dos Santos[10]: "Ao locador incumbe manter o imóvel em condições de habitabilidade para o uso normal da coisa locada, sendo, pois, obrigado a pagar as despesas com impermeabilização dos corredores, reformas de pisos da garagem, renovação de cargas de extintores de incêndio, equipamento de comunicação (telefones, interfones, fax, etc.)". O **art. 24** da Lei nº 8245/91 relata que nos imóveis utilizados como habitação coletiva multifamiliar, os locatários ou sublocatários poderão depositar judicialmente o aluguel e encargos se a construção for considerada em condições precárias pelo Poder Público.

---

[10] Santos, Gildo dos. Locação e despejo. 2. ed. São Paulo: RT, 1994.

O levantamento dos depósitos somente será deferido com a com a comunicação, pela autoridade pública, da regularização do imóvel. Os locatários ou sublocatários que deixarem o imóvel estarão desobrigados do aluguel durante a execução das obras necessárias à regularização. Os depósitos efetuados em juízo pelos locatários e sublocatários poderão ser levantados, mediante ordem judicial, para realização das obras ou serviços necessários à regularização do imóvel.

O **art. 25** da Lei nº 8245/91 relata que atribuída ao locatário a responsabilidade pelo pagamento dos tributos, encargos e despesas ordinárias de condomínio, o locador poderá cobrar tais verbas juntamente com o aluguel do mês a que se refiram. Se o locador antecipar os pagamentos, a ele pertencerão as vantagens daí advindas, salvo se o locatário reembolsá-lo integralmente.

O **art. 26** da Lei nº 8245/91 relata que necessitando o imóvel de reparos urgentes, cuja realização incumba ao locador, o locatário é obrigado a consenti-los. Se os reparos durarem mais de dez dias, o locatário terá direito ao abatimento do aluguel, proporcional ao período excedente; se mais de trinta dias, poderá rescindir o contrato.

1.2.4 Regras Inerentes do Condômino

O art. 1.335 do novo código civil revela que são direitos do condômino:
I - usar, fruir e livremente dispor das suas unidades;
II - usar das partes comuns, conforme a sua destinação, e contanto que não exclua a utilização dos demais compossuidores;
III - votar nas deliberações da assembleia e delas participar, estando quite.

O art. 1.336 do novo código civil revela que são deveres do condômino:
I - Contribuir para as despesas do condomínio, na proporção de suas frações ideais;
II - não realizar obras que comprometam a segurança da edificação;
III - não alterar a forma e a cor da fachada, das partes e esquadrias externas;
IV - dar às suas partes a mesma destinação que tem a edificação, e não as utilizar de maneira prejudicial ao sossego, salubridade e segurança dos possuidores, ou aos bons costumes.

O condômino que não pagar a sua contribuição ficará sujeito aos juros moratórios convencionados ou, não sendo previstos, os de um por cento ao mês e multa de até dois por cento sobre o débito. O condômino, que não cumprir qualquer dos deveres estabelecidos nos incisos II a IV, pagará a multa prevista no ato constitutivo ou na convenção, não podendo ela ser superior a cinco vezes o valor de suas contribuições mensais, independentemente das perdas e danos que se apurarem; não havendo disposição expressa, caberá à assembleia geral, por dois terços no mínimo dos condôminos restantes, deliberar sobre a cobrança da multa.

O art. 1.337 do novo código civil assevera que o condômino, ou possuidor, que não cumpre reiteradamente com os seus deveres perante o condomínio poderá, por deliberação de três quartos dos condôminos restantes, ser constrangido a pagar multa correspondente até ao quíntuplo do valor atribuído à contribuição para as despesas condominiais, conforme a gravidade das faltas e a reiteração, independentemente das perdas e danos que se apurem. O condômino ou possuidor que, por seu reiterado comportamento anti-social, gerar incompatibilidade de convivência com os demais condôminos ou possuidores, poderá ser constrangido a pagar multa correspondente ao décuplo do valor atribuído à contribuição para as despesas condominiais, até ulterior deliberação da assembleia. Os direitos de cada condômino às partes comuns são inseparáveis de sua propriedade exclusiva; são também inseparáveis das frações ideais correspondentes as unidades imobiliárias, com as suas partes acessórias.

O art. 1.341 do novo código civil assevera que a realização de obras no condomínio depende:

I - se voluptuárias, de voto de dois terços dos condôminos;

II - se úteis, de voto da maioria dos condôminos.

As obras ou reparações necessárias podem ser realizadas, independentemente de autorização, pelo síndico, ou, em caso de omissão ou impedimento deste, por qualquer condômino.

Se as obras ou reparos necessários forem urgentes e importarem em despesas excessivas, determinada sua realização, o síndico ou o condômino que tomou a iniciativa delas dará ciência à assembleia, que deverá ser convocada imediatamente. Não sendo urgentes, as obras ou reparos necessários, que importarem em despesas excessivas, somente poderão ser efetuadas após autorização da assembleia, especialmente convocada pelo síndico, ou, em caso de omissão ou impedimento deste, por qualquer dos condôminos. O condômino que realizar obras ou reparos necessários será reembolsado das despesas que efetuar, não tendo direito à restituição das que fizer com obras ou reparos de outra natureza, embora de interesse comum.

1.2.5 Dicas de convivência no Condomínio

Aviso, ao leitor que o conteúdo abaixo, tratado com muito zelo pelo ora autor, foi resultado de enorme trabalho e merece toda atenção da classe estudantil. Vamos revelar uma lista, com os principais assuntos-problema de um condomínio:

1.2.5.1 Autonomia relativa no uso das partes comuns do edifício

No sentido da originalidade do tema, vale a pena, conferir os artigos, logo abaixo, que tratam de maneira simples, as regras necessárias quanto ao uso da área comum:

O art. 1.338, 1339 e 1340 do Novo Código Civil preceituam que: Resolvendo o condômino alugar área no abrigo para veículos, preferir-se-á, em condições iguais, qualquer dos condôminos a estranhos, e, entre todos, os possuidores. Os direitos de cada condômino às partes comuns são inseparáveis de sua propriedade exclusiva; são também inseparáveis das frações ideais correspondentes as unidades imobiliárias, com as suas partes acessórias. É permitido ao condômino alienar parte acessória de sua unidade imobiliária a outro condômino, só podendo fazê-lo a terceiro se essa faculdade constar do ato constitutivo do condomínio, e se a ela não se opuser a respectiva assembleia geral. As despesas relativas a partes comuns de uso exclusivo de um condômino, ou de alguns deles, incumbem a quem delas se serve.

A indagação que podemos fazer sobre o correto uso das partes comuns do edifício, diz respeito ao critério de razoabilidade e bom senso, que devem sempre guiar as atitudes dos condôminos. É valido que o morador, por exemplo, tenha o direito de realizar uma festa de aniversário, no salão de festas, porém, não seria apropriado que esta festa se transformasse num show, onde seriam cobrados ingressos do público, ou ainda, que fosse divulgado em informativos por toda cidade. Sabe-se que a residência é um asilo inviolável e sendo assim, deve ser respeitado, o direito dos moradores em guardar sigilo, do local que residem. Além disso, ficaria difícil de controlar a circulação de pessoas estranhas nos arredores de um edifício, que promove shows todo ano, e ainda torna de uso público, um espaço reservado, apenas, aos moradores, qual seja, o salão de festas.

Especialmente, no que concerne ao aprendizado do leitor, se faz necessário que se entenda, o significado do termo 'partes comuns'. O art. 1.331, parágrafo segundo, do código civil, denuncia que: "O solo, a estrutura do prédio, o telhado, a rede geral de distribuição de água, esgoto, gás e eletricidade, a calefação e refrigeração centrais, e as demais partes comuns, inclusive o acesso ao logradouro público, são utilizados em comum pelos condôminos, não podendo ser alienados separadamente, ou divididos".

RESPONSABILIDADE CIVIL. CONDOMÍNIO. PISCINA.

Trata-se de REsp em que as recorrentes, mãe e filha, sucessivamente, objetivam indenização por parte dos recorridos (um condomínio, a seguradora dele e a fabricante de um equipamento utilizado na piscina do condomínio), em decorrência do acidente que vitimou a filha (segunda recorrente), à época com 10 anos de idade. Na ocasião, a infante sofreu afogamento na piscina localizada nas dependências do condomínio réu, devido ao fato de seus cabelos terem sido sugados pelo ralo de marca da fabricante instalado no fundo da piscina, o que lhe ocasionou sequelas graves, impondo-lhe condição de vida vegetativa permanente. Diante disso, a Turma, por maioria, entendeu que, no tocante à culpa do condomínio, ela ocorreu na medida em que substituiu o equipamento de recirculação e tratamento de água da piscina coletiva por outro de potência muito superior ao adequado à sua dimensão, bem como em razão do fato de permitir o funcionamento do mencionado sistema quando havia pessoas na piscina. Entendeu, também, que, nesse caso, em que, sob qualquer aspecto, presume-se como gravíssima a situação de aflição psicológica e de angústia no espírito da mãe, que teve sua filha menor vitimada no acidente, a demora no pagamento do seguro deu-se em momento de extrema fragilidade, frente à necessidade de pagamento do tratamento em curso, sendo devida, assim, à mãe indenização por danos morais. Entendeu, ainda, não ser razoável concluir que a ausência da mãe da criança no local tenha colaborado, de qualquer forma, para o resultado do incidente, a despeito do dever de vigilância que lhe é imposto pelo ECA. O malsinado incidente ocorreu não por descuido dos familiares da menina, mas pelos fatos acima descritos. A presença da genitora no local só adicionaria ao evento mais uma testemunha ao acidente que imputou à menor as gravíssimas sequelas que a acometeram, não havendo, assim, que se falar em culpa concorrente da mãe. Contudo, afastou a responsabilidade da fabricante, visto que restou consignado pelas instâncias ordinárias que os seus manuais traziam informações suficientes à demonstração do perigo pela utilização inadequada do produto, sendo expressos, ainda, ao alertar sobre a necessidade de que pessoas de cabelos longos os prendessem à altura da nuca ou fizessem uso de toucas para natação. Com esses fundamentos, entre outros, deu-se parcial provimento ao recurso, vencido em parte o Min. Luis Felipe Salomão, que responsabilizava também a fabricante. **REsp 1.081.432-SP, Rel. Min. Carlos Fernando Mathias (Juiz convocado do TRF da 1ª Região), julgado em 3/3/2009.**

1.2.5.2 Serviço de correspondência predial

Este tema suscitou algumas dúvidas na maioria das assembleias de condomínio. Seria mais eficaz poder deixar o carteiro, adentrar no prédio, com expressa autorização do síndico, ou ainda, numa hipótese, mais simples, fazer com que o porteiro, seja o único responsável pela entrega das cartas e encomendas aos destinatários? O certo é que no segundo caso citado, a responsabilidade sempre cairá sobre a administração do condomínio. Neste sentido, vale recordar que o porteiro, não pode sonegar correspondências, e caso isto aconteça, deve ser demitido imediatamente e o condomínio, terá de arcar com o prejuízo de cada morador, que foi prejudicado, com a ausência de recebimento de correspondências. No primeiro caso, em que o correio, mesmo através dos seus agentes, visitam pessoalmente a casa dos moradores, deve-se fazer um apelo para a justiça estadual, para que julgue procedente, o pedido de indenização contra a agência dos correios. Veja, jurisprudência conexa, ao tema:

COMPETÊNCIA. CORREIOS. CONDOMÍNIO.

Apesar de a discussão pautar-se na obrigação de os Correios entregarem correspondências na porta de cada um dos moradores (individualmente) ou na portaria do condomínio por eles formado, vê-se que não se está a apontar qualquer prejuízo àquela empresa pública, a indicar lesão a bens, serviços ou interesses da União, pois somente os particulares foram afetados pela retenção das missivas pela administração do condomínio (mais de cem mil). Daí que, no caso, a Justiça comum estadual é a competente para a apuração de eventual crime de sonegação de correspondência (art. 151, § 1º, I, do CP). **CC 95.877-SP, Rel. Min. Maria Thereza de Assis Moura, julgado em 11/2/2009.**

1.2.5.3 organização funcional das vagas de garagens

A respeito desta temática tão importante, nos ensina Silva Filho[11]: "Para que a vaga de garagem seja erigida à categoria de unidade autônoma, vários requisitos devem ser observados, apontando-se, entre eles, os seguintes: a) que cada vaga corresponda a uma fração ideal do terreno; b) que haja demarcação do espaço correspondente à vaga para identifica-lo perfeitamente; c) que cada espaço seja assinalado por designação numérica com averbação no Registro de Imóveis; d) que os espaços correspondentes às vagas sejam precisamente descritos na especificação do condomínio (área, localização, confrontações etc.)".

Uma questão importante na jurisprudência do Superior Tribunal de Justiça diz respeito ao uso das vagas de garagem. Veja logo abaixo:

EXTINÇÃO. VAGAS. GARAGEM. ASSEMBLEIA. CONDOMÍNIO.

A assembleia de condomínio não pode deliberar a redução de vagas de garagem com extinção das vagas pertencentes ao ora recorrente, pois não se extingue direito de propriedade por decisão daquela assembleia. Não é razoável que, mesmo após perícia, se extinga as vagas de garagem de um único condômino, mesmo constatado que o prédio não comportava as vagas então existentes, ademais quando não houve consentimento expresso de todos os prejudicados. **REsp 400.767-SP, Rel. Min. Aldir Passarinho Junior, julgado em 24/4/2007.**

Proposta interessante, também, do art.1.331, parágrafo primeiro, do novo código civil, que assevera: "Pode haver, em edificações, partes que são propriedade exclusiva, e partes que são propriedade comum dos condôminos. As partes suscetíveis de utilização independente, tais como apartamentos, escritórios, salas, lojas, sobrelojas ou abrigos para veículos, com as respectivas frações ideais no solo e nas

---

[11] Silva Filho, Elvino. As vagas de garagem nos edifícios de apartamentos. São Paulo: RT, 1977

outras partes comuns, sujeitam-se a propriedade exclusiva, podendo ser alienadas e gravadas livremente por seus proprietários".

Identifica-se, ainda, uma necessidade quanto a real garantia definitiva, das vagas de garagem. Bem, que Santos Vidal Junior[12], já alertava para este problema, quando emitiu a seguinte opinião: "a alteração da convenção, por simples maioria dos condôminos, para tornar definitivo sorteio de vagas de garagem em detrimento de alguns condôminos porque não se devem assegurar privilégios a alguns condôminos em detrimento de outros".

É certo, igualmente, que a solução alvitrada por essa posição doutrinária não está dissonante do posicionamento do art. 1.338, do código civil, que dispõe: "Resolvendo o condômino alugar área no abrigo para veículos, preferir-se-á, em condições iguais, qualquer dos condôminos a estranhos, e, entre outros, os possuidores".

1.2.5.4 Proteção sonora no terraço da cobertura

De resto, vamos explicitar uma situação cotidiana, para aprender melhor, tão vasto tema correlato de nossos estudos cíveis. A questão tormentosa da utilização do terraço da cobertura. Para melhor entendimento, cita-se o art.1.331, parágrafo 5º, "o terraço de cobertura é parte comum, salvo disposição contrária da escritura de constituição do condomínio". Isto representa dizer que, todos os moradores terão acesso irrestrito ao terraço, mesmo àqueles que moram em andares inferiores no prédio. Lembre-se que tudo deve ser feito com moderação e honestidade, pois, o excesso de poluição sonora, no terraço, pode acarretar prejuízo, ao morador que reside no andar anterior ao terraço. Muitas vezes, ocorre que alguns moradores promovem festas no terraço e acaba por perturbar a paz e tranquilidade da família, que tem apartamento situado, um andar abaixo da cobertura. Este morador pode acionar a justiça, para que o problema possa ser solucionado e a paz volte a reinar no convívio familiar.

Vale consignar, entendimento propício do código civil, que em seu at.1.344 relata que: "ao proprietário do terraço de cobertura incubem as despesas da sua conservação, de modo que não haja danos às unidades imobiliárias inferiores".

1.2.5.5 Vigilância no estacionamento predial

Identifica-se, pois, aqui a necessidade de uma solução obrigatória da perspectiva condominial. A partir da experiência de muitos anos trabalhando nesta área, pude chegar à conclusão que um dos problemas mais difíceis de solucionar é a falta de segurança nos estacionamentos dos prédios. A solução preventiva proposta por

---

[12] Vidal Junior, Júlio dos Santos. Locação e sorteio de vagas de garagem localizadas em edifício em condômino. In: Amorim, José Roberto Neves; Casconi, Francisco Antonio (coord.). Condomínio edilício – Aspectos relevantes – Aplicação do novo Código Civil. São Paulo: Método, 2005.

nós, para aqueles condomínios de luxo, onde tem carros que valem uma fortuna, seria que todos os carros tivessem um seguro próprio, contra roubo de veículos. E assim, também todas outras pessoas que desejam manter o carro sob uma proteção, mais qualificada, devem se submeter a assinar um contrato de seguro de carro. Claro, que estas pessoas devem, também, discutir com a seguradora, no contrato, o fato de possivelmente seu carro vir a ser roubado, no interior do condomínio. A seguradora terá que mostrar através de alguma cláusula especial, que também protege seu veículo, mesmo quando o mesmo, é roubado no próprio lugar onde reside.

Ademais, as constantes mudanças, e inovações dos textos legislativos levaram o Superior Tribunal de Justiça a reconhecer que o furto de algum veículo, em estacionamento de condomínio, deverá ser indenizado, conforme disposição abaixo:

INDENIZAÇÃO. RESPONSABILIDADE CIVIL. FURTO. MOTOCICLETA. ESTACIONAMENTO. CLUBE.

Cuida-se de recurso contra acórdão de Tribunal de Justiça que condenou o clube (associação social e recreativa) a indenizar a sócia pelo furto de sua motocicleta no estacionamento da agremiação. O Min. Relator destacou que, tanto para a situação de instituição sócio-recreativa como para condomínios, o entendimento consagrado da Quarta Turma deste Superior Tribunal é no sentido da validade da cláusula excludente de responsabilidade, considerada a natureza e fins da entidade em cujas dependências ocorre o furto. O que há de diferente, no presente caso, é a ausência de norma estatutária isentando a entidade pelo prejuízo sofrido pelo associado. No entanto, apreciando hipótese de furto em condomínio, a Segunda Seção, por maioria, ainda foi mais além, para somente ter como responsável a comunidade se expressamente previsto o encargo nas regras internas. Entendeu o Min. Relator que não há razão para se diferenciar o tratamento e, nessas condições, portanto, salvo existindo norma expressa, taxativa, da entidade assumindo a responsabilidade pelo dano ao sócio, nenhuma indenização é devida. Precedentes citados: REsp 86.137-SP, DJ 15/6/1998; REsp 268.669-SP, DJ 1º/10/2001, e EREsp 268.669-SP, DJ 26/4/2006. **REsp 310.953-SP, Rel. Min. Aldir Passarinho Junior, julgado em 10/4/2007.**

1.2.5.6 Usucapião de apartamento

O entendimento manuscrito do Superior Tribunal Federal pode melhor explicar o tema proposto, pelo ora autor:

USUCAPIÃO DE APARTAMENTO

Iniciado julgamento de recurso extraordinário em que se discute a possibilidade de usucapião de apartamento. Trata-se, na espécie, de recurso interposto contra acórdão do Tribunal de Justiça do Estado do Rio Grande do Sul que, ao fundamento de que o dispositivo constitucional que instituiu a usucapião urbano (CF, art. 183) destina-se somente a lotes e não a unidades de um edifício, mantivera sentença que extinguira o processo sem julgamento de mérito por impossibilidade jurídica do pedido (CF: "Art. 183. Aquele que possuir como sua área urbana de até duzentos e cinquenta metros quadrados, por cinco anos, ininterruptamente e sem oposição, utilizando-a para sua moradia ou de sua família, adquirir-lhe-á o domínio, desde que não seja proprietário de outro imóvel urbano ou rural."). O Min. Marco Aurélio, relator, deu parcial provimento ao recurso para afastar o óbice ao julgamento do mérito, por entender que o imóvel em questão está enquadrado no art. 183 da CF. Asseverou que, neste preceito, não se distingue a espécie de imóvel e que os requisitos nele previstos têm por objeto viabilizar a manutenção da moradia. Aduziu que, no caso, a recorrente pretende usucapir a unidade autônoma e não todo o prédio, não estando a propriedade, unidade condominial, vinculada à área global em que ocorrida a edificação, mas somente à fração de terreno a ela correspondente, conforme escritura constante do registro de imóveis, cuja área é inferior a duzentos e cinquenta metros quadrados. No ponto, citou as Leis 4.591/64 — que dispõe sobre o condomínio em edificações e as incorporações imobiliárias — e 6.015/73 (Lei de Registros Públicos), as quais preveem a necessidade de se averbar a individualização de cada unidade condominial; a Lei 10.257/2001 (Estatuto da Cidade), que admite a usucapião de área ou edificação urbana, sem ressalvar a unidade condominial; e a Lei 10.406/2002 (Código Civil), que também dispõe sobre usucapião de área urbana, sem qualquer restrição. **Após, pediu vista dos autos o Min. Carlos Britto. RE 305416/RS, rel. Min. Marco Aurélio, 25.5.2006. (RE-305416)**

1.2.5.7 Cobrança de multa em condomínio

Tendo em vista o disciplinamento do instituto da multa condominial, que só poderá ser cobrada em atraso de pagamento das cotas condominiais, se faz necessário, que notemos posicionamento normativo do novo código civil, art. 1.336, IV, parágrafo primeiro: "o condômino que não pagar a sua contribuição ficará sujeito aos juros moratórios, convencionados ou, não sendo previstos, os de um por cento ao mês e multa de até dois por cento sobre o débito".

O art. 1.345 do código civil, ainda, assevera que: "O adquirente de unidade responde pelos débitos do alienante, em relação ao condomínio, inclusive multas e juros moratórios".

Vale ressaltar que num condomínio que tem altos índices de inadimplência, o síndico, pode vir a promover um pedido de falência e se assim o fizer, destinar na justiça comum, parte dos bens dos devedores, para leilão público, como forma de quitação do montante da dívida, das cotas condominiais atrasadas.

Não é um posicionamento majoritário, na nossa doutrina, pois, existe a dificuldade de despejar pessoas endividadas do apartamento, com o receio de que não terão onde morar. O fato é que se estas pessoas, possuírem bens imobilizados, como por exemplo, um carro, é fato de que terão que colocar a venda para sanar tais dívidas com condomínio. O Superior Tribunal de Justiça manifestou sua opinião da seguinte forma:

DESPESAS. CONDOMÍNIO. COBRANÇA. MULTA.

Trata-se do percentual da multa devida por atraso no pagamento das cotas condominiais. O Tribunal *a quo* determinou a aplicação da multa em 20% conforme a convenção do condomínio. Mas, quanto às parcelas referentes ao período posterior, a entrada em vigência do novo Código Civil reduziu a multa para 2% de acordo com o art. 1.336, § 1º, desse diploma legal. A Turma confirmou a decisão recorrida. Argumentou o Min. Relator que, embora a convenção condominial determinasse a multa de 20%, trata-se de obrigação periódica, renovando-se mês a mês. Assim, a multa constituída sob a nova previsão do CC/ 2002 a acompanha, porquanto há revogação nesse particular, por incompatibilidade, do art. 12, § 3º, da Lei n. 4.591/1964 - a qual previa multa de até 20%. Precedente citado: REsp 663.285-SP, DJ 14/2/2004. **REsp 701.483-SP, Rel. Min. Jorge Scartezzini, julgado em 17/3/2004.**

CONDOMÍNIO. DESCONTO. PAGAMENTO ANTECIPADO.

O desconto concedido pelo pagamento antecipado de quota condominial não representa cobrança mascarada de multa de quem assim não faça, tratando-se de estímulo corretamente aplicado em épocas de alta inflação. A supressão do desconto não é penalidade. Note-se que até mesmo o Poder Público procede dessa forma na cobrança de seus impostos, não resultando mácula de ilegalidade. **REsp 236.828-RJ, Rel. Min. Carlos Alberto Menezes Direito, julgado em 31/8/2000.**

CONDOMÍNIO. RATEIO. QUOTA IDEAL.

Os condôminos, em assembleia, podem estipular, de forma livre, a fixação dos valores das quotas condominiais, que visam ao rateio das despesas do condomínio, desde que o façam obedecidos os requisitos formais, preservada a isonomia e descaracterizado o enriquecimento ilícito de alguns condôminos. O referido rateio, estipulado no mesmo valor, independente da fração ideal de cada condômino, não caracteriza enriquecimento ilícito daquele proprietário da fração ideal maior. Os custos, em regra, não são proporcionais ao tamanho das unidades, mas referem-se à manutenção das áreas comuns, aos pagamentos de impostos e funcionários. Assim, a Turma, conheceu em parte do recurso e, nessa parte, deu-lhe provimento, pois o

NOÇÕES PRELIMINARES DO CONDOMÍNIO 31

acórdão recorrido afrontou o art. 12, § 1º, da Lei no 4591/1964. **REsp 541.317-RS, Rel. Min. Cesar Asfor Rocha, julgado em 9/9/2003.**

1.2.5.8 Guarda de documentos pela administração do condomínio

Faz parte da função do síndico ou da administradora do prédio, a guarda de documentos e livros fiscais do condomínio, com o intuito de proteger a integridade e sigilo dos negócios, que todo condomínio realiza no decurso do ano. Segue, logo abaixo, jurisprudência importante do STJ, sobre o referido assunto:

SÍNDICO. LEGITIMIDADE AD CAUSAM. AÇÃO. EXIBIÇÃO DE DOCUMENTO.

Dentre as atribuições do síndico, está a de guarda de documentos relativos ao condomínio. No caso, encontrava-se ele no dever de guardar e conservar a documentação cuja exibição se pleiteia na medida cautelar. Mantendo em seu poder documentos de interesse do condomínio na condição de síndico, a ação cautelar deveria ser dirigida contra ele e não contra a comunhão. O síndico é que deve figurar no pólo passivo da lide. Precedente citado: REsp 224.429-RJ, DJ 11/6/

2 | Convenção do Condomínio

2.1 Nota do Autor

Segundo o art. 1332 do Código Civil: "Institui-se o condomínio edilício por ato entre vivos ou testamento, registrado no Cartório de Registro de Imóveis, devendo constar daquele ato, além do disposto em lei especial: I – a discriminação e individualização das unidades de propriedade exclusiva, estremadas uma das outras e das partes comuns; II – a determinação da fração ideal atribuída a cada unidade, relativamente ao terreno e partes comuns; III – o fim a que as unidades se destinam".

A Convenção de Condomínio é a Constituição, a lei maior de um Condomínio. Geralmente é feita pela Incorporadora que a coloca para apreciação dos Condôminos, na primeira Assembleia do Condomínio para ser lida, discutida e aprovada. É necessário para aprovação da convenção, 2/3 das frações ideais em assembleia especialmente convocada para esse fim. A convenção deve ser registrada no registro de imóveis bem como a averbação das suas eventuais alterações. Após sua aprovação, ela serve de base para todas as dúvidas que com certeza surgirão no decorrer da vida do Condomínio, ela regulamentará o comportamento e o rateio de despesas dos condôminos, estabelecendo normas de utilização tanto nas áreas privativas como nas áreas de uso comum. O Síndico deverá tê-la sempre em mãos, assim como também às suas alterações feitas em Assembleias, logicamente obedecendo aos parâmetros nela citados. São seus principais itens:

- Discriminação das partes de propriedade exclusiva, e as de condomínio, com especificações das diferentes áreas;
- O destino das diferentes partes;
- O modo de usar as coisas e serviços comuns;
- Encargos, forma e proporção das contribuições dos condôminos para as despesas de custeio e extraordinário e para despesas públicas extraordinárias;
- O modo de escolher o síndico e o conselho fiscal;

- Definir as atribuições do síndico e a natureza gratuita ou remunerada de suas funções;
- O modo e o prazo de convocação das assembleias gerais dos condôminos;
- O *quorum* para os diversos tipos de votações;
- A forma de contribuição para constituição de fundo de reserva;
- A forma e *quorum* para as alterações de convenção;
- A forma e *quorum* para a aprovação do regimento interno, quando não incluído na própria convenção.

2.2 Elementos da Convenção

2.2.1 Modelo de contrato

Silva Pereira discorre, sobre um dos elementos principais da convenção, quando ensina: "outrora admitido, hoje perdeu terreno, porque sua força coercitiva ultrapassa as pessoas que assinaram o instrumento, de sua constituição, para abraçar qualquer individuo que, por ingressar no agrupamento ou penetrar na esfera jurídica de irradiação das normas particulares, recebe os seus efeitos em caráter permanente ou temporário". Logo abaixo, segue um modelo de contrato de convenção:

Os abaixo assinados, titulares de direito e ação sobre CONDOMÍNIO DO EDIFÍCIO MILLENIUM firmam a presente Convenção, para a administração, conservação e ordem interna do Edifício, que se regerá pela Lei nº 4.591, de 16 de dezembro de 1964, pela legislação posterior complementar, pelas disposições gerais desta Convenção, pelo Regimento Interno e demais Regulamentos aprovados por Assembleia Geral, dentro das formalidades legais e do quorum legal ou convencionalmente previsto. Esta Convenção será devidamente registrada em Cartório do Registro de Imóveis, é obrigatória para todos os condôminos e só poderá ser modificada pelo voto de 2/3 (dois terços) das frações ideais componentes do Condomínio. O Regimento Interno e demais Regulamentos poderão ser modificados, em Assembleia Geral especificamente convocada, por maioria absoluta das unidades componentes do Condomínio.

Capítulo I
Da Propriedade

Art. 1º - O Condomínio do Edifício MILLENIUM é constituído de partes comuns a todos os condôminos e de unidades autônomas de propriedade exclusiva de cada comunheiro.

Art. 2º - O Edifício MILLEINUM é constituído de subsolo, pavimento térreo,

.... pavimentos-tipo e cobertura, com ... (....) apartamentos sendo quatro em cada pavimento-tipo, e uma loja, localizada no pavimento térreo, que tomou o número de ..., cabendo a cada uma das unidades autônomas a fração de .... avos do terreno e das coisas comuns.

Art. 3º - São consideradas partes em comum do Condomínio e de serviço de Edifício, ressalvadas as hipóteses reguladas em Lei, inalienáveis e indivisíveis, todas aquelas previstas no art. 3º, da Lei nº 4.591, de 16 de dezembro de 1964, especialmente:

a) o terreno sobre o qual foi construído o Edifício, com m2;

b) o parqueamento para automóveis, localizado no subsolo, com m2;

c) área localizada no pavimento térreo, na parte dos fundos, com m2;

d) o apartamento destinado ao zelador, com m2;

e) a entrada social do edifício, com m2;

f) a entrada de serviço e de acesso ao parqueamento subterrâneo, com m2;

g) o depósito de lixo, com m2;

h) a área de recreação localizada na cobertura com m2;

i) as áreas de circulação, em cada um dos pavimentos-tipos, cada qual com m2;

j) as caixas d'água;

l) os dois elevadores, com a respectiva caixa de máquinas e seus acessórios;

m) os poços de ventilação;

n) as instalações de ventilação e as de águas, esgotos sanitários, pluviais, incêndios, luz, gás e telefones, até os pontos de intersecção com as ligações de propriedade exclusiva de cada condômino;

o) o tubo coletor de lixo;

p) as fundações, estruturas, lajes, paredes que limitam as unidades autônomas, escadas, patamares e tudo o mais que por sua natureza, se destine ao uso dos condôminos.

Art. 4º - São consideradas coisas de propriedade exclusiva de cada condômino as respectivas unidades autônomas, respectivamente numeradas de ... a ..., ..., a ..., ..., a ..., ..., a ..., e Loja ... com todas as suas instalações internas, encanamentos, ralos, registros, eletrodutos, até as respectivas linhas-tronco, conforme as plantas e especificações técnicas, bem como os aparelhos e equipamentos integrantes das respectivas unidades autônomas.

Art. 5º - Ressalvadas as hipóteses previstas em Lei, o aspecto arquitetônico do Edifício só poderá ser modificado pela unanimidade dos votos componentes do Condomínio e as alterações em coisas de propriedade comum dependerão da aprovação de 2/3 (dois terços) dos condôminos.

Capítulo II
Dos Direitos e Deveres dos Condôminos

Art. 6º - São direitos dos condôminos:

a) usar, gozar, fruir e dispor das respectivas unidades autônomas, como melhor lhes aprouver, desde que respeitadas as disposições desta Convenção, do Regimento Interno e demais regulamentos da mesma decorrentes, da Lei nº 4.591, de 16/12/1964, das demais leis aplicáveis, e às normas da moral;

b) comparecer ou fazer-se representar nas Assembleias Gerais do Condomínio, podendo nelas propor, discutir, votar e ser votado, aprovar, impugnar, rejeitar qualquer proposição, desde que quites com o pagamento das cotas condominiais ordinárias ou extras;

c) examinar livros, arquivos, contas e documentos outros, podendo, a qualquer tempo, solicitar informações ao Síndico ou a Administradora, sobre as questões atinentes à administração do Condomínio;

d) fazer consignar no livro de atas das Assembleias ou no livro de sugestões e reclamações do Condomínio, eventuais críticas, sugestões, desacordos ou protestos contra atos que considerem prejudiciais à boa administração do Condomínio, solicitando ao Síndico, se for o caso, a adoção de medidas corretivas adequadas;

e) fazer uso das partes comuns do Condomínio, sobre elas exercendo todos os direitos que lhes são legalmente conferidos, bem como pelos que lhes conferem esta Convenção e o Regimento Interno, desde que não impeça uso igual aos demais comunheiros.

Art. 7º - São deveres dos condôminos:

a) cumprir e fazer cumprir, por si, seus herdeiros, familiares, locatários, serviçais, visitantes e sucessores a qualquer título, o disposto nesta Convenção e no Regimento Interno; na Lei nº 4.591, de 16/12/1964;

b) concorrer para as despesas comuns, na proporção fixada pelo Capítulo III desta Convenção, de acordo com o orçamento anualmente fixado por Assembleia Geral, ou suas alterações subsequentes, também aprovadas por Assembleias Gerais, recolhendo as quotas nos prazos estabelecidos;

c) responder pelas multas aplicadas pelo Síndico, por infração comprovada desta Convenção, do Regimento Interno ou da Lei nº 4.591, de 16-12-1964;
d) respeitar a Lei do Silêncio, especialmente após às 22 horas;
e) zelar pelo asseio e segurança do prédio, lançando o lixo, restos e detritos pelo tubo coletor próprio, devidamente envolvidos em pequenos pacotes ou sacos plásticos, nada podendo ser lançado para as partes comuns e muito menos para a rua, pelas janelas, proibição esta que inclui especificamente, cinza de cigarros;
f) comunicar ao Síndico qualquer caso de moléstia contagiosa, infecciosa ou endêmica, para as providências cabíveis junto às autoridades sanitárias;
g) facilitar ao Síndico, ou seu preposto, o acesso às unidades autônomas, para vistorias em casos de infiltrações, vazamentos ou demais causas;
h) manter em perfeito estado de conservação todas as instalações internas das respectivas unidades autônomas, de forma a evitar prejuízos ao Edifício, ou a outros condôminos, por infiltrações, vazamentos ou problemas daí decorrentes;
i) comunicar ao Síndico qualquer avaria ou mau funcionamento das instalações internas dos apartamentos que, por motivo de força maior, não possam ser imediatamente reparadas;
j) caberá a cada condômino a iniciativa e o ônus pela conservação e reparação das instalações internas dos apartamentos respectivos, bem como das tubulações de luz, gás, água, esgotos, telefones etc., até o encanamento-tronco;
l) cada condomínio será obrigado a reparar, por sua conta, todos e quaisquer danos que nas partes comuns ou a qualquer dos demais apartamentos do Edifício forem causados por defeitos nas instalações da sua propriedade, não reparadas a tempo podendo o Síndico ou os condôminos prejudicados exigir do responsável o ressarcimento do custeio da reparação integral dos danos daí derivados;
m) o condômino em cuja unidade autônoma forem realizadas obras, será responsável pela limpeza dos corredores e outros locais onde transitarem materiais de construção ou entulhos, os quais não poderão ser depositados em qualquer espaço de uso comum, correndo por sua conta e risco, os ônus e prejuízos que resultarem nas partes comuns do Edifício, proibição esta que se estende à colocação dos mesmos no interior das unidades de modo que seja visível da rua;
n) mesmo nas áreas de fundos é vedada a colocação externa de secadores que deixam gotejar;
o) é proibida a colocação de vasos, garrafas etc., nas janelas do edifício;

p) é proibido manter ou guardar nas unidades ou nas partes comuns substâncias perigosas à segurança do Edifício ou de seus ocupantes, tais como inflamáveis, explosivos etc.;
q) é proibido realizar obras que possam afetar a segurança das estruturas, ou lhes aplicar peso excessivo por depósitos, piscinas etc.;
r) os pisos das unidades não deverão ser lavados de modo a inundar as partes comuns e unidades próximas, nem as mesmas produzir infiltrações;
s) é proibido alugar ou transferir a qualquer título a unidade autônoma a pessoas de vida duvidosa ou de maus costumes, ou a converter em pontos de encontro, discotecas, agremiações política ou assemelhados, que se afastem da destinação residencial e familiar do prédio;
t) é proibido transportar nos elevadores cigarros ou similares acesos, bem como é proibido transportar nos mesmos quaisquer animais;
u) é vedado deixar abertas ou entreabertas as portas das unidades autônomas;
v) os condôminos e demais moradores se obrigam a manter fechadas à chave as entradas do prédio, no horário regulamentar de 22 às 7 horas, e a assistir seus visitantes, médicos etc., que devam entrar os sair durante esse período, evitando chamamento em altas vozes, assovios etc., entre a rua e a respectiva unidade autônoma, bem como qualquer outra perturbação do silêncio e sossego do prédio;
w) são proibidas aglomerações nas partes comuns a presença nas mesmas de vendedores e propagandistas, e os jogos ou brincadeiras de qualquer tipo, exceto, neste último caso, no terraço de recreação em horas autorizadas pelo Síndico, e desde que as crianças estejam acompanhadas pelos responsáveis;
x) ressalvadas as ocasiões de obras é proibido bater ou produzir impactos que afetem as demais unidades.

Capítulo III
Das Despesas Atribuídas aos Condôminos

Art. 8º - São conferidas despesas comuns que devem ser suportadas por todos os condôminos, na proporção determinada pelo parágrafo 1º deste artigo, todas aquelas constantes do orçamento a ser anualmente aprovado em Assembleia Geral Ordinária, como sejam, os salários dos empregados, as contribuições previdenciárias, as despesas com luz, força e gás relativas às partes comuns, taxas e esgotos, serviço e material para desinfecção, dedetização, desratização e limpeza das partes comuns, manutenção, remoção ou substituição de peças dos elevadores, das bombas de elevação e sucção de água, do equipamento de prevenção contra incêndio e demais equipamentos, além dos impostos, taxas, prêmios de seguro e contribuições de qualquer natureza que incidam sobre o Edifício, a remuneração do Síndico e da administradora de imóveis contratada e as despesas com a conservação dos elevadores.

§ 1º - Cada uma das unidades ... a ..., ... a ..., ... a ... e ... a .... contribuirão para as despesas comuns na proporção de ... avos por cada unidade; o apartamento ..., localizado na cobertura do Edifício, contribuirá com ... avos.

§ 2º - A loja ... fica isenta do pagamento das despesas comuns, pagando porém o seguro da edificação, na proporção de ... avos e os serviços que, efetivamente, utilizar.

Art. 9º - As despesas referentes a consertos e obras de qualquer natureza nas partes comuns do Edifício, até o valor de ...., poderão ser efetuadas pelo síndico, ouvido o Conselho Consultivo, independentemente da convocação da Assembleia, o qual providenciará imediatamente o rateio correspondente, caso o saldo existente na conta corrente do Condomínio seja insuficiente. Para cada despesa equivalente à prevista neste artigo deverá haver posterior ratificação da Assembleia que, uma vez confirmada, revalidará a autorização acima. Para a realização de obras que excedam o valor acima previsto, deverá ser convocada uma Assembleia Geral que a autorize.

Art. 10 - Haverá um Fundo de Reserva para a realização de despesas não previstas no orçamento, Terá este o valor correspondente a .....% (...... por cento) do valor das contribuições condominiais ordinárias, podendo ser movimentado pelo Síndico, com a aquiescência do Conselho Consultivo.

Art. 11 - As cotas condominiais ordinárias poderão ser cobradas, mensal ou trimestralmente, a critério da Assembleia Geral. Em caso de cobrança mensal, o vencimento recairá no dia .....(.......) do mês a que se referir. Se for trimestral a cobrança, recairá o vencimento no dia ...... (........) do primeiro mês do trimestre a que se referir.

Parágrafo único - A cobrança das cotas extraordinárias poderá ser efetuada em datas diversas.

Art. 12 - Todo e qualquer dano causado ao Edifício em suas partes comuns deverá ser indenizado por quem o causar. No caso de morador, locatário, dependente ou visitante, responderá o proprietário pelas despesas.

Capítulo IV
Da Destinação, Uso e Fruição

Art. 13 - Os apartamentos têm destinação exclusivamente residencial, sendo vedada qualquer outra destinação, inclusive a sublocação ou cessão gratuita ou onerosa parcial das unidades.

Art. 14 - A loja ... localizada no pavimento térreo, tem destinação exclusivamente comercial, ficando porém excluídos os ramos de bar, lanchonete, restaurante, boate, discoteca, açougue, oficina mecânica, borracheiro e qualquer outro que possa pertubar a tranquilidade e o sossego dos moradores.

Art. 15 - Aos proprietários, seus dependentes, locatários, serviçais ou moradores a qualquer título, é vedado o uso das partes comuns do Condomínio para depósitos de qualquer natureza, especialmente entulhos, móveis etc., bem como é expressamente proibido o ajuntamento ou reunião de pessoas, exceto nas reuniões do Condomínio.

Art. 16 - Fica expressamente proibida a manutenção de animais nas unidades autônomas ou em partes comuns do Condomínio.

Capítulo V
Da Administração do Condomínio

Art. 17 - A administração do Condomínio será exercida por um Síndico, preferencialmente condômino ou morador no prédio, eleito em Assembleia Geral, com mandato remunerado de um ano, podendo ser reeleito.

Art. 18 - Compete ao Síndico, além das atribuições específicas e constantes do § 1º, do art. 22, da Lei nº 4.591, de 16/12/1964:
a) organizar o quadro dos empregados para os serviços comuns, designando-lhes atribuições, deveres e obrigações;
b) admitir, demitir e punir, os empregados do Edifício, bem como fixar seus respectivos salários, dentro do estabelecido no orçamento contratual;
c) contratar engenheiros, advogados, peritos, contadores etc., quando necessário, para a defesa dos interesses do Condomínio;
d) ter sob sua guarda e transferir ao seu sucessor todos os valores, livros, documentos, plantas, registros etc., e tudo o mais de propriedade do Condomínio;
e) cobrar inclusive judicialmente, as quotas condominiais ordinárias ou extras, aprovadas por Assembleia, e que estejam em atraso, bem como cobrar as multas estabelecidas;
f) receber e dar quitação em nome do Condomínio, movimentar contas bancárias, representar o Condomínio perante repartições públicas e entidades privadas e praticar todos os demais atos necessários à administração, inclusive financeira do Condomínio;
g) notificar, por escrito, o condômino infrator de qualquer dispositivo desta Convenção, do Regimento Interno ou da Lei nº 4.591, de 16/12/1964;
h) remeter, mensal ou trimestralmente aos condôminos, um resumo das receitas e despesas do Condomínio, apresentando, quando solicitado, os documentos comprobatórios;
i) elaborar, com a assistência do Conselho Consultivo, o orçamento anual;

j) convocar Assembleias Gerais Ordinárias no primeiro trimestre de cada ano, e Assembleias Gerais Extraordinárias, sempre que se fizer necessário.

§ 1º - As funções administrativas poderão ser delegadas a pessoas jurídicas da confiança do Síndico, e sob a sua inteira responsabilidade, mediante aprovação da Assembleia Geral.

§ 2º - O Síndico não é pessoalmente responsavél pelas obrigações que assumir em nome do Condomínio. Responderá, porém, se for o caso, pelo excesso de representação.

§ 3º - Das decisões do Síndico caberá recurso para a Assembleia Geral, que poderá ser convocada por solicitação escrita do interessado, que arcará com todas as despesas da convocação, salvo se o recurso for provido.

Art. 19 - Será eleito na mesma Assembleia que eleger o Síndico, e pelo mesmo período, permitida a reeleição, um Conselho Consultivo composto de três membros, todos condôminos.

Parágrafo único - Poderão ser eleitos até dois condôminos para Suplentes do Conselho Consultivo, que substituirão os efetivos em seus impedimentos eventuais ou definitivos.

Art. 20 - Ao Conselho Consultivo compete, além do estabelecido no parágrafo único, do art. 23, da Lei nº 4.591, de 16/12/1964:

a) agir coletivamente e orientar o Síndico, quando solicitado, sobre assuntos de interesse do Condomínio;
b) encaminhar e dar parecer sobre as contas do Síndico;
c) autorizar a movimentação do Fundo de Reserva;
d) autorizar ou não a realização de obras até o valor de dez salários-referência, vigentes neste Estado.

§ 1º - Dentre os membros do Conselho Consultivo será escolhido um Presidente, a quem competirá substituir o Síndico em seus impedimentos eventuais.

§ 2º - As decisões do Conselho Consultivo serão sempre tomadas por maioria de votos.

Art. 21 - O Síndico, ou qualquer dos membros do Conselho Consultivo poderão ser destituídos pelo voto de 2/3 (dois terços) dos condôminos presentes em Assembleia Geral especialmente convocada para este fim.

Capítulo VI
Das Assembleias Gerais

Art. 22 - A Assembleia Geral é o órgão soberano do Condomínio, reunindo-se em local, data e hora indicados no edital de convocação.

Art. 23 - A Assembleia reunir-se-á:

a) Ordinariamente, no primeiro trimestre de cada ano, para discutir, aprovar ou rejeitar, no todo ou em parte, as contas do exercício anterior, aprovar o orçamento para o novo exercício, eleger o Síndico e o Conselho Consultivo e tratar de assuntos de interesse geral;

b) Extraordinariamente, sempre que se fizer necessário, podendo ser convocada pelo Síndico, por condôminos que representem 1/4 (um quarto) das unidades autônomas competentes do Condomínio, ou pelo Conselho Consultivo, especificamente no caso previsto pelo § 3°, do artigo 18, desta Convenção.

§ 1° - As convenções para as Assembleias Gerais serão feitas através de cartas circulares enviadas para todos os condôminos, com antecedência mínima de oito dias da data fixada para a sua realização e por publicação na imprensa, devendo constar do edital os assuntos a serem tratados, além da hora e local para a sua realização.

§ 2° - As Assembleias serão realizadas em primeira convocação com a presença de maioria absoluta dos condôminos, ou em segunda e última convocação, com qualquer número de presentes, trinta minutos após o horário designado para a sua realização em primeira convocação.

§ 3° - As Assembleias serão presididas por qualquer condômino, exceto o Síndico, que escolherá dentre os presentes, o Secretário incumbido de lavrar a ata em livro próprio, que será assinado pelos membros da Mesa e pelos condôminos que assim o desejarem.

§ 4° - Os condôminos poderão se fazer representar por procuradores devidamente habilitados, munidos de instrumentos revestidos das formalidades legais.

§ 5° - Nas Assembleias cada unidade terá direito a um voto. Caso, por qualquer motivo, uma unidade vier a pertencer a duas ou mais pessoas, dentre eles uma será escolhida para representá-la.

§ 6° - Os Condôminos que estiverem em débito para com o Condomínio, seja este oriundo do atraso no pagamento de quotas condominiais ordinárias ou extras, ou de multas aplicadas pelo Síndico, não terão direito a voto nas Assembleias.

§ 7° - As decisões das Assembleias, ressalvados os casos do quorum especial previstos em Lei ou nesta Convenção, serão sempre tomadas por maioria de votos dos presentes o obrigam a todos os condôminos, mesmo os ausentes.

§ 8° - As decisões das Assembleias Gerais serão levadas ao conhecimento dos condôminos, nos oito dias subsequentes à sua realização.

Capítulo VII
Dos Seguros e da Destinação em Caso de Sinistro

Art. 24 - Fazem parte integrante desta Convenção os artigos 13 a 18 e seus parágrafos, da Lei nº 4.591, de 16 de dezembro de 1964.

Capítulo VIII
Da Garagem

Art. 25 - O Edifício possui, no subsolo, área destinada ao parqueamento de veículos, cuja utilização será objeto do regulamento próprio, vez que não existem vagas vinculadas a qualquer das unidades.

Capítulo IX
Das Penalidades

Art. 26 - Pelo não cumprimento às disposições desta Convenção, do Regimento Interno, dos Regulamentos, ou da Lei nº 4.591, de 16/12/1964, ficarão os condôminos, seus dependentes, locatários, serviçais ou sucessores sujeitos às seguintes penalidades:

a) por infração comprovada ao artigo 5 desta Convenção: multa de .... por ocasião do respectivo pagamento, além da obrigação de repor as coisas em seu estado primitivo, no prazo de trinta dias, a contar da data da comunicação escrita do Síndico ou de quem suas vezes fizer;

b) perda do direito de voto e de representação nas Assembleias, se não estiverem quites com o pagamento das contribuições condominiais ordinárias ou extras, ou de multas aplicadas pelo Síndico, por infração comprovada da Convenção ou da Lei do Condomínio;

c) o pagamento das quotas condominiais ordinárias ou extras em data posterior à estabelecida será acrescido dos juros moratórios de 1% (um por cento) ao mês, além da multa de ......% (....... por cento), sendo que, passados cento e oitenta dias sem que o débito tenha sido quitado, será este atualizado com base nos índices fixados pelo Governo Federal;

d) no caso de cobrança judicial do débito relativo a quotas condominiais ordinárias ou extras, ou de multas aplicadas judiciais e honorários advocatícios;

e) quando ocorrerem estragos ou danos à propriedade comum, por culpa ou negligência do condômino, seu inquilino, dependentes, serviçais ou sucessores, ou por força de defeitos nas instalações das respectivas unidades autônomas, o responsável responderá pelo custo dos reparos que serão mandados executar pelo Síndico que, antes, por escrito, comunicará o responsável. Ao custo dos reparos, se não realizados pelo responsável, no prazo de trinta dias a contar da data do recebimento da comunicação do Síndico, serão acrescidos 10% (dez por cento), que reverterão em favor do Condomínio, sem prejuízo das outras penalidades previstas em Lei ou nesta Convenção;

f) o condômino que der causa a despesas suportará sozinho o excesso correspondente;

g) pelo não cumprimento de qualquer disposição desta Convenção do Regimento Interno, dos Regulamentos ou da Lei do Condomínio, exceto nos casos em que houver sido prevista outra penalidade, ficará o infrator sujeito ao pagamento da multa equivalente a dois salários-referência vigentes no Estado de ....., que será cobrada em dobro, em caso de reincidência.

Art. 27 - Independentemente de quem tenha sido o infrator, as multas serão sempre aplicadas ao proprietário da unidade, que poderá acionar regressivamente o causador do dano, após pagar a multa.

Parágrafo único - As multas por infração a esta Convenção, ao Regimento Interno, aos Regulamentos, ou à Lei número 4.591, de 16/12/1964, serão aplicadas pelo Síndico, delas cabendo recurso para a Assembleia Geral.

Capítulo X
Das Disposições Gerais

Art. 28 - Os proprietários, promitentes compradores, cessionários, promitentes cessionários, usufrutuários ou adquirentes a qualquer título, se obrigam por si, seus herdeiros, locatários, serviçais, visitantes e sucessores a qualquer título, pelo fiel cumprimento desta Convenção, do Regimento Interno e dos Regulamentos do Condomínio do Edifício ... sendo obrigatório, em caso de venda, doação, cessão, legado, usufruto, locação ou alienação da unidade autônoma, a qualquer título fazer constar dos respectivos títulos a obrigação de respeitar a presente Convenção, o Regimento Interno e os demais Regulamentos do Edifício.

Art. 29 - Os casos omissos serão resolvidos pelo Síndico, com assistência do Conselho Consultivo, à vista das leis que regem os condomínios ou da jurisprudência firmada em torno do assunto amigável ou judicialmente.

Art. 30 - Fica eleito o foro da Cidade de ... com renúncia expressa de qualquer outro, por mais privilegiado que seja, para dirimir qualquer ação ou dúvida que, direta ou indiretamente, decorra da presente Convenção.

Local e data

Assinaturas

2.2.2 Conteúdo formal da convenção

Todos (proprietários, locatários, funcionários, síndico...) devem obediência à Convenção que, por sua vez, não pode contrariar a Lei n.º 4591/64, conhecida como a Lei do Condomínio e as alterações efetuadas no Novo Código Civil nas partes dos artigos 1.335 e seguintes. O art. 9º da lei nº 4.591/64 relata que além de outras normas aprovadas pelos interessados, a Convenção deverá conter:

a) a discriminação das partes de propriedade exclusiva, e as de condomínio, com especificações das diferentes áreas;

b) o destino das diferentes partes;

c) o modo de usar as coisas e serviços comuns;

d) encargos, forma e proporção das contribuições dos condôminos para as despesas de custeio e para as extraordinárias;

e) o modo de escolher o síndico e o Conselho Consultivo;

f) as atribuições do síndico, além das legais;

g) a definição da natureza gratuita ou remunerada de suas funções;

h) o modo e o prazo de convocação das assembleias gerais dos condôminos;

i) o quorum para os diversos tipos de votações;

j) a forma de contribuição para constituição de fundo de reserva;

l) a forma e o quorum para as alterações de convenção;

m) a forma e o quorum para a aprovarão do Regimento Interno quando não incluídos na própria Convenção.

Segundo o art. 1.333 do código civil: "A convenção que constitui o condomínio edilício deve ser subscrita pelos titulares de, no mínimo, dois terços das frações ideais e torna-se, desde logo, obrigatória para os titulares de direito sobre as unidades, ou para quantos sobre elas tenham posse ou detenção. Para ser oponível contra terceiros, a convenção do condomínio deverá ser registrada no Cartório de Registro de Imóveis".

Porém, vale lembrar posicionamento jurisprudencial do Superior Tribunal de Justiça, que afirma na súmula nº 260: "A convenção de condomínio aprovada, ainda que sem registro, é eficaz para regular as relações entre os condôminos".

Segundo o art. 22 da lei nº 4.591/64 relata que será eleito, na forma prevista pela Convenção, um síndico do condomínio, cujo mandato não poderá exceder de 2 anos, permitida a reeleição. Compete ao síndico:

a) representar ativa e passivamente, o condomínio, em juízo ou fora dêle, e praticar os atos de defesa dos interêsses comuns, nos limites das atribuições conferidas por esta Lei ou pela Convenção;

b) exercer a administração interna da edificação ou do conjunto de edificações, no que respeita à sua vigência, moralidade e segurança, bem como aos serviços que interessam a todos os moradores;
c) praticar os atos que lhe atribuírem as leis a Convenção e o Regimento Interno;
d) impor as multas estabelecidas na Lei, na Convenção ou no Regimento Interno;
e) cumprir e fazer cumprir a Convenção e o Regimento Interno, bem como executar e fazer executar as deliberações da assembleia;
f) prestar contas à assembleia dos condôminos.
g) manter guardada durante o prazo de cinco anos para eventuais necessidade de verificação contábil, toda a documentação relativa ao condomínio.

As funções administrativas podem ser delegadas a pessoas de confiança do síndico, e sob a sua inteira responsabilidade, mediante aprovação da assembleia geral dos condôminos. A Convenção poderá estipular que dos atos do síndico caiba recurso para a assembleia, convocada pelo interessado.

Vale informar que além das clausulas do art.1.332 do código civil e das que os interessados houverem por bem estipular, a convenção determinará:

I – a quota proporcional e o modo de pagamento das contribuições dos condôminos para atender às despesas ordinárias e extraordinárias do condomínio;

II – sua forma de administração;

III – a competência das assembleias, forma de sua convocação e quorum exigido para as deliberações;

IV – as sanções a que estão sujeitos os condôminos, ou possuidores;

V – o regimento interno;

É importante ressaltar que a convenção poderá ser feita por escritura pública ou por instrumento particular. Todas estas palavras tiveram como fonte principal o art. 1.334 do código civil.

2.2.3 Limites principais do síndico na convenção

Ao síndico, que poderá ser condômino ou pessoa física ou jurídica estranha ao condomínio, será fixada a remuneração pela mesma assembleia que o eleger, salvo se a Convenção dispuser diferentemente. O síndico poderá ser destituído, pela forma e sob as condições previstas na Convenção, ou, no silêncio desta pelo voto de dois terços dos condôminos, presentes, em assembleia-geral especialmente convocada. A Convenção poderá prever a eleição de subsíndicos, definindo-lhes atribuições e fixando-lhes o mandato, que não poderá exceder de 2 anos, permitida a reeleição.

Se estiver previsto em Convenção, o síndico poderá ficar isento da taxa condominial ou receber honorários, sendo omissa esta previsão, esta decisão deverá ser tomada pela Assembleia que o elegeu. O síndico que praticar irregularidades, não prestar conta, ou não administrar convenientemente o condomínio, poderá ser destituído com a deliberação da maioria estipulada pela convenção.

Mesmo que não esteja disposto em convenção, o síndico poderá constranger condômino a pagar multa correspondente, ao décuplo do valor atribuído à contribuição, para as despesas condominiais, desde que, este venha a ter um comportamento, anti-social e ainda, tenha incompatibilidade de convivência com os demais moradores. Esta afirmação tem como fonte principal, o art. 1.337, parágrafo único, do código civil.

2.3 Considerações doutrinárias sobre a convenção de condomínio

Segundo Silva Pereira[13]: "Diante da dúvida levantada e das sugestões oferecidas, o legislador aceitou o critério da maioria qualificada, e considera-se hoje aprovada (lei 4.591/1964, art. 9°, § 2°) a convenção que conte com o voto de dois terços das frações ideais que compõem o condomínio (...). Não bastam, porém, a manifestação oral, a declaração de voto, o registro de ata da assembleia. Tem a convenção de ser levada ao Registro Imobiliário e ali ser depositado o texto autografado inicial. É indispensável à sua eficácia, como à validade do registro, que o instrumento inscrito da convenção traga as assinaturas dos titulares de direitos sobre as unidades autônomas".

Franco & Nisske[14] sugerem que, mesmo fora das hipóteses usuais de outros autores: "o intérprete deve distinguir duas situações, ou seja, a elaboração da convenção de condomínio à base do que ficar discutido e aprovado em assembleia, para a qual devem ser convocados todos os interessados, ou a elaboração daquele instrumento por um grupo de condôminos, como perfeitamente válido o de dois terços das frações ideais do condomínio, porque se ensejam à totalidade da massa de condôminos, naquela reunião plenária, a discussão e a votação dos itens fundamentais do estatuto condominial. Contudo, sem a reunião assemblear dos interessados, o instrumento de convenção só ganha validade se contar com a assinatura da totalidade da massa condominial".

Há na doutrina, em geral, um consenso no sentido de que, a convenção sempre terá normas, que são idealizadas para atender ao interesse organizacional,

---

[13] Pereira, Caio Mário da Silva. Condomínio e incorporações. 3. ed. Rio de Janeiro: Forense, 1977.

[14] Franco, João Nascimento; Gondo, Nisske. Condomínio em edifícios. 4.ed. São Paulo: RT, 1978.

dos próprios condôminos, conforme assevera Amorim[15]: "Daí podemos dizer que convenção condominial é o conjunto de normas, criadas e impostas pelos próprios condôminos, regulamentadoras do comportamento e da conduta das pessoas que vivem numa comunidade determinada ou nela estejam, ainda que temporariamente, sujeitando-se às sanções em caso de violação, mas sempre de acordo com as leis emanadas do poder público(...) Deve, pois, a convenção condominial estar em sintonia com a lei, porque, apesar da autonomia dos condôminos em auto-regulamentar suas condutas (interna corporis), jamais poderão perder de vista as leis editadas pelo poder público, cuja obediência se impõe pelo princípio da supremacia da ordem pública sobre as deliberações privadas".

Del Nero[16] encerra o debate doutrinário, ao afirmar que: "A lei é instrumento para se alcançarem fins humanos e se reprimirem atitudes anti-sociais – princípio que constitui verdadeira conquista revolucionária no direito moderno. Em consequência, 'a atividade do juiz somente deve cessar quando naquela exista proibição explícita'. Não se trata, portanto, de contrariá-la, mas de dar-lhe alcance e conteúdo que abranjam casos nela não contidos explicitamente, mas inerentes à sua finalidade e ao sistema jurídico de que fazem parte e aos valores morais prevalecentes".

---

[15] Amorim, José Roberto Neves. Convenção de condomínio e legalidade das limitações. In:___; Casconi, Francisco Antonio (coord.). Condomínio edilício – aspectos relevantes – aplicação do novo Código Civil. São Paulo: Método, 2005.

[16] Del Nero, João. Interpretação realista do direito e seus reflexos na sentença. São Paulo: RT, 1987.

3 | *Assembleia do Condomínio*

2.1 Assembleia Geral

O art. 1.350 do Código Civil Brasileiro dispõe que: "Convocará o síndico, anualmente, reunião da assembleia dos condôminos, na forma prevista na convenção, a fim de aprovar o orçamento das despesas, as contribuições dos condôminos e a prestação de contas, e eventualmente eleger-lhe o substituto e alterar o regimento interno." No dispositivo acima, nos reflete que é de inteira responsabilidade do síndico de convocar a reunião da assembleia dos condôminos. Entretanto no parágrafo primeiro do mesmo artigo ele faz referência da possibilidade dos condôminos de realizar a assembleia "§ 1º-Se o síndico não convocar a assembleia, um quarto dos condôminos poderá fazê-lo".

Nas lições de Franco & Gondo[17]: "O que a lei pretendeu dizer é que, pelo menos uma vez por ano, se reúne a assembleia geral ordinário. Estabelece-se o mínimo, sem, no entanto, impedir que a convenção disponha diferentemente, prevendo duas ou mais assembleias gerais ordinárias e fixando o dia ou, pelo menos, o período dentro do qual anualmente elas se realizam".

- planeje e discuta com o Conselho o conteúdo da Assembleia;
- divulgue exaustivamente e procure obter o compromisso da presença dos condôminos;
- tenha sempre em mãos a Convenção e o Regulamento para eventuais consultas;
- conduza a reunião de modo a não se desviar dos assuntos pautados;
- exponha com clareza os assuntos da pauta e procure ouvir várias opiniões antes de colocá-los em votação.

---

[17] Franco, João Nascimento; Gondo, Nisske. Condomínio em edifícios. 4.ed. São Paulo: RT, 1978.

O art. 24 da lei nº 4.591/64 assevera que haverá, anualmente, uma assembleia geral ordinária dos condôminos, convocada pelo síndico na forma prevista na Convenção, à qual compete, além das demais matérias inscritas na ordem do dia, aprovar, por maioria dos presentes, as verbas para as despesas de condomínio, compreendendo as de conservação da edificação ou conjunto de edificações, manutenção de seus serviços e correlatas. As decisões da assembleia, tomadas, em cada caso, pelo quorum que a Convenção fixar, obrigam todos os condôminos. O síndico, nos oito dias subsequentes à assembleia, comunicará aos condôminos o que tiver sido deliberado, inclusive no tocante à previsão orçamentária, o rateio das despesas, e promoverá a arrecadação, tudo na forma que a Convenção previr. Nas assembleias gerais, os votos serão proporcionais às frações ideais do terreno e partes comuns, pertencentes a cada condômino, salvo disposição diversa da Convenção. Se a assembleia não se reunir para exercer qualquer dos poderes que lhe competem, 15 dias após o pedido de convocação, o Juiz decidirá a respeito, mediante requerimento dos interessados.

O art. 1.331 do novo código civil relata que pode haver, em edificações, partes que são propriedade exclusiva, e partes que são propriedade comum dos condôminos. As partes suscetíveis de utilização independente, tais como apartamentos, escritórios, salas, lojas, sobrelojas ou abrigos para veículos, com as respectivas frações ideais no solo e nas outras partes comuns, sujeitam-se a propriedade exclusiva, podendo ser alienadas e gravadas livremente por seus proprietários. O solo, a estrutura do prédio, o telhado, a rede geral de distribuição de água, esgoto, gás e eletricidade, a calefação e refrigeração centrais, e as demais partes comuns, inclusive o acesso ao logradouro público, são utilizados em comum pelos condôminos, não podendo ser alienados separadamente, ou divididos. A fração ideal no solo e nas outras partes comuns é proporcional ao valor da unidade imobiliária, o qual se calcula em relação ao conjunto da edificação. O terraço de cobertura é parte comum, salvo disposição contrária da escritura de constituição do condomínio.

O art. 1.332 do novo código civil relata que institui-se o condomínio edilício por ato entre vivos ou testamento, registrado no Cartório de Registro de Imóveis, devendo constar daquele ato, além do disposto em lei especial:

I - a discriminação e individualização das unidades de propriedade exclusiva, estremadas uma das outras e das partes comuns;

II - a determinação da fração ideal atribuída a cada unidade, relativamente ao terreno e partes comuns;

III - o fim a que as unidades se destinam.

A convenção que constitui o condomínio edilício deve ser subscrita pelos titulares de, no mínimo, dois terços das frações ideais e torna-se, desde logo, obrigatória para os titulares de direito sobre as unidades, ou para quantos sobre elas tenham posse ou detenção. Para ser oponível contra terceiros, a convenção do condomínio deverá ser registrada no Cartório de Registro de Imóveis. Além das cláusulas referidas no art. 1.332 e das que os interessados houverem por bem estipular, a convenção determinará:

I - a quota proporcional e o modo de pagamento das contribuições dos condôminos para atender às despesas ordinárias e extraordinárias do condomínio;

II - sua forma de administração;

III - a competência das assembleias, forma de sua convocação e quorum exigido para as deliberações;

IV - as sanções a que estão sujeitos os condôminos, ou possuidores;

V - o regimento interno.

Existem dois tipos de Assembleias: *Assembleia Geral Ordinária - AGO e a Assembleia Geral Extraordinária - AGE.*

3.1.1 Assembleia Geral Ordinária

A Lei do Condomínio obriga a realização, pelo menos uma vez por ano, da Assembleia Geral Ordinária - AGO, salvo disposição contrária na Convenção do Condomínio. Deve ser votado ou deliberado na AGO o orçamento das despesas de conservação e manutenção do edifício para o exercício seguinte: prestação de contas feita pelo síndico, referente ao exercício anterior para aprovação ou não; e eleição de síndico, se for o caso.

3.1.2 Assembleia Geral Extraordinária

A Assembleia Geral Extraordinária - AGE serve para tratar assuntos de interesse do condomínio, não previstos nas assembleias ordinárias. Serão realizadas sempre que a ocasião assim o exigir, especialmente quando o tema não puder aguardar a realização da AGO para decisão. Pode ser deliberado numa AGE despesas extras, obras, benfeitorias, modificação da Convenção e quaisquer assuntos de interesse geral e imediato do condomínio.

Para a convocação de uma Assembleia Geral (AGO ou AGE) deve ser feito edital constando data, horário, local da reunião, ordem do dia e um resumo da matéria a ser deliberada. O prazo para convocação é o previsto na Convenção do Condomínio; caso a mesma seja omissa, aconselha-se um prazo de 10 (dez) dias de antecedência. Ao término da reunião, deve ser elaborada uma ata e coletadas assinaturas do presidente e do secretário. Se não for possível no mesmo dia, faça-a logo no dia seguinte. Não deixe decorrer muito tempo entre a reunião e a lavratura da ata. O síndico deverá mandar a todos os condôminos cópia da ata ou comunicação que resuma o deliberado na assembleia.É interessante estipular algumas datas para reuniões de síndico, subsíndico e conselho para avaliação permanente do condomínio, sem poder deliberativo.Tais reuniões podem ser abertas à participação dos condôminos, que se tiverem queixas, problemas ou sugestões, podem centralizá-los nessas ocasiões. Ou ainda, anotando em um livro de reclamações e sugestões, com a indicação dos fatos ocorridos, o nome do condômino e o número de sua unidade, aliviando a carga do síndico em contatos diários, muitas vezes para tratar de assuntos nem sempre urgentes.

3.2 Ata da Assembleia

O síndico deverá mandar a todos os condôminos cópia da ata no prazo de 8 (oito) dias subsequentes à realização da Assembleia. Vale ressaltar que as decisões da assembleia, em cada caso, será pelo *quorum* que a convenção fixar e obrigam todos os condôminos a cumprir o que foi decidido. Isto firmado com base na disposição contida no art. 24, § 1º-da Lei do Condomínio. Os principais elementos que deverão constar na ata estão dispostos logo abaixo:

- dia, mês, ano e hora da assembleia, por extenso;
- local da assembleia;
- número de condôminos presentes identificando-os;
- presidência dos trabalhos;
- pessoa que secretariou os trabalhos;
- ordem do dia;
- deliberações;
- encerramento;
- assinatura dos condôminos presentes.

Assumir responsabilidade pelo gerenciamento do condomínio requer bom senso, disponibilidade e planejamento. Ao assumir o cargo, o síndico deverá ter em mãos uma avaliação das necessidades do condomínio e do conjunto de moradores. A condição de síndico é uma circunstância, não uma profissão. Por isso que as eleições devem ser constantes. Não é saudável que o mandato do síndico se transforme em uma ditadura. O síndico não é dono do prédio. É apenas aquele que, durante um determinado tempo, representa uma comunidade e que deve almejar atingir um bem comum aos moradores do condomínio. É necessário que o síndico faça parceria com os condôminos, pois um deve ajudar o outro para que assim haja uma boa administração condominial, sem grandes problemas.

A palavra condomínio significa "propriedade comum". Viver em condomínio exige uma grande habilidade perante os problemas que existirão. Condomínio expressa a ideia , em sentido técnico, do direito exercido por mais de uma pessoa sobre o mesmo objeto. Em um condomínio existem áreas de domínio comum e áreas privativas. Nas áreas de uso comum estão englobados o direito de uso da área comum e a obrigação de conservar o que é de todos e são condições básicas para vida em condomínio. Em termos de propriedade, a cada área privativa corresponderá uma fração de ideal da área comum.Como entendemos que viver em condomínio é viver com um grupo de pessoas, que devem almejar um avanço para um bem comum, todos os condôminos devem contribuir para as despesas de um condomínio, além de acatar a Convenção, Regulamento Interno, Decisões de assembleia e as indispensáveis normas de boa vizinhança onde caberá a cada indivíduo cumpri-las.

Para melhor compreensão:
Área privativa - é a unidade de cada proprietário: casa, apartamento e, em alguns casos, a vaga de garagem.
Áreas comuns - são as indivisíveis, integram a edificação e são utilizadas por todos os moradores, tais como salão de festas, play ground, jardins, corredores, elevadores, dutos de ventilação, caixas d'água etc.
Condômino – é quem habita o imóvel, na condição de proprietário (ou co-proprietário).
Inquilino (Locatário) – Aquele que habita o imóvel por força de contrato e detém a posse do mesmo.

O art.19º da Lei nº. 4591/64 "Cada condômino tem o direito de usar e fruir, com exclusividade, de sua unidade autônoma, segundo suas conveniências e interesses, condicionados, umas e outras às normas de boa vizinhança, e poderá usar as partes e coisas comuns de maneira a não causar dano ou incômodo aos demais condôminos ou moradores, nem obstáculos ou embaraço ao bom uso das partes por todos". Todos os participantes de um condomínio utilizam espaços e equipamentos comuns, tais como "hall" social, salão de festas, piscinas, etc. Mesmo nas áreas privadas, a liberdade do morador, embora muito maior, não é total, visto que não poderá afetar a liberdade de outro.

Para implantar uma academia no prédio será preciso aprovar na assembleia geral e também fazer um projeto é fundamental para que tudo saia corretamente na hora de implantar uma academia em seu condomínio. Existem empresas no mercado que desenvolvem todo o projeto para que você possa apresentar aos condôminos. Logo abaixo segue um roteiro interessante para implantação de academia:
 a) Escolha o local (o tamanho pode variar, com 16m² já é possível ter uma academia), o ideal é que seja clara e arejada;
 b) Elabore um projeto. Ele deve conter: número de apartamentos, para estimar o percentual de uso, e layout do espaço com equipamentos, acessórios e materiais decorativos (espelhos, som e vídeo, piso próprio, bebedouro e toalheiro);

c) Faça uma pesquisa com os condôminos; além de saber se há interesse real pela academia, você terá um perfil dos futuros usuários, isso ajudará na escolha dos equipamentos;
d) Ao comprar equipamentos, opte pelos da linha profissional, que são usados em academias. Aparelhos para uso doméstico, apesar de mais baratos, se depreciam em menos de dois anos;
e) Bicicletas, esteiras, estações de musculação e acessórios, como halteres e colchonetes, não podem faltar;
f) O piso da sala deverá ser emborrachado para evitar acidentes, como escorregões, e dar melhor aderência aos equipamentos, como as esteiras, que costumam se movimentar durante a prática esportiva quando o piso é liso;
g) A distância entre os equipamentos vai de 40 cm a 1 m, a depender do aparelho;
h) A instalação da academia deve ser aprovada em assembleia, já que haverá investimento. Para uma academia de 40m², que atenderia 10 pessoas ao mesmo tempo, o investimento seria na ordem de R$ 30 mil. Vale lembrar que o tamanho do espaço e o número de equipamentos dependem do tamanho do condomínio.

Para garantir mais durabilidade aos equipamentos e bem-estar aos usuários da academia, é fundamental o trabalho de manutenção, que inclui a limpeza adequada dos aparelhos. Quando os equipamentos são novos, o síndico não precisa se preocupar muito com a manutenção durante o período da garantia, os fabricantes dão uma orientação básica somente para a limpeza. Um contrato de manutenção preventiva após o término da garantia é uma forma de evitar problemas e ter os equipamentos sempre bem cuidados. Fique atento aos parafusos e presença de ferrugem.

Atente ao que o art.1.348 do Código Civil determina como obrigações do síndico:

I - convocar a assembleia dos condôminos;

II - representar, ativa e passivamente, o condomínio, praticando, em juízo ou fora dele, os atos necessários à defesa dos interesses comuns;

III - dar imediato conhecimento à assembleia da existência de procedimento judicial ou administrativo, de interesse do condomínio;

IV - cumprir e fazer cumprir a convenção, o regimento interno e as determinações da assembleia;

V - diligenciar a conservação e a guarda das partes comuns e zelar pela prestação dos serviços que interessem aos possuidores;

VI - elaborar o orçamento da receita e da despesa relativa a cada ano;
VII - cobrar dos condôminos as suas contribuições, bem como impor e cobrar as multas devidas;
VIII - prestar contas à assembleia, anualmente e quando exigidas;
IX - realizar o seguro da edificação.

A responsabilidade criminal do síndico envolve geralmente os crimes contra a honra (injúria, calúnia e difamação), a apropriação indébita de fundos do condomínio, e a apropriação indébita de verbas previdenciárias dos funcionários. Para os crimes contra a honra, o Código Penal prevê penas de um mês a dois anos de reclusão, além de multa. Para apropriação indébita de fundos do condomínio, o CP prescreve reclusão de um a quatro anos, podendo ser aumentada de um terço, e multa. Para apropriação indébita de verbas previdenciárias dos funcionários, as penas previstas são de dois a cinco anos, e multa.

De modo geral, o condomínio não é responsável por roubos, furtos e danos a bens individuais dos condôminos. Em especial se a Convenção do condomínio tem cláusula expressa de não indenizar nesses casos. O condomínio pode ser responsabilizado se um funcionário ocasionou danos a um condômino. E nesse caso, o síndico pode ser responsabilizado pelo condomínio, se ficar provado que não tomou as precauções necessárias na hora de contratar o funcionário, ou de averiguar se cumpria suas funções corretamente. Para a conservação de playgrounds existem as normas técnicas da ABNT (Associação Brasileira de Normas Técnicas) - NBR 14350-1 e NBR 14350-2. O texto dessas normas pode ser adquirido junto à ABNT - www.abnt.org.br A falta de manutenção nos equipamentos que gere um acidente leva à caracterização de responsabilidade civil pelos prejuízos causados aos usuários. Essa responsabilidade também poderá atingir o síndico, se o condomínio for processado e por sua vez processar o síndico, regressivamente.

Quando o condomínio descumpre as leis trabalhistas, é muito comum o funcionário processar o condomínio, principalmente logo após sua rescisão, através dos advogados do seu sindicato. Se for comprovada a ação ou omissão voluntária do síndico no caso, este poderá ser responsabilizado civilmente. O não-pagamento de verbas previdenciárias retidas aos funcionários gera responsabilidade criminal do síndico.

A prestação de contas é um dos principais deveres do síndico a correta prestação de contas anual para a assembleia, e também eventual, quando esta o exigir. Para tanto, todas as despesas devem estar comprovadas e documentadas.

Caso se constate diferença de valor entre a arrecadação e as despesas comprovadas, o síndico pode ser acionado civil e criminalmente, por não cumprir sua obrigação legal e por se apropriar de fundos do condomínio.

Alegação de danos morais por exposição dos nomes dos condôminos inadimplentes: depende do meio e do modo de divulgação. Se forem feitos de forma objetiva e discreta, que leve a informação aos interessados, não haverá dano moral ou constrangimento por parte dos condôminos pendentes. A divulgação dos inadimplentes é um "exercício regular de direito", porque o artigo 1348 do Código Civil impõe ao síndico o dever de prestar contas aos condôminos.

O síndico pode ser responsabilizado civilmente por obras realizadas sem a devida autorização da assembleia. O Código Civil determina que obras urgentes (chamadas pelo CC de "necessárias", art. 1341) podem ser feitas sem autorização de assembleia.

4 | Prestação de Contas

Terminado o mês o síndico deve apresentar um balancete de contas detalhado, referente ao mês anterior. Todos os documentos comprobatórios deverão ter o visto do síndico e a pasta deverá ser analisada pelos membros do conselho. A pasta conterá também informações sobre quotas em atraso, multas recebidas, saldos bancários, saldos em poupança, posição do fundo de reserva, da conta benfeitorias, etc. Um resumo, de no máximo duas folhas, deverá ser enviado a cada condômino. Se sobrar espaço na folha de prestação de contas (resumo), transcreva algum item do Regulamento ou da Convenção ou envie alguma mensagem de utilidade para o condômino ou edifício; não fixe em quadro de avisos relação de condôminos em atraso. Negocie pessoalmente, via administradora, por meio de advogado, etc., mas não exponha o devedor ao ridículo (previsto no Código de Defesa do Consumidor). Nos demonstrativos relacione somente o número do apartamento devedor.

As despesas dos condomínios são pagas pela taxa denominada "contribuição condominal" ou "quota condominal", parcela proporcional a cada unidade que pode ser arrecadada de algumas formas distintas:

- a) **Por previsão:** ocorre quando o pagamento da contribuição condominal é antecipado, sendo calculada em função de uma previsão de gastos, para um determinado período.
- b) **Por rateio:** ocorre quando o pagamento da contribuição condominal é apurado após o levantamento ou realização de todos os gastos de um determinado período e deve ser aprovado em assembleia.
- c) **Por quota extra:** É um pagamento complementar para cobrir uma receita insuficiente ou gasto imprevisto num determinado período. Deve ser informado no demonstrativo de despesas o motivo da quota extra, para que se possa determinar o devido pagamento pelo proprietário ou inquilino.

Vamos citar também, a classificação de despesas adotada por Alberto Anibal[18]:

a) despesas com administração: são as que destinam a cobrir gastos com a conservação e funcionamento do edifício, inclusive reparações nas partes comuns para lhes manter as condições normais de segurança, conforto etc.;

b) despesas com inovações: as que objetivam melhorar as condições de uso e gozo do prédio;

c) fundo de reserva: destinado a cobrir despesas extraordinárias ou imprevistas, que refogem ao conceito normal de administração;

d) despesas decorrentes de atos dos condôminos: as que são efetuadas por um ou vários condôminos, na omissão do síndico, em casos especiais, como reparações urgentes no prédio.

4.1 Plano de Contas

Todos sabem que a elaboração de um **plano de contas** deve ser feito por um profissional especializado, com técnica apurada na avaliação do tipo de usuário da informação.

Faço saber que todo estudante de contabilidade tem a obrigação de aprender a elaborar um **plano de contas**. Digo isto, porque aí esta a essência da contabilidade. As contas contábeis representam o DNA da empresa e por isso, temos que ser profundos conhecedores das particularidades de cada célula contábil. Cabe aqui uma critica as faculdades de ciências contábeis que deixam de ensinar essa matéria, ou pior, ficam divagando a cerca de teoria das contas. Ensinam a história da contabilidade, mas, esquecem o presente atual, qual seja, a pouca falta de entendimento dos alunos, com o **plano de contas**.

Existem muitos livros que trazem explicações sobre **plano de contas**, mas diria que nenhum ousa ensinar com tanta perspicácia, como o ora autor faz. Apresento a seguir uma orientação para iniciantes da contabilidade, que desejam superar o medo das contas, e estruturar seu primeiro plano de contas. Ah...tenho que dizer, caro leitor, que meu vocabulário não é muito bom, daí pode se notar que repeti a palavra "**plano de contas**" umas mil vezes....[risadas].

4.1.1 Elaboração do Plano de Contas

4.1.1.1 Padronização das Contas

O elenco de contas deve contemplar itens que tenha a ver com a atividade

---

[18] Gabas, Alberto Anibal. Manual teórico-practico de propriedad horizontal. Buenos Aires: Hammurabi, 1987.

principal da empresa. Assim, se tornará mais fácil para o contador, classificar as empresas em grupos, que tenham o mesmo foco de contas.
Exemplifico:

Plano A	Plano B	Plano C
Industria e Comércio	Instituições Financeiras	Seguradoras

4.1.1.2 Codificação das Contas

Esta codificação deve ser realizada com o máximo de detalhamento das operações realizadas, pela empresa. Também se deve ter o cuidado de simplificar a nomenclatura da conta, com o intuito de facilitar a análise, por um administrador da empresa. Exemplifico: em alguns planos de contas é comum encontrar o titulo de conta "Numerário em Trânsito" que é usado para transferência de dinheiro e cheque entre estabelecimentos de mesma empresa. Acredito que essa nomenclatura é muito complexa e foi muito má escolhida. Aí vai uma sugestão, que tal se mudasse para: "Transferências Internas".

Exemplo Básico de Codificação de Contas do Ativo:

1. Ativo
   1.1 Ativo Circulante
      1.1.1 Disponibilidades
         1.1.1.1 Caixa Geral
            1.1.1.1.1 Caixa da Matriz
            1.1.1.1.2 Caixa da Filial
         1.1.1.2 Bancos
            1.1.1.2.1 Caixa Econômica
            1.1.1.2.2 Banco do Brasil
   1.2 Ativo Realizável a Longo Prazo
   1.3 Ativo Permanente
      1.3.1 Investimento
      1.3.2 Imobilizado
      1.3.3 Diferido

Fazer a classificação dos códigos é muito complexo, e por isso, volto a esquematizar a contabilidade, para facilitar a aprendizagem deste tema:

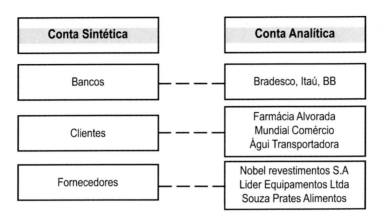

A **Conta Sintética** é a totalizadora de várias contas analíticas, por exemplo, contas de consumo como água, luz, telefone, gás, estão agrupadas na Conta Sintética "Despesas Administrativas". A **Conta Analítica** é a conta de lançamento. Esta conta refere-se a valores individuais, que devem ser corretamente discriminados, para depois serem transferidos para a conta sintética referente.

4.1.1.3 Cadastro das Contas

O Cadastro de Plano de Contas é onde se pode montar toda a estrutura contábil que servirá de base, para o registro dos fatos verificados na organização. Normalmente, os planos de contas devem apresentar o título das contas, a classificação, a função, explicar o funcionamento, apontar a relação entre os grupos ou mesmo entre as contas.

O Plano de Contas é corresponde a uma árvore genealógica que permite uma compreensão, da origem de cada conta. Cada conta do ativo esta vinculada a uma geração respectiva. Quanto mais gerações tiver uma conta, mais complexa ela será. Por isso, os contadores devem ter cuidado, para não serem tão prolixos, quando da inclusão de uma conta no cadastro.

O plano de contas é uma estrutura hierárquica, com pais, filhos, netos etc. formada pelos diversos níveis de contas. Com o objetivo de deixar clara a relação de paternidade entre as contas, é tradição usar um código estruturado para cada conta contábil. Apenas olhando-se para o código, é possível saber imediatamente se a conta é analítica ou sintética, e quem é a conta filho; conta-pai; conta-avô etc.

Exemplo Prático:

1ª Geração (bisavô): **ATIVO**
2ª Geração (avô): **ATIVO CIRCULANTE**
3ª Geração (pai): **DISPONIBILIADES**
4ª Geração (filho): **BANCOS**
5ª Geração (neto): **BANCO BRADESCO**

Também é importante ressaltar que o título de cada conta deve expressar o significado adequado das operações nelas registradas, pois as demonstrações contábeis podem ser utilizadas, não apenas pelos usuários internos, mas também, por usuários externos.

4.1.2 Contas Padrões

4.1.2.1 Caixa

Essa conta representa os valores em dinheiro e cheques que o condomínio tem á sua disposição. Muitos condomínios têm o costume de fazer retiradas de dinheiro, sem fazer o devido registro na contabilidade. Venho citar como exemplo, os empréstimos efetuados ao conselho consultivo do condomínio, ou ainda, o adiantamento de salário a funcionários.

Segundo Nepomuceno[19]: "Há empresas viciadas ou mal acostumadas na pratica ilegal de dar propinas em busca de livre transito em certos meios. Nesses casos, tais recursos não podem ser contabilizados, sendo, pois, supridos por recebimentos provenientes de vendas não contabilizadas, isto é, oriundas de subfaturamento ou de venda sem a extração de notas fiscais (vendas por fora). Sendo organizada, não pode a empresa correr o risco de estouro de caixa, neste caso, institui a administração do **Caixa 2**, as vezes chamado de caixa pequeno."

Caso o síndico esteja envolvido no esquema de desfalque do caixa, ou ainda, seja omisso quanto à divulgação deste fato; será necessário pedir a suspensão do seu mandato de síndico, na Assembleia Geral Extraordinária. Eu faço uma sugestão aos síndicos, para que realizem todas as operações de recebimento e pagamento pela conta caixa. Se assim o fizer, ficará mais fácil acompanhar o desenvolvimento da companhia e proporcionará uma maior segurança na informação contábil. Os auditores independentes, também, irão agradecer, já que essa atitude facilitará os inícios dos trabalhos de auditoria, no condomínio sob suspeita de fraude. O **boletim de caixa** é um relatório usado no cotidiano de muitas empresas e por isso, merece nossa devida atenção. Abaixo colaciono um exemplo prático, de boletim de caixa, referente aos recebimentos e pagamentos de um condomínio:

---

[19] NEPOMUCENO, F.Novo Plano de Contas. 2.ed.São Paulo: IOB, 2006.

BOLETIM DE CAIXA		
Quantidade	RECEITA	VALOR
20	Cotas de Condomínio	10.054,00
20	Fundo de Reserva	935,20
18	Consumo de Gás	1.900,00
04	Aluguel de Salão de Festas	100,00
03	Multas por Atraso	81,78
07	Aluguel de Churrasqueira	175,00
TOTAL		13.245,98
Quantidade	DESPESAS	VALOR
01	Aluguel de Câmeras	180,00
01	Conta de água	1.900,00
01	Conta de luz	1.750,00
01	Honorários do Síndico	500,00
01	Abastecimento de Gás	920,00
05	Adiantamento de Salário	900,00
05	Salários	1.700,00
01	Vale Transporte	552,00
01	Ticket Alimentação	475,00
TOTAL		8.877,00
FECHAMENTO	
---	---
TOTAL DE RECEITAS	13.245.98
SALDO ANTERIOR	23.749,99
SUBoTOTAL	36.995,97
TOTAL DE DESPESAS	8.877,00
SALDO A SER TRANSPORTADO PARA O MÊS SEGUINTE	28.118,97

A possibilidade de um correto controle, nos recursos do caixa, vem incluir no cotidiano do condomínio, o que podemos chamar de "ambiente ético". Quanto mais ações forem tomadas no sentido de mostrar transparência nas contas, melhor será para que os condôminos possam continuar confiando, na veracidade das informações, prestadas pelos responsáveis na administração do condomínio.

Segundo Nepomuceno[20]: "O saldo credor ou estouro de caixa, as mais das vezes, ocorre porque a escrituração das vendas nos livros fiscais é procedida insuficientemente, com vistas a redução de impostos. Nestes casos, os recursos sonegados, permanecendo efetivamente em disponibilidade, são utilizados para pagamento de compras ou de dívidas, oportunidades em que provocam a inversão do saldo da conta. Para consertar essas irregularidades, muitas vezes, apela-se para dois outros procedimentos não menos dolosos, seja simulando empréstimos de sócios ou pessoas ligadas (suprimento de caixa) ou desprezando o registro contábil de pagamentos de dívidas (passivo fictício). O fisco se apoia em qualquer uma dessas situações para caracterizar a sonegação de impostos."

4.1.2.2 Bancos

Esta conta pertence ao item disponível. Sendo que, ela vem representar o resgate imediato pelo condomínio, de recursos financeiros, oriundos de depósitos bancários em cheque. Pode-se afirmar, ainda, que não é permitido relacionar cheques recebidos de terceiros, ou ainda, sacados em outras praças que não sejam pertencentes a mesma câmara de compensação. De acordo com Nepomuceno[21]: "Observamos que um cheque emitido pela empresa, nem sempre cai na conta no mesmo dia. Eis que a maioria de seus portadores costuma depositar, por sua vez, em conta bancária, ao invés de se dirigirem imediatamente ao banco sacado para levantar o dinheiro. Assim, entre o momento da emissão e o da liquidação do cheque podem decorrer vários dias. O mesmo ocorre no sentido inverso, ou seja, cada aviso emitido pelo banco pode levar dois ou mais dias á Contadoria da empresa correntista. Quando sua contabilização é procedida em dia não há possibilidade de intercalar essa documentação nos dias coincidentes com os das respectivas emissões".

Sabe-se que os registros mensais que encontrados no extrato bancário mensal devem ser conciliados pela contabilidade. Este mecanismo possibilita uma comparação, entre as informações produzidas pela contabilidade e os respectivos valores que o banco tem informado, com o intuito de encontrar possíveis erros ou distorções pertencentes a estes relatórios gerenciais. Logo abaixo, segue mais detalhes sobre o procedimento de conciliação bancária[22]:

A informação do extrato bancário é muito útil para a contabilidade do condomínio. No entanto, nem sempre o saldo constante do extrato é igual ao valor do razonete na mesma data. Quando isto ocorre é necessário fazer uma análise para verificar as

---

[20] NEPOMUCENO, F.Novo Plano de Contas. 2.ed.São Paulo: IOB, 2006.

[21] Idem

[22] Material disponibilizado pela Universidade de Brasília - UNB.

diferenças entre o extrato e o razonete e, se for o caso, fazer os acertos devidos. Este processo de verificação, análise e acertos das diferenças entre o saldo do extrato e o razonete recebe o nome de **conciliação bancária**.

Finalmente existe a possibilidade de que a diferença seja por erro de uma das partes (banco ou entidade). Espera-se que esta situação seja minoria na conciliação bancária. Um exemplo de erro ocorre quando a instituição bancária faz uma retirada indevida da conta do condomínio. Neste caso, o banco devolve o valor retirado indevidamente[23].

O processo de conciliação deve ser preparado por um empregado que não tenha vínculo com a gestão do caixa. Isto ocorre em razão da necessidade da verificação ser independente.

O processo de conciliação é feito de da seguinte forma: De um lado, inicia-se pelo saldo do extrato bancário, fazendo os ajustes para chegar ao saldo bancário correto. Por outro lado, inicia-se do razonete, fazendo outros ajustes necessários para obter o mesmo saldo bancário. Os passos necessários são os seguintes:

1. Compare os depósitos realizados pela entidade com os depósitos que constam do extrato bancário. As diferenças decorrem de **depósitos em trânsito**. Estes depósitos devem ser adicionados ao saldo do extrato bancário.
2. Compare os cheques emitidos pela entidade com os cheques constantes do extrato bancário. Cheques existentes no razonete e que não aparecem no extrato são cheques ainda não depositados. Estes cheques devem ser reduzidos do extrato bancário.
3. Ao comparar os cheques, podem existir itens que estão no extrato, mas não no razonete. Neste caso, o cheque do extrato talvez esteja no razonete Cheques a Compensar.
4. Ao fazer a comparação entre o razonete e o extrato bancário, as outras diferenças existentes são decorrentes de erros ou despesas e receitas bancárias não lançadas. Os erros da entidade devem ser corrigidos e os erros do extrato devem ser reclamados para que a entidade não sofra perda. Finalmente, as despesas e receitas bancárias devem ser lançadas na contabilidade da entidade.

4.1.2.3 Desconto de Duplicatas

Diante da problemática deste tema faz-se necessário mencionar um exemplo prático: Imagine que a empresa Mundial Comércios Ltda vai ao "**Banco ABC**" com um borderô de duplicatas para desconto e, concluída a operação, recebe um seguinte aviso bancário, que tem em seu conteúdo as seguintes informações:

1) valor das duplicatas = R$4000,00

---
[23] Material disponibilizado pela Universidade de Brasília – UNB.

2) juros e comissões descontadas = R$ 1500,00
3) valor creditado em conta = R$ 2500,00

É importante observar que a empresa sacadora, já não é mais dona das duplicatas, já que decidiu ceder seus direitos, ao "**Banco ABC**". Em contrapartida, a sacadora, também, esta obrigada a devolver o valor da duplicata, caso não seja paga pelo sacado, no tempo previsto. Outra análise que devemos fazer é que ao negociar essas duplicatas, o banco desconta no ato, os juros, que vão contar todo tempo da operação financeira em destaque.

4.1.2.4 Clientes

Essa conta tem como função revelar o valor que a empresa tem a receber de seus clientes. Todas as duplicatas que forem pagas devem ser devidamente descontadas, para evitar criar um constrangimento para o cliente, quanto da cobrança indevida de dívida, através de protesto de titulo.

Segundo Nepomuceno[24]: "Normalmente a conta clientes é debitada pelo valor das vendas a prazo, porém nas empresas onde se pratica vendas a vista e a prazo, as primeiras nem sempre são liquidadas no balcão e, mesmo assim, passam a ser consideradas a vista, escapando dos procedimentos de faturamento. Mesmo que as chamadas **vendas a vista** sejam liquidadas, sistematicamente, no ato, convém evitar o registro contábil a débito de duas contas distintas, conforme sejam elas a vista ou a prazo. O trânsito sistemático por uma só conta, como norma contábil, propicia maior segurança aos controles e, no caso, maior praticidade, também. Assim, recomenda-se que todas as vendas sejam debitadas á conta Clientes, quer se trate de nota a vista ou a prazo. Esse lançamento pode ser feito ao fim de cada mês, de acordo com as notas fiscais extraídas".

4.1.2.5 Adiantamento a Fornecedores

Representa um adiantamento que a empresa fez aos fornecedores e portanto um direito da empresa receber de volta seu dinheiro.O processo de adiantamento a fornecedores é utilizado em solicitações de compras de mercadorias ou serviços em que o fornecedor ou prestador de serviços necessite de parte do pagamento adiantado para inicio do fornecimento.

Este processo pode ser executado antes mesmo da criação do pedido de compras. Segundo Nepomuceno[25]: "No caso de adiantamentos a fornecedores relativos a equipamentos para uso próprio da empresa ou destinados a lhe produzir rendimentos (locação a terceiros etc.) a conta focalizada não é adequada, porque, nesta hipótese esses valores, desde logo, representam imobilizações de recursos financeiros (imobilizações em andamento).

---

[24] NEPOMUCENO, F.Novo Plano de Contas. 2.ed.São Paulo: IOB, 2006.

[25] Idem.

4.1.2.6 Empréstimos a empregados

As empresas se comprometem a efetuar os descontos na Folha de Pagamento e repassar para as Instituições Financeiras, credenciadas pelo Sindicato laboral em decorrência dos empréstimos adquiridos pelos empregados com anuência do Sindicato Laboral, conforme Medida Provisória 130 e Decreto Lei 4840 de 2003. As empresas não serão responsabilizadas pelas quitações dos débitos dos empregados, na hipótese de demissão dos mesmos. O objetivo desta conta é manter o "caixa" equilibrado financeiramente. Vale lembra também que os empréstimos concedidos pela empresa, não poderão ter o prazo superior a 01 ano.

4.1.2.7 Provisão para Devedores Duvidosos

A Provisão para Devedores Duvidosos é a mais comum das provisões do ativo. Tem grande importância para o condomínio, devido a inevitável inadimplência de parte de seus moradores, a Provisão para Devedores Duvidosos contabilmente deve ser constituída com base em procedimento que reflitam verdadeiramente as perdas esperadas. Por isso, faz-se necessário a consideração das variáveis de risco conhecidas a fim de estimar as perdas no setor de contas a receber. A Provisão para Devedores Duvidosos é conta do Ativo, possuindo natureza retificadora, uma vez que retifica a conta Clientes. Esta conta também celebra valores que a empresa deixará de obter, por conta da inadimplência de seus clientes.

4.1.2.8 Provisão para Imposto de Renda

A constituição da provisão para pagamento do imposto de renda, em cada período de apuração, é obrigatória para todas as pessoas jurídicas tributadas com base no lucro real (RIR/1999, art. 339). A base para cálculo do imposto de renda é o lucro liquido do período de apuração. O valor do imposto que deixar de ser pago em virtude de isenções e reduções não poderá ser distribuído aos sócios e constituirá reserva de capital da pessoa jurídica, que somente poderá ser utilizada para absorção de prejuízos ou aumento de capital (RIR/1999, art. 545).

A partir de 1º/01/1996, a falta da constituição da provisão não acarreta qualquer influência para efeitos fiscais, haja vista que com o fim da correção monetária de balanço (Lei nº 9.249, de 1995, art. 4º), o fato do patrimônio líquido ficar indevidamente majorado com o registro a maior do lucro líquido sem o cômputo da provisão não tem mais como interferir na apuração do lucro real. [26]Desse modo, os efeitos da não constituição da provisão passaram a ser meramente contábeis, pois os resultados e as demonstrações financeiras da empresa deverão demonstrar a sua real situação, e a

---

[26] Material fornecido pela Receita Federal.

falta da constituição da provisão ensejará a apuração de um lucro líquido maior passível de ser distribuído ou destinado pela pessoa jurídica, e, considerando-se que a provisão para pagamento do imposto de renda se constitui em valor redutor do patrimônio líquido, este ficará indevidamente majorado.

4.1.2.9 Provisão para Férias

Segundo Nepomuceno[1]: "Nesta conta vão sendo registrados os valores calculados em cada mês que presumidamente devam ser pagos futuramente aos empregados, a título de férias, com base do trabalho do mês findo". Para se provisionar o décimo terceiro salário, assim como outros valores trabalhistas, se procede da mesma maneira. A prática de provisionar despesas é muito adotada pelas empresas, pois, traduz uma decorrência lógica do princípio da prudência.

4.2 Sistema de Reconhecimento Tributário

4.2.1 Receitas

4.2.1.1 Conceito

O Manual de Procedimentos da Receita Pública dispõe que "a Receita é um termo utilizado mundialmente pela contabilidade para evidenciar a variação ativa resultante do aumento de ativos e/ou da redução de passivos de uma entidade, aumentando a situação líquida patrimonial qualquer que seja o proprietário. A receita é a expressão monetária resultante do poder de tributar e/ou do agregado de bens e/ou serviços da entidade, validada pelo mercado em um determinado período de tempo e que provoca um acréscimo concomitante no ativo ou uma redução do passivo, com um acréscimo correspondente no patrimônio líquido, abstraindo-se do esforço de produzir tal receita representado pela redução (despesa) do ativo ou acréscimo do passivo e correspondente redução do patrimônio líquido". [2]

A Receita é regulamentada pelo Conselho Federal de Contabilidade, por meio das Resoluções/CFC nº 750/93, publicada no DOU em 31/12/1993 e nº 774/94, publicada no DOU em 18/01/1995. A Resolução nº 774/94, trata a receita na Minuta do Apêndice à Resolução sobre os Princípios Fundamentais de Contabilidade, da seguinte forma quanto ao seu reconhecimento:

> "A receita é considerada realizada no momento em que há a venda de bens e direitos da Entidade – entendida a palavra "bem" em sentido amplo, incluindo toda sorte de mercadorias, produtos, serviços, inclusive equipamentos e imóveis –, com a transferência da sua propriedade para terceiros, efetuando estes o pagamento em dinheiro ou assumindo

compromisso firme de fazê-lo num prazo qualquer. Normalmente, a transação é formalizada mediante a emissão de nota fiscal ou documento equivalente, em que consta a quantificação e a formalização do valor de venda, pressupostamente o valor de mercado da coisa ou do serviço. Embora esta seja a forma mais usual de geração de receita, também há uma segunda possibilidade, materializada na extinção parcial ou total de uma exigibilidade, como no caso do perdão de multa fiscal, da anistia total ou parcial de uma dívida, da eliminação de passivo pelo desaparecimento do credor, pelo ganho de causa em ação em que se discutia uma dívida ou o seu montante, já devidamente provisionado, ou outras circunstâncias semelhantes.

Finalmente, há ainda uma terceira possibilidade: a de geração de novos ativos sem a interveniência de terceiros, como ocorre correntemente no setor pecuário, quando do nascimento de novos animais. A última possibilidade está representada na geração de receitas por doações recebidas, já comentada anteriormente.Mas as diversas fontes de receitas citadas no parágrafo anterior representam a negativa do reconhecimento da formação destas por valorização dos ativos, porque, na sua essência, o conceito de receita está indissoluvelmente ligado à existência de transação com terceiros, exceção feita à situação referida no final do parágrafo anterior, na qual ela existe, mas de forma indireta. Ademais, aceitar-se, por exemplo, a valorização de estoques significaria o reconhecimento de aumento do Patrimônio Líquido, quando sequer há certeza de que a venda a realizar-se e, mais ainda, por valor consentâneo àquele da reavaliação, configurando-se manifesta afronta ao Princípio da Prudência. Aliás, as valorizações internas trariam no seu bojo sempre um convite à especulação e, consequentemente, ao desrespeito a esse princípio.

A receita de serviços deve ser reconhecida de forma proporcional aos serviços efetivamente prestados. Em alguns casos, os princípios contratados preveem cláusulas normativas sobre o reconhecimento oficial dos serviços prestados e da receita correspondente. Exemplo neste sentido oferecem as empresas de consultoria, nas quais a cobrança dos serviços é feita segundo as horas-homens de serviços prestados, durante, por exemplo, um mês, embora os trabalhos possam prolongar-se por muitos meses ou até ser por prazo indeterminado. O importante, nestes casos, é a existência de unidade homogênea de medição formalizada contratualmente, além, evidentemente, da medição propriamente dita.

As unidades físicas mais comuns estão relacionadas com tempo –

principalmente tempo-homem e tempo-máquina –, embora possa ser qualquer outra, como metros cúbicos por tipo de material escavado, metros lineares de avanço na perfuração de poços artesianos, e outros. Nas Entidades em que a produção demanda largo espaço de tempo, deve ocorrer o reconhecimento gradativo da receita, proporcionalmente ao avanço da obra, quando ocorre a satisfação concomitante dos seguintes requisitos:

– preço do produto é estabelecido mediante contrato, inclusive quanto à correção dos preços, quando houver;
– não há riscos maiores de descumprimento do contrato, tanto de parte do vendedor, quanto do comprador;
– existe estimativa, tecnicamente sustentada, dos custos a serem incorridos.

Assim, no caso de obras de engenharia, em que usualmente estão presentes os três requisitos nos contratos de fornecimento, o reconhecimento da receita não deve ser postergado até o momento da entrega da obra, pois o procedimento redundaria num quadro irreal da formação do resultado, em termos cronológicos. O caminho correto está na proporcionalização da receita aos esforços despendidos, usualmente expressos por custos – reais ou estimados – ou etapas vencidas."

4.2.1.2 Reconhecimento de Receitas

O art.187, §1º da Lei das S/A, determina que na apuração do lucro do exercício social serão computados:

a) as receitas e os rendimentos ganhos no período, independentemente da sua realização em moeda; e
b) os custos, despesas, encargos e perdas, pagos ou incorridos, correspondentes a essas receitas e rendimentos.

O regime de competência é aquele que as receitas e despesas são reconhecidas e apropriadas ao exercício na data de ocorrência do fato gerador. Assim, cabe ao tributarista fazer a análise da operação da qual surge a receita ou despesa e verificar, o respectivo fato gerador.

4.2.1.3 Omissão de Receitas

Verificada omissão de receita, o montante omitido será computado para determinação da base de cálculo do imposto devido e do adicional, se for o caso, no período de apuração correspondente, observado o disposto no art. 532 (Lei nº 9.249, de 1995, art. 24). No caso de pessoa jurídica com atividades diversificadas, não sendo possível a identificação da atividade a que se refere a receita omitida, esta será adicionada àquela que corresponder o percentual mais elevado (Lei nº 9.249, de 1995, art. 24, § 1º). A falta de escrituração de pagamentos efetuados pela pessoa jurídica, assim como a manutenção, no passivo, de obrigações cuja exigibilidade não seja comprovada, caracterizam, também, omissão de receita. (art. 40 da Lei n° 9.430, de 27 de dezembro de 1996)

4.2.2 Despesas

4.2.2.1 Conceito

De acordo com o Manual de Procedimentos de Despesas Públicas[29]: "a despesa é um termo utilizado mundialmente pela contabilidade para evidenciar a variação passiva resultante da diminuição de ativos ou do aumento de passivos de uma entidade, que diminua a situação patrimonial".

A contabilização da despesa, assim como a da receita, é regulamentada pelo Conselho Federal de Contabilidade por meio das Resoluções CFC n° 750, publicada no DOU em 31/12/1993, e n° 774, publicada no DOU em 18/01/1995. A Resolução n° 750, de 1993 traz os Princípios Fundamentais de Contabilidade, de observância obrigatória no exercício da profissão, constituindo condição de legitimidade das Normas Brasileiras de Contabilidade. Ressalta-se que a Contabilidade Pública constitui um ramo da Ciência Contábil e deve observar os Princípios Fundamentais de Contabilidade, que representam a essência das doutrinas e teorias relativas dessa ciência, consoante o entendimento predominante nos universos científico e profissional de nosso País. Dentre esses princípios destacamos abaixo os da Oportunidade e da Competência.

a) **Oportunidade**: (art. 6° da Resolução n° 750/93 do CFC): O Princípio da OPORTUNIDADE refere-se, simultaneamente, à tempestividade e à integridade do registro do patrimônio e das suas mutações, determinando que este seja feito de imediato e com a extensão correta, independentemente das causas que as originaram. Como resultado da observância do Princípio da OPORTUNIDADE:

"I - desde que tecnicamente estimável, o registro das variações patrimoniais deve ser feito mesmo na hipótese de somente existir razoável certeza de sua ocorrência;"

"II - o registro compreende os elementos quantitativos e qualitativos, contemplando os aspectos físicos e monetários;"

---

[29] BARRETO, Daniel Mateus, ET.al.Manual de Procedimentos de Despesas Públicas: aplicado à união, aos estados, ao distrito federal e aos municípios. Brasília: STN/ Coordenação Geral de Contabilidade, 2007.

"III - o registro deve ensejar o reconhecimento universal das variações ocorridas no patrimônio da ENTIDADE, em um período de tempo determinado, base necessária para gerar informações úteis ao processo decisório da gestão."

a) **Competência:** (art. 9º da Resolução nº 750/93 do CFC): "As receitas e as despesas devem ser incluídas na apuração do resultado do período em que ocorrerem, sempre simultaneamente quando se correlacionarem, independentemente de recebimento ou pagamento. O Princípio da COMPETÊNCIA determina quando as alterações no ativo ou no passivo resultam em aumento ou diminuição no patrimônio líquido, estabelecendo diretrizes para classificação das mutações patrimoniais, resultantes da observância do Princípio da OPORTUNIDADE. O reconhecimento simultâneo das receitas e despesas, quando correlatas, é consequência natural do respeito ao período em que ocorrer sua geração.

O art. 12 da lei nº 4.591/64 relata que cada condômino concorrerá nas despesas do condomínio, recolhendo, nos prazos previstos na Convenção, a quota-parte que lhe couber em rateio. Salvo disposição em contrário na Convenção, a fixação da quota no rateio corresponderá à fração ideal de terreno de cada unidade. Cabe ao síndico arrecadar as contribuições competindo-lhe promover, por via executiva, a cobrança judicial das quotas atrasadas. O condômino que não pagar a sua contribuição no prazo fixado na Convenção fica sujeito ao juro moratório de 1% ao mês, e multa de até 20% sôbre o débito, que será atualizado, se o estipular a Convenção, com a aplicação dos índices de correção monetária levantados pelo Conselho Nacional de Economia, no caso da mora por período igual ou superior a seis meses.

As obras que interessarem à estrutura integral da edificação ou conjunto de edificações, ou ao serviço comum, serão feitas com o concurso pecuniário de todos os proprietários ou titulares de direito à aquisição de unidades, mediante orçamento prévio aprovado em assembleia-geral, podendo incumbir-se de sua execução o síndico, ou outra pessoa, com aprovação da assembleia. A renúncia de qualquer condômino aos seus direitos, em caso algum valerá como escusa para exonerá-lo de seus encargos.

4.2.2.2 Reconhecimento de Despesas

A Resolução nº 774, de 1994, Apêndice à Resolução sobre os Princípios Fundamentais de Contabilidade, tece os seguintes comentários relativos ao reconhecimento de despesas:

"As despesas, na maioria das vezes, representam consumação de ativos, que tanto podem ter sido pagos em períodos passados, no próprio período, ou ainda virem a ser pagos no futuro. De outra parte, não é necessário que o desaparecimento do ativo seja integral, pois muitas vezes a consumpção é somente parcial, como no caso das depreciações ou nas perdas de parte do valor de um componente patrimonial do ativo, por aplicação do Princípio da PRUDÊNCIA à prática, de que nenhum ativo pode permanecer avaliado por valor superior ao de sua recuperação por alienação ou utilização nas operações em caráter corrente. Mas a despesa também pode decorrer do surgimento de uma exigibilidade sem a concomitante geração de um bem ou de um direito, como acontece, por exemplo, nos juros moratórios e nas multas de qualquer natureza. Entre as despesas do tipo em referência localizam-se também as que se contrapõem a determinada receita, como é o caso dos custos diretos com vendas, nos quais se incluem comissões, impostos e taxas e até royalties. A aplicação correta da competência exige mesmo que se provisionem, com base em fundamentação estatística, certas despesas por ocorrer, mas indiscutivelmente ligadas à venda em análise, como as despesas futuras com garantias assumidas em relação a produtos. Nos casos de Entidades em períodos pré-operacionais, no seu todo ou em algum setor, os custos incorridos são ativados, para se transformarem posteriormente em despesas, quando da geração das receitas, mediante depreciação ou amortização. Tal circunstância está igualmente presente em projetos de pesquisa e desenvolvimento de produtos – muito frequentes nas indústrias químicas e farmacêuticas, bem como naquelas que empregam alta tecnologia – quando a amortização dos custos ativados é feita segundo a vida mercadológica estimada dos produtos ligados às citadas pesquisas e projetos."

Logo abaixo segue as principais diferenças entre as despesas ordinárias e extraordinárias:
   a)Despesas Ordinárias: São aquelas de necessidade da administração, como por exemplo: salários, INSS, encargos trabalhistas, consumo de água e energia elétrica, esgoto, gás, limpeza e conservação do condomínio e outras despesas previstas no Regimento Interno.
   b) Despesas Extraordinárias: As despesas relacionadas com investimentos e melhorias no condomínio. Estas despesas não podem ser incluídas no sistema de rateio e por isso, devem ser pagas através do fundo de reserva.

5 | *Procedimentos para Cobrança de Dívidas do Morador*

5.1. Noções Preliminares

A história da defesa do consumidor no Brasil tem no Código de Defesa do Consumidor seu grande marco. Embora o Código seja recente, tendo 16 anos desde a sua publicação, sabemos que o movimento de defesa do consumidor teve início há quase 30 anos.Reconstituir a história é uma etapa fundamental para institucionalizarmos nossa memória, avaliarmos os avanços e sedimentarmos as conquistas.

É com este conceito que inauguramos este espaço virtual, que permite o acesso de todo cidadão e consumidor a parte da história legislativa da defesa do consumidor em nosso país. Foram selecionadas as sugestões envidas para a Assembleia Nacional Constituinte de 1988 sobre a temática da proteção e defesa do consumidor e os documentos de criação do Conselho Nacional de Defesa do Consumidor, além de seus relatório de atividades e atas de reuniões.

Também foram inseridos os pareceres elaborados pelos professores José Geraldo Brito Filomeno, Ada Pellegrini Grinover; Jorge Eluf, Fábio Konder Comparato, que ilustram o momento histórico que viveu o país durante a elaboração do CDC. Os pareceres foram elaborados com a finalidade de rechaçar, endossar ou sugerir dispositivos legais que protegessem de forma mais adequada o consumidor brasileiro.Existem ainda cópias dos projetos de lei apresentados até a versão final do texto que culminou no atual Código de Proteção e Defesa do Consumidor, a exposição de motivos, os vetos presidenciais e seus fundamentos, além de diversos outros materiais sobre o tema.

Há também documentos que registram o histórico legislativo da Lei n° 7.347, de 24 de julho de 1985, que trata da Ação Civil Pública. O ano de 1985 nos aponta para uma nova etapa de proteção jurídica dos interesses difusos, sobretudo no que diz respeito aos direitos dos consumidores. Some-se à Lei n° 7.347/85 o Decreto n° 91.469, também de 24 de julho de 1985, que criou o Conselho Nacional de Defesa do

Consumidor.Longe de se tornar um material acabado, a presente catalogação de dados legislativos históricos da defesa do consumidor é um material em contínua construção. Ao mesmo tempo em que compartilhamos as informações disponíveis, convidamos os integrantes do Sistema Nacional de Defesa do Consumidor, cidadãos, fornecedores e demais atores sociais a participar deste processo, contribuindo com a reconstituição de uma parte inédita e extraordinária da nossa cidadania.

O Departamento de Proteção e Defesa do Consumidor (DPDC) tem desenvolvido diversos projetos e iniciativas comuns com outros países, principalmente da América Latina, por compreender que a defesa do consumidor somente pode ser efetiva se coordenada para além do âmbito do Estado nacional. Esses projetos envolvem temas como proteção do consumidor no comércio eletrônico, proteção de dados pessoais, construção de um sistema de informações latino-americano, bem como a promoção da harmonização normativa e do fortalecimento da legislação da defesa do consumidor na América Latina.

Para atingir tais objetivos, o Departamento realizou estudos, reuniões, notas técnicas, além de importantes publicações, como o "Atlas Geopolítico da Defesa do Consumidor na América Latina" (2005) e "A Defesa do Consumidor na Argentina, no Brasil, no Paraguai e no Peru: uma análise comparativa" (2007). Além desses trabalhos, está em fase de elaboração o "Atlas de Proteção ao Consumidor no Comércio Eletrônico."

O DPDC participa também de comissões e fóruns internacionais para a discussão de temas estratégicos e formulação de políticas comuns para a defesa do consumidor, dentre os quais se destacam, no âmbito do Mercosul, o Comitê Técnico nº 07 "Defesa do Consumidor" (CT-07), cuja finalidade é harmonizar conceitos básicos das legislações de proteção ao consumidor dos países do Bloco e o SGT-13, que constitui grupo de trabalho que visa à implementação de normas comuns acerca de comércio eletrônico.Além disso, o DPDC integra o Foro Ibero-americano das Agências Governamentais de Proteção ao Consumidor, que constitui uma rede de países ibero-americanos, voltada para a discussão e desenvolvimento de projetos comuns em política de proteção ao consumidor.

De acordo com grande parte dos doutrinadores da ciência do direito, podemos verificar que os serviços de proteção ao crédito são considerados entes de caráter público, ainda que mantidos pela iniciativa privada, e deles é exigido:

- objetividade e veracidade nas informações;
- devem ser escritas em linguagem de fácil compreensão;
- não podendo haver informações negativas referentes a período superior a cinco anos;
- comunicação por escrito ao consumidor, quando a abertura de cadastro ou banco de dados não for solicitada por ele;

- correção imediata e comunicação, no prazo de cinco dias úteis, aos eventuais destinatários das informações, de quaisquer inexatidões em dados ou cadastros, se o consumidor requerer.

Sobre o referido assunto, o autor Efing, assevera que:[30] "O banco de dados de consumidores seriam sistemas de coleta aleatória de informações, normalmente arquivadas sem requerimento do consumidor, que dispõem de organização mediata, a atender necessidades latentes através de divulgação permanente de dados obrigatoriamente objetivos e não-valorativos, utilizando-se de divulgação a terceiros por motivos exclusivamente econômicos. Diferentemente disto, os cadastros de consumidores seriam sistemas de coleta individualizada de dados objetivos, sejam de consumo ou juízos de valor, obtidos normalmente por informação do próprio consumidor e com o objetivo imediato relativo a operações de consumo presentes ou futuras, tendo provisoriedade subordinada aos interesses comerciais subjetivos do arquivista, e divulgação interna, o que demonstra a função secundária de seus arquivos".

De acordo com o material disponibilizado pelo escritório Wasser advogados e associados, podemos afirmar que: "Atualmente a finalidade desses serviços está sendo desviada, uma vez que, qualquer empresa que se associe a algum destes órgãos, recebe uma senha pessoal que lhe permite interagir com o computador central de armazenamento de dados, podendo inserir ou excluir registros. A direção destes órgãos não se responsabiliza pela veracidade das informações contidas em seus próprios cadastros e por falta de regulamentação acaba por vezes, em restringir o crédito de cidadãos não inadimplentes uma vez que presumem-se verdadeiras as informações prestadas pelos fornecedores aos bancos de dados.

Isto ocorre por as informações a serem cadastradas não exigirem prévia investigação dos bancos de dados sobre sua veracidade. Também seria inviável o funcionamento de tais serviços se para efetuar uma inscrição tivessem que requer prova da dívida não paga ou manifestação do consumidor de fato impeditivo, extintivo, modificativo do direito do credor. O Código de Defesa do Consumidor Brasileiro apenas regulou direitos de quem já teve o seu nome lançado em serviços de proteção ao crédito, mas não estabeleceu os requisitos que deveriam ser exigidos, previamente.

A inscrição indevida dos nomes dos consumidores e acabam por invadir sua privacidade, estimando e turbando a cidadania com a restrição indevida ao direito de crédito; também a inscrição de muitas pequenas e médias empresas nos chamados arquivos de consumo é feita de forma arbitrária, por falta de prévios e

---

[30] EFING, Antônio Carlos. Banco de dados e cadastro de consumidores. São Paulo: Revista dos Tribunais, 2002.

prudentes critérios. Não existe lei federal ou estadual, nem, tem-se conhecimento, de algum tipo de acordo feito por entidades, que estabeleça critérios prévios para a inserção do nome dos inadimplentes em serviços como SPC – Serviço de Proteção ao Crédito e Serasa – Centralização dos Serviços dos Bancos S/A.

Até as entidades públicas tem aceitado a ideia de inscrever "maus pagadores" nos serviços de cadastro. Por exemplo, a Secretaria de Finanças da Prefeitura de Belém está ameaçando encaminhar ao Banco do Brasil e à Caixa Econômica Federal, os nomes dos devedores do IPTU e do ISS, para que estes sejam notificados a comparecerem a SEFIN (Secretaria de Finanças), para negociar seus débitos no prazo 10 de dias. Em caso de não comparecimento, o Banco do Brasil e a Caixa Econômica Federal estarão autorizados a protestar os débitos e a providenciar a inscrição dos nomes dos devedores no cadastro do SERASA.

De acordo com Benjamin[31]: "É assim mesmo em todo o mundo. Na sociedade de consumo como a conhecemos, o consumidor não existe sem crédito; dele destituído, é um nada. Um bom histórico creditício é um patrimônio tão valioso quanto um currículo exemplar, no momento em que se procura emprego".

É curioso que o próprio Banco do Brasil, que por ordem de alguma lei municipal, vai ficar agora encarregado de notificar contribuintes e inscrever os nomes no cadastro restritivo do Serasa e CADEB – Cadastro de Fornecedores do Estado. Todos os cadastros de inadimplentes, através de inúmeras decisões judiciais, têm sido impedidos de efetuar a inscrição dos devedores pela possibilidade de infringir diversos dispositivos constitucionais.

Neste sentido, observamos que o consumidor regulariza o débito junto ao credor, e é este quem repassa a informação de regularização ao serviço de proteção ao crédito que efetuará a negativação, podendo levar meses. Isto sem se falar na emissão de duplicatas frias que prejudicam o seu crédito e que o consumidor sequer tem conhecimento.

Estes cadastros de listas em "off" são totalmente ilegais e uma afronta ao Código de Defesa do Consumidor. Essa inclusão pode causar, assim, prejuízos irreparáveis ou de difícil reparação ao consumidor ou contribuinte, gerando consequente direito às indenizações por dano moral e/ou patrimonial".

Depois das exposições brilhantes fornecidas pelo escritório de advocacia Wasser advogados e associados, resolvo finalizar com mais uma importante infor-

---

[31] BENJAMIN, Antônio Herman de Vasconcellos. Das práticas comerciais. In: GRINOVER, Ada Pellegrini et al. Código brasileiro de defesa do consumidor.: comentado pelos autores do anteprojeto. 7. ed. Rio de Janeiro: Forense Universitária, 2001. p. 215-351.

mação: É importante mencionar que qualquer consumidor tenha ou não restrição de crédito, goza do direito de exigir dos serviços de proteção ao crédito (SPC, SERASA, CADIN e outros), informações completas sobre as eventuais anotações que pesem contra seu nome nestes órgãos. Estas informações, que deverão ser prestadas por escrito, servirão como documento para ajuizar ações destinadas ao cancelamento destas anotações bem como ações indenizatórias quando restar configurado qualquer tipo de dano, inclusive o dano de caráter moral e, conforme o caso, para instrumentalizar ação penal contra os dirigentes das entidades de bancos de dados. Importante registrar que estas informações não podem ser negadas e deverão ser corrigidas após a formal solicitação do consumidor, mediante a comprovação de que são indevidas ou inexatas.

A omissão do órgão que administra o banco de dados, desatendendo às justificadas solicitações de cancelamento ou correção das anotações, poderá dar ensejo a um dos crimes previstos contra as relações de consumo, tipificados no Código de Defesa do Consumidor, que preveem a punição dos dirigentes do órgão com até um ano de detenção.

5.2. Serviços de Proteção ao Crédito mais Utilizados

5.2.1 SPC

5.2.1.1 Definição

O SPC (Serviço de Proteção ao Crédito) é um serviço utilizado pelos lojistas para consultar o histórico financeiro de um cliente. Este banco de dados contém informações de pessoas físicas e jurídicas que estão inadimplentes em compras no comércio. Este órgão tem por objetivo maior proteger as empresas de clientes que já estejam inadimplentes, diminuindo os riscos nas operações de crédito e recebimentos de cheques.

5.2.1.2 Serviços Oferecidos

O SPC cadastra boletins de ocorrência sobre a perda, roubo e furto de documentos pessoais e folhas de cheques, alertando as empresas associadas durante suas consultas. A consulta de pessoa jurídica é feita através do CNPJ. Confirma a razão social, nome fantasia, endereço completo, data de fundação. Acusa títulos protestados, cheques sem fundos e ainda se a empresa tem ações cíveis ou pedido de falência. Informa também a participação societária.Também apresenta informações dos consumidores inadimplentes cadastrados pela empresa.

REGISTRO DE CHEQUE NO SPC
Preencher formulário contendo *dados do cliente, assinatura e carimbo da empresa *Nome do cliente; *Endereço; *CPF *N° do cheque; *N° do banco *N° da agência; *Valor do Cheque; *Data da Emissão

5.2.1.3 Iniciativa de Registro

O associado deve fazer um registro no banco de dados do SPC na hora em que recebeu um cheque sem fundos, promissórias, notas fiscais,... dos clientes da empresa. Desta maneira, é possível atualizar de maneira eficaz as informações referentes à destinação do crédito. Abaixo colaciono um exemplo interessante:

5.2.1.4 Aviso de Notificação

Seguindo as normas constantes no Código de Defesa do Consumidor, o SPC tem a obrigação de enviar automaticamente uma carta-notificação ao devedor, no endereço informado pelo associado, informando-lhe sobre o registro que irá ser procedido no SPC. Nada, porém impede que o associado envie correspondência ao devedor informando a inadimplência.

5.2.1.5 Cancelamento de Registro por Devedor

A primeira coisa a fazer é procurar a agência do banco que apresentou a ocorrência. Solicite ao banco informações sobre o número, valor e data do cheque. Verifique no seu canhoto para quem foi emitido o cheque, procure a pessoa ou a empresa para regularizar o débito e recuperar o cheque. Na etapa seguinte, já de posse do cheque, prepare uma carta, conforme orientação do gerente da sua conta no banco. Junte à carta ao original do cheque recuperado. A seguir faça o recolhimento no banco referente às taxas pela devolução do cheque e protocole uma cópia dos documentos entregues ao banco.

A regularização na base de dados do SPC vai acontecer depois que o Banco do Brasil, que é o responsável pela atualização do arquivo do CCF (cadastro de emitentes de cheques sem fundos), puder enviar os documentos para o SPC.

5.2.1.6 Cancelamento de Registro por Associado

O associado tem o dever de comunicar ao SPC quando da quitação da dívida de seu cliente. O cancelamento de registro acontece normalmente num prazo não superior á 48 horas. Será utilizado o Boletim de Cancelamento, que deve ser preenchido pela empresa, para confirmar tal a extinção do débito.

5.2.1.7 Prazo de Prescrição da Dívida

Segundo o art.43 do código de defesa do consumidor[32]: "Os cadastros de dados e consumidores devem ser objetivos, claros, verdadeiros e em linguagem de fácil compreensão, não podendo conter informações negativas referentes a período superior a cinco anos".

5.2.2 Serasa

5.2.2.1 Definição

A SERASA é uma empresa privada, constituída com base na Lei das Sociedades Anônimas, que se dedica à atividade de prestar serviços de interesse geral a partir do seu banco de dados de informações para crédito, sendo reconhecida pelo Código de Proteção e Defesa do Consumidor como entidade de caráter público[33].

Em seus computadores estão guardadas as informações econômico-financeiras, cadastrais e comerciais de cidadãos e empresas[34], com o objetivo de facilitar e tornar rápida a realização de negócios. Sua atuação abrange todos os Estados Brasileiros, reunindo dados sobre empresas e pessoas obtidos diretamente dos próprios interessados, cartórios extrajudiciais e outras serventias públicas, Instituições Financeiras, publicações oficiais e outras fontes próprias e pertinentes, estando sua atividade amparada pela Constituição Federal.

Somente Instituições Financeiras e empresas que vendem a prazo e com compromisso de uso para apoio na tomada de decisão de crédito podem ter acesso ás informações do Serasa. O acordo é redigido em contrato específico, que estabelece identificação e senha exclusiva de acesso ao banco de dados de informações da SERASA, para garantir a privacidade de acesso às informações.

As consultas ao Serasa são realizadas por meio de CPF ou CNPJ, caso se trate de empresa.

5.2.2.2 Serviços Oferecidos[35]

Em caso de roubo ou extravio de cheques, comunique imediatamente a sua agência bancária e faça um boletim de ocorrência. A SERASA manterá um cadastro provisório que ficará

---

[32] Conf.LEI 8.078/90

[33] Lei 8.078, Artigo 43, § 4°

[34] Material disponibilizado pelo Serasa

[35] Idem

disponível para empresas usuárias. Lembre-se que esse Serviço Gratuito de Proteção ao Cidadão é provisório, protegendo contra o uso indevido dos cheques. Portanto, assim que o seu Banco abrir, dirija-se à sua Agência para sustar oficialmente os cheques.

A pessoa poderá sustar o cheque, mas não estará livre da obrigação de pagamento, nem de ser protestado pelo fornecedor de produtos e serviços, exceto nos casos de perda, furto ou roubo, e mediante a apresentação de boletim de ocorrência.

5.2.2.3 Iniciativa de Registro

As condições exigidas para que uma instituição financeira ou empresas cadastrem uma negativação no Serasa são estabelecidas em contrato específico. Uma das exigências feitas pelo Serasa é que as associadas respondam pela guarda de documentos de dívida vencida do consumidor.

5.2.2.4 Aviso de Notificação

A comunicação[36] é feita por meio de carta comunicado postada nos correios, na qual são informados os dados da anotação da dívida vencida e não paga. A partir daí, a anotação fica guardada em banco de dados de espera por dez dias, possibilitando ao cadastrado regularizar a pendência diretamente com o credor. A pendência só é incluída no banco de dados de consulta da SERASA após dez dias da data da postagem da carta comunicado, caso não haja contestação do devedor ou exclusão da anotação pela empresa conveniada (credora da dívida).

5.2.2.5 Cancelamento de Registro por Devedor

Basta comparecer ao Serviço Gratuito de Orientação ao Cidadão[37], mantido pela SERASA em todas as suas agências, munido de um documento de identidade e do CPF, ou numero de CNPJ para a empresa, para receber todas as orientações para regularizar alguma pendência. Se a pendência já estiver regularizada, será necessário apenas entregar o documento na SERASA. Tudo é feito gratuitamente.

5.2.2.6 Cancelamento de Registro por Associado

O associado tem o dever de comunicar ao SPC quando da quitação da dívida de seu cliente. O cancelamento de registro acontece normalmente num prazo não superior á 48 horas. Será utilizado o Boletim de Cancelamento, que deve ser preenchido pela empresa, para confirmar tal a extinção do débito.

5.2.2.7 Prazo de Prescrição da Dívida

Segundo o art.43 do código de defesa do consumidor[38]: "Os cadastros de dados e consumidores devem ser objetivos, claros, verdadeiros e em linguagem de fácil compreensão, não podendo conter informações negativas referentes a período superior a **cinco anos**".

---

[36] Material disponibilizado pelo Serasa
[37] Idem
[38] LEI 8.078/90
[39] Material disponibilizado pelo Serasa

5.2.3 Protesto de Títulos em Cartório

5.2.3.1 Definição

É a medida que prova a falta de pagamento de uma obrigação firmada em um título (documento de dívida), [39] para ressalvar a segurança de direitos gerada a partir dele. O documento do protesto é denominado Instrumento de Protesto.

5.2.3.2 Cancelamento de Registro por Devedor

Os passos para regularizar um protesto são os seguintes:

a) Dirija-se ao cartório que registrou o protesto e solicite uma certidão para obter os dados de quem o protestou.

b) Comunique-se com quem o protestou, regularize o débito e peça uma carta indicando que a dívida foi regularizada.

c) Reconheça a firma da pessoa/empresa, retorne ao cartório onde consta o registro do protesto e solicite o seu cancelamento.

d) Após o cancelamento do protesto no cartório, entregue a certidão na SERASA para a baixa da anotação em seus arquivos.

5.2.3.3 Local de Protesto:

Dirija-se até o cartório de protesto de títulos mais próximos da agência constante no cheque do devedor ou também no endereço de seu domicilio.

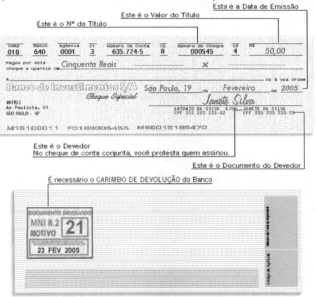

Fonte: *Serviço Central de Protesto de Títulos*

5.2.3.4 Documentação Exigida

Sugiro que leve consigo o cheque, que deverá conter o carimbo do banco e o endereço do devedor.

5.2.3.5 Modelo de Cheque para Protesto

Este cheque é ao portador, ou seja, qualquer pessoa pode protestar, pois, não esta nominal a ninguém. É recomendável que o empresário quando receber um cheque, também esteja conferindo se nele constam informações sobre o endereço, telefone e CPF do devedor.

5.2.3.6 Anotações Importantes[40]

Após a distribuição do título no cartório você receberá uma via do formulário com a indicação do Tabelião ao qual foi o título distribuído, já contendo o número e data da protocolização (no rodapé) e endereço (no verso). Com essa via você retirará, direto no Tabelião, o resultado. Você poderá ligar para saber o andamento do título; sempre tenha a mão o número e a data do protocolo. A Intimação para o pagamento/aceite é remetida ao devedor, por carta registrada, no dia seguinte ao da protocolização.

Se a pessoa quiser desistir do protesto, faça-o também respeitando o prazo limite, fazendo uma carta, em papel timbrado, se for empresa, ao Tabelião, indicando o nº do título, valor, nº do protocolo e data, solicitando a devolução do título sem protesto, juntando o protocolo recebido.

5.2.4 Ação Judicial

5.2.4.1 Definição

É o direito[41] que têm as pessoas físicas e jurídicas de pedir em juízo o que lhes pertence ou é devido. O termo ainda se refere ao documento (processo) que foi dada entrada em juízo (no fórum).

5.2.4.2 Regularização de Anotação Judicial

Todo cidadão que não tenha adquirido nenhum bem de consumo, mas que porventura tenha sofrido um protesto cambial em face de um título de crédito (cheque, nota promissória ou duplicata), falso ou indevido, ou esteja respondendo por uma ação de execução, terá estas informações anotadas e disponíveis aos fornecedores com o objetivo de macular o seu crédito, embora a fonte não possa ser tida como legítima.

---

[40] Material retirado do site: http://www.protesto.com.br/
[41] Material disponibilizado pelo Serasa

Nesta hipótese, ainda que o cidadão tenha buscado pela via judicial a anulação do título de crédito, ainda que tenha opostos os embargos à execução e até tenha obtido sucesso na justiça com a anulação do título, seu nome ainda permanecerá na lista de consumidor inidôneo perante o órgão de proteção ao crédito até que comprove que eram indevidos os protestos ou as ações de execução, mediante a apresentação de cópia da sentença ou acórdão que reconheça a impropriedade do título ou da dívida.

Por outro lado, as anotações de mau pagador originárias de informações de associados do órgão que administra o serviço de consultas de crédito também são complexas, vez que, às vezes, o consumidor tem seu cheque apresentado antes do prazo, ou o valor da sua dívida acrescido de juros ilegais, ou ainda, o seu pagamento não ter sido lançado por erro do lojista, etc. e, independente destes vícios de origem, típicos, seu nome é lançado na lista de clientes inidôneos, indevidamente. Siga abaixo o roteiro para regularização de anotação judicial:

a) Para a regularização dessa anotação, certifique-se de que o processo já foi julgado em juízo e que se encontra extinto, ou tenha sido realizado acordo em juízo, ou apresentados embargos à execução.

b) A certificação é obtida por meio de cópia do despacho do juiz ou de certidão emitida pela Vara Cível onde o processo foi distribuído.

c) De posse da comprovação da existência de embargos à execução, penhora, homologação de acordo entre as partes ou extinção do processo, entregue-a na SERASA.

5.2.4.3 Intervenção Judicial

Na verdade matérias desta natureza já foram exaustivamente debatidas nos tribunais de todo o país e as decisões, quase unânimes, são de que os lançamentos indevidos devem ser imediatamente retirados e os consumidores lesados devidamente indenizados. Um registro negativo nos serviços de proteção ao crédito é indevido quando a dívida não paga está sendo questionada na justiça, quando tem origem em título de crédito falso, quando o título de crédito foi perdido, quando o título de crédito (cheque) foi apresentado ao banco antes do prazo avençado, ou ainda, quando, por qualquer motivo, inclui juros extorsivos, despesas não contratadas, ou taxas arbitrárias, entre outros.

Um débito indevido pode ser objeto de questionamento judicial por vários caminhos e em várias circunstâncias. Quando se trata de uma ação de execução pela via dos embargos de devedor; quando se trata de um protesto cambial pela via de uma ação anulatória de título cambial; quando se trata de um documento originário de um contrato pela via da anulação ou rescisão do contrato, ou ainda, em muitos casos, pela via da simples ação declaratória.

Entretanto, em muitos casos, face a urgência e os riscos de grave e irreparável lesão moral ou material, pode o consumidor postular em juízo, em caráter especial e antes de examinar o mérito da ação principal, uma medida cautelar, para que o juiz mande sustar, de imediato, o protesto de um título cambial ou retirar uma anotação de inadimplência perante um destes organismos de serviços de consultas de créditos.

Nos casos de sustação de protesto cartorário, é normal que o juiz exija do consumidor um caução que garanta o valor da dívida, para a hipótese de que reste comprovado que a razão estava com o credor, entretanto, nos casos que envolvem informações negativas contra o consumidor, perante bancos de dados de qualquer natureza, não haverá qualquer tipo de caução.

5.2.4.4 Indenização Judicial

As indenizações devidas em face do fornecimento impróprio de informações danosas ao consumidor não têm valor certo, variam de tribunal para tribunal e cada situação é avaliada pelo grau de dano que possa ter sofrido o cidadão no âmbito moral, e comprovadamente no âmbito material, dependendo puramente do entendimento do juiz.

Já a indenização pelo dano material depende de prova efetiva da existência do dano, do valor do dano e da relação causa e efeito, ou seja, da prova de que o prejuízo decorreu da informação de que o cidadão, em face das anotações indevidas, se constituía em um cliente inidôneo. Nestes casos, geralmente, a indenização arbitrada pelo juiz é suficiente para recompor integralmente o comprovado prejuízo material sofrido pelo consumidor.

Os danos morais são aqueles que afetam o bom nome, o crédito, ou as relações comerciais do consumidor ou ainda lhe causam constrangimento, portanto, são danos que não podem ser medidos cientificamente e dependem exclusivamente do arbitramento do juiz. Os danos materiais, por outro lado, são aqueles que representam um prejuízo econômico mensurável e que podem ser apurados por prova escrita, testemunhal ou pericial.

5.3. Entidades de Defesa do Consumidor

O Código de Defesa do Consumidor - CDC prevê a participação de diversos órgãos públicos e entidades privadas, bem como o incremento de vários institutos como instrumentos para a realização da Política de Consumo. Quis o Código que o esforço fosse nacional, integrando os mais diversos segmentos que têm contribuído para a evolução da defesa do consumidor no Brasil. O Sistema Nacional de Defesa do Consumidor - SNDC é a conjugação de esforços do Estado, nas diversas unidades da Federação, e da sociedade civil, para a implementação efetiva dos direitos do consumidor e para o respeito da pessoa humana na relação de consumo.

Conforme o CDC, integram o SNDC a Secretaria de Direito Econômico – SDE, do Ministério da Justiça, por meio do seu Departamento de Proteção e Defesa do Consumidor - DPDC, e os demais órgãos federais, estaduais, do Distrito Federal, municipais e entidades civis de defesa do consumidor. O DPDC é o organismo de coordenação da política do SNDC e tem como atribuições principais coordenar a política e ações do SNDC, bem como atuar concretamente naqueles casos de relevância nacional e nos assuntos de maior interesse para a classe consumidora, além de desenvolver ações voltadas ao aperfeiçoamento do sistema, à educação para o consumo e para melhor informação e orientação dos consumidores.

Os Procons são órgãos estaduais e municipais de defesa do consumidor, criados, na forma da lei, especificamente para este fim, com competências, no âmbito de sua jurisdição, para exercitar as atividades contidas no CDC e no Decreto nº 2.181/97, visando garantir os direitos dos consumidores. Verifica-se, dessa forma, que as competências são concorrentes entre União, Estados e Municípios no que se refere aos direitos dos consumidores, não havendo, portanto, relação hierárquica entre o DPDC e os Procons ou entre Procons. Os Procons são, portanto, os órgãos oficiais locais, que atuam junto a comunidade, prestando atendimento direto aos consumidores, tendo, desta forma, papel fundamental na atuação do SNDC. Outro importante aspecto da atuação dos Proconsdiz respeito ao papel de elaboração, coordenação e execução da política local de defesa do consumidor, concluindo as atribuições de orientar e educar os consumidores, dentre outras.

Em nível estadual tem-se 27 Procons no total, um para cada Unidade da Federação. Conforme mencionado, os Procons estaduais têm, no âmbito de sua jurisdição competência para planejar, coordenar e executar a política estadual de proteção e defesa do consumidor, assim para o melhor funcionamento dos sistema estadual de defesa do consumidor, faz-se necessário que exista um estreito relacionamento entre os Procons Municipais e o Estadual, bem como entre os próprios órgãos municipais.

Outros dois atores merecem destaque pela sua importante atuação na defesa dos direitos dos consumidores: os Ministérios Públicos e as Entidades Organizadas da Sociedade Civil.

A Escola Nacional de Defesa do Consumidor (ENDC), criada em 08 de agosto de 2007, tem como objetivo capacitar, atualizar e especializar os técnicos do Sistema Nacional de Defesa do Consumidor. Ela tem a função de sustentar de maneira contínua e duradoura os programas de capacitação de agentes e entidades voltadas à defesa do consumidor e, nesse sentido representa um avanço para a proteção do consumidor no Brasil. Ademais, a Escola Nacional visa incentivar a criação pelos Estados de suas escolas estaduais de defesa do consumidor.

A capacitação técnica desenvolvida pela ENDC, além de melhorar a qualidade da assistência aos consumidores, também proporciona o fortalecimento da estrutura nacional de defesa do consumidor ao promover a identidade e a harmonia do conhecimento no Sistema Nacional de Defesa do Consumidor - SNDC.

O fortalecimento do SNDC por meio da criação da Escola Nacional visa atender e responder aos anseios da sociedade que é cada vez mais esclarecida, ávida por informação e que busca os seus direitos, ou seja, a cada dia se torna mais cidadã. Neste contexto, é fundamental a instituição de mecanismos permanentes de capacitação, atualização e especialização para que os órgãos de defesa do consumidor possam atuar com eficácia e competência.

Em suma trata-se de uma ação de fomento e efetivação da educação em direito do consumidor para o aprimoramento dos atores que realizam a defesa do consumidor. Esta ação tem como fim principal o aprimoramento do atendimento ao cidadão que é o beneficiário e foco principal das atuações dos integrantes do SNDC.

6 | *Rotinas Trabalhistas*

6.1. Descrição de Cargos e Salários

6.1.1 Zelador

As funções do zelador podem ser descritas, logo abaixo:
1- Coibir a permanência de pessoas "suspeitas" na portaria;
2- Observar se os moradores estão estacionando o carro em local adequado;
3- Acompanhar a execução dos serviços de manutenção do condomínio.
4- Programar os serviços de limpeza a serem exercidos pelas faxineiras, assim, como observar os principais lugares a serem limpos;
5- Supervisionar o comportamento dos moradores no prédio e anotar no livro de registro, caso haja algum inconveniente;
6- Fazer a escala de folgas e férias dos funcionários;
7- Verificar o registro do consumo diário de água, através de leitura do medidor da companhia de água de sua cidade.
8- Promover a vistoria dos equipamentos prediais (interfones, portas automáticas...) para verificar o correto funcionamento destes.

6.1.2 Porteiro

As funções do porteiro podem ser descritas, logo abaixo:
1- Fazer o controle da entrada e saída de pessoas do edifício;
2- Solicitar a identificação de todo individuo suspeito que se dirigir ao prédio;
3- Receber e guardar as correspondências, jornais, revistas, e outros materiais recebidos por terceiro;
4- Coibir o aglomeramento de pessoas na portaria do edifício;

5- Não pode abandonar o posto, sem que tenha um motivo justo e urgente para tal ação;
6- Tem a função de evitar comentários sobre assuntos que não lhe dizem respeito, ou que interfiram na privacidade dos moradores;
7- Comunicar ao síndico ou zelador qualquer situação imprevista, que não consiga resolver, principalmente, pelo fato, de nunca poder deixar o posto de vigia.

6.1.3 Faxineiro

As funções do faxineiro podem ser descritas, logo abaixo:
1- Executar com qualidade os serviços destinados pelo síndico;
2- Fazer o recolhimento do lixo no horário programado pela prefeitura, para que o mesmo não fique sobrando, para o dia seguinte;
3- Atender com zelo, as ordens do zelador do prédio;
4- Informar ao zelador sobre qualquer acontecimento imprevisto, que aconteça nos arredores do condomínio;
5- Promover o fechamento de todas as janelas e áreas restritas do condomínio, quando do final da limpeza;
6- Tem a função de evitar comentários sobre assuntos que não lhe dizem respeito, ou que interfiram na privacidade dos moradores;
7- Comunicar ao síndico sobre a falta de material de limpeza, com anterioridade.

6.1.4 Garagista

As funções do garagista podem ser descritas, logo abaixo:
1- Executar com qualidade os serviços destinados pelo síndico;
2- Fazer o a guarda dos carros, sem que nenhum morador se sinta constrangido;
3- Nunca permitir a entrada de veículos desconhecidos, sem a devida autorização;
4- Auxiliar os moradores, quando do transporte de bagagens com excessivo peso, pelas vias do prédio;
5- Observar se os moradores estão estacionando o carro em local adequado;
6- Tem a função de evitar comentários sobre assuntos que não lhe dizem respeito, ou que interfiram na privacidade dos moradores;
7- Comunicar ao síndico sobre a quebra do portão da garagem, ou ainda, a respeito da troca de senha do controle da garagem, sempre com anterioridade e prestatividade.

Revela-se elucidativa a matéria abordada, na visão de Pereira[42]: "Não há também, na lei referência ao 'garagista'. Empregado que aparenta ser mero subalterno, nos edifícios em que número elevado de veículos se alojam assume funções específicas e de responsabilidade quanto aos carros que são guardados, cuidando de sua colocação e manobra, impedindo a entrada de estranhos, respondendo e velando por eles. Por tal razão, o condomínio será responsável pelos danos oriundos de sua ação ou omissão, causados a condômino ou estranho".

6.2. Controle de Frequência dos Funcionários

6.2.1. Jornada Comum de Trabalho

A duração normal do trabalho[43], para os empregados em qualquer atividade privada, não excederá de oito horas, desde que não haja fixado previamente outro limite. O tempo despendido pelo empregado[44], em condução fornecida pelo empregador, até o local do trabalho de difícil acesso ou não servido por transporte regular público, e para retorno, é computável na jornada de trabalho.

O empregado que trabalha em regime de compensação de horas, para não trabalhar aos sábados, se o feriado cai nesse dia, só tem direito a receber a remuneração correspondente[45], se quando o feriado cai em outro dia da semana, a empresa só lhe paga as 8 horas normais(hoje 7h20min), com exclusão das horas compensadas.

Não são abrangidos pelo regime previsto neste capítulo[46]:

I- os empregados que exercem atividade externa incompatível com a fixação de horário de trabalho, devendo tal condição ser anotada na Carteira de Trabalho e Previdência Social e no registro de empregados;

II- os gerentes, assim considerados os exercentes de cargos de gestão, aos quais se equiparam, para efeito do disposto até agora, os diretores e chefes de departamento ou filial.

Obs.: O regime previsto neste capítulo será aplicável aos empregados mencionados no item II, quando o salário do cargo de confiança, compreendendo a gratificação de função, se houver, for inferior ao valor do respectivo salário efetivo acrescido de 40% (quarenta por cento).

---

[42] Pereira, Caio Mário da Silva. Condomínio e incorporações. 3.ed. Rio de Janeiro; Forense, 1977.

[43] Conforme disposto no art.58 da CLT.

[44] Conforme disposto no §2 do art. 58 da CLT.

[45] Processo TRT – 2ª Região no 2.934/69 – AC. 1ª Turma no 1.343/69 de 23-12-69 – Relator Juiz Paulo Marques Leite.

[46] Material adaptado e retirado do site: http://www.guiatrabalhista.com.br/

Quando o intervalo para o repouso e alimentação[47] não for concedido pelo empregador, este ficará obrigado a remunerar o período correspondente com um acréscimo de no mínimo 50% sobre o valor da remuneração da hora normal de trabalho.

6.2.1.1 Exemplos Práticos[48]

6.2.1.1.1 Primeiro Exemplo

Empregado com jornada de trabalho de segunda a sexta-feira das 08:00h às 17:48h, com uma hora de intervalo intra-jornada e compensando o sábado, cuja empresa tenha firmado acordo de banco de horas para os empregados. Assim, ele teria que trabalhar a mais nos outros dias da semana para compensar os 48 (quarenta e oito) minutos do feriado em que não há expediente, ou lançar estes minutos que faltam para completar a jornada semanal, para banco de horas.

ESPELHO DO PONTO - SETEMBRO/2007

Empresa: _____

Empregado: _____ **Depto/Setor:** _____

Período: 01/09/2007 a 30/09/2007

Horário de trabalho: 08:00 às 12:00 - 13:00 às 17:48

Data	Dia	Entrada	Intervalo		Saída	Horas	Ocorrências
01/09/2007	Sab-compensado						
02/09/2007	Dom-folga						
03/09/2007	Seg-normal	07:58	12:00	13:00	17:49	08:48	Hrs normais trabalhadas
04/09/2007	Ter-normal	07:59	12:00	13:00	17:50	08:48	Hrs normais trabalhadas
05/09/2007	Qua-normal	08:00	12:00	13:00	17:49	08:48	Hrs normais trabalhadas
06/09/2007	Qui-normal	07:57	12:00	13:00	17:48	08:48	Hrs normais trabalhadas
07/09/2007	Sex-Feriado						
08/09/2007	Sab-compensado						
09/09/2007	Dom-folga						

Neste exemplo, já que sexta-feira foi feriado, o total de horas trabalhadas na semana deveria ser de 36 hs, ou seja, 8:00h (por dia) de segunda a quinta mais 4:00h no sábado. Como o empregado trabalhou somente 35h12min (8h48min x 4 dias) de segunda a quinta, acabou faltando os 48 (quarenta e oito) minutos do feriado não trabalhado, havendo então duas possibilidades:

1- lançar 48 (quarenta e oito) minutos em banco de horas (horas negativas); ou

---

[48] Material adaptado e retirado do site: http://www.guiatrabalhista.com.br/

2- estabecer o horário de saída de segunda a quinta em mais 12 (doze) minutos, ou seja, saindo todos os dias às 18:00h, para completar a jornada semanal (12 min x 4 = 48 minutos).

6.2.1.1.2 Segundo Exemplo

Empregado com jornada de trabalho de 44 horas semanais[49], compensando o sábado e a saída mais cedo da sexta-feira, cuja empresa tenha firmado acordo de compensação para os empregados.

ESPELHO DO PONTO - NOVEMBRO/2007

Empresa: _____
Empregado: _____ Depto/Setor: _____
Período: 01/11/2007 a 30/11/2007
Horário de trabalho
Seg-Quinta: 08:00 às 12:00 - 13:00 às 18:00
Sexta: 08:00 às 12:00 - 13:00 às 17:00

Data	Dia	Entrada	Intervalo		Saída	Horas	Ocorrências
04/09/2007	Dom-folga						
05/09/2007	Seg-normal	07:59	12:00	13:00	18:00	09:00	Hrs normais trabalhadas
06/09/2007	Ter-normal	07:58	12:00	13:00	18:01	09:00	Hrs normais trabalhadas
07/09/2007	Qua-normal	07:59	12:00	13:00	18:04	09:00	Hrs normais trabalhadas
08/09/2007	Qui-normal	08:00	12:00	13:00	18:02	09:00	Hrs normais trabalhadas
09/09/2007	Sex-Feriado	07:57	12:00	13:00	17:00	08:00	Hrs normais trabalhadas
10/09/2007	Sab-folga						
11/09/2007	Dom-folga						

Neste caso, o total de horas diárias trabalhadas de segunda a quinta é de 9 horas, com término de jornada às 18:00h, ou seja, trabalham de segunda a quinta compensando o sábado e a saída mais cedo (17:00h) na sexta-feira.

Total de Horas Efetivamente Trabalhadas: Segunda à quinta = 36:00h + 8:00h (da sexta-feira) = 44:00h semanais.

> **Importante:**[50]A compensação de horário semanal deve ser ajustada por acordo escrito, mediante acordo individual, não necessariamente em acordo coletivo ou convenção coletiva, tanto para homens como para mulheres.

---

[49] Material adaptado e retirado do site: http://www.guiatrabalhista.com.br/

[50] Conforme disposto na Instrução Normativa nº 1, de 12-10-88.

6.2.1.2 Jornada Especial de Trabalho

Seja por força de lei ou acordo coletivo, o certo é que alguns profissionais possuem jornadas especiais, por exemplo:[51]

PROFISSÃO	LIMITE DE HORAS DIA
Bancários	6 horas
Telefonista	6 horas
Operadores cinematográficos	6 horas
Jornalista	5 horas
Médico	4 horas
Radiologista	4 horas

Duração do trabalho normal[52] não pode ultrapassar oito horas diárias e 44 semanais, facultada compensação de horários e a redução da jornada, mediante acordo ou convenção coletiva de trabalho.

6.2.1.2.1 Horista

Se a empresa tem em seu quadro de funcionários, algum empregado horista, se faz necessário um acerto no seu salário, para que não fique prejudicado, quando do pagamento da remuneração que lhe é devida.

Exemplo Prático:

Imagine que um funcionário horista, cujo cálculos de rendimentos eram realizados á base de 240 horas, com um salário de **3,00 por hora trabalhada**:

240 horas x R$ 3,00 por hora = R$ 720,00 por mês

Fazendo a redução necessária de 240 horas para 220 horas, tem-se:

(1)R$ 720 ÷ 220 horas = **R$ 3,27 por hora trabalhada**
(2)R$ 3,27 x 220 horas = R$ 720,00 por mês

Observe, caro leitor, que o empregado não teve seu salário aumentado. Porém, é preciso fazer a anotação da carteira contando que o empregado recebe R$3,27 por hora de trabalho. Todo esse procedimento burocrático existe para que seja

---

[51] Material disponibilizado pelo Professor Natanael Lago.

[52] Material adaptado referente ao art.7º da CF, inciso XIII.

cumprida a lei e não haja redução de salário (de R$ 3,27 para R$ 3,00 por hora trabalhada), conforme disposto no inciso VI do art.7º da CF.

Ocorrendo a hipótese de trabalho realizado em turnos ininterruptos de revezamento, a jornada será de 6 (seis) horas. [53]Esta jornada depende da ocorrência concomitante de vários fatores:

- existência de turnos. Isso significa que a empresa mantém uma ordem ou alteração dos horários de trabalho prestado em revezamento;
- que os turnos sejam em revezamento. Isso que dizer que o empregado, ou turmas de empregados, trabalha alternadamente para que se possibilite, face à ininterrupção do trabalho, o descanso de outro empregado ou turma;
- que o revezamento seja ininterrupto, isto é, não sofra solução de continuidade no período de 24 (vinte e quatro) horas, independentemente de haver, ou na, trabalho aos domingos

Obs.: É permitida, mediante negociação coletiva, a prorrogação da jornada de 6 (seis) horas. Nesse caso, admite-se o máximo de 2 (duas) horas extras por dia.

6.2.1.2.2 Escala de Revezamento

A escala de revezamento será efetuada através de modelo de livre escolha da empresa. No regime de revezamento[54], as horas trabalhadas em seguida ao repouso semanal de 24 (vinte e quatro) horas, com prejuízo do intervalo mínimo de 11 (onze) horas consecutivas para descanso entre jornadas, devem ser remuneradas como extraordinárias, inclusive com o respectivo adicional.

Considera-se trabalho em turno ininterrupto de revezamento aquele prestado por trabalhadores que se revezam nos postos de trabalho nos horários diurno e noturno em empresa que funcione ininterruptamente ou não. Para fins de fiscalização da jornada normal de trabalho em turnos ininterruptos de revezamento, o AFT deverá verificar o limite de seis horas diárias, trinta e seis horas semanais e cento e oitenta horas mensais.

Na hipótese de existir convenção ou acordo coletivos estabelecendo jornada superior à mencionada no caput, cabe ao AFT encaminhar cópia do documento à chefia imediata com proposta de análise de sua legalidade pelo Serviço de Relações do Trabalho - SERET, da unidade. Na hipótese de trabalho extraordinário, o AFT deverá observar também se estas horas foram remuneradas acrescidas do respectivo adicional.

---

[53] Conforme disposto na Instrução Normativa nº 1, de 12-10-88.

[54] Conforme disposto na Sumula nº 110 do TST.

O Auditor Fiscal do Trabalho - AFT[55] deverá observar o disposto nesta instrução normativa quando da fiscalização de jornada dos trabalhadores que laboram em empresas que operam com turnos ininterruptos de revezamento. Caso o AFT[56] encontre trabalhadores, antes submetidos ao sistema de turno ininterrupto de revezamento, laborando em turnos fixados pela empresa, deverá observar com atenção e rigor as condições de segurança e saúde do trabalhador, especialmente daqueles cujo turno fixado for o noturno.

Obs.: No caso acima, deverá o AFT verificar se o aumento de carga horária foi acompanhado do respectivo acréscimo salarial proporcional e respectivo adicional noturno, quando devido.

> As empresas legalmente autorizadas a funcionar, nesses dias (domingo, feriados civis e religiosos..), farão organização de escala de revezamento[57] ou folga, a fim de que, pelo menos em um período máximo de 7 (sete) semanas de trabalho, cada empregado usufrua um domingo de folga.

6.3. Organização e Qualidade nas Condições de Trabalho

As condições de trabalho incluem aspectos relacionados ao levantamento, transporte e descarga de materiais, ao mobiliário, aos equipamentos e às condições ambientais do posto de trabalho, e à própria organização do trabalho.[58]

Para avaliar a adaptação das condições de trabalho às características psicofisiológicas dos trabalhadores, cabe ao empregador realizar a análise ergonômica do trabalho, devendo a mesma abordar, no mínimo, as condições de trabalho.

6.3.1 Levantamento, transporte e descarga individual de materiais

Não deverá ser exigido nem admitido o transporte manual de cargas, por um trabalhador cujo peso seja suscetível de comprometer sua saúde ou sua segurança. Todo trabalhador designado para o transporte manual regular de cargas, que não as

---

[55] Conforme disposto na Instrução Normativa n° 64, de 25-04-2006.

[56] Idem

[57] Conforme disposto na Instrução Normativa n° 417, de 10-06-1966.

[58] Conforme disposto na Portaria n° 3.751/90 – NR 17.

leves, deve receber treinamento ou instruções satisfatórias quanto aos métodos de trabalho que deverá utilizar, com vistas a salvaguardar sua saúde e prevenir acidentes. Com vistas a limitar ou facilitar o transporte manual de cargas, deverão ser usados meios técnicos apropriados.

Quando mulheres e trabalhadores jovens forem designados para o transporte manual de cargas, o peso máximo destas cargas deverá ser nitidamente inferior àquele admitido para os homens, para não comprometer a sua saúde ou a sua segurança. O transporte e a descarga de materiais feitos por impulsão ou tração de vagonetes sobre trilhos, carros de mão ou qualquer outro aparelho mecânico deverão ser executados de forma que o esforço físico realizado pelo trabalhador seja compatível com sua capacidade de força e não comprometa a sua saúde ou a sua segurança. O trabalho de levantamento de material feito com equipamento mecânico de ação manual deverá ser executado de forma que o esforço físico realizado pelo trabalhador seja compatível com sua capacidade de força e não comprometa a sua saúde ou a sua segurança.

6.3.2 Mobiliário dos postos de trabalho

Sempre que o trabalho puder ser executado na posição sentada, o posto de trabalho deve ser planejado ou adaptado para esta posição. Para trabalho manual sentado ou que tenha de ser feito em pé, as bancadas, mesas, escrivaninhas e os painéis devem proporcionar ao trabalhador condições de boa postura, visualização e operação e devem atender aos seguintes requisitos mínimos:
- ter altura e características da superfície de trabalho compatíveis com o tipo de atividade, com a distância requerida dos olhos ao campo de trabalho e com a altura do assento;
- ter área de trabalho de fácil alcance e visualização pelo trabalhador;
- ter características dimensionais que possibilitem posicionamento e movimentação adequados dos segmentos corporais.

Para trabalho que necessite também da utilização dos pés, os pedais e demais comandos para acionamento pelos pés devem ter posicionamento e dimensões que possibilitem fácil alcance, bem como ângulos adequados entre as diversas partes do corpo do trabalhador, em função das características e peculiaridades do trabalho a ser executado.

Os assentos utilizados nos postos de trabalho devem atender aos seguintes requisitos mínimos de conforto:
- altura ajustável à estatura do trabalhador e à natureza da função exercida;
- características de pouca ou nenhuma conformação na base do assento;
- borda frontal arredondada;

– encosto com forma levemente adaptada ao corpo para proteção da região lombar.

Obs.: Para as atividades em que **os trabalhos devam ser realizados sentados**, a partir da análise ergonômica do trabalho, poderá ser exigido suporte para os pés, que se adapte ao comprimento da perna do trabalhador.Para as atividades em que **os trabalhos devam ser realizados de pé**, devem ser colocados assentos para descanso em locais em que possam ser utilizados por todos os trabalhadores durante as pausas.

6.3.3 Equipamentos dos postos de trabalho

Todos os equipamentos que compõem um posto de trabalho devem estar adequados às características psicofisiológicas dos trabalhadores e à natureza do trabalho a ser executado.

Nas atividades que envolvam leitura de documentos para digitação, datilografia ou mecanografia deve:
– ser fornecido suporte adequado para documentos que possa ser ajustado proporcionando boa postura, visualização e operação, evitando movimentação frequente do pescoço e fadiga visual;
– ser utilizado documento de fácil legibilidade sempre que possível, sendo vedada a utilização do papel brilhante, ou de qualquer outro tipo que provoque ofuscamento.

Os equipamentos utilizados no processamento eletrônico de dados com terminais de vídeo devem observar o seguinte:
– condições de mobilidade suficientes para permitir o ajuste da tela do equipamento à iluminação do ambiente, protegendo-a contra reflexos, e proporcionar corretos ângulos de visibilidade ao trabalhador;
– o teclado deve ser independente e ter mobilidade, permitindo ao trabalhador ajustá-lo de acordo com as tarefas a serem executadas;
– a tela, o teclado e o suporte para documentos devem ser colocados de maneira que as distâncias olho-tela, olhoteclado e olho-documento sejam aproximadamente iguais;
– serem posicionados em superfícies de trabalho com altura ajustável.

6.3.4 Ambiente de Trabalho

As condições ambientais de trabalho devem estar adequadas às características psicofisiológicas dos trabalhadores e à natureza do trabalho a ser executado. Nos locais de trabalho onde são executadas atividades que exijam solicitação

intelectual e atenção constantes, tais como: salas de controle, laboratórios, escritórios, salas de desenvolvimento ou análise de projetos, dentre outros, são recomendadas as seguintes condições de conforto:
- a) níveis de ruído de acordo com o estabelecido na NBR 10152, norma brasileira registrada no INMETRO;
- b) índice de temperatura efetiva entre 20oC (vinte) e 23oC (vinte e três graus centígrados);
- c) velocidade do ar não superior a 0,75m/s;
- d) umidade relativa do ar não inferior a 40 (quarenta) por cento.

Em todos os locais de trabalho deve haver iluminação adequada, natural ou artificial, geral ou suplementar, apropriada à natureza da atividade. Os níveis mínimos de iluminamento a serem observados nos locais de trabalho são os valores de iluminâncias estabelecidos na NBR 5413, norma brasileira registrada no INMETRO

6.3.5 Organização do Trabalho

A organização do trabalho deve ser adequada às características psicofisiológicas dos trabalhadores e à natureza do trabalho a ser executado.

A organização do trabalho, deve levar em consideração, no mínimo:
- as normas de produção;
- o modo operatório;
- a exigência de tempo;
- a determinação do conteúdo de tempo; e) o ritmo de trabalho;
- o conteúdo das tarefas.

Nas atividades que exijam sobrecarga muscular estática ou dinâmica do pescoço, ombros, dorso e membros superiores e inferiores, e a partir da análise ergonômica do trabalho, deve ser observado o seguinte:
- para efeito de remuneração e vantagens de qualquer espécie deve levar em consideração as repercussões sobre a saúde dos trabalhadores;
- devem ser incluídas pausas para descanso;
- quando do retorno do trabalho, após qualquer tipo de afastamento igual ou superior a 15 (quinze) dias, a exigência de produção deverá permitir um retorno gradativo aos níveis de produção vigentes na época anterior ao afastamento.

Nas atividades de processamento eletrônico de dados, deve-se, salvo o disposto em convenções e acordos coletivos de trabalho, observar o seguinte:

- o empregador não deve promover qualquer sistema de avaliação dos trabalhadores envolvidos nas atividades de digitação, baseado no número individual de toques sobre o teclado, inclusive o automatizado, para efeito de remuneração e vantagens de qualquer espécie;
- o número máximo de toques reais exigidos pelo empregador não deve ser superior a 8 (oito) mil por hora trabalhada, sendo considerado toque real, cada movimento de pressão sobre o teclado;
- o tempo efetivo de trabalho de entrada de dados não deve exceder o limite máximo de 5 (cinco) horas, sendo que, no período de tempo restante da jornada, o trabalhador poderá exercer outras atividades, observado o disposto no art. 468 da Consolidação das Leis do Trabalho, desde que não exijam movimentos repetitivos, nem esforço visual;
- nas atividades de entrada de dados deve haver, no mínimo, uma pausa de 10 (dez) minutos para cada 50 (cinquenta) minutos trabalhados, não deduzidos da jornada normal de trabalho;
- quando do retorno ao trabalho, após qualquer tipo de afastamento igual ou superior a 15 (quinze) dias, a exigência de produção em relação ao número de tóques deverá ser iniciado em níveis inferiores do máximo estabelecido na lei e ser ampliada progressivamente.

6.4. Registro de Empregados

Em todas as atividades[59], o empregador está obrigado a registrar os seus empregados, feito em livro, fichas ou sistema eletrônico, previamente aprovados pelo Ministério do Trabalho. Nesses documentos são anotados, além da qualificação civil e profissional do empregado, os dados relativos a sua admissão no emprego, duração, férias e todos os demais eventos resultantes do contrato de trabalho. Não existe prazo de tolerância para registrar o empregado. O registro deverá ser feito, antes ou na data de inicio ao trabalho.

O livro ou fichas de registro de empregados, antes de serem utilizados, devem ser **previamente autenticados pela Delegacia Regional do Trabalho**. Quando é registro inicial, empresas novas, o prazo é de 30 dias para autenticação a partir do primeiro registro, mas o registro deste empregado deverá acontecer antes ou até a data do inicio do trabalho. Quando o lote de fichas ou o livro estão prestes a terminar, a DRT autentica fichas ou livro, somente se a numeração dá sequência ao anterior.

Em todas as atividades[60] será obrigatório para o empregador o registro dos respectivos trabalhadores, podendo ser adotados livros, fichas ou sistema eletrônico,

---

[59] Material fornecido pela empresa Sato Consultoria Empresarial.

[60] Conforme disposto no art.41 da CLT.

conforme instruções a serem expedidas pelo Ministério do Trabalho e Previdência Social. Além da qualificação civil ou profissional de cada trabalhador, deverão ser anotados todos os dados relativos à sua admissão no emprego, duração e efetividade do trabalho, a férias, acidentes e demais circunstâncias que interessem à proteção do trabalhador.

O empregador poderá utilizar controle único e centralizado dos documentos[61] sujeitos à Inspeção do Trabalho, à exceção do registro de empregados, do registro de horário de trabalho e do Livro de Inspeção do Trabalho, que deverão permanecer em cada estabelecimento.

Nesse caso, exibe-se a primeira ficha do lote anterior (ou ficha mestre). Na folha nº 1 do livro ou na ficha mestre ou inicial do lote a registrar, deve-se transcrever o "TERMO DE ABERTURA":

TERMO DE ABERTURA

(empresa)_____estabelecida ou domiciliado na_____nº_____,nesta cidade, com negócios de_____, inscrito no INSS sob nº_____registra o presente_____(livro ou lote de fichas)_____de nº_____(por extenso)_____a nº_____(por extenso), em cumprimento ao disposto nos artigos 41 e 42 da CLT, declarando, outrossim, que foi apresentada na oportunidade, como prova da numeração anterior_____.

_____
(local, data, carimbo e assinatura do empregador)

Obs.: Esta instrução está contida na Portaria nº GB 195, de 10/05/68, embora revogada pela Portaria nº 3.626, de 13/11/91, as DRTs continuam utilizando o mesmo critério, por falta de novas instruções.

6.4.1 Documentação Exigida pela DRT para Autenticação

6.4.1.1 Inicial

- Cartão do INSS e CGCMF;
- Lote de fichas ou páginas do livro de no mínimo 50 fichas ou folhas;
- Colocar o nome e endereço da firma no cabeçalho de todas as fichas;
- Numerar as fichas à máquina ou numerador
- As fichas deverão ter impresso o espaço para "carimbo da DRT".

---
[61] Conforme Portaria nº 3.626, 13 de Novembro de 1991.

6.4.1.2 Continuação

Desde 02/05/95, com o advento da Portaria nº 402, de 28/04/95, o livro ou fichas de registro de empregados em *continuação* estão dispensados da autenticação prévia pelo DRT. Estes poderão ser autenticados na ocasião da visita do fiscal do trabalho.

6.4.2 Dispensa de Autenticação

No período de 13/11/91 até 22/01/92, vigência da Portaria nº 3.626/91, foi dispensado a autenticação nos livros ou fichas de registro de empregados, porém, logo veio a Portaria nº 3.024, de 22/01/92, DOU de 23/01/92, determinando a autenticação novamente. Portanto, nesse período prevaleceu o critério da não autenticação nos livros ou fichas de registro de empregados. Mais recentemente, com o advento da Portaria nº 739, de 29/08/97, DOU de 05/09/97, do Ministério do Trabalho, deu nova redação aos arts. 2º e 3º da Portaria nº 3.626, de 13/11/91, determinando que a autenticação do primeiro livro ou grupo de fichas, bem como de suas continuações, será efetuada pelo Fiscal do Trabalho, quando da fiscalização no estabelecimento empregador.

6.4.3 Conteúdo da Ficha

Segundo a atual legislação (Port. 3.626/91), *o registro de empregados, tanto no livro ou como na ficha, conterá obrigatoriamente as seguintes informações:*

– identificação do empregado, com número e série da CTPS ou número de identificação do trabalhador;
– data de admissão e demissão;
– cargo ou função;
– remuneração e forma de pagamento;
– local e horário de trabalho;
– concessão de férias;
– identificação da conta vinculada do FGTS e da conta do PIS/PASEP;
– acidente do trabalho e doença profissional, quando tiverem ocorrido.

Além desses dados, exigidos pela legislação, recomenda-se anotar os seguintes dados adicionais:

– filiação (pai e mãe);
– local de data de nascimento;
– sindicato que está filiado;
– anotações da contribuição sindical;
– horário de trabalho previsto no Acordo Individual ou Coletivo de trabalho;

- espaço suficiente para anotação das alterações do contrato de trabalho inicial e outras observações que interessem a proteção do trabalhador;
- espaço para colar fotografia do empregado;
- espaço para impressão digital do empregado (analfabeto);
- assinatura do empregado;
- em se tratando de empregado estrangeiro, a par das especificações sobre o modelo e número da carteira de identidade respectiva, deverá ser informado se o mesmo é naturalizado, casado com brasileira e se tem filhos brasileiros;
- CPF, RG, Título Eleitoral, Certificado de Reservista ou CDI (Certificado de Dispensa da Incorporação) e outros de identificação civil e profissional do empregado.

É inútil anotar na ficha ou livro de registro, dados como:
- cor, cabelo, barba, bigode, olhos, altura e peso;
- data de opção no FGTS, uma vez que desde 05/10/88, todos passaram a qualidade de optante pelo regime do FGTS;
- beneficiários;
- documentos recebidos no ato do registro.

A ficha de Anotações e Atualizações da CTPS deverá ser impressa com identificação completa da empresa, do empregado e do período a que se refere, devendo conter assinatura digitalizada do empregador. O empregado pode solicitar a qualquer momento o histórico com todas as anotações ocorridas durante o contrato de trabalho.

6.4.4 Transferência do Livro para Fichas

As fichas são bem mais práticas que o livro porque, o empregado saindo da empresa, elas podem ser removidas para o arquivo morto, podem ser arquivadas em envelopes, pastas ou caixas, já o mesmo não acontece com os livros, pelo contrário, ficam normalmente dobradas ou misturadas com empregados ativos, o que com certeza, acaba atrasando os trabalhos da rotina.

As instruções para transferência, são as seguintes:
- passar para as novas fichas todos os empregados que continuam na empresa, obedecendo a ordem cronológica de admissão, devendo constar todos os dados indispensáveis, tais como: data de admissão;
- primeiro e último salário; última contribuição sindical recolhida; e última férias concedidas;

- As fichas deverão vir com fotografias e assinatura dos empregados;
- Colocar o nome e endereço da empresa no cabeçalho de todas as fichas;
- Numerar as fichas a máquina ou numerador (não serão aceitas fichas numeradas a mão ou que contenham rasuras;
- Fazer o "Termo de Abertura " na primeira ficha (modelo anterior);
- A primeira ficha, que contém o " Termo de Abertura " não deverá ser preenchida com registro de empregados;
- Apresentar o Termo de Responsabilidade, conforme o modelo abaixo:

TERMO DE RESPONSABILIDADE

"(empresa) _____, estabelecida nesta Capital, à Rua_____ , n°__, Bairro____, com o ramo de atividade de_____ vem pelo presente assumir toda e qualquer responsabilidade pelos dados transcritos do livro n° ____(por extenso) bem como pelos direitos trabalhistas dos empregados desligados até a presente data.

_____
(local, data, carimbo e assinatura do empregador).

6.4.5 Utilização do Mesmo Registro - Readmissão

A Portaria DNMO n° 105, de 20/11/69, DOU de 04/12/69, permite a utilização de mais de uma vez para o mesmo empregado, nos casos de readmissão, desde que contenha suficiente espaço próprio para o registro de cada novo contrato de trabalho, com todos os seus elementos indispensáveis, notadamente data de admissão, cargo ou função, salário, forma de pagamento, outras remunerações e data da dispensa.

Enunciado do TST n° 138: Em caso de readmissão, conta-se a favor do empregado o período de serviço anterior, encerrado com a saída espontânea (ex-prejulgado).

6.4.6 Registro Informatizado de Empregados

Desde 13/11/91, com o advento da Portaria n° 3.626/91, do Ministério do Trabalho é possível fazer o Registro de Empregados pelo sistema informatizado, utilizando-se de arquivo magnético ou ótico, para registro de seus empregados e para armazenar informações dos admitidos anteriormente à implantação do sistema.

A Portaria n° 1.121, de 08/11/95, DOU de 09/11/95, revogou a Portaria n° 3.626/91 e trouxe novas instruções sobre o registro eletrônico (magnético ou ótico) de empregados, visando simplificar os controles, formalidades e obrigações das empresas, com relação ao contrato de trabalho. O sistema informatizado é divido em **6 módulos**, no mínimo, contendo:

MÓDULO I
Registro de empregados com os seguintes dados:
a) identificação do empregado, com:
- nome completo;
- filiação;
- data e local de nascimento;
- sexo;
- endereço completo;
- número no Cadastro de Pessoa Física-CPF;
- número, data e local de emissão da Carteira de Identidade; e
- número, série e data de expedição da CTPS.

b) data de admissão e de desligamento;
c) cargo e função;
d) número de identificação e data de cadastramento no PIS/PASEP;
e) registro de acidente do trabalho ou doença profissional, quando de sua ocorrência;
f) grau de instrução e habilitação profissional, com especificação do registro no Conselho Regional, quando for o caso;

Obs.: Quando estrangeiro, deverá constar: número e validade da Carteira de Identidade, tipo de Visto, número, série e data de expedição e validade da CTPS.

MÓDULO II
O valor da remuneração e sua forma de pagamento, incluindo gratificações, adicionais e demais parcelas salariais decorrentes de lei, acordo ou convenção coletiva;

MÓDULO III
O local e jornada de trabalho;

MÓDULO IV
O registro dos descansos obrigatórios na jornada diária, semanal e anual;

MÓDULO V
Os afastamentos legais;

MÓDULO VI
As informações sobre segurança e saúde do empregado, sobretudo referentes a:
a) participação na Comissão Interna de Prevenção de Acidentes - CIPA;
b) data do último exame médico periódico;
c) treinamento previsto nas Normas Regulamentadoras.

O histórico dos registros nos módulos de informações observará as seguintes especificações:

CADASTRO PRINCIPAL DO EMPREGADOR
Razão Social
Nome Fantasia
Número do Cadastro Geral do Contribuinte -CGC
Código Nacional de Atividade Econômica (CNAE)
Endereço
Bairro
Código do Município conforme Codificação do IBGE
CEP
Código da Unidade da Federação conforme Codificação do IBGE
Nome
Filiação - Nome do Pai
Filiação - Nome da Mãe
Data do Nascimento (DDMMAAAA)
Naturalidade
UF Naturalidade
Nacionalidade
Sexo
Endereço
Bairro
Município
UF
CEP
Número CPF
Carteira de Identidade Número
Carteira de Identidade Órgão Expedidor
Carteira de Identidade UF Expedição
Carteira de Identidade Data Expedição
Carteira de Trabalho - Número
Carteira de Trabalho - Série
Carteira de Trabalho - Data Expedição
Estrangeiro Número Identidade
Estrangeiro Validade Carteira de Identidade
Estrangeiro Tipo Visto

- Estrangeiro Número Carteira Trabalho
- Estrangeiro Carteira de Trabalho Série
- Estrangeiro Carteira de Trabalho Data Expedição
- Estrangeiro Carteira de Trabalho Validade
- Data Admissão (DDMMAAAA)
- Data Desligamento (DDMMAAAA)
- Cargo
- Alteração de Cargo
- Função
- Número PIS/PASEP
- Data de Cadastramento no PIS (DDMMAAAA)
- Data de Cadastramento no PASEP (DDMMAAAA)
- Registro de acidente no trabalho ou doença profissional
- Grau de Instrução
- Habilitação Profissional
- Nome do Conselho Regional
- Sigla do Conselho Regional
- Registro no Conselho Regional - Número
- Registro no Conselho Regional - Região
- Remuneração - Valor
- Forma Remuneração
- Adicional de Insalubridade
- Adicional de Periculosidade
- Outros adicionais
- Local/Setor de Trabalho
- Jornada de Trabalho
- Horário Descanso
- Descanso Semanal Remunerado (DSR)
- Férias – Período Aquisitivo
- Férias – Período Concessivo
- Afastamentos Legais
- Participação na CIPA
- Data do Último Exame Médico Periódico (DDMMAAAA)
- Treinamentos Previstos nas Normas Regulamentadoras

Pra garantia da segurança, inviolabilidade, manutenção e conservação das informações, os usuários deverão observar as seguintes cautelas mínimas:

- manter registro original por empregado, acrescentando-lhe as retificações ou averbações, quando for o caso;
- adotar sistema de duplicação de arquivos e conservá-los em local diferente, como prevenção à ocorrência de sinistros;
- tela, impressão de relatório ou meio magnético, às informações contidas nos módulos.

O sistema deverá conter rotinas auto-explicativas, para facilitar o acesso e o conhecimento dos dados registrados pela fiscalização trabalhista. Além desses detalhes, o usuário que optar por este sistema, deverá manter em cada Centro de Processamento de Dados - CPD memorial descritivo, especificando:

- as instalações do CPD;
- a localização dos estabelecimentos da empresa;
- a descrição do ambiente computacional, informando: equipamento utilizado; sistema gerenciador de rede; sistema gerenciador de banco de dados; linguagem de programação de hardware e software;
- a indicação de autoria do sistema, se próprio ou softwarehouse, com detalhamento suficiente para permitir
- avaliação da durabilidade, segurança e capacidade do sistema, bem como a especificação das garantias contra sinistro.

Uma cópia desse memorial descritivo, deverá ser obrigatoriamente depositado na Delegacia Regional do Trabalho ou órgão autorizado pelo Ministério do Trabalho.

Obs. Gerais:

Os registros de empregados deverão obedecer a numeração sequencial;O usuário poderá utilizar controle único e centralizado dos documentos (apenas ao termo inicial) sujeitos à inspeção do trabalho, à exceção do registro de empregados, do registro de horário de trabalho e do livro de inspeção do trabalho, que deverão permanecer em cada estabelecimento. A exibição dos documentos passíveis de centralização deverá ser feita no prazo de 2 a 8 dias, à critério da fiscalização;

O sistema deverá possibilitar à fiscalização o acesso a todas as informações e dados dos últimos 12 meses, no mínimo, ficando a critério de cada empresa estabelecer o período máximo, de acordo com a capacidade de suas instalações. Essas informações poderão ser apresentadas, a fiscalização, via terminal de vídeo ou relatório, impresso ou por meio magnético, no prazo de 2 a 8 dias, a contar da data da solicitação;

O sistema poderá ser operado em instalações próprias ou de terceiros, caso em que a rede deverá ser acionada por terminais na empresa fiscalizada. Toda saída via tela deverá permitir a consolidação das informações através de relatório impresso ou meio magnético. Essas informações e relatórios, consolidados ou não, deverão conter data e hora do lançamento, atestada a sua veracidade por meio de rubrica e identificação do empregador ou seu representante legal nos documentos impressos.

6.4.7 Atualização Permanente

De acordo com a instrução do art. 2º da Portaria nº 3.626/91, o registro de empregados, sejam em fichas ou páginas do livro, devem estar sempre atualizados e numerado sequencialmente por estabelecimento. A empresa ou responsável, tem a responsabilidade pela autenticidade das informações contidas.

6.4.8 Controle Centralizado dos Documentos

Com exceção do registro de empregados, do registro de horário de trabalho e do livro de Inspeção do Trabalho, todos os demais documentos poderão ser centralizados. A exibição dos documentos passíveis de centralização deverá ser feita no prazo de 2 a 8 dias, segundo determinação do agente da inspeção do trabalho.

> O registro que deverá ser mantido em cada estabelecimento, refere-se apenas ao termo inicial do registro necessário à configuração do vínculo empregatício, os demais, tem o prazo de 2 a 8 dias para complementação de informações.

6.4.9 Cadastro Geral de Empregados e Desempregados

O Cadastro Geral de Empregados e Desempregados – CAGED foi criado pela Lei 4.923 de 23/12/1965, quando instituiu-se a obrigatoriedade das informações sobre admissões, desligamentos e transferências.

Em 05/09/2001 foi publicada a Portaria Nº 561 que dispõe sobre a extinção dos formulários impressos. A partir da correspôndencia de novembro de 2001, esta medida teve um impacto positivo na qualidade, uma vez que as informações declaradas, em meios eletrônicos, passam por um processo de críticas. Ademais, a implantação da recepção do CAGED, via Internet, possibilitou, também, um ganho na tempestividade. A Medida Provisória Nº 2.164 de 24/08/2001 altera o prazo de declaração do CAGED para o dia 7 do mês subsequente à movimentação. Antes era o dia 15.

Devido à crescente demanda por dados conjunturais do mercado de trabalho e a necessidade do Ministério do Trabalho e Emprego - MTE de contar com estatísticas mais completas, mais consistentes e mais ágeis, foram implementadas expressivas alterações ao sistema CAGED. Como decorrência dos substanciais avanços, foi construído, a partir de 1983, o índice mensal de emprego, a taxa de rotatividade e a flutuação da mão-de-obra (admitidos / desligados).

Os aperfeiçoamentos ocorridos no sistema CAGED e também na metodologia de tratamento dos dados tornaram esse registro administrativo uma das principais fontes de informações estatísticas sobre o mercado de trabalho conjuntural. O CAGED apresenta desagregações idênticas às da RAIS - Relação Anual de Informações Sociais, em termos geográficos, setoriais e ocupacionais, possibilitando a realização de estudos que indicam as tendências mais atuais. No aspecto conjuntural, é a única fonte de informação com tal nível de desagregação, sendo, portanto, imprescindível a elaboração de diagnósticos acerca das melhores alternativas de investimentos, para estimar o PIB trimestral e para formular previsões do emprego no País

O CAGED constitui importante fonte de informação do mercado de trabalho de âmbito nacional e de periodicidade mensal. Foi criado como instrumento de acompanhamento e de fiscalização do processo de admissão e de dispensa de trabalhadores regidos pela CLT, com o objetivo de assistir os desempregados e de apoiar medidas contra o desemprego. A partir de 1986, passou a ser utilizado como suporte ao pagamento do seguro-desemprego e, mais recentemente, tornou-se, também, um relevante instrumento à reciclagem profissional e à recolocação do trabalhador no mercado de trabalho.

O CAGED, à semelhança da RAIS, vem captando informações segundo o novo Código de Atividade Econômica - CNAE/95. Tais informações são compatibilizadas ao código do IBGE de 1980, com o intuito de preservar estudos que envolvam séries históricas. É importante assinalar que a maior desagregação sugerida pelo MTE vai até aos 26 subsetores da economia.

Alguns Indicadores Disponíveis:
- Total dos estabelecimentos informantes
- Total de admissões
- Total de desligamentos
- Taxa de rotatividade
- Saldo ou variação absoluta do emprego
- Variação relativa do emprego
- Admissões por tipo de movimentação (1º emprego, reemprego, reintegração, contrato prazo determinado, transferência)
- Desligamentos por tipo de movimentação (dispensado, espontâneo, aposentado, morto, transferido)

6.4.9.1 Formas de Envio do CAGED

A declaração do CAGED pode ser enviada das seguintes maneiras:
- Via CAGED Web (*www.caged.gov.br/cagedweb/*);
- Por meio do aplicativo CAGED Net: (Para fazer o download *clique aqui*);

- Também está disponível opção de declaração On-line, através do Formulário Eletrônico do CAGED – FEC no endereço *www.caged.gov.br/formulario*
- Se gravado em disquete, pode ser entregue em qualquer Delegacia ou Subdelegacia do Trabalho.
- Como última opção, pode ser enviado via Correios para: "SISTEMA CAGED INFORMATIZADO - Rua Teixeira de Freitas 31 / 11º andar - Lapa - Rio de Janeiro/RJ - CEP 20021-350."

Obs.: De acordo com a Portaria Ministerial n.º 561/01, publicada no DOU do dia 06/09/01, os formulários impressos para declaração do CAGED, só poderão ser utilizados até a competência do mês de outubro/2001. A partir do mês de novembro/2001, o procedimento de entrega será por meio eletrônico (Internet ou disquete).

6.4.9.2 Prazo de Entrega do CAGED

O prazo é sempre o dia 07 do mês subsequente ao mês de competência informado, conforme Medida Provisória n.º 2076-33 de 26 de Janeiro de 2001.

6.4.9.3 Estabelecimento Autorizado

É aquele estabelecimento que irá reunir as informações de todas as empresas e mandá-las para o Ministério do Trabalho. Por exemplo: pode ser um escritório de contabilidade que trabalha com várias empresas, ou a matriz de uma empresa que reúne as informações de todas as suas filiais.

6.4.9.4 Acesso ao Recibo do CAGED

Somente as empresas Autorizadas podem obter essa informação, acessando o site www.caged.gov.br/rcvnet, informando o tipo e o número do seu identificador (CNPJ / CEI) e o Código de Recebimento.

6.4.9.5 Guarda dos Comprovantes do CAGED

De acordo com a Portaria n.º 561, no artigo 1º, parágrafo 2º, os documentos devem ser guardados por 36 meses a contar da data de postagem do mesmo. O DARF deve ficar na empresa, junto com os documentos do CAGED pelo prazo de 36 meses.

6.4.10 Registro de Ponto

"Os empregadores[62] poderão adotar sistemas alternativos de controle da jornada de trabalho (cartão de ponto, livro, sistema eletrônico...) desde que autoriza-

---

[62] Conforme disposto na Portaria Nº 1.120, de 08 de Novembro de 1995.

dos por convenção ou acordo coletivo de trabalho. O uso deste mecanismo implica na presunção de cumprimento integral pelo empregado da jornada de trabalho contratual ou convencionada vigente no estabelecimento.

O empregado será comunicado antes de efetuado o pagamento da remuneração referente ao período em que está sendo aferida a frequência de qualquer ocorrência que ocasione alteração de sua remuneração em virtude da adoção de sistema alternativo". Não serão descontados nem computados como jornada extraordinária[63] as variações no registro de ponto não excedentes de cinco minutos, observado o limite de dez minutos diários.

Para os estabelecimentos de mais de dez trabalhadores, será obrigatória a anotação da hora de entrada e de saída, em registro manual, mecânico, ou eletrônico, conforme instruções a serem expedidas pelo Ministério do Trabalho[64], devendo haver pré-assinalação do período de repouso.

Os Relógios de Ponto são equipamentos ideais para controle de Ponto de Funcionários e Controle de Acesso em áreas restritas. Estão disponíveis em diversos modelos e configurações que variam em função do número de funcionários, tipo de Leitor de Crachás e gabinete. Abaixo esta o exemplo[65] de um relógio de ponto eletrônico:

TR-100P/P com Leitor de Crachás Tipo Smart Card
Solução completa para controle de Ponto de até 100 funcionários. Emprega tecnologia para leitura de crachás do Tipo Smart Card. Oferece todas as vantagens de operar com uma das tecnologias mais avançadas disponíveis para identificação de pessoal, com ótima relação custo/benefício.

6.5. Exame Médico dos Funcionários

As empresas com a necessidade de contratação de empregados necessitam obter informações daqueles que se candidatam para o preenchimento da vaga oferecida. As primeiras informações ou referências do candidato são obtidas na entrevista, através da ficha de solicitação de emprego preenchida pelo candidato ou de curriculum vitae normalmente apresentado por empregados especializados, e

---

[64] Conforme disposto no art.74 da CLT.

[65] Site: http://www.passo.com.br/relogio_ponto.htm

[66] Material fornecido pelo sebre-rs

dos registros anteriores na Carteira de Trabalho. Além disso, o exame médico[1] também é uma exigência para a obtenção do emprego desejado.

6.5.1 Finalidade do Exame Médico

O exame médico admissional previsto no Artigo 168 da CLT - Consolidação das Leis do Trabalho, e regulamentado pela Norma Regulamentadora n° 7 do Ministério do Trabalho e Emprego, é obrigatório e integra o Programa de Controle Médico de Saúde Ocupacional. Esse exame tem por **finalidade** verificar se o funcionário está apto a desempenhar suas funções. Após sua realização, é emitido um Atestado Médico de Capacidade Funcional. São eles: exame ocupacional; exames complementares, de acordo com os riscos ocupacionais a que estiver exposto o trabalhador no exercício de suas funções; outros exames, conforme critério médico, em relação a doenças ocupacionais pré-existentes.

Sei que o leitor vem acompanhando nossa exposição crítica neste livro e talvez se surpreenda com tamanha franqueza nas palavras. Como sou um escritor verdadeiro me atrevo a dizer que a exigência de exame médico deve condicionar ao empregado a aquisição de um plano de saúde. Sabemos que na lógica correta dos profissionais de saúde, todo trabalhador deve merecer um acompanhamento periódico de médicos. Afinal, caso uma função exercida pelo empregado, esteja depreciando a saúde do trabalhador; esta deve ser tratada imediatamente, e também deve ser requerida a mudança de função. Muitas empresas agem de forma "malandra" e despedem o funcionário sem que haja uma compensação financeira sobre os malefícios que a empresa causou em sua saúde. Estas empresas preferem empurrar o problema(num efeito de bola de neve) para o próximo empregador, que pode ser pego de surpresa pela falência da saúde do trabalhador depois de alguns anos de trabalho. Mais uma dica para os médicos trabalhistas: espero que olhem o fato gerador, ou seja, qual empresa que gerou o infortúnio na saúde do empregado..Será preciso olhar isso, para que o empregador atual não seja injustiçado por um mal cometido por antigos empregadores.

6.5.2 Obrigatoriedade do Exame

São obrigatórios os exames admissional, periódico, de retorno ao trabalho, mudança de função e demissional, por conta do empregador que comprova o custeio de todas as despesas, quando solicitado pelo Agente de Inspeção do Trabalho (Norma Regulamentadora - NR 7, aprovada pela portaria SSST n° 24/94, alterada pela de n° 8/96. Os exames médicos compreendem avaliação clínica, abrangendo análise ocupacional e exame físico e mental, bem como exames complementares, realizados de acordo com os termos especificados na citada NR7.

---

[67] Conforme disposto no art.168 da CLT, com alteração dada pela Lei 7.855/89.

Será obrigatório exame médico, por conta do empregador, nas condições estabelecidas neste artigo e nas instruções complementares a serem expedidas pelo Ministério do Trabalho[67]:I - na admissão/ II – na demissão/III – periodicamente.

O Ministério do trabalho baixará instruções relativas aos casos em que serão exigíveis exames:
a) por ocasião da demissão
b) complementares

Outros exames complementares poderão ser exigidos, a critério médico, para apuração da capacidade ou aptidão física e mental do empregado para a função que deverá exercer. O Ministério do trabalho estabelecerá, de acordo com o risco da atividade e o tempo de exposição, a periodicidade dos exames médicos. O empregador manterá, no estabelecimento, o material necessário á prestação dos primeiros socorros médicos, de acordo com o risco da atividade. O resultado dos exames médicos, inclusive o exame complementar, será comunicado ao trabalhador, observados os preceitos da ética médica.

6.5.3 Atestado Médico

A concessão de atestados médicos[68] para dispensa de serviços por doença, com incapacidade de até 15 (quinze) dias, será fornecido ao segurado no âmbito dos serviços da Previdência Social por médicos do INAMPS, de empresas, instituições públicas e paraestatais, e sindicatos urbanos, que mantenham contrato e/ou convênios com a Previdência Social, e por odontológos nos casos específicos e em idênticas situações.

No nosso entendimento, o atestado médico e odontológico tem sido muito usado para fins de corrupção fiscal. Muitos médicos e dentistas cometem fraudes e emitem atestados para beneficiar cliente que deseja obter desconto no Imposto de Renda.

Não creio que essa mentalidade de Robin Hood, ou seja tira dinheiro dos ricos(governo federal) para doar aos pobres (contribuintes brasileiros) seja a melhor forma desta classe(médicos e dentistas) colaborar com a defesa da ética e moral profissional. Vale lembrar que para obter a isenção do IR, primeiro passo é conseguir o atestado de médico oficial da União, do Estado ou do Município. Esse atestado poderá ser o laudo do médico perito do INSS, porém, para os fins da isenção do Imposto de Renda, esse laudo, ou atestado, deverá ter sido emitido em até 30 dias antes da entrada no requerimento do pedido de isenção de Imposto de Renda.Todos os atestados médicos, a contar desta data, para terem sua eficácia plena deverão conter:

---

[68] Conforme disposto na Portaria nº 3.291/84

- diagnóstico codificado, conforme o Código Internacional de Doenças, CID, com a expressa concordância do paciente, de acordo com a Resolução nº 1.190, de 14/09/84, do Conselho Federal de Medicina;
- assinatura do médico ou odontólogo sobre carimbo do qual conste nome completo e registro no respectivo Conselho Profissional.

6.5.3.1 Modelo de Atestado Médico[69]

MODELO DE ATESTADO MÉDICO

TIMBRE/CARIMBO DO ÓRGÃO DA SAÚDE

ATESTADO

Atesto, sob penas da Lei, que o(a) Sr.(a) _____, R.G. nº _____, UF ____, nascido(a) em ___/___/___, encontra-se apto(a) para realizar esforços físicos, podendo participar da Prova Prática de Aptidão Física do Concurso Público para o cargo de Agente de Salvamento Aquático da Prefeitura Municipal de Salvador/BA.

Local e data
(máximo de 5 dias de antecedência da data da prova)

Assinatura do Profissional
Carimbo/CRM

6.5.4 Programa de Controle Médico de Saúde Ocupacional - PCMSO[70]

Os dados obtidos nos exames médicos, incluindo avaliação clinica e exames complementares, as conclusões e as medidas devem ser registrados em prontuário clínico individual, que ficará sob a responsabilidade do médico coordenador do PCMSO, indicado pelo empregador, dentre os médicos dos Serviços Especializados em Engenharia de Segurança no Trabalho (SESMT), da empresa. No caso da empresa estar desobrigada de manter médico do trabalho, de acordo com a NR 4, deverá o empregador indicar médico do trabalho, empregado ou não da empresa,

---

[69] Material fornecido pela Prefeitura Municipal de Salvador, quando da prova de aptidão física, do concurso para preenchimento de vagas no cargo de agente de salvamento aquático.

[70] PORTARIA Nº 3.214 DE 08/06/78 - NR7 - com redação dada pela Portaria nº 24 de 29/12/94 e Portaria nº 8 de 08/05/96.

para coordenar o PCMSO. Inexistindo médico do trabalho na localidade, o empregador poderá contratar médico de outra especialidade para coordenar o PCMSO. O PCMSO é parte integrante do conjunto mais amplo de iniciativas da empresa no campo da saúde dos trabalhadores, devendo estar articulado com o disposto nas demais NR.

O PCMSO tem como função principal: [71]

- considerar as questões incidentes sobre o indivíduo e a coletividade de trabalhadores, privilegiando o instrumental clínico-epidemiológico na abordagem da relação entre sua saúde e;
- ter caráter de prevenção, rastreamento e diagnóstico precoce dos agravos à saúde relacionados ao trabalho, inclusive de natureza subclínica, além da constatação da existência de casos de doenças profissionais ou danos irreversíveis à saúde dos trabalhadores;
- ser planejado e implantado com base nos riscos à saúde dos trabalhadores, especialmente os identificados nas avaliações previstas nas demais NR.

A Norma Regulamentadora - NR-7, estabelece a obrigatoriedade da elaboração e implementação, por parte dos empregadores e instituições que admitam empregados, do Programa de Controle Médico de Saúde Ocupacional - PCMSO, com o objetivo de promoção e preservação da saúde do conjunto de seus trabalhadores.

6.5.4.1 Competências do Empregador

a) garantir a elaboração e efetiva implementação do PCMSO, bem como zelar pela sua eficácia.

b) custear sem ônus para o empregado todos os procedimentos relacionados ao PCMSO.

c) indicar dentre os médicos dos serviços especializados em Engenharia de Segurança e Medicina do Trabalho - SESMT, da empresa, um coordenador responsável pela execução do PCMSO.

d) no caso da empresa estar desobrigada de manter médico do trabalho, de acordo com a NR-4, deverá o empregador indicar médico do trabalho, empregado ou não da empresa, para coordenar o PCMSO.

e) inexistindo médico do trabalho na localidade, o empregador poderá contratar médico de outra especialidade para coordenar o PCMSO.

6.5.4.2 Custeio do Programa

O custeio do Programa deve ser totalmente assumido pelo empregador, não devendo haver repasse dos custos ao empregado. Ficam desobrigados de indicar médico coordenador as empresas de grau de risco 1 e 2, segundo o Quadro

I do NR-4, com até 25 empregados e aquelas de grau de risco 3 e 4, com até 10 empregados.

As empresas com mais de 25 empregados e até 50 empregados, enquadrados no grau de risco 1 ou 2, poderão estar desobrigados de indicar médico coordenador em decorrência de negociação coletiva e as empresas com mais de 10 empregados e com até 20 empregados, enquadradas no grau de risco 3 e 4, poderão estar desobrigadas da indicação em decorrência de negociação coletiva assistida por profissional do órgão regional competente em segurança e saúde no trabalho. Especificamente em relação as escolas, como estas estão enquadradas no grau de risco 2, elas terão que indicar um médico coordenador quando tiverem mais de 25 empregados, o que não significa que as escolas com menos de 25 empregados estejam desobrigadas a elaborar o PCMSO.

O nível de complexidade do Programa depende basicamente dos riscos existentes em cada empresa, das exigências físicas e psíquicas das atividades desenvolvidas, e das características biopsicofisiológicas de cada população trabalhadora. As empresas desobrigadas de possuir médico coordenador deverão realizar as avaliações, por meio de médico, que, para a efetivação das mesmas, deverá necessariamente conhecer o local de trabalho.

6.5.4.3 Requisitos Básicos para utilização do PCMSO

a) identificação da empresa: razão social, CGC, endereço, ramo de atividade, grau de risco, n° de trabalhadores distribuídos por sexo, horário de trabalho e turnos.

b) identificação dos riscos existentes.

c) plano anual de indicação dos exames médicos, com programação das avaliações clínicas e complementares específicas para os riscos detectados, definindo-se explicitamente quais os trabalhadores ou grupos de trabalhadores serão submetidos a que exames e quando. O PCMSO deve incluir, entre outros, a indicação obrigatória dos exames médicos:

   a) admissional;

   b) periódico;

   c) de retorno ao trabalho;

   d) de mudança de função;

   e) demissional.

Estes exames compreendem a avaliação clínica, abrangendo anamnese ocupacional e exame físico e mental, assim como exames complementares. O exame médico admissional, deverá ser realizado antes que o trabalhador assuma suas atividades.

---

[72] Redação dada pela Portaria n° 24 de 29/12/94

Sendo constatada a ocorrência ou agravamento de doenças profissionais, através de exames médicos que incluam os definidos nesta NR[72]; ou sendo verificadas alterações que revelem qualquer tipo de disfunção de órgão ou sistema biológico, mesmo sem sintomatologia, caberá ao médico-coordenador ou encarregado:

- solicitar à empresa a emissão da Comunicação de Acidente do Trabalho - CAT;
- indicar, quando necessário, o afastamento do trabalhador da exposição ao risco, ou do trabalho;
- encaminhar o trabalhador à Previdência Social para estabelecimento de nexo causal, avaliação de incapacidade e definição da conduta previdenciária em relação ao trabalho;
- orientar o empregador quanto à necessidade de adoção de medidas de controle no ambiente de trabalho.

6.5.5 Exame Médico Periódico[73]

No exame médico periódico, de acordo com os intervalos mínimos de tempo abaixo discriminados:

a) para trabalhadores expostos a riscos ou a situações de trabalho que impliquem o desencadeamento ou agravamento de doença ocupacional, ou, ainda, para aqueles que sejam portadores de doenças crônicas, os exames deverão ser repetidos:

- a cada ano ou a intervalos menores, a critério do médico encarregado, ou se notificado pelo médico agente da inspeção do trabalho, ou, ainda, como resultado de negociação coletiva de trabalho;
- de acordo com à periodicidade especificada no Anexo n.º 6 da NR 15, para os trabalhadores expostos a condições hiperbáricas;

b) para os demais trabalhadores:

- anual, quando menores de 18 (dezoito) anos e maiores de 45 (quarenta e cinco) anos de idade;
- a cada dois anos, para os trabalhadores entre 18 (dezoito) anos e 45 (quarenta e cinco) anos de idade.

6.5.6 Exame Médico de Retorno ao Trabalho

No exame médico de retorno ao trabalho, deverá ser realizada obrigatoriamente no primeiro dia da volta ao trabalho de trabalhador ausente por período igual ou

---

[73] Idem

superior a 30 (trinta) dias por motivo de doença ou acidente, de natureza ocupacional ou não, ou parto.

6.5.7 Exame Médico de Mudança de Função

O exame médico de mudança de função, será obrigatoriamente realizado antes da data da mudança. Entende-se por mudança de função toda e qualquer alteração de atividade, posto de trabalho ou de setor que implique na exposição do trabalhador a risco diferente daquele a que se estava exposto antes da mudança.

6.5.8 Exame Médico Demissional

O exame médico demissional deverá ser realizado até a data da homologação da dispensa ou até o desligamento definitivo do trabalhador, nas situações excluídas da obrigatoriedade de realização da homologação. O referido exame será dispensado sempre que houver sido realizado qualquer outro exame médico obrigatório em período inferior a 135 dias para as empresas de grau de risco 1 e 2 e inferior a 90 dias para as empresas de grau de risco 3 e 4. Esses prazos poderão ser ampliados em até mais 135 dias ou mais 90 dias, respectivamente, caso estabelecido em negociação coletiva, com assistência de profissional indicado de comum acordo entre as partes ou da área de segurança e saúde das DRT.

Por determinação do Delegado Regional do Trabalho, com base em parecer técnico conclusivo da autoridade regional competente em matéria de segurança e saúde do trabalhador, ou em decorrência de negociação coletiva, as empresas poderão ser obrigadas a realizar o exame médico demissional independentemente da época de realização de qualquer outro exame, quando suas condições representarem potencial de risco grave aos trabalhadores.

6.5.9 Atestado de Saúde Ocupacional

Para cada exame médico indicado, o médico emitirá o atestado de saúde ocupacional - ASO em duas vias, a 1ª via ficará arquivada no local de trabalho e a segunda via será obrigatoriamente entregue ao trabalhador, mediante recibo na 1ª via. Os dados obtidos nos exames médicos, incluindo avaliação clínica e exames complementares, as conclusões e as medidas aplicadas deverão ser registrados em prontuário clínico individual, que ficará sob a responsabilidade do médico coordenador do PCMSO, devendo ser mantidos por 20 anos após o desligamento do trabalhador.

ASO deverá conter no mínimo[74]:

    a) nome completo do trabalhador, o número de registro de sua identidade e sua função;

---

[74] Redação dada pela Portaria nº 24 de 29/12/94

b) os riscos ocupacionais específicos existentes, ou a ausência deles, na atividade do empregado, conforme instruções técnicas expedidas pela Secretaria de Segurança e Saúde no Trabalho-SSST;
c) indicação dos procedimentos médicos a que foi submetido o trabalhador, incluindo os exames complementares e a data em que foram realizados;
d) o nome do médico coordenador, quando houver, com respectivo CRM;
e) definição de apto ou inapto para a função específica que o trabalhador vai exercer, exerce ou exerceu;
f) nome do médico encarregado do exame e endereço ou forma de contato;
g) data e assinatura do médico encarregado do exame e carimbo contendo seu número de inscrição no Conselho Regional de Medicina.

6.5.9.1 Modelo de Atestado de Saúde Ocupacional[75]

ATESTADO DE SAÚDE OCUPACIONAL - ASO

Atesto para os devidos fins da NR 7, da Portaria nº 3.214/78, com nova redação dada pela Portaria nº 24, de 29/12/94, DOU de 30/12/94, e Portaria nº 8, de 08/05/96, da Secretaria de Segurança e Saúde do Trabalhador, que o Sr. ...., portador da CTPS nº ....,série ..., RG nº ..., na função de ..., submeteu-se a exame:

( ) admissional

( ) periódico

( ) retorno ao trabalho

( ) mudança de função

( ) demissional

encontrando-se: ( ) apto   ( ) inapto para atividade de ...., tendo sido submetido em __/__/ __, ... (indicar os procedimentos médicos) ..., bem como foram solicitados os seguintes exames complementares:

__/__/__: ... __/__/__: ... __/__/__: ...

(descrever os riscos ocupais específicos existentes, ou na ausência deles, na atividade do empregado, conforme instruções técnicas do SSST)

_____
(local e data)

_____
(carimbo e assinatura do médico encarregado)

---

[75] Material fornecido pela Empresa Sato Consultoria de Pessoal.

(nome do médico encarregado, CRM, endereço e forma de contrato)
(nome do médico coordenador e o CRM, quando houver)

6.5.10 Relatório Médico Anual

O PCMSO deverá obedecer a um planejamento em que estejam previstas ações de saúde a serem executadas durante o ano, devendo estas serem objeto de relatório anual. O **relatório anual**[76] deverá descriminar, por setores da empresa, o nº e a natureza dos exames médicos, incluindo avaliações clínicas e exames complementares, estatísticas de resultados considerados anormais, assim como o planejamento para o próximo ano, tomando como base o modelo proposto no quadro III desta NR.

O **relatório anual** deverá ser apresentado e discutido na CIPA[77], quando existente na empresa, sendo sua cópia anexada no livro de ata dessa comissão.Poderá ser armazenado na forma de arquivo informatizado, desde que este seja mantido de modo a propiciar o imediato acesso por parte do agente de inspeção no trabalho. As empresas desobrigadas à indicarem médico coordenador, ficam dispensadas de elaborar relatório anual.

Todo estabelecimento deverá ser equipado com material necessário à prestação dos primeiros socorros, considerando-se as características da atividade desenvolvida, e manter esse material guardado em local adequado, aos cuidados de pessoa treinada para esse fim.

---

[76] PORTARIA Nº 3.214 DE 08/06/78 - NR7 - com redação dada pela Portaria nº 24 de 29/12/94 e Portaria nº 8 de 08/05/96.

[77] CIPA = Comissão Interna de Prevenção de Acidentes.

7 | Segurança e Manutenção do Condomínio

Toda segurança é perfeita até o dia em que falha! Este deve ser o lema, não apenas do síndico e zelador, mas de todos condôminos e empregados. É responsabilidade do síndico também zelar pela segurança do prédio, conferindo e mandando proceder periódica revisão nos equipamentos de incêndio, nos extintores, nos registros de água, nos sistemas de gás coletivo, piscinas, etc. Atenção redobrada deve ser dada ao sistema de segurança e vigilância das portarias, garagens e acesso dos prédios. A Segurança pode ser dividida em dois tópicos, para melhor abordagem do problema: patrimonial e prevenção de acidentes e incêndios.

Em função de suas características, cada prédio deve estudar o que melhor lhe convém, proporcionando maior segurança ao condomínio. **Logo abaixo segue algumas dicas importantes de segurança:**[78]

- solicitar informações pessoais (certidões negativas dos Distribuidores Cíveis - Fórum - e da Polícia) de quem irá trabalhar no prédio;
- obrigar o uso de crachás pelos empregados do prédio;
- manter na portaria fichas dos empregados dos apartamentos com nome, número de documentos, foto e determinações especiais dos patrões;
- os candidatos devem ser atendidos na portaria, nunca subir no apartamento;
- não é aconselhável o porte de armas para os vigias e nem uniformes ostensivos, pois muitas vezes eles se tornam "presas fáceis" para os bandidos, além de poderem causar acidentes dentro do condomínio;
- os vigias devem usar: bloco com números de telefones úteis, caneta e cartão telefônico, na falta de uma linha direta;
- zeladores e porteiros bem preparados são a melhor segurança.

---

[78] Material fornecido pelo Sindicato dos Condomínios do Estado do Pará.

- não permitir a entrada de entregadores de pizzas, flores, compras, vendedores, etc., pois os assaltantes se disfarçam e entram com o consentimento do morador;
- após exigir a identificação dos empregados de concessionárias de serviços o zelador ou o porteiro deve confirmar com o morador o defeito antes de sua entrada;
- confirmar também, por telefone, se o empregado realmente é da concessionária;
- o zelador deve acompanhar o empregado da concessionária até o apartamento;
- permitir a entrada de estranhos no prédio somente quando autorizados pelo morador;
- quando houver algum apartamento a ser locado ou vendido, o zelador ou o porteiro deve exigir a presença do corretor ou do proprietário do apartamento antes de permitir a entrada ao prédio;
- observar se o carro ao entrar na garagem é realmente de morador, redobrando a atenção à noite.
- crachás para identificar prestadores de serviços;
- telefone na portaria e um sistema de alarme que toque em algum prédio vizinho;
- equipamentos auxiliares compatíveis com seu prédio: alarmes, sensores, circuitos de TV, vigias com rádios transmissores e receptores, etc.;
- caso o condomínio não tenha condições de adquirir equipamentos mais avançados, é aconselhável manter boa iluminação nos locais de acesso ao prédio, portões eletrônicos nas garagens, espelhos côncavos nas portarias para melhor visão dos visitantes, vigilância nas escadarias e garagens dos prédios, orientação aos vigias e porteiros sobre a vigilância adequada, cartões de identificação para os veículos dos condôminos terem acesso às garagens, interfone para contato entre o porteiro e o morador, uma linha telefônica na portaria para o porteiro ou vigia ter um acesso mais rápido com a polícia;
- correntes e cadeados grandes nas bicicletas e motos;
- como é proibido reter documentos, é aconselhável exigir apresentação do mesmo, anotando num livro nome, número e apartamento que o visitante irá, não esquecendo de verificar a autenticidade;
- manter ficha cadastral com dados de todos os moradores e funcionários, possibilitando sua rápida localização e/ou dos familiares em caso de emergência.
- ao entrar no prédio com o carro, verificar se há outro veículo atrás do seu e se os ocupantes são moradores do edifício;

- não abrir a porta do apartamento em hipótese alguma se não autorizou a entrada de alguém, mesmo que o porteiro ou o zelador esteja do lado de fora, insistindo;
- orientar os filhos para não comentar o que seus pais fazem, quanto ganham, bens que possuem, horários que saem e chegam, até mesmo em bares, lanchonetes, danceterias, pois existem os chamados ladrões "lights", que mais parecem proprietários do imóvel, os quais procuram fazer amizades frequentando tais locais para pesquisa de nome, endereço, etc., planejando um futuro roubo e sequestro;
- pode-se solicitar Atestado de Antecedentes na Delegacia de Polícia Civil da Região.

A legislação exige que um edifício possua equipamentos de proteção contra incêndio, tais como iluminação de emergência para facilitar a sinalização de escape, hidrantes, extintores por metro quadrado, pára-raio, corrimão, caixa d'água de acordo com a área e população do prédio, rede elétrica em perfeito estado, etc. O síndico não só pode como deve chamar o Corpo de Bombeiros para verificação e orientação da segurança do prédio, uma vez que ele é o responsável pela manutenção dos equipamentos, para que estejam sempre operantes e ativados. Alertamos sobre os procedimentos do síndico com relação aos equipamentos:

- os equipamentos devem estar em perfeitas condições;
- formação de brigada de incêndio;
- extintores e mangueiras de incêndio com revisão periódica;
- pára-raio com revisão no sistema uma vez por ano;
- revisão na instalação da rede elétrica;
- revisão periódica nos botijões de gás;
- revisão periódica na rede de gás canalizado;
- revisão e cuidados com os elevadores;
- pessoal treinado e habilitado para operar os equipamentos; e zelar pelos mesmos, formando brigada de incêndio;
- proibir depósito de volumes em frente a hidrantes;
- exija do zelador e de cada condômino o correto armazenamento de substâncias inflamáveis, gás, etc.

7.1 Equipamento de Proteção Individual – EPI

Para os fins de aplicação desta Norma Regulamentadora - NR[79], considera-se Equipamento de Proteção Individual - EPI, todo dispositivo ou produto, de uso

---

[79] A pesquisa tem como base a *Norma Regulamentadora n.º 6 - NR 6,* com redação dada pela Portaria SIT n.º 25, de 15 de outubro de 2001, publicada no DOU em 17 de outubro de 2001

individual utilizado pelo trabalhador, destinado à proteção de riscos suscetíveis de ameaçar a segurança e a saúde no trabalho. Entende-se como Equipamento Conjugado de Proteção Individual, todo aquele composto por vários dispositivos, que o fabricante tenha associado contra um ou mais riscos que possam ocorrer simultaneamente e que sejam suscetíveis de ameaçar a segurança e a saúde no trabalho.

O equipamento de proteção individual, de fabricação nacional ou importado, só poderá ser posto à venda ou utilizado com a indicação do Certificado de Aprovação - CA, expedido pelo órgão nacional competente em matéria de segurança e saúde no trabalho do Ministério do Trabalho e Emprego.

A empresa é obrigada a fornecer aos empregados, gratuitamente, EPI adequado ao risco, em perfeito estado deconservação e funcionamento, nas seguintes circunstâncias:

a) sempre que as medidas de ordem geral não ofereçam completa proteção contra os riscos de acidentes do trabalhoou de doenças profissionais e do trabalho;
b) enquanto as medidas de proteção coletiva estiverem sendo implantadas; e,
c) para atender a situações de emergência.

As solicitações para que os produtos que não estejam relacionados na **LISTA DE EQUIPAMENTOS DE PROTEÇÃO INDIVIDUAL** sejam considerados como EPI, bem como as propostas para reexame daqueles ora elencados, deverão ser avaliadas por comissão tripartite a ser constituída pelo órgão nacional competente em matéria de segurança e saúde no trabalho, após ouvida a CTPP, sendo as conclusões submetidas àquele órgão do Ministério do Trabalho e Emprego para aprovação.

Compete ao Serviço Especializado em Engenharia de Segurança e em Medicina do Trabalho - SESMT, ou a Comissão Interna de Prevenção de Acidentes - CIPA, nas empresas desobrigadas de manter o SESMT, recomendar ao empregador o EPI adequado ao risco existente em determinada atividade.Nas empresas desobrigadas de constituir CIPA, cabe ao designado, mediante orientação de profissional tecnicamente habilitado, recomendar o EPI adequado à proteção do trabalhador.

7.1.1 Obrigações do Empregador

Cabe ao empregador quanto ao EPI :
a) adquirir o adequado ao risco de cada atividade;
b) exigir seu uso;
c) fornecer ao trabalhador somente o aprovado pelo órgão nacional competente em matéria de segurança e saúde no trabalho;
d) orientar e treinar o trabalhador sobre o uso adequado, guarda e conservação;
e) substituir imediatamente, quando danificado ou extraviado;

f) responsabilizar-se pela higienização e manutenção periódica; e,
g) comunicar ao MTE qualquer irregularidade observada.

7.1.2 Obrigações do Empregado

Cabe ao empregado quanto ao EPI:
a) usar, utilizando-o apenas para a finalidade a que se destina;
b) responsabilizar-se pela guarda e conservação;
c) comunicar ao empregador qualquer alteração que o torne impróprio para uso; e,
d) cumprir as determinações do empregador sobre o uso adequado.

7.1.3 Obrigações do Fabricante ou Importador

O fabricante nacional ou o importador deverá:
a) cadastrar-se, junto ao órgão nacional competente em matéria de segurança e saúde no trabalho;
b) solicitar a emissão do CA
c) solicitar a renovação do CA, quando vencido o prazo de validade estipulado pelo órgão nacional competente em matéria de segurança e saúde do trabalho;
d) requerer novo CA, de acordo com o ANEXO II, quando houver alteração das especificações do equipamento aprovado;
e) responsabilizar-se pela manutenção da qualidade do EPI que deu origem ao Certificado de Aprovação - CA;
f) comercializar ou colocar à venda somente o EPI, portador de CA;
g) comunicar ao órgão nacional competente em matéria de segurança e saú de no trabalho quaisquer alterações dos dados cadastrais fornecidos;
h) comercializar o EPI com instruções técnicas no idioma nacional, orientando sua utilização, manutenção, restrição e demais referências ao seu uso;
i) fazer constar do EPI o número do lote de fabricação; e,
j) providenciar a avaliação da conformidade do EPI no âmbito do SINMETRO, quando for o caso.

7.1.4 Certificado de Aprovação – CA

Para fins de comercialização o CA concedido aos EPI terá validade:
a) de 5 (cinco) anos, para aqueles equipamentos com laudos de ensaio que não tenham sua conformidade avaliada no âmbito do SINMETRO;

b) do prazo vinculado à avaliação da conformidade no âmbito do SINMETRO, quando for o caso;

c) de 2 (dois) anos, para os EPI desenvolvidos até a data da publicação desta Norma, quando não existirem normas técnicas nacionais ou internacionais, oficialmente reconhecidas, ou laboratório capacitado para realização dos ensaios, sendo que nesses casos os EPI terão sua aprovação pelo órgão nacional competente em matéria de segurança e saúde no trabalho, mediante apresentação e análise do Termo de Responsabilidade Técnica e da especificação técnica de fabricação, podendo ser renovado até 2007, quando se expirarão os prazos concedidos; e,

d) de 2 (dois) anos, renováveis por igual período, para os EPI desenvolvidos após a data da publicação desta NR, quando não existirem normas técnicas nacionais ou internacionais, oficialmente reconhecidas, ou laboratório capacitado para realização dos ensaios, caso em que os EPI serão aprovados pelo órgão nacional competente em matéria de segurança e saúde no trabalho, mediante apresentação e análise do Termo de Responsabilidade Técnica e da especificação técnica de fabricação.

O interessado poderá requerer, a qualquer tempo, pedido de emissão ou renovação de CA que já tenha sido objeto de apreciação, mediante abertura de novo processo administrativo. Os pedidos de cadastramento de fabricante nacional ou importador de EPI, de emissão ou renovação de CA poderão ser encaminhados:

I. pessoalmente, ao protocolo-geral do MTE, localizado na Esplanada dos Ministérios, Bloco "F", Sala T 40 Brasília/DF, CEP 70059-900;

II. por correspondência dirigida ao protocolo-geral do MTE.

Obs: Todo EPI deverá apresentar em caracteres indeléveis e bem visíveis, o nome comercial da empresa fabricante, o lote de fabricação e o número do CA, ou, no caso de EPI importado, o nome do importador, o lote de fabricação e o número do CA.

7.1.5 Lista de Equipamentos de Proteção Individual[3]

7.1.5.1 EPI para Proteção dos Membros Superiores

7.1.5.1.1 Luva

a) Luva de segurança para proteção das mãos contra agentes abrasivos e escoriantes;

---

[80] A pesquisa tem como base a *Norma Regulamentadora n.º 6 - NR 6*, com redação dada pela Portaria SIT n.º 25, de 15 de outubro de 2001, publicada no DOU em 17 de outubro de 2001.

b) luva de segurança para proteção das mãos contra agentes cortantes e perfurantes;
c) luva de segurança para proteção das mãos contra choques elétricos;
d) luva de segurança para proteção das mãos contra agentes térmicos;
e) luva de segurança para proteção das mãos contra agentes biológicos;
f) luva de segurança para proteção das mãos contra agentes químicos;
g) luva de segurança para proteção das mãos contra vibrações;
h) luva de segurança para proteção das mãos contra radiações ionizantes.

7.1.5.1.2 Manga

a) Manga de segurança para proteção do braço e do antebraço contra choques elétricos;
b) manga de segurança para proteção do braço e do antebraço contra agentes abrasivos e escoriantes;
c) manga de segurança para proteção do braço e do antebraço contra agentes cortantes e perfurantes.
d) manga de segurança para proteção do braço e do antebraço contra umidade proveniente de operações com uso de água;
e) manga de segurança para proteção do braço e do antebraço contra agentes térmicos.

7.1.5.1.3 Braçadeira

a) Braçadeira de segurança para proteção do antebraço contra agentes cortantes.

7.1.5.1.4 Dedeira

a) Dedeira de segurança para proteção dos dedos contra agentes abrasivos e escoriantes.

7.1.5.2 EPI para Proteção dos Membros Inferiores

7.1.5.2.1 Calçado

a) Calçado de segurança para proteção contra impactos de quedas de objetos sobre os artelhos;
b) calçado de segurança para proteção dos pés contra choques elétricos;
c) calçado de segurança para proteção dos pés contra agentes térmicos;
d) calçado de segurança para proteção dos pés contra agentes cortantes e escoriantes;
e) calçado de segurança para proteção dos pés e pernas contra umidade proveniente de operações com uso de água;
f) calçado de segurança para proteção dos pés e pernas contra respingos de produtos químicos.

7.1.5.2.2 Calça

a) Calça de segurança para proteção das pernas contra agentes abrasivos e escoriantes;
b) calça de segurança para proteção das pernas contra respingos de produtos químicos;
c) calça de segurança para proteção das pernas contra agentes térmicos;
d) calça de segurança para proteção das pernas contra umidade proveniente de operações com uso de água.

7.2 Comissão Interna de Prevenção de Acidentes– CIPA

A Comissão Interna de Prevenção de Acidentes - CIPA - tem como objetivo a prevenção de acidentes e doenças decorrentes do trabalho, de modo a tornar compatível permanentemente o trabalho com a preservação da vida e a promoção da saúde do trabalhador.

Devem constituir CIPA, por estabelecimento, e mantê-la em regular funcionamento as empresas privadas, públicas, sociedades de economia mista, órgãos da administração direta e indireta, instituições beneficentes, associações recreativas, cooperativas, bem como outras instituições que admitam trabalhadores como empregados.

A CIPA será composta de representantes do empregador e dos empregados, de acordo com o dimensionamento previsto no Quadro I desta NR, ressalvadas as alterações disciplinadas em atos normativos para setores econômicos específicos.

O número de membros titulares e suplentes da CIPA, considerando a ordem decrescente de votos recebidos, observará o dimensionamento previsto no Quadro I desta NR, ressalvadas as alterações disciplinadas em atos normativos de setores econômicos específicos. Quando o estabelecimento não se enquadrar no Quadro I, a empresa designará um responsável pelo cumprimento dos objetivos desta NR, podendo ser adotados mecanismos de participação dos empregados, através de negociação coletiva.

7.2.1 Atribuições da CIPA

A CIPA terá por atribuição[4]:
a) identificar os riscos do processo de trabalho, e elaborar o mapa de riscos, com a participação do maior número de trabalhadores, com assessoria do SESMT, onde houver;

---
[81] Redação dada pela Portaria nº 8, de 23-2-1999.

b) elaborar plano de trabalho que possibilite a ação preventiva na solução de problemas de segurança e saúde no trabalho;
c) participar da implementação e do controle da qualidade das medidas de prevenção necessárias, bem como da avaliação das prioridades de ação nos locais de trabalho;
d) realizar, periodicamente, verificações nos ambientes e condições de trabalho visando a identificação de situações que venham a trazer riscos para a segurança e saúde dos trabalhadores;
e) realizar, a cada reunião, avaliação do cumprimento das metas fixadas em seu plano de trabalho e discutir as situações de risco que foram identificadas;
f) divulgar aos trabalhadores informações relativas à segurança e saúde no trabalho;
g) participar, com o SESMT, onde houver, das discussões promovidas pelo empregador, para avaliar os impactos de alterações no ambiente e processo de trabalho relacionados à segurança e saúde dos trabalhadores;
h) requerer ao SESMT, quando houver, ou ao empregador, a paralisação de máquina ou setor onde considere haver risco grave e iminente à segurança e saúde dos trabalhadores;
i) colaborar no desenvolvimento e implementação do PCMSO e PPRA e de outros programas relacionados à segurança e saúde no trabalho;
j) divulgar e promover o cumprimento das Normas Regulamentadoras, bem como cláusulas de acordos e convenções coletivas de trabalho, relativas à segurança e saúde no trabalho;
l) participar, em conjunto com o SESMT, onde houver, ou com o empregador, da análise das causas das doenças e acidentes de trabalho e propor medidas de solução dos problemas identificados;
m) requisitar ao empregador e analisar as informações sobre questões que tenham interferido na segurança e saúde dos trabalhadores;
n) requisitar à empresa as cópias das CAT emitidas;
o) promover, anualmente, em conjunto com o SESMT, onde houver, a Semana Interna de Prevenção de Acidentes do Trabalho - SIPAT;
p) participar, anualmente, em conjunto com a empresa, de Campanhas de Prevenção da AIDS.

7.2.2 Funcionamento da CIPA

A CIPA terá reuniões ordinárias mensais, de acordo com o calendário preestabelecido. As reuniões ordinárias da CIPA serão realizadas durante o expediente normal da empresa e em local apropriado As reuniões da CIPA terão atas assinadas pelos presentes com encaminhamento de cópias para todos os membros. As atas ficarão no estabelecimento à disposição dos Agentes da Inspeção do Trabalho - AIT. As decisões da CIPA serão preferencialmente por consenso.

Reuniões extraordinárias deverão ser realizadas quando:

a. houver denúncia de situação de risco grave e iminente que determine aplicação de medidas corretivas de emergência;
b. ocorrer acidente do trabalho grave ou fatal;
c. houver solicitação expressa de uma das representações.

7.3 Programa de Prevenção de Riscos Ambientais– PPRA

Esta Norma Regulamentadora - NR estabelece a obrigatoriedade da elaboração e implementação, por parte de todos os empregadores e instituições que admitam trabalhadores como empregados, do Programa de Prevenção de Riscos Ambientais - PPRA[82], visando à preservação da saúde e da integridade dos trabalhadores, através da antecipação, reconhecimento, avaliação e consequente controle da ocorrência de riscos ambientais existentes ou que venham a existir no ambiente de trabalho, tendo em consideração a proteção do meio ambiente e dos recursos naturais. As ações do PPRA devem ser desenvolvidas no âmbito de cada estabelecimento da empresa, sob a responsabilidade do empregador, com a participação dos trabalhadores, sendo sua abrangência e profundidade dependentes das características dos riscos e das necessidades de controle. O PPRA é parte integrante do conjunto mais amplo das iniciativas da empresa no campo da preservação da saúde e da integridade dos trabalhadores, devendo estar articulado com o disposto nas demais NR, em especial com o Programa de Controle Médico de Saúde Ocupacional - PCMSO previsto na NR 7.

7.3.1 Estrutura do PPRA

O Programa de Prevenção de Riscos Ambientais deverá conter, no mínimo, a seguinte estrutura:

a) planejamento anual com estabelecimento de metas, prioridades e cronograma;
b) estratégia e metodologia de ação;
c) forma do registro, manutenção e divulgação dos dados;
d) periodicidade e forma de avaliação do desenvolvimento do PPRA.

Deverá ser efetuada, sempre que necessário e pelo menos uma vez ao ano, uma análise global do PPRA para avaliação do seu desenvolvimento e realização dos ajustes necessários e estabelecimento de novas metas e prioridades.

---

[82] A pesquisa tem como base a *Norma Regulamentadora n.º 9 - NR 9*, com redação dada pela Portaria SIT n.º 25, de 29-12-1994, publicada no DOU em 30-12-1994.

7.3.2 Documento Base

O PPRA deverá estar descrito num documento-base contendo todos os aspectos estruturais constantes na NR9.O documento-base e suas alterações e complementações deverão ser apresentados e discutidos na CIPA, quando existente na empresa, de acordo com a NR 5, sendo sua cópia anexada ao livro de atas desta Comissão.

O documento-base e suas alterações deverão estar disponíveis de modo a proporcionar o imediato acesso às autoridades competentes. O cronograma previsto no *item 9.2.1* deverá indicar claramente os prazos para o desenvolvimento das etapas e cumprimento das metas do PPRA.

7.3.3 Principais Etapas

O Programa de Prevenção de Riscos Ambientais deverá incluir as seguintes etapas:

a) antecipação e reconhecimento dos riscos;
b) estabelecimento de prioridades e metas de avaliação e controle;
c) avaliação dos riscos e da exposição dos trabalhadores;
d) implantação de medidas de controle e avaliação de sua eficácia;
e) monitoramento da exposição aos riscos;
f) registro e divulgação dos dados.

7.3.4 Medidas de Controle

Deverão ser adotadas as medidas necessárias suficientes para a eliminação, a minimização ou o controle dos riscos ambientais sempre que forem verificadas uma ou mais das seguintes situações:

a) identificação, na fase de antecipação, de risco potencial à saúde;
b) constatação, na fase de reconhecimento de risco evidente à saúde;
c) quando os resultados das avaliações quantitativas da exposição dos trabalhadores excederem os valores dos limites previstos na NR 15 ou, na ausência destes os valores limites de exposição ocupacional adotados pela American Conference of Governmental Industrial Higyenists-ACGIH, ou aqueles que venham a ser estabelecidos em negociação coletiva de trabalho, desde que mais rigorosos do que os critérios técnico-legais estabelecidos;
d) quando, através do controle médico da saúde, ficar caracterizado o nexo causal entre danos observados na saúde os trabalhadores e a situação de trabalho a que eles ficam expostos.

O estudo desenvolvimento e implantação de medidas de proteção coletiva deverão obedecer à seguinte hierarquia:

a) medidas que eliminam ou reduzam a utilização ou a formação de agentes prejudiciais à saúde;
b) medidas que previnam a liberação ou disseminação desses agentes prejudiciais à saúde; trabalho;
c) medidas que reduzam os níveis ou a concentração desses agentes no ambiente de trabalho.

A implantação de medidas de caráter coletivo deverá ser acompanhada de treinamento dos trabalhadores quanto os procedimentos que assegurem a sua eficiência e de informação sobre as eventuais limitações de proteção que ofereçam;

Quando comprovado pelo empregador ou instituição, a inviabilidade técnica da adoção de medidas de proteção coletiva ou quando estas não forem suficientes ou encontrarem-se em fase de estudo, planejamento ou implantação ou ainda em caráter complementar ou emergencial, deverão ser adotadas outras medidas obedecendo-se à seguinte hierarquia:

a) medidas de caráter administrativo ou de organização do trabalho;
b) utilização de Equipamento de Proteção Individual - EPI.

A utilização de EPI no âmbito do programa deverá considerar as Normas Legais e Administrativas em vigor e envolver no mínimo:

a) seleção do EPI adequado tecnicamente ao risco a que o trabalhador está exposto e à atividade exercida, considerando-se a eficiência necessária para o controle da exposição ao risco e o conforto oferecido segundo avaliação do trabalhador usuário;
b) programa de treinamento dos trabalhadores quanto à sua correta utilização e orientação sobre as limitações de proteção que o EPI oferece;
c) estabelecimento de normas ou procedimento para promover o fornecimento, o uso, a guarda, a higienização, a conservação, a manutenção e a reposição do EPI, visando a garantir a condições de proteção originalmente estabelecidas;
d) caracterização das funções ou atividades dos trabalhadores, com a respectiva identificação dos EPI utilizado para os riscos ambientais.

O PPRA deve estabelecer critérios e mecanismos de avaliação da eficácia das medidas de proteção implantadas considerando os dados obtidos nas avaliações realizadas e no controle médico da saúde previsto na NR 7.

7.3.5 Monitoramento

Para o monitoramento da exposição dos trabalhadores e das medidas de controle deve ser realizada uma avaliação sistemática e repetitiva da exposição a um dado risco, visando à introdução ou modificação das medidas de controle, sempre que necessário. Deverá ser mantido pelo empregador ou instituição um registro de dados, estruturado de forma a constituir um histórico técnico e administrativo do desenvolvimento do PPRA.

7.3.6 Responsabilidades do Empregador

Os empregadores deverão informar os trabalhadores de maneira apropriada e suficiente sobre os riscos ambientais que possam originar-se nos locais de trabalho e sobre os meios disponíveis para prevenir ou limitar tais riscos e para proteger-se dos mesmos. Também deverão estabelecer, implementar e assegurar o cumprimento do PPRA como atividade permanente da empresa ou instituição.

O empregador deverá garantir que, na ocorrência de riscos ambientais nos locais de trabalho que coloquem em situação de grave e iminente risco um ou mais trabalhadores, os mesmos possam interromper de imediato as suas atividades, comunicando o fato ao superior hierárquico direto para as devidas providências.

7.3.7 Responsabilidades do Trabalhador

Os trabalhadores interessados terão o direito de apresentar propostas e receber informações e orientações a fim de assegurar a proteção aos riscos ambientais identificados na execução do PPRA.

I - colaborar e participar na implantação e execução do PPRA;

II - seguir as orientações recebidas nos treinamentos oferecidos dentro do PPRA;

III - informar ao seu superior hierárquico direto ocorrências que, a seu julgamento, possam implicar risco à saúde dos trabalhadores.

Sempre que vários empregadores realizem, simultaneamente, atividades no mesmo local de trabalho terão o dever de executar ações integradas para aplicar as medidas previstas no PPRA visando à proteção de todos os trabalhadores expostos aos riscos ambientais gerados.

O conhecimento e a percepção que os trabalhadores têm do processo de trabalho e dos riscos ambientais presentes, incluindo os dados consignados no Mapa de Riscos, previsto na NR 5, deverão ser considerados para fins de planejamento e execução do PPRA em todas as suas fases.

7.4 Manutenção do Condomínio

Um dos assuntos mais importantes em um condomínio é justamente a manutenção tanto no que concerne ao perfeito funcionamento de todos os equipamentos, como na preservação do valor patrimonial do imóvel. Recomenda-se ao síndico que mantenha sob contrato de manutenção todos os equipamentos imprescindíveis, tais como elevadores e bombas. Quem responde civilmente por acidentes causados por mau funcionamento dos equipamentos é o condomínio, devendo indenizar as pessoas acidentadas. A conservação dos equipamentos constitui obrigação permanente do síndico. Provada sua culpa ou desinteresse (negligência), cabe a ele inteira responsabilidade criminal no caso de danos causados a condôminos ou a terceiros. Fica para o condomínio a responsabilidade civil.

Para que não se tenha grande imprevisto é de relevante importância checagens periódicas nos equipamentos, maquinas, instalações do condomínio e outros principalmente: elevadores, bombas, extintores de incêndio, interfones, portões automáticos, luz-piloto, pára-raios, antenas coletivas, filtros de piscina, gerador, equipamento de sauna, iluminação de emergência, jardins, hidrantes, equipamento de segurança. Recomenda-se que o zelador verifique constantemente esses itens .e informe ao síndico sobre quaisquer irregularidades. Além desses pontos, deve-se observar também o desgaste aparente do edifício em itens tais como rejuntamento de pisos e pastilhas, vazamento de água, queima de lâmpadas e fusíveis, fixação de corrimão,degeneração de pintura, escoamento de águas pluviais (telhados, calhas) etc. O próprio zelador pode encarregar-se de pequenos reparos, retoques em pintura e demais serviços elementares de manutenção.

É muito útil manter uma relação com nome e telefone das empresas contratadas para manutenção, bem como de alguns fornecedores próximos ao prédio, e para emergência telefones úteis como bombeiros, polícia, gás, eletricidade, e hospitais mais próximos também devem estar ao alcance. O dinheiro aplicado na manutenção deve ser considerado um investimento e não necessariamente uma despesa. Contudo, alguns cuidados com o consumo podem ajudar o condomínio a economizar dinheiro e, consequentemente, reduzir as quotas condominiais.

7.4.1 Energia Elétrica

Logo abaixo segue algumas dicas para economizar energia elétrica:[83]
- mantenha acesas apenas as luzes necessárias, especialmente nas garagens;
- se seu prédio não tiver, instale minuteiras nas escadas;
- acompanhe o consumo mensal em quilowatts;

---
[83] Material fornecido pelo Sindicato dos Condomínios do Estado do Pará.

- quando houver dois ou mais elevadores num mesmo "hall", instrua os condôminos e empregados a chamar apenas um;
- estabeleça horários para iluminação da sala de estar no térreo, quadras esportivas, salões de jogos, etc.;
- use o tipo adequado de lâmpadas, e jamais permita que os jardins e "halls" sociais fiquem excessivamente escuros, pois, além de prejudicar a segurança, entristece o edifício.

Obs.: Procure utilizar minuteiras individuais (só do próprio ambiente) e existem tipos de lâmpadas que consomem até 1/4 de energia com a mesma luminosidade.

7.4.2 Água

Logo abaixo segue algumas dicas para economizar água:
- não deixe o faxineiro fazer da mangueira uma vassoura;
- verifique vazamentos, goteiras, etc.;
- acompanhe o consumo mensal em m^3;
- solicite aos condôminos reparos urgentes nos problemas das respectivas unidades, principalmente das descargas velhas ou obsoletas;
- se possível, utilize um sistema de marcação individual de consumo para cada apartamento.

7.4.3 Limpeza do Condomínio

Procure também, proporcionar ao seu condomínio um ambiente limpo:
- faça exame médico periódico dos empregados;
- peça que o condômino comunique, por escrito, a existência de morador portador de moléstia contagiosa grave. Se possível, coloque esta exigência no Regulamento, não para discriminar o paciente, mais sim para não expor os demais ao perigo de contágio;
- providencie a limpeza semestral das caixas de água por meio de empresas especializadas;
- dedetize as áreas comuns e proponha aos condôminos a mesma atitude em suas unidades;
- limpe periodicamente as fossas;
- exija cuidados especiais com produtos de limpeza tóxicos ou abrasivos, como ácidos e demais substâncias que possam causar irritação à pele, orientando os faxineiros a utilizarem botas e luvas de borracha quando manusearem tais produtos;
- monitore a qualidade da água juntamente com o zelador ou a empresa de manutenção;

7.4.4 Alarme de Incêndio[84]

O alarme contra incêndio não é obrigatório nos prédios residenciais, somente em prédios comerciais e industriais. O sistema de alarme consiste em ativadores manuais, os quais são acionados em caso de príncipio de incendio, interligados a sirenes que são acionadas através de uma central de comando alimentadas por baterias automotivas. É importante que todo sistema de alarme seja testado pelo menos uma vez por mês, utilizando-se os ativadores e verificando se todas as sirenes estão funcionando. Importante ressalta que o procedimento descrito acima deve ser feito aos domingos, quando o prédio esta vazio, com aviso prévio aos ocupantes, efetuando-se um teste de abandono da edificação.

7.4.5 Antenas

Em diversos edíficios tem se verificado que as antenas de TV, muitas vezes estão localizadas acima dos pára-raios. Quando isto ocorre, o raio de ação dos pára-raios não cobre a antena, ficando a mesma exposta a descargas atmosféricas. Salientamos que as antenas devem estar aterradas, mesmo com os pára-raios em plano superior, pois se o mastro cair, a antena passará a servir como pára-raios. Notamos em vários prédios muitas instaladoras de antenas, não executam o aterramento das mesmas e existem casos, que acabam danificando aparelhos elétricos dos condomínos.

7.4.6 Extintores de Incêndio

Os extintores são equipamentos para combater princípios de incêndios, devendo ser utilizados nos locais apropriados. Nos prédios residenciais são necessários dois por andar, sendo um de pó químico seco e outro de espuma, ou de água pressurizada. Os extintores devem ser verificados periodicamente, estar sinalizados e desobstruídos e nas garagens devem ser feitas as sinalizações no solo(pintura).

7.4.7 Telhado

Temos verificado que a maioria dos prédios somente se preocupam com seu telhado na época das chuvas, e aí fica díficil de arrumar, pois com chuva é difícil consertar telhados. Os problemas mais comuns dos telhados são: telhas soltas, quebradas e ferrugem nas calhas que podem gerar um infiltração de àgua, em períodos de chuva.

---

[84] Material fornecido pela AGILSAM do Estado de São Paulo.

8 | Seguro para Proteção de Bens Prediais

A lei 4.591/64 e as normas subsequentes estabelecem a obrigatoriedade da contratação de seguros do conjunto arquitetônico, neste compreendidas as áreas comuns e a unidade autônoma. O síndico é responsável pela contratação de seguro contra incêndio e outros sinistros, abrangendo todas as unidades, partes e objetos comuns, computando-se o prêmio nas despesas ordinárias do condomínio. O síndico não necessita de assembleia para aprovar a contratação de seguros, mas deve propô-la para escolher a companhia e estabelecer a distribuição de valores para as unidades e partes comuns. O seguro não deve ser apenas para o sinistro de incêndio, mas sim, como dispõe a lei, para os sinistros que possam causar destruição total ou parcial do imóvel. O correto é contratar seguro também para alagamento, desmoronamento, raio etc.

Os principais tipos de apólices de seguros estão dispostos abaixo: [85]
– responsabilidade civil do condomínio;
– incêndio, raio e explosão;
– quebra de vidros e espelhos;
– morte e invalidez de empregados;
– responsabilidade civil por guarda de veículo;
– danos elétricos;
– vendaval;
– impacto de veículos terrestres;
– roubo de bens de moradores;
– incêndio de bens de moradores;
– desmoronamento;
– tumultos e greves;

---

[85] Material fornecido pelo Sindicato dos Condomínios do Estado do Pará.

- roubo de bens do condomínio;
- portões eletrônicos;
- assalto e sequestro;
- projétil perdido.

Os arts. 12 a 18 da lei nº 4.591/64 relatam que: Proceder-se-á ao seguro da edificação ou do conjunto de edificações, neste caso, discriminadamente, abrangendo tôdas as unidades autônomas e partes comuns, contra incêndio ou outro sinistro que cause destruição no todo ou em parte, computando-se o prêmio nas despesas ordinárias do condomínio.. O seguro de que trata acima será obrigatòriamente feito dentro de 120 dias, contados da data da concessão do "habite-se", sob pena de ficar o condomínio sujeito à multa mensal equivalente a 1/12 do imposto predial, cobrável executivamente pela Municipalidade.

Na ocorrência de sinistro total, ou que destrua mais de dois terços de uma edificação, seus condôminos reunir-se-ão em assembleia especial, e deliberarão sobre a sua reconstrução ou venda do terreno e materiais, por quorum mínimo de votos que representem metade, mais uma das frações ideais do respectivo terreno. Rejeitada a proposta de reconstrução, a mesma assembleia, ou outra para este fim convocada, decidirá, pelo mesmo quorum, do destino a ser dado ao terreno, e aprovará a partilha do valor do seguro entre os condôminos, sem prejuízo do que receber cada um pelo seguro facultativo de sua unidade. Aprovada, a reconstrução será feita, guardados, obrigatòriamente, o mesmo destino, a mesma forma externa e a mesma disposição interna.

Segundo o art. 1.357, parágrafo primeiro, segundo e terceiro, do código civil: "Se a edificação for total ou consideravelmente destruída, ou ameace ruína, os condôminos deliberarão em assembleia sobre a reconstrução, ou venda, por votos que representem metade mais uma das frações ideais. Deliberada a reconstrução, poderá o condômino eximir-se do pagamento das despesas respectivas, alienando os seus direitos a outros condôminos, mediante avaliação judicial. Realizada a venda, em que se preferirá, em condições iguais de oferta, o condômino ao estranho, será repartido o apurado entre os condôminos, proporcionalmente ao valor das suas unidades imobiliárias".

Em caso de sinistro que destrua menos de dois terços da edificação, o síndico promoverá o recebimento do seguro e a reconstrução ou os reparos nas partes danificadas. Os condôminos que representem, pelo menos 2/3 (dois terços) do total de unidades isoladas e frações ideais correspondentes a 80% (oitenta por cento) do terreno e coisas comuns poderão decidir sobre a demolição e reconstrução do prédio, ou sua alienação, por motivos urbanísticos ou arquitetônicos, ou, ainda, no caso de condenação do edifício pela autoridade pública, em razão de sua insegurança ou insalubridade. A minoria não fica obrigada a contribuir para as obras, mas assegura-se à maioria o direito de adquirir as partes dos dissidentes, mediante avaliação judicial.

Ocorrendo desgaste, pela ação do tempo, das unidades habitacionais de uma edificação, que deprecie seu valor unitário em relação ao valor global do terreno onde se acha construída, os condôminos, pelo quorum mínimo de votos que representem 2/3 (dois terços) das unidades isoladas e frações ideais correspondentes a 80% (oitenta por cento) do terreno e coisas comuns, poderão decidir por sua alienação total, procedendo-se em relação à minoria, e seus parágrafos, desta Lei.

8.1 Histórico

A atividade seguradora no Brasil teve início com a abertura dos portos ao comércio internacional, em 1808. A primeira sociedade de seguros a funcionar no país foi a "Companhia de Seguros BOA-FÉ", em 24 de fevereiro daquele ano, que tinha por objetivo operar no seguro marítimo. Neste período, a atividade seguradora era regulada pelas leis portuguesas. Somente em 1850, com a promulgação do "Código Comercial Brasileiro" (Lei n° 556, de 25 de junho de 1850) é que o seguro marítimo foi pela primeira vez estudado e regulado em todos os seus aspectos.

O advento do "Código Comercial Brasileiro" foi de fundamental importância para o desenvolvimento do seguro no Brasil, incentivando o aparecimento de inúmeras seguradoras, que passaram a operar não só com o seguro marítimo, expressamente previsto na legislação, mas, também, com o seguro terrestre. Até mesmo a exploração do seguro de vida, proibido expressamente pelo Código Comercial, foi autorizada em 1855, sob o fundamento de que o Código Comercial só proibia o seguro de vida quando feito juntamente com o seguro marítimo. Com a expansão do setor, as empresas de seguros estrangeiras começaram a se interessar pelo mercado brasileiro, surgindo, por volta de 1862, as primeiras sucursais de seguradoras sediadas no exterior.

Estas sucursais transferiam para suas matrizes os recursos financeiros obtidos pelos prêmios cobrados, provocando uma significativa evasão de divisas. Assim, visando proteger os interesses econômicos do País, foi promulgada, em 5 de setembro de 1895, a Lei n° 294, dispondo exclusivamente sobre as companhias estrangeiras de seguros de vida, determinando que suas reservas técnicas fossem constituídas e tivessem seus recursos aplicados no Brasil, para fazer frente aos riscos aqui assumidos.

Algumas empresas estrangeiras mostraram-se discordantes das disposições contidas no referido diploma legal e fecharam suas sucursais.

O mercado segurador brasileiro já havia alcançado desenvolvimento satisfatório no final do século XIX. Concorreram para isso, em primeiro lugar, o Código Comercial, estabelecendo as regras necessárias sobre seguros marítimos, aplicadas também para os seguros terrestres e, em segundo lugar, a instalação no Brasil de seguradoras estrangeiras, com vasta experiência em seguros terrestres.

O século XIX também foi marcado pelo surgimento da "previdência privada" brasileira, pode-se dizer que inaugurada em 10 de janeiro de 1835, com a criação do MONGERAL - Montepio Geral de Economia dos Servidores do Estado -proposto pelo então Ministro da Justiça, Barão de Sepetiba, que, pela primeira vez, oferecia planos com características de facultatividade e mutualismo. A Previdência Social só viria a ser instituída através da Lei n° 4.682 (Lei Elói Chaves), de 24/01/1923.

O Decreto n° 4.270, de 10/12/1901, e seu regulamento anexo, conhecido como "Regulamento Murtinho", regulamentaram o funcionamento das companhias de seguros de vida, marítimos e terrestres, nacionais e estrangeiras, já existentes ou que viessem a se organizar no território nacional. Além de estender as normas de fiscalização a todas as seguradoras que operavam no País, o Regulamento Murtinho criou a "Superintendência Geral de Seguros", subordinada diretamente ao Ministério da Fazenda. Com a criação da Superintendência, foram concentradas, numa única repartição especializada, todas as questões atinentes à fiscalização de seguros, antes distribuídas entre diferentes órgãos. Sua jurisdição alcançava todo o território nacional e, de sua competência, constavam as fiscalizações preventiva, exercida por ocasião do exame da documentação da sociedade que requeria autorização para funcionar, e repressiva, sob a forma de inspeção direta, periódica, das sociedades. Posteriormente, em 12 de dezembro de 1906, através do Decreto n° 5.072, a Superintendência Geral de Seguros foi substituída por uma Inspetoria de Seguros, também subordinada ao Ministério da Fazenda.

Foi em 1° de janeiro de 1916 que se deu o maior avanço de ordem jurídica no campo do contrato de seguro, ao ser sancionada a Lei n° 3.071, que promulgou o "Código Civil Brasileiro", com um capítulo específico dedicado ao "contrato de seguro". Os preceitos formulados pelo Código Civil e pelo Código Comercial passaram a compor, em conjunto, o que se chama Direito Privado do Seguro. Esses preceitos fixaram os princípios essenciais do contrato e disciplinaram os direitos e obrigações das partes, de modo a evitar e dirimir conflitos entre os interessados. Foram esses princípios fundamentais que garantiram o desenvolvimento da instituição do seguro.

A primeira empresa de capitalização do Brasil foi fundada em 1929, chamada de "Sul América Capitalização S.A". Entretanto, somente 3 anos mais tarde, em 10 de março de 1932, é que foi oficializada a autorização para funcionamento das sociedades de capitalização através do Decreto n° 21.143, posteriormente regulamentado pelo Decreto n° 22.456, de 10 de fevereiro de 1933, também sob o controle da Inspetoria de Seguros. O parágrafo único do artigo 1 o do referido Decreto definia: "As únicas sociedades que poderão usar o nome de "capitalização" serão as que, autorizadas pelo Governo, tiverem por objetivo oferecer ao público, de acordo com planos aprovados pela Inspetoria de Seguros, a constituição de um capital minimo perfeitamente determinado em cada plano e pago em moeda corrente, em um prazo máximo indicado no dito plano, à pessoa que subscrever ou possuir um titulo, segundo cláusulas e regras aprovadas e mencionadas no mesmo titulo".

Em 28 de junho de 1933, o Decreto n° 22.865 transferiu a "Inspetoria de Seguros" do Ministério da Fazenda para o Ministério do Trabalho, Indústria e Comércio. No ano seguinte, através do Decreto n° 24.782, de 14/07/1934, foi extinta a Inspetoria de Seguros e criado o Departamento Nacional de Seguros Privados e Capitalização - DNSPC, também subordinado àquele Ministério.

Com a promulgação da Constituição de 1937 (Estado Novo), foi estabelecido o "Princípio de Nacionalização do Seguro", já preconizado na Constituição de 1934. Em consequência, foi promulgado o Decreto n° 5.901, de 20 de junho de 1940, criando os seguros obrigatórios para comerciantes, industriais e concessionários de serviços públicos, pessoas físicas ou jurídicas, contra os riscos de incêndios e transportes (ferroviário, rodoviário, aéreo, marítimo, fluvial ou lacustre), nas condições estabelecidas no mencionado regulamento.

Nesse mesmo período foi criado, em 1939, o Instituto de Resseguros do Brasil (IRB), através do Decreto-lei n° 1.186, de 3 de abril de 1939. As sociedades seguradoras ficaram obrigadas, desde então, a ressegurar no IRB as responsabilidades que excedessem sua capacidade de retenção própria, que, através da retrocessão, passou a compartilhar o risco com as sociedades seguradoras em operação no Brasil. Com esta medida, o Governo Federal procurou evitar que grande parte das divisas fosse consumida com a remessa, para o exterior, de importâncias vultosas relativas a prêmios de resseguros em companhias estrangeiras.

É importante reconhecer o saldo positivo da atuação do IRB, propiciando a criação efetiva e a consolidação de um mercado segurador nacional, ou seja, preponderantemente ocupado por empresas nacionais, sendo que as empresas com participação estrangeira deixaram de se comportar como meras agências de captação de seguros para suas respectivas matrizes, sendo induzidas a se organizar como empresas brasileiras, constituindo e aplicando suas reservas no País.

O IRB adotou, desde o início de suas operações, duas providências eficazes visando criar condições de competitividade para o aparecimento e o desenvolvimento de seguradoras de capital brasileiro: o estabelecimento de baixos limites de retenção e a criação do chamado excedente único. Através da adoção de baixos limites de retenção e do mecanismo do excedente único, empresas pouco capitalizadas e menos instrumentadas tecnicamente -como era o caso das empresas de capital nacional -passaram a ter condições de concorrer com as seguradoras estrangeiras, uma vez que tinham assegurada a automaticidade da cobertura de resseguro.

Em 1966, através do Decreto-lei n° 73, de 21 de 'novembro de 1966, foram reguladas todas as operações de seguros e resseguros e instituído o Sistema Nacional de

Seguros Privados, constituído pelo Conselho Nacional de Seguros Privados (CNSP); Superintendência de Seguros Privados (SUSEP); Instituto de Resseguros do Brasil (IRB); sociedades autorizadas a operar em seguros privados; e corretores habilitados.

O Departamento Nacional de Seguros Privados e Capitalização - DNSPC - foi substituído pela Superintendência de Seguros Privados - SUSEP -entidade autárquica, dotada de personalidade jurídica de Direito Público, com autonomia administrativa e financeira, jurisdicionada ao Ministério da Indústria e do Comércio até 1979, quando passou a estar vinculada ao Ministério da Fazenda.

Em 28 de fevereiro de 1967, o Decreto n° 22.456/33, que regulamentava as operações das sociedades de capitalização, foi revogado pelo Decreto-lei n° 261, passando a atividade de capitalização a subordinar-se, também, a numerosos dispositivos do Decreto-lei n° 73/66. Adicionalmente, foi instituído o Sistema Nacional de Capitalização, constituído pelo CNSP, SUSEP e pelas sociedades autorizadas a operar em capitalização

A SUSEP é o órgão responsável pelo controle e fiscalização dos mercados de seguro, previdência privada aberta, capitalização e resseguro. Autarquia vinculada ao Ministério da Fazenda, foi criada pelo Decreto-lei nº 73, de 21 de novembro de 1966, que também instituiu o Sistema Nacional de Seguros Privados, do qual fazem parte o Conselho Nacional de Seguros Privados - CNSP, o IRB Brasil Resseguros S.A. - IRB Brasil Re, as sociedades autorizadas a operar em seguros privados e capitalização, as entidades de previdência privada aberta e os corretores habilitados. Com a edição da Medida Provisória nº 1940-17, de 06.01.2000, o CNSP teve sua composição alterada.

8.2 Contrato de Seguro

Segundo o art.1.346 do Código Civil: "é obrigatório o seguro de toda a edificação contra o risco de incêndio ou destruição, total ou parcial". Sendo assim, vale lembrar a importância de se fazer um contrato de seguro, com razoabilidade e transparência.

As condições contratuais podem ser alteradas após a emissão da apólice, mas, como qualquer alteração contratual, dependerá de comum acordo entre as partes (segurado e seguradora). No caso de seguros coletivos, as alterações dependem da anuência expressa de 3/4 do grupo interessado.

As condições contratuais podem restringir coberturas ou direitos do segurado. Dessa forma, é importante que o segurado tenha conhecimento de seu conteúdo antes mesmo de "fechar" o seguro. Porém, tais restrições deverão ser apresentadas com destaque para facilitar a sua identificação.

O Prêmio de Seguro é o valor que o segurado paga à seguradora pelo seguro para transferir a ela o risco relativo aos seus bens. Pagar o prêmio é uma das principais obrigações do segurado.

O valor do prêmio será fixado pela seguradora a partir das informações que lhe foram envidas pelo segurado. As seguradoras estão liberadas para fixar seus prêmios e a forma de pagamento (se o prêmio será à vista ou parcelado), mas deverão encaminhar o documento de cobrança em até 5 dias úteis antes da data do respectivo vencimento e o sinistro ocorra após a data de suspensão ou cancelamento.

As condições gerais, na cláusula "pagamento de prêmio", deverão informar em que hipóteses ocorrerão a suspensão e/ou o cancelamento do contrato em razão da falta de pagamento de prêmio. É extremamente importante manter todos os comprovantes de pagamento do prêmio para eventual reclamação de indenização.

No caso de seguro de propostas recepcionadas pela seguradora com adiantamento para futuro pagamento de prêmio, o contrato terá início de vigência a partir da data da recepção da proposta pela seguradora. No caso de seguro em que a proposta foi recepcionada na seguradora sem pagamento de prêmio, o início de vigência da cobertura será a data de aceitação da proposta ou outra, se expressamente acordarem segurado e seguradora.

A sociedade seguradora tem o prazo de 15 dias para se pronunciar quanto à proposta de seguro apresentada pelo segurado ou seu corretor. Encerrado este prazo, não tendo havido a recusa da seguradora, o seguro passa a ser considerado aceito. No caso de recusa, a seguradora deverá comunicar formalmente ao segurado a não aceitação do seguro, justificando a recusa.

Quando ocorrer o sinistro, o segurado deverá avisar imediatamente a seguradora, preencher o formulário de aviso de sinistro e apresentar a documentação necessária definida nas condições gerais do seguro. Nos seguros residenciais, o segurado também deve apresentar, no menor prazo possível, o pedido de indenização, acompanhado de indicação pormenorizada dos bens destruídos e do valor dos correspondentes prejuízos.

Serão também indenizáveis, até o limite máximo da indenização, os valores referentes aos danos materiais comprovadamente causados pelo segurado e/ou por terceiros na tentativa de evitar o sinistro, minorar o dano ou salvar os bens cobertos.

O não pagamento do prêmio nas datas previstas poderá acarretar a suspensão ou até mesmo o cancelamento do seguro, prejudicando o direito à indenização. A contagem do prazo poderá ser suspensa quando, no caso de dúvida fundada e justificável, forem solicitados novos documentos, sendo reiniciada a partir do cumprimento das exigências pelo segurado.

A cláusula de concorrência de apólices tem por objetivo, na ocorrência de sinistro em que os bens segurados estiverem garantidos, simultaneamente, por mais de uma apólice cobrindo o mesmo risco, resolver como cada apólice contribuirá para a indenização dos prejuízos. Ressalta-se que a concorrência de apólices não é aplicada aos seguros de pessoas.

É importante lembrar que o segurado que quiser fazer um novo contrato sobre os bens garantidos por outra apólice deverá comunicar sua intenção, previamente, a todas as seguradoras envolvidas, sob pena de perda de direito.

A liquidação dos sinistros deverá ser feita num prazo não superior a 30 dias, contados a partir do cumprimento de todas as exigências contratuais feitas ao segurado. Os procedimentos para a liquidação de sinistros devem ser claramente informados na apólice, com especificação dos documentos básicos necessários a serem apresentados para cada tipo de cobertura.

8.3 Perda do Direito de Seguro

Trata-se da ocorrência de um fato que provoca a perda do direito do segurado à indenização, ainda que, a princípio, o sinistro seja oriundo de um risco coberto, ficando, então, a seguradora isenta de qualquer obrigação decorrente do contrato. Ocorre a perda de direito se: I)o sinistro ocorrer por culpa grave ou dolo do segurado ou beneficiário do seguro;II) a reclamação de indenização por sinistro for fraudulenta ou de má-fé;III)o segurado, corretor, beneficiários ou ainda seus representantes e prepostos fizerem declarações falsas ou, por qualquer meio, tentarem obter benefícios ilícitos do seguro;IV)o segurado agravar intencionalmente o risco.

8.4 Seguro Residencial

O seguro residencial em geral cobre riscos de incêndio, mas também são oferecidas outras coberturas. Por esse motivo é geralmente um tipo de seguro compreensivo, assim denominado por conter diversas coberturas. Este seguro é destinado a residências individuais, casas e apartamentos, habituais ou de veraneio. Em geral, sua contratação é feita por meio de proposta, com posterior emissão de apólice (contrato do seguro). No entanto, é autorizada a contratação de seguros de incêndio para imóveis residenciais unifamiliares com simples emissão de bilhete de seguros, mediante solicitação verbal do interessado. O bilhete, assim, substitui a apólice e dispensa a proposta.

8.4.1 Tipos de Coberturas

A cobertura principal cobre danos causados por incêndios, queda de raios e explosão causada por gás empregado no uso doméstico (quando não gerado nos locais segurados) e suas consequências, tais como desmoronamento, impossibilidade de proteção ou remoção de salvados, despesas com combate ao fogo, salvamento e desentulho do local.

As coberturas que indenizam danos decorrentes de incêndios provocados por explosão de aparelhos ou substâncias de qualquer natureza (não incluída na cobertura principal), ou decorrentes de outras causas como terremoto, queimadas em zona rural, vendaval, impacto de veículos, queda de aeronave, danos elétricos, dentre outras.

8.4.2 Riscos Cobertos e Excluídos

Riscos cobertos são aqueles previstos e descritos em cada uma das coberturas, que terão eventuais prejuízos resultantes de sua ocorrência cobertos pelo seguro. Já os riscos excluídos são aqueles cujos prejuízos decorrentes não serão indenizados pelo seguro, salvo se contratada cobertura específica. Como exemplo, temos:

a) Erupção vulcânica, inundação ou outra convulsão da natureza;
b) Guerra interna ou externa, comoção civil, rebelião, insurreição, etc.;
c) Lucros cessantes e danos emergentes;
d) Queimadas em zonas rurais;
e) Roubo ou furto.

8.4.3. Bens não Cobertos pelo Seguro

São aqueles bens, especificados na apólice, para os quais a seguradora não indenizará os prejuízos, ainda que oriundos de riscos cobertos. Em geral são os seguintes:

a) Pedras, metais preciosos, obras e objetos de arte em geral, bens de grande valor que facilmente são destruídos ou danificados pelo incêndio, joias, raridades, etc.;
b) Manuscritos, plantas, projetos, papel-moeda, selos, cheques, papéis de crédito, moedas cunhadas, livros de contabilidade, etc.;
c) Bens de terceiros, recebidos em depósito, consignação ou garantia.

8.4.4 Formas de Contratação das Coberturas

Para cada uma das coberturas contratadas, deverá ser especificada a forma de contratação da importância segurada (1º risco absoluto, 1º risco relativo, etc.). A forma de contratação tem grande importância no valor da indenização a ser recebida pelo segurado, conforme demonstrado a seguir. Para entendermos os possíveis modos de contratação da importância segurada em cada uma das coberturas, devemos primeiro observar que:

a) O Limite Máximo de Indenização (LMI) é livremente estipulado, pelo próprio segurado, para cada uma das coberturas contratadas, e representa, como já foi dito, o limite máximo de responsabilidade que a seguradora deverá pagar (indenização).

b) O Valor Atual (VA) de um bem é o seu valor de reposição, ou seja, o quanto custaria, no dia e local do sinistro, substituí-lo por outro equivalente, com a mesma depreciação pelo uso, idade e estado de conservação daquele sinistrado.

c) O Valor em Risco Declarado (VRD) é o valor que o segurado informa à seguradora, que corresponderia ao total de reposição dos bens segurados, imediatamente antes da ocorrência do sinistro. Finalmente, verifica-se, usualmente, que são três as formas básicas de contratação do Limite Máximo de Indenização (LMI), a saber: cobertura a risco total, cobertura a primeiro risco absoluto e cobertura a primeiro risco relativo.

8.4.4.1 Cobertura de Risco Total

Na cobertura a risco total, o limite máximo de indenização contratado pelo segurado deverá ser igual ao valor atual do bem. Na hipótese de que tal regra não tenha sido devidamente observada, haverá a aplicação da cláusula de rateio, arcando o segurado com parte do prejuízo. A cláusula de rateio dispõe:

Sempre que o limite máximo de indenização for menor do que o valor atual, o segurado será considerado segurador da diferença e, em caso de sinistro, aplicarse-á o rateio percentual entre eles, salvo na hipótese de indenização integral, quando a indenização será igual a 100% do Limite Máximo de Indenização. Por exemplo: se o Limite Máximo de Indenização contratado for de 80% do respectivo Valor Atual, esse mesmo percentual será aplicado aos prejuízos apurados, a fim de determinar a indenização a ser paga pela seguradora, em caso de sinistro.

Evidentemente, este valor ainda estará limitado ao próprio limite máximo de indenização contratado pelo segurado.

8.4.4.2 Cobertura de Risco Absoluto

A cobertura a primeiro risco absoluto é aquela em que o segurador responde integralmente pelos prejuízos, até o montante do limite máximo de indenização, não se aplicando, em qualquer hipótese, cláusula de rateio. Nesta forma de contratação, é irrelevante a comparação entre o Limite Máximo de Indenização e o Valor Atual. O segurado pode, no caso, fazer sua própria avaliação e estimar qual o dano máximo provável a que seus bens estão expostos. Em função disso, estabelece o limite máximo de indenização. A adoção da cobertura a primeiro risco absoluto significa considerável aumento do montante de indenizações a cargo do segurador, se comparados com a cobertura a risco total. Assim, em geral, os prêmios são maiores para esta forma de contratação.

8.4.4.3 Cobertura de Risco Relativo

Na cobertura a primeiro risco relativo também não há necessidade de o Limite Máximo de Indenização ser igual ao Valor Atual. Porém, o segurado declara qual o valor em risco do bem (VRD). Se, por ocasião de eventual sinistro, o Valor Atual for igual ou inferior ao valor declarado pelo segurado (VRD), a informação do segurado foi correta e, assim, não haverá rateio. Se, no entanto, por ocasião de eventual sinistro, ficar constatado que o Valor Atual é superior ao valor em risco declarado pelo segurado (o que significa que esse informou que seu bem valia menos do que realmente foi apurado), a indenização será determinada pela proporção entre o Valor em Risco Declarado e o Valor Atual, aplicada ao prejuízo, sendo limitada ao próprio limite máximo de indenização da cobertura. Em geral, para efeito de simplificação, os seguros residenciais são contratados a primeiro risco absoluto. Porém, o segurado deverá estar muito atento à forma de contratação para estar ciente da ocorrência de rateio, o que pode acarretar recebimento de indenização inferior ao prejuízo.

9 | Recolhimento de Tributos

9.1 PIS/PASEP

O Programa de Integração Social, mais conhecido como PIS/PASEP ou PIS, é uma contribuição social de natureza tributária, devida pelas pessoas jurídicas, com objetivo de financiar o pagamento do seguro-desemprego e do abono para os trabalhadores que ganham até dois salários mínimos. Este programa concede um benefício no valor de um salário mínimo anual, assegurado aos empregados que recebem até dois salários mínimos de remuneração mensal de empregadores que contribuem para o Programa de Integração Social ou para o Programa de Formação do Patrimônio do Servidor Público, conforme determina o artigo 239, § 3º da Constituição Federal.

9.1.1 Critérios para Obtenção do Abono

Complementarmente, procedeu-se a regulamentação do dispositivo constitucional, mediante Leis Nº s 7.859, de 1989, e 7.998, de 1990, que dispuseram: É assegurado o recebimento de Abono Salarial no valor de um salário mínimo vigente na data do respectivo pagamento, aos empregados que:

I - Tenham percebido de empregadores que contribuírem para o Programa de Integração Social - PIS ou Programa de Formação do Patrimônio do Servidor Público PASEP, até 2 (dois) salários mínimos médios de remuneração mensal no período trabalhado e que tenham exercido atividade remunerada pelo menos durante 30 (trinta) dias no ano-base;

II - Estejam cadastrados há pelo menos 5 (cinco) anos no Fundo de Participação PIS/PASEP ou no Cadastro Nacional do Trabalhador.

Parágrafo único - No caso de beneficiários integrantes do Fundo de Participação PIS/PASEP, serão computados no valor do Abono Salarial os rendimentos proporcionados pelas respectivas contas individuais.

Faço aqui minha critica em relação ao tempo destinado para começar a receber o PIS. Veja só caro leitor, que o governo só começa a pagar o PIS no sexto ano em que o empregado esta trabalhando. Bom, se o povo brasileiro tem memória fraca e esquece dos políticos que roubaram o povo; quanto mais ainda, irão esquecer de reaver este beneficio depois de 05 anos trabalhados. Será que esta contribuição ajuda mais o trabalhador ou aos cofres do governo que se apropriará dos valores de PIS/PASEP que os funcionários esqueceram de retirar.Vejo que o governo federal tem uma maneira muito fácil e cômoda de aumentar as receitas governamentais.

9.1.2 Finalidade do Programa

O PIS é um programa criado pelo Governo Federal, que tem a finalidade de promover a integração do empregado na vida e no desenvolvimento das empresas, viabilizando melhor distribuição da renda nacional. Este programa se destina ao empregador do setor privado, a quem cabe providenciar o cadastramento do trabalhador admitido e que não comprove estar inscrito no PIS - Programa de Integração Social ou no PASEP - Programa de Formação do Patrimônio do Servidor Público.

Em 05 de outubro de 1988 o Congresso Constituinte promulgou a nova Carta Magna, alterando parcialmente a destinação das contribuições para os programas PIS-PASEP, por intermédio do art. 239, passando a financiar o programa do Seguro-Desemprego, o Abono Salarial, e programas de desenvolvimento econômico, bem como preservou os patrimônios acumulados.

9.1.3 Cadastramento no PIS

O cadastramento no PIS é feito pelo empregador, na primeira admissão do trabalhador, por meio do formulário Documento de Cadastramento do Tabalhado - DCT, que pode ser impresso na página de documentos para download. Depois disso, o empregado recebe um cartão contendo o seu número de inscrição. Esse documento permite a consulta e saques dos benefícios sociais a que o trabalhador tem direito, como FGTS e Seguro-Desemprego, por exemplo. Por meio do cadastramento, o trabalhador recebe o número de inscrição no PIS, que possibilitará a consulta e saques aos benefícios sociais administrados pela CAIXA, caso tenha direito, como o PIS, o FGTS, o Seguro-Desemprego e o Abono salarial.

O documento que comprova seu cadastramento no PIS é o cartão com seu número de inscrição, que é entregue por seu empregador diretamente a você. Se a sua empresa não lhe entregar o cartão do PIS, você deverá procurar uma agência da CAIXA para verificar se já foi cadastrado. Se tiver sido, você poderá solicitar a segunda via do documento, apresentando, para isso, um documento de identificação. Se não tiver sido, você deverá solicitar à empresa onde trabalha que providencie o seu cadastramento.

> Lembre-se: sem o cadastro no PIS, você não poderá receber o FGTS, o Seguro-Desemprego e o Abono Salarial.

O pagamento do Abono Salarial tem início no 2º semestre de cada ano e vai até junho do ano seguinte, conforme calendário divulgado pelo Ministério do Trabalho e Emprego/CODEFAT aos agentes pagadores (CAIXA e Banco do Brasil)

9.1.3.1 Preenchimento de DCT

O cadastramento no PIS é feito pelo empregador, na primeira admissão do trabalhador, por meio do formulário Documento de Cadastramento do Trabalhador – DCT. Abaixo colaciono as instruções de preenchimento do DCT:

Preencher os campos 02 a 13, conforme instruções abaixo:

CAMPO 01 - Apor carimbo CGC-MF do empregador/sindicato ou preencher com o número da matrícula do Cadastro Específico do INSS – CEI.

CAMPO 02 - Preencher com o CGC/CEI, nome, endereço, telefone e/ou fax do empregador/sindicato.

CAMPO 03 - Preencher com o nome do trabalhador a ser cadastrado. Não abreviar o primeiro e o último nome, em hipótese alguma.

CAMPO 04 - Indicar a data de nascimento do trabalhador. Observar o formato DD/MM/AAAA. (Exemplo: 01/01/1971)

CAMPO 05 - Preencher com "F", se sexo feminino, ou com "M", se sexo masculino.

CAMPO 06 - Preencher com o nome da mãe do trabalhador. Não abreviar o primeiro e o último nome, em hipótese alguma (caso não conste no registro civil do trabalhador, preencher com a expressão "IGNORADA").

CAMPO 07 - Indicar o nome do município de nascimento do trabalhador e a sigla da Unidade da Federação – UF (deixar em branco se o trabalhador não for brasileiro).

CAMPO 08 - Indicar o código de nacionalidade do trabalhador, conforme tabela abaixo:

10 - BRASILEIRA
20 - NATURALIZADO
21 - ARGENTINA
22 - BOLIVIANA
23 - CHILENA
24 - PARAGUAIA
25 - URUGUAIA
30 - ALEMÃ
31 - BELGA
32 - BRITÂNICA

34 - CANADENSE
35 - ESPANHOLA
36 - AMERICANA (EUA)
37 - FRANCESA
38 - SUÍÇA
39 - ITALIANA
41 - JAPONESA
42 - CHINESA
43 - COREANA
45 - PORTUGUESA
48 - OUTRAS LATINO AMERICANAS
49 - OUTRAS ASIÁTICAS
50 - OUTRAS

CAMPO 09 - Indicar o número, a série e a sigla da Unidade da Federação – UF emissora da Carteira de Trabalho do trabalhador.

CAMPO 10 - Indicar o número e controle do CPF do trabalhador.

CAMPO 11 - Preencher com o número da Carteira de Identidade do trabalhador e a sigla do órgão emissor, na forma a seguir indicada:

ÓRGÃO EMISSOR SIGLA
Ministério da Aeronáutica – AE
Ministério do Exército – EX
Ministério da Marinha – MR
Secretaria de Segurança Pública Sigla da Unidade da Federação
Carteiro modelo 19 (estrangeiro) – DE
Outros Emissores – OE

CAMPO 12 - Indicar o número e dígito verificador do Título de Eleitor do trabalhador.

CAMPO 13 - Indicar o endereço completo do trabalhador (rua, quadra, bloco, apartamento, etc), município, UF e CEP

9.1.3.2 Recebimento do Benefício

9.1.3.2.1 *Documentos Exigidos para Saque*

– Carteira de Identidade.
– Carteira de Trabalho e Previdência Social - CTPS (somente os inscritos no PIS).
– Cartão ou comprovante de inscrição no PIS-PASEP.

9.1.3.2.2 *Tipos de Recebimento do Benefício*

a) Folha de Salários/Proventos
   Será feita mediante convênio celebrado entre o empregador e o agente

financeiro(Banco do Brasil para os identificados no PASEP e CAIXA para os identificados no PIS).

b) Crédito em Conta Corrente

Os trabalhadores que tiverem direito ao Abono Salarial e tiverem conta corrente no Banco do Brasil ou na CAIXA podem receber o seu benefício através de crédito em conta.

9.1.3.3 Saque on-line

Os trabalhadores com direito ao Abono Salarial que não forem atendidos pelos sistemas de pagamento em folha de salários ou crédito em conta, receberão o benefício de acordo com o calendário de pagamento, diretamente nos caixas do Banco do Brasil ou da Caixa Econômica Federal.

9.1.4 Saldo de Quotas

Se você é trabalhador, foi cadastrado no PIS até 04/10/1988 e recebeu Quotas de participação PIS/PASEP, pode ter saldo de Quotas. O saque das Quotas pode ser solicitado a qualquer momento, exclusivamente nas agências da CAIXA, pelos seguintes motivos:

– Aposentadoria;
– Reforma Militar;
– Invalidez Permanente;
– Idade igual ou superior a 70 anos;
– Transferência de militar para a reserva remunerada;
– Titular ou dependente(s) portador(es) do vírus HIV(SIDA/AIDS);
– Neoplasia Maligna (câncer) do titular ou de seus dependentes;
– Morte do participante;
– Benefício Assistencial à pessoa portadora de deficiência e ao idoso.

A atualização do saldo de Quotas de participação é efetuada anualmente, ao término do exercício financeiro – de 1° de julho de um ano a 30 de junho do ano subsequente, com base nos índices estabelecidos pelo Conselho Diretor do Fundo PIS/PASEP.

9.1.5 Contribuintes

São as pessoas jurídicas de direto privado e as que lhes são equiparadas pela legislação do Imposto de Renda, tributadas pelo IRPJ[86], com base no lucro real

---

[86] Lei n° 10.637, de 2002, art. 8°; Lei n° 10.833, de 2003, art. 10; e IN SRF n° 247, de 2002, art. 3°

e a entidades isentas em relação às receitas não decorrentes de suas atividades próprias. Abaixo, estão relacionados os tipos mais comuns de contribuintes:

- os bancos comerciais, bancos de investimentos, bancos de desenvolvimento, caixas econômicas, sociedades de crédito, financiamento e investimento, sociedades de crédito imobiliário, sociedades corretoras, distribuidoras de títulos e valores mobiliários, empresas de arrendamento mercantil, cooperativas de crédito, empresas de seguros privados e de capitalização, agentes autônomos de seguros privados e de crédito, entidades de previdência complementar abertas e fechadas e associações de poupança e empréstimo;
- as pessoas jurídicas que tenham por objeto a securitização de créditos imobiliários, nos termos da Lei n° 9.514, de 1997, e financeiros;
- as operadoras de planos de assistência à saúde;
- as empresas particulares que exploram serviços de vigilância e de transporte de valores, de que trata a Lei n° 7.102, de 1983;
- as pessoas jurídicas tributadas pelo imposto de renda com base no lucro presumido ou arbitrado;
- as pessoas jurídicas optantes pelo Simples;
- as pessoas jurídicas imunes a impostos;
- os órgãos públicos, as autarquias e fundações públicas federais, estaduais e municipais, e as fundações cuja criação tenha sido autorizada por lei, referidas no art. 61 do Ato das Disposições Constitucionais Transitórias da Constituição;
- sociedades cooperativas, exceto as de produção agropecuária e as de consumo.

As Receitas que não incidem no cálculo de PIS/PASEP[87]

Não integram a receita bruta para fins de apuração da base de cálculo da Contribuição para o PIS/Pasep:

- das vendas canceladas e dos descontos incondicionais concedidos;
- referentes a reversões de provisões e recuperações de créditos baixados como perda, que não representem ingresso de novas receitas, o resultado positivo da avaliação de investimentos pelo valor do patrimônio líquido e os lucros e dividendos derivados de investimentos avaliados pelo custo de aquisição, que tenham sido computados como receita;
- das receitas isentas, não alcançadas pela incidência das contribuições ou sujeitas a alíquota zero;

---

[87] Conforme Lei nº 10.637, de 2002, art. 1º, §3º; Lei nº 10.684, de 2003, art. 25; Lei nº 10.833, de 2003, art. 1º, §3º; e IN SRF nº 247, de 2002, art.19

- das receitas não operacionais decorrentes da venda de ativo permanente;
- das receitas auferidas pela pessoa jurídica revendedora, na revenda de mercadorias em relação às quais as contribuições sejam exigidas da empresa vendedora, na condição de substituta tributária; e
- das receitas de vendas de álcool para fins carburantes

9.1.6 Alíquota de PIS/PASEP[88]

Em regra geral, as alíquotas destas contribuições na modalidade não-cumulativa são de **1,65%** para a Contribuição para o PIS/Pasep.

9.1.7 Cronograma de Pagamento

9.1.7.1 Cronograma de Pagamento do PIS

CRONOGRAMA DE PAGAMENTO DO ABONO SALARIAL EXERCÍCIO 2007/2008 PROGRAMA DE INTEGRAÇÃO SOCIAL - PIS NAS AGÊNCIAS DA CAIXA		
NASCIDOS EM	RECEBEM A PARTIR DE	RECEBEM ATÉ
JULHO	08/08/2008	30/06/2009
AGOSTO	14/08/2008	30/06/2009
SETEMBRO	20/08 2008	30/06/2009
OUTUBRO	10/09/2008	30/06/2009
NOVEMBRO	16/09/2008	30/06/2009
DEZEMBRO	23/09/2008	30/06/2009
JANEIRO	09/10/2008	30/06/2009
FEVEREIRO	16/10/2008	30/06/2009
MARÇO	23/10/2008	30/06/2009
ABRIL	11/11/2008	30/06/2009
MAIO	13/11/2008	30/06/2009
JUNHO	18/11/2008	30/06/2009

---

[88]Conforme Lei nº 10.637, de 2002, art. 2º

9.1.7.2 Cronograma de Pagamento do PASEP

CRONOGRAMA DE PAGAMENTO DO ABONO SALARIAL - EXERCÍCIO 2008/2009 PROGRAMA DE FORMAÇÃO DO PATRIMÔNIO DO SERVIDOR PÚBLICO - PASEP NAS AGÊNCIAS DO BANCO DO BRASIL S.A.		
FINAL DA INSCRIÇÃO	INÍCIO DE PAGAMENTO	ATÉ
0 e 1	08/08/2008	30/06/2009
2 e 3	13/08/2008	30/06/2009
4 e 5	20/08/2008	30/06/2009
6 e 7	27/08/2008	30/06/2009
8 e 9	11/09/2008	30/06/2009

9.2 Contribuição Sindical

A contribuição sindical está prevista nos artigos 578 a 591 da CLT. Possui natureza tributária e é recolhida compulsoriamente pelos empregadores no mês de janeiro e pelos trabalhadores no mês de abril de cada ano. O art. 8º, IV, in fine, da Constituição da República prescreve o recolhimento anual por todos aqueles que participem de uma determinada categoria econômica ou profissional, ou de uma profissão liberal, independentemente de serem ou não associados a um sindicato. Tal contribuição deve ser distribuída, na forma da lei, aos sindicatos, federações, confederações e à "Conta Especial Emprego e Salário", administrada pelo MTE. O objetivo da cobrança é o custeio das atividades sindicais e os valores destinados à "Conta Especial Emprego e Salário" integram os recursos do Fundo de Amparo ao Trabalhador. Compete ao MTE expedir instruções referentes ao recolhimento e à forma de distribuição da contribuição sindical.

Outra definição é que a *contribuição sindical*, antigo imposto sindical, é um desconto obrigatório que o empregador efetua anualmente de seus empregados e corresponde a um dia de trabalho, qualquer que seja a forma da remuneração. O art. 545 da CLT afirma que: "Os empregadores ficam obrigados a descontar na folha de pagamento dos seus empregados, desde que por eles devidamente autorizados, as contribuições devidas ao Sindicato, quando por estes notificados, salvo quanto á contribuição sindical, cujo desconto independe dessas formalidades".

Partindo do enfoque que a palavra "contribuição" não tem o mesmo significado de imposto. Venho relatar que grande parte dos sindicatos coagem empregados a se filiarem. Essa coação é feita de maneira velada e de muita pouca percepção.Explico:

caso o trabalhador não se filie a um sindicato, pode ser alvo de piadas e sofrer certo distanciamento de seus colegas de trabalhos que estão mais engajados nesta "luta".

Esse assunto parece simples, mas quando analisamos que entre "sindicatos" e "carreira política" existe uma forte união, perceberemos o porquê do motivo de os sindicatos buscarem aumentar cada vez mais o número de filiados .

9.2.1 Obrigação dos Empregadores

Os empregadores são obrigados a descontar, da folha de pagamento de seus empregados relativa ao mês de março de cada ano, a contribuição sindical por estes devida aos respectivos sindicatos. Considera-se 1 (um) dia de trabalho para efeito de determinação da importância a que alude o item I do Art. 580 o equivalente:

a) a 1 (uma) jornada normal de trabalho, se o pagamento ao empregado for feito por unidade de tempo;

b) a 1-30 (um trinta avos) da quantia percebida no mês anterior, se a remuneração for paga por tarefa; empreitada ou comissão.

Quando o salário for pago em utilidades, ou nos casos em que o empregado receba, habitualmente, gorjetas, a contribuição sindical corresponderá a 1-30 (um trinta avos) da importância que tiver servir de base, no mês de janeiro, para a contribuição do empregado à Previdência Social.

O recolhimento da contribuição sindical referente aos empregados e trabalhadores avulsos será efetuada no mês de abril de cada ano, e o relativo aos agentes ou trabalhadores autônomos e profissionais liberais realizar-se-á no mês de fevereiro. O recolhimento obedecerá ao sistema de guias, de acordo com as instruções expedidas pelo Ministro de Trabalho. O comprovante de depósito da contribuição sindical será remetido ao respectivo Sindicato; na falta destes, à correspondente entidade sindical de grau superior, e, se for o caso, ao Ministério do Trabalho.

9.2.2 Pagamento de Contribuição Sindical

Os profissionais liberais poderão optar pelo pagamento da contribuição sindical unicamente à entidade sindical representativa da respectiva profissão, desde que a exerça, efetivamente, na firma ou empresa e como tal sejam nelas registrados. Servirá de base para o pagamento da contribuição sindical, pelos agentes ou trabalhadores autônomos e profissionais liberais, a lista de contribuintes organizadas pelos respectivos Sindicatos e, na falta deste, pelas federações ou confederações coordenadoras da categoria.

A Caixa Econômica Federal manterá conta corrente intitulada "Depósito da Arrecadação da Contribuição Sindical", em nome de cada das entidades sindicais beneficiadas, cabendo ao Ministério do Trabalho cientificá-la das ocorrências pertinentes à vida administrativa dessas entidades. Os saques na conta corrente far-se-ão mediante ordem bancária ou cheque com as assinaturas conjuntas do presidente e do tesoureiro da entidade sindical. A Caixa Econômica Federal remeterá, mensalmente, a cada entidade sindical, um extrato da respectiva conta corrente, e, quando solicitado, aos órgãos do Ministério do Trabalho.

Da importância da arrecadação da contribuição sindical serão feitos os seguintes créditos pela Caixa Econômica Federal, na forma das instruções que forem expedidas pelo Ministro do Trabalho[89]

I - para os empregadores:

a) 5% (cinco por cento) para a confederação correspondente;
b) 15% (quinze por cento) para a federação;
c) 60% (sessenta por cento) para o sindicato respectivo; e
d) 20% (vinte por cento) para a 'Conta Especial Emprego e Salário';

II - para os trabalhadores:

a) 5% (cinco por cento) para a confederação correspondente;
b) 10% (dez por cento) para a central sindical;
c) 15% (quinze por cento) para a federação;
d) 60% (sessenta por cento) para o sindicato respectivo; e
e) 10% (dez por cento) para a 'Conta Especial Emprego e Salário';

Às entidades sindicais cabe, em caso de falta de pagamento da contribuição sindical, promover a respectiva cobrança judicial, mediante ação executiva, valendo como título de dívida a certidão excedida pelas autoridades regionais do Ministério do Trabalho. O Ministério do Trabalho baixará as instruções regulando a expedição das certidões, das quais deverá constar a individualização do contribuinte, a indicação do débito e a designação da entidade a favor da qual é recolhida a importância da contribuição sindical, de acordo com o respectivo enquadramento sindical.

9.2.3 Recolhimento de Contribuição Sindical

O recolhimento da *contribuição sindical* relativa a empregados e trabalhadores avulsos será efetuado no mês de abril de cada ano (art. 583 da CLT). O recolhimento da *contribuição sindical* obedecerá ao sistema de guias, que estão disponíveis para preenchimento no site do Ministério do Trabalho e da Caixa Econômica Federal.

Para o recolhimento da Contribuição Sindical é necessário que sejam elaboradas guias de recolhimento bancário, onde conste o código da Entidade Sindical,

---

[89] Conf. Art.589 – CLT.

dentro dos padrões aprovados pela Caixa Econômica Federal, órgão arrecadador oficial, e que faz o reparte dos valores, conforme art. 586 a art. 591 da Consolidação das Leis do Trabalho. O responsável pela elaboração destas guias é o Sindicato em parceria com a Federação, ou a própria Confederação.

9.2.4 Aprovação em Assembleia Geral

A contribuição assistencial deve ser aprovada em assembleia geral da categoria e fixada em convenção ou acordo coletivo de trabalho ou sentença normativa e é devida quando da vigência de tais normas. Isto porque a sua cobrança está relacionada com o exercício do poder de representação da entidade sindical no processo de negociação coletiva. O processo de negociação coletiva deve respeitar o interesse de toda classe trabalhadora e não ser apenas uma decisão totalitária de liderança sindical.

9.2.5 Base de Cálculo

Como a base de cálculo para a contribuição sindical das empresas é o capital social, estas atribuirão parte do respectivo capital aos seus estabelecimentos, desde que localizados fora da base territorial da entidade sindical representativa da atividade econômica da matriz, na proporção do faturamento, fazendo a devida comunicação às Delegacias Regionais do Trabalho.

9.2.6 Fato Gerador

Tratando-se de contribuição sindical **patronal,** o fato gerador do tributo é a participação em determinada categoria econômica, conforme definido no art. 578 da CLT e a condição de empregador, nos termos do art. 580, III, daCLT.

9.2.7 Definição de Atividade Econômica

A solidariedade de interesses econômicos dos que empreendem atividade idênticas, similares ou conexas, constitui o vínculo social básico que se denomina categoria econômica (art. 511, § 1º, da CLT).

De se observar, como elemento fundamental para determinar os sindicatos representativos, a definição da atividade econômica do empreendimento; ou, ocorrendo pluralidade de atividades, **a atividade prevalente ou preponderante**, assim descrita por Mozart Victor Russomano, em Princípios Gerais de Direito Sindical (2ª ed. – Rio de Janeiro: Forense, 1997 – p.98):"Pode ocorrer que a mesma empresa exerça várias atividades econômicas. Se essas atividades forem desenvolvidas em conjunto, ligadas por qualquer elo de conexão, como a empresa é uma unidade, será natural que se procure estabelecer a atividade prevalente, do ponto de vista econômico e objetivo de produção. Essa atividade apontará o sindicato do qual pode participar o empresário."

Cabe à própria empresa, respeitado os critérios acima, a definição da categoria a que pertence, devendo, em decorrência disso, recolher as contribuições sindicais e cumprir as Convenções e acordos coletivos firmados pela entidade sindical de trabalhadores respectiva. Deve, ainda, dispensar tratamento diferente para empregados que compõe categoria diferenciada.

Importante: Oportunamente, vale ressaltar que a definição que a empresa faz não é absoluta, de forma que outras entidades ou os próprios empregados da empresa podem questioná-la, se entenderem que ela não segue os critérios legais. Nestes casos, excluída a composição entre partes, compete ao Poder Judiciário, no caso a Justiça do trabalho, a apreciação de conflitos referentes à legitimidade de representação sindical, conforme estabelece a Emenda Constitucional nº. 45/2004: Compete à Justiça do Trabalho processar e julgar: III- as ações sobre representação sindical, entre sindicatos, entre sindicatos e trabalhadores, e entre sindicatos e empregadores.

9.2.8 Modalidades de Contribuições Sindicais

As entidades sindicais patronais podem, ainda, instituir, nos estatutos ou assembleias gerais, outras contribuições, como a mensalidade ou contribuição estatutária, a contribuição assistencial e a contribuição confederativa. [90]

a) A *contribuição estatutária*, como se depreende de sua denominação é prevista no estatuto da entidade e decorre da filiação à mesma. Normalmente é cobrada mensalmente dos associados.

b) A *contribuição assistencial* não possui previsão legal. É aprovada pela assembleia geral da categoria e fixada em convenção ou acordo coletivo de trabalho ou sentença normativa e é devida quando da vigência de tais normas, porque sua cobrança está relacionada com o exercício do poder de representação da entidade sindical no processo de negociação coletiva.

Alexandre Moraes[91] revela, as diferenças existentes entre a contribuição assistencial e a contribuição sindical, quando explica: "É certo que ninguém será obrigado a filiar-se ou manter-se filiado a sindicato (CF, art. 8º, V,) não podendo o sindicato compelir os não filiados para obrigá-los a pagar-lhe contribuição assistencial nem obrigar aos filiados a permanecerem no sindicato. Porém, não se pode confundir a chamada contribuição assistencial ou confederativa com a contribuição sindical. A primeira é prevista no início do inciso IV, art. 8º da Constituição federal (" a assembleia geral fixará a contribuição que, em se tratando de categoria profissional será descontada em folha, para custeio do sistema confederativo da representação sindical respectiva"); enquanto

---

[90] Conforme disposto na NOTA TÉCNICA SRT/CGRT Nº 50/2005.

[91] MORAES, Alexandre de. Direito Constitucional, São Paulo, Ed. Atlas, 15ª ed., 2004, págs. 210 e 211.

a segunda é prevista no final do citado inciso independente da contribuição prevista em lei."

c) Existe, também, a *contribuição confederativa*, cujo objetivo é o custeio do sistema confederativo, do qual fazem parte os sindicatos, federações e confederações, tanto da categoria profissional como da econômica. É fixada em assembleia geral. Tem como fundamento legal o art. 8°, IV, da Constituição Federal que estabelece que "a assembleia geral fixará a contribuição que, em se tratando de categoria profissional, será descontada em folha, para custeio do sistema confederativo da representação sindical respectiva, independentemente da contribuição prevista em lei."

O professor Arnaldo Sussekin[92], afirma que: "A contribuição confederativa, fixada pela assembleia geral do sindicato, não pode obrigar o empregado que não é filiado. A constituição Federal, ao estabelecer a livre associação profissional ou sindical, vedando qualquer interferência do Poder Público, e estabelecendo que ninguém será obrigado a filiar-se ou manter-se filiado a sindicato, não permite a imposição de uma contribuição fixada por um órgão sindical alcance a generalidade da categoria profissional, eis que só a lei poderá impor tal dever, daí explicar-se a manutenção do próprio texto constitucional da contribuição prevista em lei. Não é razoável uma interpretação que torna compulsória a generalidade dos integrantes da categoria uma contribuição criada por um órgão sindical, quando todo o sistema é o da livre associação profissional ou sindical assegurada a liberdade e filiação."

Obs.: Em relação às contribuições confederativa e assistencial, predomina nos Tribunais Superiores o entendimento de serem obrigatórias somente para os empregados associados ao sindicato. Isso porque determinar ao trabalhador a obrigação de recolhê-las implicaria na filiação obrigatória ao sindicato, em afronta ao art. 8°, inciso V, da Constituição Federal de 1988, que dispõe que "ninguém será obrigado a filiar-se ou manter-se filiado a sindicato". Há várias decisões nesse sentido nos Tribunais Pátrios, referindo-se não só à contribuição confederativa, como também à assistencial.

d) *Categoria diferenciada:* A contribuição sindical de trabalhadores enquadrados em categoria diferenciada destina-se unicamente às entidades que os representem, independentemente do enquadramento dos demais empregados da empresa na qual trabalhem. Um motorista, por exemplo, pode trabalhar para uma indústria da construção civil, casa comercial ou qual-

---

[92] SUSSEKIND, Arnaldo. Instituições de Direito do Trabalho. Vol. 2. 19ª ed. São Paulo: LTr, 2000, pág.1149.

quer outro tipo de empresa. A respectiva contribuição sindical é recolhida separadamente da relativa aos demais empregados. A empresa retira as guias de recolhimento, por exemplo, no Sindicato dos Condutores de Veículos Rodoviários e recolhe a contribuição da categoria ao Banco do Brasil S.A., à Caixa Econômica Federal ou aos estabelecimentos bancários autorizados.

As categorias profissionais diferenciadas são:
- Aeronautas;
- Aeroviários;
- Agenciadores de publicidade;
- Artistas e técnicos em espetáculos de diversões (cenógrafos e cenotécnicos, atores teatrais, inclusive corpos de corais e bailados, atores cinematográficos e trabalhadores circenses, manequins e modelos);
- Cabineiros (ascensoristas);
- Carpinteiros navais;
- Classificadores de produtos de origem vegetal;
- Condutores de veículos rodoviários (motoristas);
- Empregados desenhistas técnicos, artísticos, industriais, copistas, projetistas técnicos e auxiliares;
- Jornalistas profissionais (redatores, repórteres, revisores, fotógrafos, etc);Maquinistas e foguistas (de geradores termoelétricos e congêneres, exclusive marítimos);
- Músicos profissionais;
- Oficiais gráficos;
- Operadores de mesas telefônicas (telefonistas em geral);
- Práticos de farmácia;
- Professores;
- Profissionais de enfermagem, técnicos, duchistas, massagistas e empregados em hospitais e casas de saúde;
- Profissionais de relações públicas;
- Propagandistas, propagandistas vendedores e vendedores de produtos farmacêuticos;
- Publicitários;
- Radiotelegrafistas(dissociada);
- Radiotelegrafistas da Marinha Mercante;
- Secretárias;Técnicos de segurança do trabalho;

---

[92] Conf.art. 580, inciso III da CLT.

- Tratoristas (excetuados os rurais);Trabalhadores em atividades subaquáticas e afins;
- Trabalhadores em agências de propaganda;
- Trabalhadores na movimentação de mercadorias em geral;Vendedores e viajantes do comércio.

e)*Profissionais liberais*: [92]Os agentes ou trabalhadores autônomos e os profissionais liberais, organizados em firmas ou empresas, com capital social registrado, recolhem a contribuição sindical segundo a tabela progressiva.

Quadro de Profissionais liberais publicado pela CNPL Confederação Nacional das Profissões Liberais		
Administradores	Enfermeiros	Parteiros
Advogados	Engenheiros	Professores (privados)
Analistas de Sistemas	Escritores	Protéticos Dentários
Arquitetos	Estatísticos	Psicólogos
Assistentes Sociais	Farmacêuticos	Químicos
Atuários	Físicos	Relações Públicas
Autores Teatrais	Fisioterapeutas	Sociólogos
Bac. Em Ciências da Computação eInformática	Fonoaudiólogos	Técnicos Agrícolas
Bibliotecários	Geólogos	Técnicos Industriais
Biomédicos	Geógrafos	Técnicos em Turismo
Biólogos	Jornalistas	Tecnólogos
Compositores Musicais	Médicos	Terapeutas Ocupacionais
Contabilistas	Médicos Veterinários	Tradutores e Intérpretes
Corretores de Imóvies	Nutricionistas	Zootecnistas
Economistas	Odontologistas	Economistas Domésticos

Tratando-se de empregado que mantenha, simultaneamente, vínculo empregatício com mais de uma empresa, ele estará obrigado a contribuir em relação a cada atividade exercida.

Exemplo: Supondo-se que um empregado mensalista exerça, simultaneamente, atividades nas empresas "A", "B" e "C", conforme os salários em março e contribuições sindicais calculadas segundo a tabela a seguir:

Empresas	Sal. Março/2007	Contr. Sind.
A	300,00	10,00
B	600,00	20,00
C	900,00	30,00
Total	1.800,00	60,00

Observar que o total da contribuição sindical a ser paga pelo empregado, nas 3 empresas, equivale a 1/30 do seu salário final auferido nas empresas "A", "B" e "C".

9.3 FGTS

9.3.1 Conceito

O Fundo de Garantia do Tempo de Serviço [92](FGTS) foi criado em 1967 pelo Governo Federal para proteger o trabalhador demitido sem justa causa, mediante a abertura de uma conta vinculada ao contrato de trabalho. No início de cada mês, as empresas depositam, em contas abertas na CAIXA em nome dos seus empregados, o valor correspondente a 8% do salário de cada funcionário.

O FGTS é constituído pelo total desses depósitos mensais. Os valores do Fundo pertencem exclusivamente aos empregados que, em situações específicas, podem dispor do total depositado em seus nomes.Com o FGTS, o trabalhador tem a chance de formar um patrimônio, além de poder adquirir a casa própria utilizando os recursos de sua conta vinculada. Além disso, o FGTS financia programas de habitação popular, saneamento básico e infra-estrutura urbana.

Os empregadores se obrigam a comunicar mensalmente aos trabalhadores os valores recolhidos ao FGTS e repassar-lhes todas as informações sobre suas contas vinculadas recebidas da Caixa Econômica Federal ou dos banco depositários. Ocorrendo rescisão do contrato de trabalho, por parte do empregador, ficará este obrigado a depositar na conta vinculada do trabalhador no FGTS os valores relativos aos depósitos referentes ao mês da rescisão e ao imediatamente anterior, que ainda não houver sido recolhido, sem prejuízo das cominações legais.

9.3.2 Direito ao Benefício

Todos os trabalhadores regidos pela CLT, a partir de 05/10/1988. Antes dessa data, o direito ao FGTS era opcional. Também têm direito ao FGTS os trabalhadores rurais, os temporários, os avulsos, os safristas e os atletas profissionais (jogadores de futebol, por exemplo).O diretor não-empregado poderá ser equiparado aos demais trabalhadores sujeitos ao regime do FGTS.

É facultado ao empregador doméstico recolher ou não o FGTS referente ao seu empregado. A opção pelo recolhimento estabelece a sua obrigatoriedade enquanto durar o vínculo empregatício. As contas do FGTS produzem rendimento mensal (todo dia 10), que inclui a atualização monetária mensal e também juros de 3% a.a.

---

[94] Material disponibilizado pela Caixa Econômica Federal

9.3.3 Responsável pelo Depósito

O empregador ou o tomador de serviços é o responsável de fazer o depósito na conta do trabalhador que deve ser realizado até o dia 07 do mês subsequente ao mês trabalhado.

9.3.4 Valor do Depósito

Oito por cento do salário pago ou devido ao trabalhador. No caso de contrato de trabalho firmado nos termos da Lei n.º 11.180/05 (Contrato de Aprendizagem), o percentual é reduzido para 2%. O FGTS não é descontado do salário, é obrigação do empregador.

Obs1: O trabalhador deve conferir se os depósitos estão sendo feitos, através do extrato do FGTS que o trabalhador recebe em sua casa a cada 2 meses. Se não estiver recebendo o extrato, o trabalhador deverá informar seu endereço completo em uma agência da CAIXA ou pelo site da CAIXA na internet.

Obs2: Caso aconteça de o empregador não depositar o benefício; o trabalhador deverá procurar a Delegacia Regional do Trabalho (DRT), pois o responsável pela fiscalização das empresas é o Ministério do Trabalho e Emprego.

9.3.5 Contas Inativas

O trabalhador pode sacar os valores de todos os contratos de trabalho com data de afastamento do emprego de até 13 de julho de 1990, inclusive, independentemente do motivo do afastamento.Para os contratos de trabalho com data de afastamento do emprego a partir de 14 de julho de 1990, inclusive, o saque pode ser feito:

- Desde que o trabalhador tenha ficado, no mínimo, 3 anos seguidos fora do regime do FGTS; e
- A partir do mês de seu aniversário; e
- Dentro das condições determinadas pelas normas que regem o FGTS (confira quais são elas clicando em "Saque do FGTS" no menu acima).

9.3.5.1 Documentação Exigida

Documentos necessários para solicitar o saque nos casos de conta inativa:
- Documento de identificação do trabalhador ou diretor não empregado; e
- Cartão do Cidadão ou Cartão de inscrição PIS/PASEP ou número de inscrição PIS/PASEP; ou
- Inscrição de Contribuinte Individual junto ao INSS para o doméstico não cadastrado no PIS/PASEP; e
- CTPS onde conste o contrato de trabalho cuja conta vinculada está sendo objeto de saque; ou

- Comprovante do afastamento do trabalhador, quando não constante da CTPS; ou
- Cópia autenticada da ata da assembleia que deliberou pela nomeação do diretor não empregado e comprovando o desligamento até 13/07/90, inclusive; ou
- Declaração da sociedade anônima deliberando pela suspensão definitiva do recolhimento do FGTS para os diretores não empregados, ocorrida há, no mínimo, três anos, até 13/07/90, inclusive; ou
- Cópia do Contrato Social registrado no Cartório de Registro de Títulos e Documentos ou na Junta Comercial, ou ato próprio da autoridade competente publicado em Diário Oficial, comprovando o desligamento até 13/07/90, inclusive.
- Solicitação de Saque do FGTS (SSFGTS) – Formulário que deve ser preenchido corretamente e assinado, disponível em qualquer agência da CAIXA ou banco conveniado.

9.3.6 Saque do FGTS

O Cartão do Cidadão é um cartão magnético, emitido pela CAIXA, que permite que você consulte informações sobre FGTS e Quotas do PIS. Com ele, você também pode sacar os benefícios a que tiver direito. Os documentos exigidos variam de caso a caso. Informe-se na CAIXA ou na empresa. Normalmente, são pedidos o documento de identificação, a Carteira de Trabalho e o Termo de Rescisão do Contrato de Trabalho (TRCT).O saque pode ser efetuado até 5 dias úteis após a solicitação dele pelo trabalhador ou a comunicação feita pelo empregador através do canal eletrônico Conectividade Social. Você pode sacar os recursos do FGTS em qualquer agência da CAIXA. Nos locais onde não houver uma agência, o saque será efetuado no banco conveniado onde foi feita a solicitação do benefício.

Não é admissível a representação mediante instrumento de procuração, público ou particular, no pedido de movimentação e no pagamento do saldo da conta vinculada do FGTS para as modalidades previstas nos incisos I, II, III, VIII, IX e X do artigo 20 da Lei 8.036/1990, com as alterações introduzidas por legislação posterior. Os referidos incisos referem-se aos códigos de 01, 01S, 02, 03, 05, 05A,86, 87N, 04, 04S e 06:

Para esses códigos de saque, é admitida a representação por instrumento de procuração público, desde que este contenha poderes específicos para este fim, nos casos de grave moléstia, comprovada por perícia médica relatada em laudo, onde conste a incapacidade de locomoção do titular da conta vinculada do FGTS. Entretanto, em se tratando de conta recursal, a pessoa indicada como sacador pode ser a empresa/reclamada, o trabalhador/ reclamante ou, ainda, pessoa diversa indicada pelo Juízo no mandado judicial.

Em se tratando de liberação por ordem judicial (alvará) emitido em decorrência de ação de alimentos, o sacador é a pessoa indicada pelo Juízo. Em se tratando de liberação de conta aos herdeiros por ordem judicial (alvará), o(s) sacador(es) é(são) indicado(s) pelo Juízo, nos termos da lei civil, em decorrência de falecimento do titular da conta.

Para os demais códigos de saque, é admissível a representação mediante instrumento de procuração, público ou particular, no pedido de movimentação e no pagamento do saldo da conta vinculada do FGTS, independente do tipo da conta vinculada, desde que contenha poderes específicos para este fim.

9.3.6.1 Demissão Sem Justa Causa

Em caso de demissão sem justa causa, os documentos necessários para o saque são:
- Carteira de Trabalho;a e
- Documento de identificação do trabalhador ou diretor não empregado; e
- Cartão do Cidadão ou Cartão de inscrição PIS/PASEP ou número de inscrição PIS/PASEP; ou
- Inscrição de Contribuinte Individual junto ao INSS para o doméstico não cadastrado no PIS/PASEP; e
- Termo de Rescisão do Contrato de Trabalho - TRCT, homologado quando legalmente exigível; ou
- Termo de Audiência da Justiça do Trabalho ou Termo de Conciliação, devidamente homologado pelo Juízo do feito, reconhecendo a dispensa sem justa causa, quando esta resultar de conciliação em reclamação trabalhista; ou
- Sentença irrecorrível da Justiça do Trabalho, quando a rescisão resultar de reclamação trabalhista.

9.3.6.2 Aposentadoria

Em caso de aposentadoria, os documentos necessários para o saque são:
- Carteira de Trabalho; e
- Documento de identificação do trabalhador ou diretor não empregado; e
- Cartão do Cidadão ou Cartão de inscrição PIS/PASEP ou número de inscrição PIS/PASEP; ou
- Inscrição de Contribuinte Individual junto ao INSS para o doméstico não cadastrado no PIS/PASEP; e
- Documento fornecido por Instituto Oficial de Previdência Social, de âmbito federal, estadual ou municipal ou órgão equivalente que comprove a aposentadoria ou portaria publicada em Diário Oficial, e:
  a) TRCT, homologado quando legalmente exigível, para contrato tácita ou expressamente pactuado após a DIB - Data de Início do Benefício da aposentadoria, ou

b) cópia autenticada da ata da Assembleia que comprove a exoneração a pedido ou por justa causa; cópia do Contrato Social e respectivas alterações registradas no Cartório de Registro de Títulos e Documentos ou na Junta Comercial, ou ato próprio da autoridade competente, publicado em Diário Oficial no caso de Diretor não empregado, ou

c) declaração comprovando a desfiliação junto ao sindicato representativo da categoria profissional, ou órgão congênere, no caso de exercício de atividade na mesma condição, após a aposentadoria de trabalhador avulso.

9.3.6.3 Trabalhador com mais de 70 anos

Caso o trabalhador tenha idade igual ou superior a 70 anos, os documentos necessários para o saque são:

– Documento de identificação do trabalhador ou diretor não empregado; e
– Cartão do Cidadão ou Cartão de inscrição PIS/PASEP ou número de inscrição PIS/PASEP; ou
– Inscrição de Contribuinte Individual junto ao INSS para o doméstico não cadastrado no PIS/PASEP; e
– Carteira de Trabalho ou outro documento que identifique a conta vinculada do FGTS; e
– Documento que comprove a idade mínima de 70 anos do titular da conta.

9.3.6.4 Falecimento do Trabalhador

No caso de falecimento do trabalhador, os documentos necessários para o saque são:

– Documento de identificação do sacador; e
– Cartão do Cidadão ou Cartão de inscrição PIS/PASEP ou número de inscrição PIS/PASEP; ou
– Inscrição de Contribuinte Individual junto ao INSS para o doméstico não cadastrado no PIS/PASEP; e
– Carteira de Trabalho do titular falecido; e
– Certidão de Óbito do titular falecido; e
– Declaração de dependentes firmada por instituto oficial de Previdência Social, de âmbito federal, estadual ou municipal ou Declaração de dependentes habilitados à pensão, fornecida pelo Órgão pagador da pensão, custeada pelo Regime Jurídico Único; assinada pela autoridade competente, contendo, dentre outros dados, a logomarca/timbre do órgão emissor; a data do óbito e o nome completo, a inscrição PIS/PASEP e o

número da CTPS ou do Registro Geral da Carteira de Identidade do trabalhador que legou o benefício e discriminando, com o nome completo, vínculo de dependência e data de nascimento os dependentes habilitados ao recebimento da pensão; ou
- Na falta de dependentes, farão jus ao recebimento do saldo da conta vinculada os seus sucessores previstos na lei civil, indicados em alvará judicial, expedido a requerimento do interessado, independente de inventário ou arrolamento; e
- Certidão de Nascimento e CPF dos dependentes menores, para abertura de caderneta de poupança.

9.3.6.5 Necessidade Pessoal, Urgente e Grave

No caso de necessidade pessoal, cuja gravidade seja decorrente de desastre natural causado por chuvas ou inundações, o Trabalhador ou diretor não-empregado residente nas áreas atingidas, cuja situação de emergência ou de estado de calamidade pública tenha sido formalmente reconhecida pelo Governo Federal, podem estar sacando o FGTS a que tem direito.

9.3.7 Certificado de Regularidade com o FGTS - CRF

Situação própria do empregador que está regular com suas obrigações para com o FGTS, caracterizada pelo cumprimento de suas obrigações legais junto ao FGTS, tanto no que se refere às contribuições devidas, incluídas aquelas instituídas pela Lei Complementar nº. 110, de 29/06/2001, quanto a empréstimos lastreados com recursos originários desse Fundo. O CRF é o único documento que comprova a regularidade do empregador perante o Fundo de Garantia do Tempo de Serviço - FGTS, sendo emitido exclusivamente pela CAIXA.

9.3.7.1 Obtenção do CRF

Os empregadores cadastrados no sistema do FGTS, identificados a partir de inscrição efetuada no Cadastro Nacional de Pessoas Jurídicas - CNPJ ou no Cadastro Específico do INSS - CEI, podem obter o CRF, desde que estejam regulares perante o Fundo de Garantia.

Estar em situação de regularidade para com o FGTS, ou seja, estar em dia com as obrigações para com esse Fundo, inclusive com os pagamentos das contribuições sociais instituídas pela Lei Complementar nº. 110, de 29/06/2001, considerando os aspectos financeiro (pagamento das contribuições devidas), cadastral (consistência das informações do empregador e de seus empregados) e operacional (procedimentos no pagamento de contribuições em conformidade com as regras vigentes para o recolhimento), bem como estar em dia com o pagamento de empréstimos lastreados com recursos do FGTS, se for o caso.

9.3.7.2 Obrigatoriedade de Apresentação do CRF

Nas situações previstas no artigo 27 da Lei nº. 8.036, de 11 de maio de 1990 e na Lei nº. 9.012, de 30 de março 1995.

9.3.7.3 Impedimentos de Obtenção do CRF

Débitos
Administrativo
Inscrito
Ajuizado
Confessado
Diferenças no Recolhimento

Parcelamentos
Formalizado sem o pagamento da 1ª parcela
Em Atraso
Rescindido

Inadimplência Fomento
Contrato em atraso ou rescindido

Indícios de Irregularidades
Recolhimento Parcial
Ausência de Recolhimento
Recolhimento após Encerramento de Atividades
Divergência de Enquadramento de Contribuição Social
Ausência de Parâmetros de Contribuição Social
Existência de Notificação não Cadastrada

Inconsistências Cadastrais
Nos dados do Empregador

9.4 INSS

A Previdência Social classifica o síndico como um contribuinte individual* quando este é remunerado ou isento da taxa condominial. Nesses dois casos, ele deve contribuir. Entende-se que, mesmo se não for remunerado, a isenção da taxa de condomínio é um tipo de pagamento e, por isso, os descontos devem ser calculados com base nesse valor. Vale lembrar que síndicos que não recebem qualquer pagamento, ajuda de custo ou isenção não contribuem com o INSS. O síndico tem a possibilidade de contribuir com uma alíquota mínima de 11% ou, se preferir, pode optar por uma porcentagem maior. Relacionamos abaixo, algumas dúvidas comuns sobre esse assunto. As fontes consultadas foram Instrução Normativa MPS/SRP nº 3, de 14 de Julho de 2005, do Ministério da Previdência Social e a Previdência Social.

O desconto total da taxa condominial é considerado um tipo de pagamento ao síndico, por isso, ele pode contribuir como contribuinte individual*. O condomínio deve recolher 20% sobre o valor da taxa de que o síndico é isento. O síndico, por sua vez, deve contribuir com uma alíquota mínima de 11%, sendo que, nesse caso, terá benefícios restritos a um salário mínimo, com o valor referente da época. Se desejar, o síndico pode contribuir com uma alíquota maior. O condomínio deve registrar as contribuições na GFIP mensalmente. Assim como a isenção da taxa condominial, a ajuda de custo é considerada um tipo de remuneração. O condomínio recolhe 20% do valor dos benefícios e o síndico contribui individualmente com a alíquota mínima de 11%.

Pode-se usar o número do PIS/PASEP (caso tenha tido algum vínculo empregatício) para contribuir à Previdência Social. Dessa forma, o trabalhador é dispensado de fazer novo cadastro, ou seja, nova inscrição. Caso o síndico não possua esse número, deverá obtê-lo por meio do PREVFONE (135). Para obter esse número, é preciso estar de posse do CPF e do RG. Após o fim do mandato, o síndico deve pedir a baixa da sua inscrição em agência do INSS, se não tiver mais a necessidade de recolher como contribuinte individual. O contribuinte individual que prestar serviços a mais de uma empresa, quando o total das remunerações recebidas no mês atingir o limite máximo do salário-de-contribuição, deverá informar o fato à empresa (condomínio) na qual sua remuneração atingir o limite e às que se sucederem, mediante a apresentação:

I - dos comprovantes de pagamento ou;

II - de declaração por ele emitida, sob as penas da lei, consignando o valor sobre o qual já sofreu desconto naquele mês ou identificando a empresa que efetuará, naquela competência, desconto sobre o valor máximo do salário-contribuição. Ou seja, o síndico deve informar o fato ao condomínio, para que não seja descontado. Deste modo, não haverá recolhimento indevido. Esta instrução normativa equipara o condomínio a empresas.

9.4.1 Obrigação Principal

Depois de assinar a Carteira de Trabalho e Previdência Social do empregado, o patrão deverá fazer inscrição do trabalhador na Previdência Social pela Internet ou em uma agência. Para fazer a inscrição é preciso apresentar a carteira de trabalho do empregado com o registro, documentos pessoais do trabalhador e do empregador.

Cabe ao empregador recolher mensalmente à Previdência Social a sua parte e a do trabalhador, descontada do salário mensal. O desconto do empregado deverá seguir a tabela do salário de contribuição. O recolhimento das contribuições do empregador e do empregado domésticos deverá ser feito em guia própria (Guia da Previdência Social – GPS), observados os códigos de pagamento. Se o empregador decidir recolher FGTS (Fundo de Garantia do Tempo de Trabalho) para seu empregado doméstico, deverá preencher Cadastro Específico do INSS (CEI) e a Guia de Recolhimento do FGTS e Informações à Previdência Social (GFIP).

9.4.1.1 Valor Pago de Contribuição

A contribuição destes segurados é calculada mediante a aplicação da correspondente alíquota, de forma não cumulativa, sobre o seu salário-de-contribuição mensal, de acordo com a seguinte tabela:

Salário-de-contribuição (R$)	Alíquota para fins de recolhimento ao INSS (%)
até R$ 911,70	8,00
de R$ 911,71 a R$ 1.519,50	9,00
de R$ 1.519,51 até R$ 3.038,99	11,00
Valores vigentes a partir de março de 2008	

9.4.2 Obrigação Acessória

A empresa e o equiparado, sem prejuízo do cumprimento de outras obrigações acessórias previstas na legislação previdenciária, estão obrigados a:

I - inscrever, no RGPS, os segurados empregados e os trabalhadores avulsos a seu serviço;

II - inscrever, quando pessoa jurídica, como contribuintes individuais no RGPS, a partir de 1º de abril de 2003, as pessoas físicas contratadas sem vínculo empregatício e os sócios cooperados, no caso de cooperativas de trabalho e de produção, se ainda não inscritos;

III - elaborar folha de pagamento mensal da remuneração paga, devida ou creditada a todos os segurados a seu serviço, de forma coletiva por estabelecimento, por obra de construção civil e por tomador de serviços, com a correspondente totalização e resumo geral, nela constando:

    a) discriminados, o nome de cada segurado e respectivo cargo, função ou serviço prestado;

    b) agrupados, por categoria, os segurados empregado, trabalhador avulso e contribuinte individual;

    c) identificados, os nomes das seguradas em gozo de salário-maternidade;

d) destacadas, as parcelas integrantes e as não-integrantes da remuneração e os descontos legais;

e) indicado, o número de cotas de salário-família atribuídas a cada segurado empregado ou trabalhador avulso;

IV - lançar mensalmente em títulos próprios de sua contabilidade, de forma discriminada, os fatos geradores de todas as contribuições sociais a cargo da empresa, as contribuições sociais previdenciárias descontadas dos segurados, as decorrentes de sub-rogação, as retenções e os totais recolhidos;

V - fornecer ao contribuinte individual que lhes presta serviços, comprovante do pagamento de remuneração, consignando a identificação completa da empresa, inclusive com o seu número no CNPJ, o número de inscrição do segurado no RGPS, o valor da remuneração paga, o desconto da contribuição efetuado e o compromisso de que a remuneração paga será informada na GFIP e a contribuição correspondente será recolhida;

VI - prestar ao INSS e à SRP todas as informações cadastrais, financeiras e contábeis de interesse dos mesmos, na forma por eles estabelecida, bem como os esclarecimentos necessários à fiscalização;

VII - exibir à fiscalização da SRP, quando intimada para tal, todos os documentos e livros com as formalidades legais intrínsecas e extrínsecas, relacionados com as contribuições sociais;

VIII - informar mensalmente, em GFIP emitida por estabelecimento da empresa, com informações distintas por tomador de serviço e por obra de construção civil, os seus dados cadastrais, os fatos geradores das contribuições sociais e outras informações de interesse da SRP e do INSS, na forma estabelecida no Manual da GFIP;

IX - matricular-se no cadastro do INSS, dentro do prazo de trinta dias contados da data do início de suas atividades, quando não inscrita no CNPJ;

X - matricular no cadastro do INSS obra de construção civil executada sob sua responsabilidade, dentro do prazo de trinta dias contados do início da execução;

XI - comunicar ao INSS acidente de trabalho ocorrido com segurado empregado e trabalhador avulso, até o primeiro dia útil seguinte ao da ocorrência e, em caso de morte, de imediato;

XII - elaborar e manter atualizado Laudo Técnico de Condições Ambientais do Trabalho -LTCAT com referência aos agentes nocivos existentes no ambiente de trabalho de seus trabalhadores, conforme disposto no inciso V do art. 381;

XIII - elaborar e manter atualizado Perfil Profissiográfico Previdenciário - PPP abrangendo as atividades desenvolvidas por trabalhador exposto a agente nocivo existente no ambiente de trabalho e fornecer ao trabalhador, quando da rescisão do contrato de trabalho, cópia autêntica deste documento, conforme previsto no inciso VI do art. 381 e no art. 385;

XIV - elaborar e manter atualizadas as demonstrações ambientais de que tratam os incisos I a IV do art. 381, quando exigíveis em razão da atividade da empresa.

A inscrição do segurado empregado é efetuada diretamente na empresa, mediante preenchimento dos documentos que o habilitem ao exercício da atividade, formalizado pelo contrato de trabalho, e a inscrição dos trabalhadores avulsos é efetuada diretamente no OGMO, no caso dos portuários, ou no sindicato de classe, nos demais casos, mediante cadastramento e registro do trabalhador, respectivamente, no OGMO ou sindicato. A empresa deve manter, em cada estabelecimento e obra de construção civil executada sob sua responsabilidade, uma cópia da respectiva folha de pagamento. A responsabilidade pela preparação das folhas de pagamento dos trabalhadores avulsos portuários e não-portuários é do OGMO ou do sindicato de trabalhadores avulsos, respectivamente.

Os lançamentos devem ser escriturados nos Livros Diário e Razão, são exigidos pela fiscalização após noventa dias contados da ocorrência dos fatos geradores das contribuições sociais, devendo:

I - atender ao princípio contábil do regime de competência;

II - registrar, em contas individualizadas, todos os fatos geradores de contribuições sociais de forma a identificar, clara e precisamente, as rubricas integrantes e as não-integrantes do salário de contribuição, bem como as contribuições sociais previdenciárias descontadas dos segurados, as contribuições sociais a cargo da empresa, os valores retidos de empresas prestadoras de serviços, os valores pagos a cooperativas de trabalho e os totais recolhidos, por estabelecimento da empresa, por obra de construção civil e por tomador de serviços.

Estão desobrigados da apresentação de escrituração contábil:

I - o pequeno comerciante, nas condições estabelecidas pelo Decreto-lei nº 486, de 1969, e seu regulamento;

II - a pessoa jurídica tributada com base no lucro presumido, de acordo com a legislação tributária federal, e a pessoa jurídica optante pelo Sistema Integrado de Pagamento de Impostos e Contribuições das Microempresas e Empresas de Pequeno Porte - SIMPLES, desde que escriturem Livro Caixa e Livro de Registro de Inventário.

Para fins de Organização, a empresa deve manter à disposição da fiscalização da SRP os códigos ou abreviaturas que identifiquem as respectivas rubricas utilizadas na elaboração das folhas de pagamento, bem como as utilizados na escrituração contábil. Também é necessário que as empresas prestadoras de serviços sejam obrigadas a destacar nas notas fiscais, nas faturas ou nos recibos de prestação de serviços emitidos, o valor da retenção para a Previdência Social.

A empresa deve manter à disposição da fiscalização da SRP, durante dez anos, os documentos comprobatórios do cumprimento das obrigações acessórias

referidas acima, observadas as normas estabelecidas pelos órgãos competentes. Cada fonte pagadora efetuará o recolhimento e prestará as informações em GFIP no respectivo CNPJ, respeitado o limite máximo do salário de contribuição e observadas, quanto à GFIP, as orientações do respectivo Manual, especialmente as relativas à informação de múltiplas fontes pagadoras.

9.5 IPTU

O IPTU é o único Imposto sobre a propriedade, cuja instituição e cobrança é atribuída aos Municípios. A Constituição Federal de 1988, em seu art. 156, I, colocou a disposição dos Municípios a competência para criarem o imposto sobre a "propriedade predial e territorial urbana." Segundo o art. 32 do Código Tributário Nacional, a hipótese de incidência do IPTU é a propriedade, o domínio útil ou a posse, de bem imóvel por natureza ou acessão física, como o próprio código civil define, situado na zona urbana do município. Para os efeitos deste imposto, entende-se como zona urbana a definida em lei municipal, observado o requisito mínimo da existência de melhoramentos indicados em pelo menos dois dos incisos seguintes, construídos ou mantidos pelo Poder Público:

I - meio-fio ou calçamento, com canalização de águas pluviais;

II - abastecimento de água;

III -sistema de esgotos sanitários;

IV - rede de iluminação pública, com ou sem posteamento para distribuição domiciliar;

V -escola primária ou posto de saúde a uma distância máxima de 3 (três) quilômetros do imóvel considerado.

A lei municipal pode considerar urbanas as áreas urbanizáveis, ou de expansão urbana, constantes de loteamentos aprovados pelos órgãos competentes, destinados à habitação, à indústria ou ao comércio, mesmo que localizados fora das zonas definidas nos termos do parágrafo anterior.

9.5.1 Fato Gerador

A definição do fato gerador do IPTU deve ser feita pela lei municipal, em consonância com as normas gerais estabelecidas pelo Código Tributário Nacional. O art. 32 do Código tributário Nacional preceitua que o imposto é de competência dos Municípios, sobre a propriedade predial e territorial urbana tem como fato gerador a propriedade, o domínio útil ou a posse de bem imóvel por natureza ou por acessão física, como definido na lei civil, localizado na zona urbana do Município.

9.5.2 Base de Cálculo

De acordo com o art. 33 do Código Tributário Nacional, a base do cálculo do imposto é o valor venal do imóvel. Na determinação da base de cálculo, não se considera o valor dos bens móveis mantidos, em caráter permanente ou temporário, no imóvel, para efeito de sua utilização, exploração, aformoseamento ou comodidade.

A Constituição Federal de 88, prevê a instituição do imposto de propriedade predial e territorial urbana, sendo que esta cobrança é de competência exclusiva do município, é o que dispõe o art. 156, I, da Constituição Federal. Em regra o IPTU é um imposto fiscal.

No entanto, a Constituição Federal no art. 182, § 4º, tratou a progressividade do IPTU, com o intuito de realizar a função social da propriedade urbana. Este dispositivo constitucional seria uma forma de sanção para o proprietário do imóvel. De acordo com MACHADO[95], um tributo será progressivo quando: "sua alíquota cresce, para um mesmo objeto tributado, em razão do crescimento da respectiva base de cálculo, ou de outro elemento que eventualmente o legislador pode eleger para esse fim".

O saudoso Baleeiro[96] afirmava que: "Na verdade, a progressividade (fiscal), em que alíquotas sobem à medida que se eleva o valor venal do imóvel é a mais simples e justa das progressividades. Trata-se simplesmente de cobrar mais de quem pode pagar mais, para que os economicamente mais pobres paguem menos. Mas ela somente interessa, por tais razões, àquela camada da população humilde e desinformada, que nem sempre se faz ouvir".

SABBAG[97] avisa que "sendo o IPTU tributo de natureza real não se compatibiliza à fixação de seu ônus tributário a graduação das alíquotas sob a rubrica de signos presuntivos de condições pessoais do contribuinte assentes no uso, valor e a localização do imóvel, posto que assim, estar-se-ia deflagrando feição pessoal a imposto de índole real. Admitindo-se como único paradigma a lastrear a progressividade, a pautada no cumprimento da função social da propriedade".

Vale lembrar que é válido quando, as câmaras legislativas municipais, insti-

---

[95] MACHADO, Hugo de Brito. "Progressividade e Seletividade no IPTU". In: PEIXOTO, Marcelo Magalhães, et al. IPTU – Aspectos Jurídicos Relevantes. São Paulo: Quartier Latin, 2002.

[96] BALEEIRO, Aliomar. Direito tributário brasileiro. 11. ed., rev. e compl. por Misabel Abreu Machado Derzi. Rio de Janeiro: Forense, 2001, p. 254.

[97] SABBAG, Eduardo Morais. Direito tributário. 4. ed. São Paulo: Prima, 2004.p.33-37.

[98] BORGES, José Souto Maior. Lançamento Tributário. Rio de Janeiro: Forense, 1981.

[99] AMARO, Luciano. Direito Tributário Brasileiro. 10. ed. São Paulo: Saraiva, 2004.

tuem alíquotas diferenciadas, afinal, cada cidade tem a liberdade constitucional para legislar, sobre este imposto de competência municipal. A alíquota do IPTU será definida com base em lei municipal. Esta alíquota representa, o percentual aprovado por lei municipal, que deve ser aplicado sobre o valor venal, para calcular o imposto devido. Acontece que a legislação municipal não pode instituir alíquotas progressivas de imposto.

9.5.3 Sujeito Passivo

9.5.3.1 Lançamento de ofício

Para Borges[98], o lançamento de ofício é "aquele realizado independentemente das operações de quantificação do débito pelo sujeito passivo, ou nos casos que este as efetua de forma insuficiente".

Quando tratamos do lançamento do IPTU, Amaro[99] não deixa dúvidas, ao afirmar que: "Nestes casos, não obstante se tenha tido o nascimento da obrigação tributária, com a realização do fato gerador (por exemplo, alguém deter a propriedade de certo imóvel urbano construído), o indivíduo só será compelível ao pagamento do tributo pertinente (IPTU) se (e a partir de quando) o sujeito ativo (Município) efetivar o ato formal previsto em lei, para a determinação do valor do tributo, dele cientificando o sujeito passivo. Antes da consecução desse ato, embora nascida à obrigação tributária, ela está desprovida de exigibilidade. O lançamento é o meio adequado de que dispõe a administração tributária para formalizar e constituir o crédito tributário".

9.5.3.2 Contribuintes

O Art. 34 do CTN determina que o Contribuinte do imposto é o proprietário do imóvel, o titular do seu domínio útil, ou o seu possuidor a qualquer título. O proprietário do imóvel é expressamente indicado pela lei tributária como o contribuinte do IPTU, e a Administração Fiscal dos municípios procede ao lançamento do tributo consignando o nome do proprietário, tal como aparece nos registros municipais, como o devedor.

Não é possível aos particulares alterarem os comandos da lei tributária, estatuindo o art. 123 do Código Tributário Nacional que, salvo disposições de lei em contrário, "as convenções particulares, relativas à responsabilidade pelo pagamento de tributos, não podem ser opostas à Fazenda Pública, para modificar a definição legal do sujeito passivo das obrigações tributárias correspondentes."

9.5.3.3 Prazo de prescrição

O art. 156 da Constituição Federal dispõe sobre a competência para legislar a respeito da cobrança de impostos, sendo que a competência é exclusiva do município legislar a respeito do IPTU- Imposto sobre Propriedade Predial e Territorial

Urbana. O prazo prescricional disposto no art. 174 do CTN (cinco anos) tem como marco inicial, para constituição definitiva do crédito do **IPTU,** a entrega do carnê de cobrança no endereço do contribuinte, por entender ser o meio juridicamente eficiente para notificá-lo da constituição do crédito tributário. Quanto à questão do prazo acima mencionado, de que se no prazo de 5 anos após a notificação, o contribuinte não atender as normas para adequar o imóvel ao plano diretor, o mesmo sofrerá a progressividade do IPTU pelo prazo de 5 anos consecutivos.

9.5.4 Plano Diretor Urbano

O Município através de lei própria deverá instituir o plano diretor para regular a função social da propriedade, conforme o disposto no art. 182, 4° da Constituição Federal. Através deste dispositivo constitucional delineou-se a função social da propriedade, que deverá o plano diretor local, propiciar a tributação progressiva, de natureza meramente extrafiscal. Concluímos de que para a instituição do IPTU com alíquota progressiva em razão do uso e da localização do imóvel, é necessário apenas a existência de um plano diretor prevendo tal progressão das alíquotas. A progressividade do IPTU surge para garantir a função social da propriedade, na medida de que o interesse coletivo se sobrepõe aos interesses individuais, exigindo que o proprietário do imóvel faça a adequação do seu imóvel urbano, com o disposto no plano diretor, podendo a alíquota do IPTU ser elevada de modo a melhorar aproveitamento do terreno ou da edificação.

Conforme preceitua o art.182, §4° da Constituição Federal, a política de desenvolvimento urbano, executada pelo Poder Público municipal, conforme diretrizes gerais fixadas em lei, tem por objetivo ordenar o pleno desenvolvimento das funções sociais da cidade e garantir o bem-estar de seus habitantes. Também será facultado ao Poder Público municipal, mediante lei específica para área incluída no plano diretor, exigir, nos termos da lei federal, do proprietário do solo urbano não edificado, subutilizado ou não utilizado, que promova seu adequado aproveitamento, sob pena, sucessivamente, de:

I - parcelamento ou edificação compulsórios;

II - imposto sobre a propriedade predial e territorial urbana progressivo no tempo;

III - desapropriação com pagamento mediante títulos da dívida pública de emissão previamente aprovada pelo Senado Federal, com prazo de resgate de até dez anos, em parcelas anuais, iguais e sucessivas, assegurados o valor real da indenização e os juros legais.

Art. 7° da lei 10.257/01 assevera que em caso de descumprimento das condições e dos prazos previstos na forma do caput do art. 5° desta Lei, ou não sendo cumpridas as etapas previstas no § 5° do art. 5° desta Lei, o Município procederá à aplicação do imposto sobre a propriedade predial e territorial urbana (IPTU) progressivo no tempo, mediante a majoração da alíquota pelo prazo de cinco anos consecutivos. O valor da alíquota a ser aplicado a cada ano será fixado na lei específica e não excederá a duas vezes o valor referente ao ano anterior, respeitada a alíquota máxima de quinze por cento. Caso a obrigação de parcelar, edificar ou utilizar não esteja atendida em cinco anos, o Município manterá a cobrança pela alíquota máxima, até que se cumpra a referida obrigação. É vedada a concessão de isenções ou de anistia relativas à tributação progressiva.

Conforme relata o Art. 41 e 42 da lei 10.257/01, o plano diretor é obrigatório para cidades:

I – com mais de vinte mil habitantes;

II – integrantes de regiões metropolitanas e aglomerações urbanas;

III – onde o Poder Público municipal pretenda utilizar os instrumentos previstos no § 4º do art. 182 da Constituição Federal;

IV – integrantes de áreas de especial interesse turístico;

V – inseridas na área de influência de empreendimentos ou atividades com significativo impacto ambiental de âmbito regional ou nacional.

No caso da realização de empreendimentos ou atividades enquadrados no inciso V do caput, os recursos técnicos e financeiros para a elaboração do plano diretor estarão inseridos entre as medidas de compensação adotadas. No caso de cidades com mais de quinhentos mil habitantes, deverá ser elaborado um plano de transporte urbano integrado, compatível com o plano diretor ou nele inserido.

O plano diretor deverá conter no mínimo:

I – a delimitação das áreas urbanas onde poderá ser aplicado o parcelamento, edificação ou utilização compulsórios, considerando a existência de infra-estrutura e de demanda para utilização, na forma do art. 5º desta Lei;

II – disposições requeridas pelos arts. 25, 28, 29, 32 e 35 desta Lei;

III – sistema de acompanhamento e controle.

MEIRELLES[100] afirma que: "O plano diretor deve ser uno e único, embora sucessivamente adaptado às novas exigências da comunidade e do progresso local, num processo perene de planejamento que realize a sua adequação às necessidades da população, dentro das modernas técnicas de administração e dos recursos de cada prefeitura. O plano diretor não é estático; é dinâmico e evolutivo. Na fixação dos objetivos e na orientação do desenvolvimento do Município, é a lei suprema e geral que estabelece as prioridades nas realizações do governo local, conduz e ordena o crescimento da cidade, disciplina e controla as atividades urbanas

---

[100]MEIRELLES, Hely Lopes.Direito municipal brasileiro. 15.ed.São Paulo: Revista dos Tribunais, 2007.

em benefício do bem estar social. O plano diretor não é um projeto executivo de obras e serviços públicos, mas sim um instrumento norteador dos futuros empreendimentos da Prefeitura, para o racional e satisfatório atendimento das necessidades da comunidade".

Conforme o art. 2º e 3º da Lei 10.257/01, a política urbana tem por objetivo ordenar o pleno desenvolvimento das funções sociais da cidade e da propriedade urbana, mediante as seguintes diretrizes gerais:

I – garantia do direito a cidades sustentáveis, entendido como o direito à terra urbana, à moradia, ao saneamento ambiental, à infra-estrutura urbana, ao transporte e aos serviços públicos, ao trabalho e ao lazer, para as presentes e futuras gerações;

II – gestão democrática por meio da participação da população e de associações representativas dos vários segmentos da comunidade na formulação, execução e acompanhamento de planos, programas e projetos de desenvolvimento urbano;

III – cooperação entre os governos, a iniciativa privada e os demais setores da sociedade no processo de urbanização, em atendimento ao interesse social;

IV – planejamento do desenvolvimento das cidades, da distribuição espacial da população e das atividades econômicas do Município e do território sob sua área de influência, de modo a evitar e corrigir as distorções do crescimento urbano e seus efeitos negativos sobre o meio ambiente;

V – oferta de equipamentos urbanos e comunitários, transporte e serviços públicos adequados aos interesses e necessidades da população e às características locais;

VI – ordenação e controle do uso do solo, de forma a evitar:
a) a utilização inadequada dos imóveis urbanos;
b) a proximidade de usos incompatíveis ou inconvenientes;
c) o parcelamento do solo, a edificação ou o uso excessivos ou inadequados em relação à infra-estrutura urbana;
d) a instalação de empreendimentos ou atividades que possam funcionar como pólos geradores de tráfego, sem a previsão da infra-estrutura correspondente;
e) a retenção especulativa de imóvel urbano, que resulte na sua subutilização ou não utilização;
f) a deterioração das áreas urbanizadas;
g) a poluição e a degradação ambiental;

VII – integração e complementaridade entre as atividades urbanas e rurais, tendo em vista o desenvolvimento socioeconômico do Município e do território sob sua área de influência;

VIII - adoção de padrões de produção e consumo de bens e serviços e de expansão urbana compatíveis com os limites da sustentabilidade ambiental, social e econômica do Município e do território sob sua área de influência;

IX - justa distribuição dos benefícios e ônus decorrentes do processo de urbanização;

X - adequação dos instrumentos de política econômica, tributária e financeira e dos gastos públicos aos objetivos do desenvolvimento urbano, de modo a privilegiar os investimentos geradores de bem-estar geral e a fruição dos bens pelos diferentes segmentos sociais;

XI - recuperação dos investimentos do Poder Público de que tenha resultado a valorização de imóveis urbanos;

XII - proteção, preservação e recuperação do meio ambiente natural e construído, do patrimônio cultural, histórico, artístico, paisagístico e arqueológico;

XIII - audiência do Poder Público municipal e da população interessada nos processos de implantação de empreendimentos ou atividades com efeitos potencialmente negativos sobre o meio ambiente natural ou construído, o conforto ou a segurança da população;

XIV - regularização fundiária e urbanização de áreas ocupadas por população de baixa renda mediante o estabelecimento de normas especiais de urbanização, uso e ocupação do solo e edificação, consideradas a situação socioeconômica da população e as normas ambientais;

XV - simplificação da legislação de parcelamento, uso e ocupação do solo e das normas edilícias, com vistas a permitir a redução dos custos e o aumento da oferta dos lotes e unidades habitacionais;

XVI - isonomia de condições para os agentes públicos e privados na promoção de empreendimentos e atividades relativos ao processo de urbanização, atendido o interesse social.

Compete à União, entre outras atribuições de interesse da política urbana:

I - legislar sobre normas gerais de direito urbanístico;

II - legislar sobre normas para a cooperação entre a União, os Estados, o Distrito Federal e os Municípios em relação à política urbana, tendo em vista o equilíbrio do desenvolvimento e do bem-estar em âmbito nacional;

III - promover, por iniciativa própria e em conjunto com os Estados, o Distrito Federal e os Municípios, programas de construção de moradias e a melhoria das condições habitacionais e de saneamento básico;

IV - instituir diretrizes para o desenvolvimento urbano, inclusive habitação, saneamento básico e transportes urbanos;

V - elaborar e executar planos nacionais e regionais de ordenação do território e de desenvolvimento econômico e social.

Conforme o art. 39, 40, 41 e 42 da Lei 10.257/01, a propriedade urbana cumpre sua função social quando atende às exigências fundamentais de ordenação da cidade expressas no plano diretor, assegurando o atendimento das necessidades dos cidadãos quanto à qualidade de vida, à justiça social e ao desenvolvimento das atividades econômicas, respeitadas as diretrizes previstas no art. 2° desta Lei.

O plano diretor, aprovado por lei municipal, é o instrumento básico da política de desenvolvimento e expansão urbana. O plano diretor é parte integrante do processo de planejamento municipal, devendo o plano plurianual, as diretrizes orçamentárias e o orçamento anual incorporar as diretrizes e as prioridades nele contidas. O plano diretor deverá englobar o território do Município como um todo. A lei que instituir o plano diretor deverá ser revista, pelo menos, a cada dez anos.No processo de elaboração do plano diretor e na fiscalização de sua implementação, os Poderes Legislativo e Executivo municipais garantirão:

I – a promoção de audiências públicas e debates com a participação da população e de associações representativas dos vários segmentos da comunidade;

II – a publicidade quanto aos documentos e informações produzidos;

III – o acesso de qualquer interessado aos documentos e informações produzidos.

O plano diretor é obrigatório para cidades:

I – com mais de vinte mil habitantes;

II – integrantes de regiões metropolitanas e aglomerações urbanas;

III – onde o Poder Público municipal pretenda utilizar os instrumentos previstos no § 4° do art. 182 da Constituição Federal;

IV – integrantes de áreas de especial interesse turístico;

V – inseridas na área de influência de empreendimentos ou atividades com significativo impacto ambiental de âmbito regional ou nacional.

No caso da realização de empreendimentos ou atividades enquadrados no inciso V do caput, os recursos técnicos e financeiros para a elaboração do plano diretor estarão inseridos entre as medidas de compensação adotadas. No caso de cidades com mais de quinhentos mil habitantes, deverá ser elaborado um plano de transporte urbano integrado, compatível com o plano diretor ou nele inserido. O plano diretor deverá conter no mínimo:

I – a delimitação das áreas urbanas onde poderá ser aplicado o parcelamento, edificação ou utilização compulsórios, considerando a existência de infra-estrutura e de demanda para utilização;

II – sistema de acompanhamento e controle.

---

[101] Site:http://ultimosegundo.ig.com.br/economia/2009/01/05/carnes+do+iptu+de+sao+paulo+comecam+a+ser+enviados+dia+15+3235673.html/Acesso em 12 jan 2009.

9.5.5 Isenção de IPTU

Cada cidade poderá por meio de sua lei orgânica definir qual será a isenção concedida aos contribuintes pelo imposto do IPTU. Por exemplo, na cidade de São Paulo, de acordo com a Lei nº 11.614/94, aposentados, pensionistas e beneficiários de renda mensal vitalícia têm isenção do imposto. Para poder contar com o direito, por sua vez, deve-se fazer pedido de requerimento anual, em formulário próprio, fornecido gratuitamente na Praça de Atendimento da Subprefeitura mais próxima. Os isentos receberão a notificação a partir de 2 de março. Em 2009, na cidade de São Paulo, estão isentos os imóveis residenciais com valor venal de R$ 61.240,11. Esse critério vale apenas para um imóvel por proprietário.

[101]Na cidade de São Paulo, em 2009, O imposto poderá ser pago à vista, com 6% de desconto, ou parcelado em 10 vezes fixas.A data de vencimento da parcela única ou da primeira prestação, será escolhida pelo contribuinte. Quem não fizer a opção terá o vencimento sempre no dia 9 de cada mês. Já no caso dos os contribuintes que escolheram receber a notificação por meio de administradora de imóveis o vencimento da primeira prestação ou da parcela única será no dia 20 de março. Os pagamentos atrasados terão multa de 0,33% ao dia, com teto de 20% do imposto devido, juros moratórios de 1% ao mês a partir do mês imediato ao do vencimento e atualização monetária. Quem não receber a notificação do IPTU pelos Correios até uma semana antes da data de vencimento da parcela única ou da primeira prestação pode solicitar a segunda via pela internet ou nas praças de atendimento das Subprefeituras. O cronograma das notificações do IPTU 2009 também está disponível no portal da Prefeitura.

9.5.6 Obrigações Acessórias

9.5.6.1 Segunda via de IPTU

Se você não receber o boleto de IPTU, solicite em tempo hábil uma 2ª via, pois o não recebimento não isenta o contribuinte do pagamento do imposto e dos acréscimos legais por atraso. Procedimento: Dirija-se a uma das Unidades de Atendimento ao Público, e forneça o n° de inscrição do imóvel ou através da internet, nesta página.

.5.6.2 Restituição de IPTU

Em caso de pagamento em duplicidade ou em valor maior do que o devido, formalize requerimento em uma das Unidades de Atendimento ao Público, justificando o motivo da solicitação e apresentando cópias e originais dos recolhimentos. OBS.: Só o próprio contribuinte ou procurador devidamente habilitado, poderá receber a restituição.

9.5.6.3 Revisão de Lançamento

O contribuinte que não concordar com o lançamento do IPTU poderá fazer reclamações no prazo de 30 dias contados da data da notificação de lançamento. As reclamações procedentes implicarão na correção do lançamento e no restabelecimento das condições de pagamento originais. Por outro lado, as reclamações que não tiverem amparo na legislação serão consideradas protelatórias, implicando na perda do desconto da cota única e estará sujeita aos acréscimos de multa e juro. Anexe ao requerimento a notificação do lançamento, o registro de imóvel ou documento equivalente e compareça a uma das Unidades de Atendimento ao Público para formalizar o processo

9.5.6.4 Declaração de Integração ao Cadastro

Se você vai fazer averbação de edificação no imóvel e necessitar de uma Declaração de Integração ao Cadastro, dirija-se a uma das Unidades de Atendimento ao Público, apresente o boleto de IPTU e preencha o requerimento solicitando a declaração

9.5.6.5 Atualização dos dados cadastrais

Se os dados cadastrais do seu imóvel não correspondem à realidade, abra um processo de revisão dados cadastrais em qualquer uma das Unidades de Atendimento ao Público. Procedimento: Formalize requerimento, apresentando cópias dos seguintes documentos: registro de imóveis ou escritura, boleto do IPTU e CPF do requerente. Logo abaixo, segue as alterações mais frequentes relativas ao IPTU:

9.5.6.5.1 Alteração de nome do proprietário

Sempre que houver alteração de propriedade do imóvel, solicite a alteração de nome. Procedimento: Compareça com urgência a uma das Unidades de Atendimento ao Público, levando cópia do:
- Registro de Imóvel ou outro documento que comprove a titularidade do imóvel;
- Carnê do IPTU; e
- Preencha o requerimento solicitando a alteração.

9.5.6.5.2 Preenchimento do CPF ou CNPJ

Verifique se o cadastro de seu imóvel está preenchido com CPF ou CNPJ. Para solicitar a atualização deste dado cadastral, compareça a uma das Unidades de Atendimento ao Público, apresentando cópia deste documento.

9.5.6.5.3 Alteração do endereço de correspondência

Sempre que mudar de endereço, compareça a uma das Unidades de Atendimento ao Público e preencha requerimento, indicando o novo endereço para qual deverão ser enviados os boletos de IPTU.

9.5.6.5.4 Cadastramento de Imóvel

Se você possui algum imóvel na zona urbana do Município, ainda não inscrito no Cadastro Imobiliário Fiscal, compareça a uma das Unidades de Atendimento ao Público e solicite cadastro do imóvel, anexando cópia do registro do imóvel ou documento equivalente. No caso de gleba (grandes áreas não loteadas), anexe o levantamento topográfico da área.

9.5.6.5.5 Desmembramento ou unificação de imóveis

Para fazer desmembramento ou unificação de imóveis, para efeito de IPTU, dirija-se a uma das Unidades de Atendimento ao Público, preencha o requerimento e apresente cópias dos seguintes documentos:
– Boleto do IPTU;
– Registro do Imóvel.
– planta do desmembramento ou unificação devidamente aprovada pela SDU.

9.5.6.5.6 Edificação de casa ou muro

Qualquer modificação que você faça no seu imóvel, tais como: construção de casa, muro, ampliação, demolição etc, deve ser comunicada ao Cadastro Imobiliário Fiscal. Para tanto, dirija-se a uma das Unidades de Atendimento ao Público e preencha o requerimento solicitando a alteração cadastral.

9.5.6.5.7 Utilização do Imóvel

Qualquer modificação na utilização do imóvel (residencial, comercial, industrial, prestação de serviços etc.) deve ser comunicado à Prefeitura Municipal de Teresina. Dirija-se a uma das Unidades de Atendimento ao Público, preencha o requerimento solicitando a alteração cadastral.

9.5.6.5.8 Transferência de Pagamento

Se você efetuou indevidamente o pagamento do IPTU de um imóvel que não lhe pertence, compareça a uma das Unidades de Atendimento ao Público e solicite a transferência de pagamento, informando a inscrição do imóvel que receberá o pagamento e apresentando cópias e originais dos recolhimentos

9.6 COFINS

Os condomínios agora são obrigados a fazer os recolhimentos de COFINS devidos por todos os serviços que contratem cujo valor fique acima de R$ 5 mil. Os recolhimentos terão de ser feitos na semana seguinte à do pagamento.Acima de R$ 5 mil, fica para o contratante a responsabilidade de recolher o PIS e a COFINS relativos a determinados serviços. Entre eles, estão vigilância e limpeza.

9.6.1 Conceito

Cofins é a sigla de Contribuição para o Financiamento da Seguridade Social. É um tributo cobrado pelo Governo Federal sobre a receita bruta das empresas para aplicação na Previdência Social.

9.6.2 Contribuintes

As pessoas jurídicas de direito privado e as que lhes são equiparadas pela legislação do imposto de renda, inclusive as empresas públicas, as sociedades de economia mista, suas subsidiárias e as pessoas jurídicas a que se refere o § 1º do art. 22 da Lei nº 8.212, de 1991, devem apurar a contribuição para financiamento da seguridade social – COFINS, em conformidade com a Lei Complementar n° 70, de 30 de dezembro de 1991 e alterações posteriores.

9.6.3 Alíquota

A Contribuição para o Financiamento da Seguridade Social (COFINS) é uma contribuição federal, de natureza tributária, incidente sobre a receita bruta das empresas em geral, destinada a financiar a seguridade social. Sua alíquota é de 7,6% para as empresas tributadas pelo lucro real (sistemática da não-cumulatividade) e de 3,0% para as demais. Como prezo pela divulgação de informações fidedignas para os leitores do meu livro. Volto a colacionar uma crítica do professor Amorim, sobre o referido tema:

Diante da elevadíssima carga tributária incidente sobre o empresariado, e tendo em vista o caráter cumulativo da COFINS – tributo este que, por incidir sobre a totalidade da receita da pessoa jurídica, não é tributo capaz de mensurar a capacidade contributiva do contribuinte – o Governo Federal dispôs-se a atender o pedido do setor empresarial, e tornar a COFINS, uma contribuição de caráter não-cumulativo, tal como ocorre com o ICMS e o IPI, e recentemente com a contribuição ao PIS nos termos da Lei n. 10.637/2002.

Ocorre que, tal como ocorrido com o PIS, nos termos da Lei n. 10.637/2002, foi divulgada a ideia de que a nova forma de cobrança da COFINS, seria de que embora a alíquota da contribuição fosse elevada de 3% para **7,6%,** iriam ser introduzidas regras de não-cumulatividade, possibilitando ao contribuinte, a compensação dos valores pagos a título de COFINS nas etapas anteriores.

Nos termos da nova legislação, que passa a produzir efeitos a partir de fevereiro de 2004, as empresas passariam a recolher a COFINS calculado à alíquota de 7,6% sobre o faturamento, assim entendido o total das receitas auferidas pela pessoa jurídica, independentemente de sua denominação ou classificação contábil, podendo a pessoa jurídica descontar créditos acumulados em relação às operações anteriores, tornando a COFINS, um tributo não-cumulativo.

Ocorre que, para o caso específico das receitas decorrentes de prestação de serviços, a MP 135/2003, tal como ocorreu com a Lei n. 10.637/2002 (PIS) acabou por onerar excessivamente a carga tributária, enquanto que para os setores industrial e comercial a não cumulatividade da COFINS garantiu maiores possibilidades de creditamento, chegando, em certos casos, a valores inferiores àqueles recolhidos na sistemática anterior. Tal situação viola o princípio da isonomia tributária em razão da majoração da base de cálculo das prestadoras de serviços. As alíquotas são iguais mas a sistemática de apuração da base de cálculo é distinta, o que acaba por infringir o princípio da isonomia. Ou seja, mais uma vez, o setor de serviços será onerado.

Portanto, embora a COFINS, em tese, tenha sido regulamentada de forma a não incidir em cascata, no caso das prestadoras de serviços, a MP 135/2003 não previu formas eficazes de evitar a cumulatividade da contribuição, tendo em vista que o principal insumo da prestação de serviços é a mão-de-obra (que em geral correspondente de 60% a 80% do custo) – que não gera créditos a serem descontados da base de cálculo da COFINS, além de ter aumentado a alíquota da contribuição de 3% para 7,6%.

Isso acabou por representar um brutal aumento de carga tributária para o setor terciário, que em alguns casos, representa uma elevação de mais de 150% comparada á alíquota anterior de 3%.

Ressalte-se que enquanto outros setores, tais como indústria e o comércio foram autorizados a abater a maior parte de seus custos de produção e de revenda de bens da base de cálculo da COFINS, a prestadora de serviços não pode se beneficiar da não-cumulatividade, pois seu principal insumo é a mão-de-obra empregada nas suas atividades.

Por outro lado, a própria MP 135/2003 manteve alguns setores da economia fora do alcance da nova legislação, mantendo a alíquota da COFIS em 3%, tais como as cooperativas, as receitas decorrentes da prestação de serviços de telecomunicações, empresas jornalísticas, de radiodifusão sonora e de sons e imagens, bem como, as pessoas jurídicas tributadas pelo Imposto de Renda com base no lucro presumido ou arbitrado, as optantes pelo Simples, as imunes a impostos, e os órgãos públicos, as autarquias e fundações públicas federais, estaduais e municipais, e as fundações cuja criação tenha sida autorizada por lei.

Tal procedimento, contraria os princípios do não-confisco, da igualdade e da capacidade contributiva, sendo inconstitucional a aplicação da MP 135/2003. Sugerimos portanto a análise de cada caso para a propositura de ação judicial de natureza preventiva visando afastar ou suspender o recolhimento da COFINS nos termos desta *Medida Provisória*.

9.6.4 Vencimento

Até **junho de 1999**: último dia útil do primeiro decêndio subsequente ao mês de ocorrência do fato gerador (art. 57 da Lei n° 9.069, de 29 de junho de 1995).

A partir de julho de 1999: último dia útil da primeira quinzena do mês subsequente ao de ocorrência do fato gerador (art. 16 da Medida Provisória n° 1.858-6, de 1999 e reedições).

9.6.5 Base de Cálculo

A base de cálculo representa:

– O faturamento mensal (receita bruta da venda de bens e serviços), ou
– O total das receitas da pessoa jurídica.

A incidência do COFINS é direta e não cumulativa, com apuração mensal. As empresas que apuram o lucro pela sistemática do Lucro Presumido, no entanto, sofrem a incidência da COFINS pela sistemática cumulativa. Algumas atividades e produtos específicos também permaneceram na sistemática cumulativa.

Existem até mesmo empresas que se sujeitam à cumulatividade sobre apenas parte de suas receitas. A outra parte sujeita-se a sistemática não-cumulativa. Estas particularidades tornam este tributo, juntamente com a Contribuição para o PIS, extremamente complexo para o contribuinte e também para o fisco, além do que ele constitui-se no segundo maior tributo em termos arrecadatórios no Brasil pela Secretaria de Receita Federal, logo após o Imposto de Renda.

9.6.6 Prazo de Pagamento

A partir da competência **janeiro/2007**, o PIS e a COFINS serão recolhidos até o dia 20 do mês seguinte ao da competência (o último dia útil do segundo decêndio subsequente ao mês de ocorrência do fato gerador) - novo prazo fixado pelos artigos 7° e 11 da MP 351/2007.

O pagamento da Contribuição para o PIS/PASEP e da COFINS deverá ser efetuado até o último dia útil do segundo decêndio subsequente ao mês de ocorrência dos fatos geradores. O parágrafo único do art. 9° da Lei no 9.779, de 19 de janeiro de 1999, passa a vigorar com a seguinte redação:

Parágrafo único. O imposto a que se refere este artigo será recolhido até o

---

[102] Conforme - art. 53 e 54 da Lei 9.532/97

[103] Ato Declaratório Interpretativo RFB n° 15, de 26 de setembro de 2007

último dia útil do primeiro decêndio do mês subsequente ao de apuração dos referidos juros e comissões.

ANTECIPA-SE o recolhimento se o dia 20 não houver expediente bancário. Como exemplo, os tributos da competência janeiro/2007 vencerão no dia 16.02.2007, pois nos dias 19 e 20 de fevereiro não haverá expediente bancário (carnaval).

Até a competência dezembro/2006 (vencimento janeiro/2007), o recolhimento do PIS e da COFINS era feito até o último dia útil da primeira quinzena (dia 15 ou o último dia útil anterior, se o dia 15 não for útil) do mês seguinte ao mês de ocorrência dos fatos geradores.

Para os importadores de cigarros, o recolhimento das contribuições[102] do PIS e COFINS (tanto em relação à contribuição própria quanto da substituição tributária) deverá ser efetivada na data do registro da declaração de importação no SISCOMEX.

9.6.7 Desconto de Créditos da COFINS

O ato declaratório do RFB dispõe sobre o desconto de créditos da Contribuição para o PIS/Pasep e da Contribuição para o Financiamento da Seguridade Social (Cofins) calculados em relação às aquisições de bens e serviços de pessoa jurídica optante pelo simples nacional. Conforme citação[103] abaixo:

O SECRETÁRIO DA RECEITA FEDERAL DO BRASIL, no uso da atribuição que lhe confere o inciso III do art. 224 do Regimento Interno da Secretaria da Receita Federal do Brasil, aprovado pela Portaria MF nº 95, de 30 de abril de 2007, e tendo em vista o disposto no art. 23 da Lei Complementar nº 123, de 14 de dezembro de 2006, e o que consta do processo nº 10168.003407 /2007-14 declara:

Artigo único. As pessoas jurídicas sujeitas ao regime de apuração **não-cumulativa** da Contribuição para o PIS/Pasep e da Contribuição para o Financiamento da Seguridade Social **(Cofins)**, observadas as vedações previstas e demais disposições da legislação aplicável, **podem descontar créditos** calculados em relação às aquisições de bens e serviços de pessoa jurídica optante pelo Regime Especial Unificado de Arrecadação de Tributos e Contribuições devidos pelas Microempresas e Empresas de Pequeno Porte (**Simples Nacional**), instituído pelo art. 12 da Lei Complementar nº 123, de 14 de dezembro de 2006.

10 Cálculos Trabalhistas

10.1. Noções Básicas

Neste capítulo vamos demonstrar aspectos teóricos e práticos dos cálculos trabalhistas. Importante salientar que o conteúdo abaixo tem como base informações e dados oficiais da caixa econômica federal, CNI, ministério do trabalho, ministério da previdência social, tribunal superior do trabalho entre outros. Por isso, venho sugerir que leia com atenção, as páginas a seguir:

10.1.1 Adicional Noturno

O Adicional noturno é um acréscimo salarial para o empregado que presta serviços à noite. "A duração legal[104] da hora de serviço noturno (52 minutos e 30 segundos) constitui vantagem suplementar que não dispensa o salário adicional". Esta bem claro que a intenção do legislador brasileiro é proteger o trabalhador que compromete parte de sua saúde, para desempenhar uma função noturna.

Então, caro leitor, em respeito aos funcionários corujas que ficam a noite toda acordados, para cumprir seu itinerário profissional; venho propor ao ministério do trabalho, uma maior fiscalização do excesso de trabalho que são submetidos alguns destes profissionais. Exemplifico: quantos acidentes acontecem nas rodovias federais e estaduais por causa de motoristas de caminhões que cumprem jornada dupla de trabalho e não podem descansar. O STF colabora com minha opinião quando relata: "Também é devido o adicional noturno[105] ainda que o empregado seja sujeito ao regime de revezamento".

Sou partidário da opinião que deve existir o revezamento de funcionários, no cumprimento da atividade noturna; ponto fundamental, no que diz respeito à dignidade da pessoa humana.

---

[104] Súmula nº 214 do STF

[105] Súmula nº 213 do STF

O pagamento do adicional é feito mediante comprovação, pela unidade de lotação e através da folha-registro de ponto, dos serviços noturnos prestados pelo servidor. As escalas de trabalho dos servidores deverão ser arquivadas em suas unidades de lotação para supervenientes auditorias de Recursos Humanos. "O adicional noturno[106], pago com habitualidade, integra o salário do empregado para todos os efeitos".

Faz-se necessário mencionar que o **vigia noturno**[107] também tem direito a adicional, por isso, é bom que os síndicos de condomínios respeitem a lei, para que não sofram futuros processos trabalhistas. De acordo com o art. 73 da CLT: "Salvo nos casos de revezamento semanal ou quinzenal, o trabalho noturno terá remuneração superior à do diurno e, para esse efeito, sua remuneração terá um acréscimo de **vinte por cento**, pelo menos, sobre a hora diurna".

O valor da hora noturna de trabalhador urbano é 20% maior que o da hora diurna. Para sabermos o valor da hora de trabalho diurno e posteriormente o valor da hora noturna, dividimos a remuneração mensal por 220, então encontraremos o valor da hora normal. A partir daí é só multiplicar por 20% (representa a hora noturna de trabalhador urbano) e pronto, você encontrou o adicional noturno.

Exemplo prático: Um empregado da empresa Mundial Ltda ganha R$ 1000,00 por mês. Agora, responda as perguntas abaixo:

1) Quanto o funcionário ganha por hora de trabalho?
Hora de Trabalho Normal: 1000 dividido por 220 = R$4,50
2) Qual será sua remuneração, caso comece a trabalhar a noite também?
Hora de Trabalho Noturna: R$4,50 x 20% = R$0,90
A soma da hora normal de trabalho mais o adicional de 20% que irá compor o **valor real** ganho por hora trabalhada: (1) R$ 4,50 + (2) R$ 0,90 = R$ 5,40

Exemplo prático: Um empregado da empresa Atlas Ltda. trabalhou das 22 horas ás 4 horas, totalizando 6 horas.

1) Sabendo que pela lei, a hora noturna é de 52 minutos e 30 segundos, quantas horas de serviço este empregado deverá receber?
Dica n.1: Conversão de Horas em Minutos: 6 horas x 60 = 360 minutos
Dica n. 2: 52 minutos e 30 segundos = 52,5 minutos
Resultado Final: 360 dividido por 52,5 = 6,85 horas de serviço.
Opinião do autor: Como podemos perceber, apesar de o empregado ter trabalhado somente 6 horas; ele deverá receber por 6,85 horas de serviço.

---

[106] Súmula nº 60 do TST

[107] Súmula nº 140 do TST

Interessante notar que a lei tenta favorecer em todos os sentidos, aquele empregado, que realiza serviços noturnos. Acredito ser a melhor maneira de sanar a injustiça cometida pelos empregadores que privam seus funcionários de passar maior tempo com a família.

10.1.2 Adicional de Insalubridade

O Adicional de insalubridade é um acréscimo salarial para o empregado que participa de atividades insalubres. Um ambiente de trabalho insalubre tem a presença de vários agentes nocivos á saúde. De acordo com o art. 189 da CLT: "Serão consideradas atividades ou operações insalubres aquelas que, por usa natureza, condições ou métodos de trabalho, exponham os empregados a agentes nocivos à saúde, acima dos limites de tolerância fixados em razão da natureza e da intensidade do agente e do tempo de exposição aos sues efeitos". Sabemos que nem sempre as leis favorecem o cidadão. Por isso, resolvo colacionar um enunciado do TST[108] que respeita a dignidade do trabalhador brasileiro: "O **simples fornecimento do aparelho de proteção** pelo **empregador não o exime do pagamento do adicional de insalubridade**, cabendo-lhe tomar as medidas que conduzam à diminuição ou eliminação da nocividade, dentre as quais as relativas ao uso efetivo do equipamento pelo empregado".

O enunciado acima esta correto! Sou a favor da opinião de que o mero fornecimento de equipamentos de proteção não deve eximir o empregador de pagar um adicional de insalubridade. Imagine um cidadão que trabalha na construção civil, por exemplo, e normalmente, tem resquícios de produtos químicos na roupa, que podem além de contaminá-lo, atingir os filhos e a esposa. Pergunto: Será que o uso de equipamentos de segurança vai livrar o trabalhador desta ameaça invisível (poluição química) que atingirá em cheio a saúde de seus familiares?

Vamos analisar o art.192 da CLT que assinala em seu teor legislativo, a existência de três graus de insalubridade:O exercício de trabalho em condições insalubres, acima dos limites de tolerância estabelecidos pelo Ministério do Trabalho, assegura a percepção de adicional respectivamente de quarenta por cento, vinte por cento e dez por cento do salário mínimo, segundo se classifiquem grau máximo, médio e mínimo.

A base de calculo para o adicional de insalubridade era o salário mínimo. Porém, o STF alterou este procedimento através da sumula[6] vinculante nº4 visando proibir a utilização de salário mínimo como indexador de base de calculo para conceder vantagem a servidor público ou empregado, nem ser substituído por decisão judicial. Esta sumula do STF torna inconstitucional o art.192 da CLT. Na nossa opinião, o

---

[108] Súmula nº 80 do TST

leitor deve decidir pela **prudência** e continuar usando o salário mínimo como base de cálculo(art.192 da CLT), pois esta questão parece controversa e merece mais discussões dos doutrinadores do direito. Segundo o Art.142 (parágrafo 5º) da CLT: "Os adicionais por trabalho extraordinário noturno, insalubre ou perigoso serão computados no salário que servirá de base ao cálculo de remuneração de férias.

Ainda, segundo a sumula 139 do TST: "Enquanto percebido, o adicional de insalubridade **integra a remuneração** para todos os efeitos legais".

Exemplo prático: Um empregado da empresa Mundial Ltda ganha R$ 1000,00 por mês e recebe adicional de insalubridade de 40% sobre o salário mínimo (R$ 415,00). Em determinado mês ele trabalhou 10 horas extras.

Responda a pergunta abaixo:

1)Quanto a empresa deverá pagar por essas 10 horas extras trabalhadas?

Salário = R$ 1000,00

Adicional de Insalubridade = salário mínimo x grau de insalubridade
= R$ 415,00 x 40%
= R$ 166,00

Base de Cálculo = salário + adicional de insalubridade
= R$ 1000 + R$ 166
= R$ 1166,00

Valor da Hora Normal = Base de Cálculo dividida por 220
= R$ 1166/220
= R$ 5,30

Valor da Hora Extra = Valor da Hora Normal x 50% (hora extra)
= R$ 5,30 x 50%
= R$ 2,65

Acréscimo da Hora Extra = Valor da Hora Normal + Valor da Hora Extra
= R$ 5,30 + 2,65
= R$ 7,95

Resultado Final = Calculando as 10 horas extras trabalhadas:
= R$7,95 x 10
= R$ 79,50

Como podemos perceber a quantia que será paga pelas 10 horas extras trabalhadas é de R$ 79,50. Este fato mostra a influência determinante do adicional de insalubridade quando do calculo hora extra.

10.1.3 Adicional de Periculosidade

O Adicional de periculosidade é um acréscimo salarial para o empregado que presta alguma atividade perigosa. Segundo o art. 193 da CLT: "São consideradas atividades ou operações perigosas, na forma da regulamentação aprovada pelo Ministério do Trabalho, aquelas que, por usa natureza ou métodos de trabalho, impliquem o contato permanente com inflamáveis ou explosivos em condições de risco acentuado".

Acredito ser de suma importância que ao ler o texto acima, possamos identificar alguns exemplos, de atividades perigosas: funcionário trabalha em usina nuclear, empresa de fogos de artifício, ou ainda, posto de gasolina. O artigo 193 diz ainda que, o trabalho em condições de periculosidade assegura ao empregado um adicional de **trinta por cento** sobre o salário sem os acréscimos resultantes de gratificações, prêmios ou participações nos lucros da empresa.

Interessante afirmar que a **classificação das atividades perigosas** é feita segundo normas expedidas pelo Ministério do Trabalho. Portanto, caso algum cidadão se sinta lesado pela empresa que trabalha e não sabe como procurar seus direitos; Sugiro que se dirija até o ministério do trabalho e faça a denuncia sobre os perigos existentes no seu serviço. Na certa, você estará ajudando a melhorar as condições de trabalho de sua empresa e contribuindo para um mundo melhor. Segundo o entendimento do TST[110]: "O adicional de periculosidade incide apenas sobre o salário básico e não sobre este acrescido de outros adicionais. Em relação aos eletricitários, o cálculo do adicional de periculosidade deverá ser efetuado sobre a totalidade das parcelas de natureza salarial.

Exemplo prático: Um funcionário da empresa Mundial Ltda ganha R$ 1000,00 de salário e trabalha num ambiente perigoso e insalubre. Responda as perguntas abaixo:

1)Quanto a empresa deverá pagar de remuneração?
Salário = R$ 1000,00
Adicional de Periculosidade = salário base x grau de periculosidade
= R$ 1000,00 x 30%
= R$ 300,00
Remuneração = salário + adicional de insalubridade
= R$ 1000,00 + R$ 300,00
= R$ 1300,00

2)O funcionário pode receber adicional de periculosidade e insalubridade ao mesmo tempo?

---

[110] Súmula nº 191 do TST

R: O § 2º do artigo 193 da CLT expõe brilhantemente que "O empregado poderá optar pelo adicional de insalubridade que porventura lhe seja devido".

Na prática quer dizer o empregado, depois de constatado a inexistência de periculosidade, poderá optar pela insalubridade, só não pode é requerer os dois ao mesmo tempo. O funcionário tem de escolher aquele adicional que for mais vantajoso para ele.

10.1.4 Faltas e Atrasos

ATRASOS – Sabemos que é comum que as empresas exijam dos funcionários o correto cumprimento dos horários de serviço. Esta medida se justifica, pois, a empresa tem que lidar com clientes, fornecedores, órgãos públicos e precisam contar com seus funcionários desde o inicio do dia. Muitas vezes, pode se perder uma grande oportunidade de negócio, por causa do atraso de algum empregado. Este transtorno causado pelos atrasos deve ser punido com o desconto no salário ao final do mês. Um exemplo que pode ilustrar muito bem esse assunto é o caso de uma empresa de ônibus que tem a necessidade de cumprir horários e quando um motorista se atrasa, ela se vê obrigada a substituí-lo rapidamente, para manter as metas de horários estipuladas. Caso se repita essa atitude, com frequência, o funcionário pode ser demitido por justa causa.

Diante desta problemática tenho que afirmar que quando o empregado sair mais cedo do serviço, sem justificativa, o mesmo deve sofrer as mesmas penalidades contidas na situação de atraso.

FALTAS – É notório constatar que o serviço, atualmente, ocupa muito tempo na vida do cidadão comum. Tempo este que impede que muitas vezes cumpra com obrigações normais referentes aos seu bem estar. Por isso, caso a empresa queira ter o funcionário trabalhando em tempo integral; a mesma deverá disponibilizar serviço de van para levar os filhos do funcionário a creche ou escola; e ainda deverá conceder folga meio período por semana para compra em supermercados, visita ao dentista ou médico, e colocar roupas para lavar. Não poderá considerar falta, quando o empregado fornecer como justifica os motivos expostos acima.

A falta, normalmente, pode ser justificada pelos funcionários através de atestados de médicos e dentistas, mesmo que para acompanhamento de filhos menores, além de atestados de órgãos públicos em que o empregado é obrigado a comparecer (processo na justiça, fiscalização policia rodoviária, eleições, alistamento militar...). Também, fica proibido a empresa penalizar funcionários por faltas encontradas no dispositivo[111] a seguir:

---
[111] DECRETO-LEI N. 5.452/43 - CLT

O Art.473 da CLT dispõe:

O empregado poderá deixar de comparecer ao serviço sem prejuízo do salário

I - até 2 (dois) dias consecutivos, em caso de falecimento do cônjuge, ascendente, descendente, irmão ou pessoa que, declarada em sua carteira de trabalho e previdência social, viva sob a sua dependência econômica;

II - até 3 (três) dias consecutivos, em virtude de casamento;

III - por 1 um) dia, em caso de nascimento de filho, no decorrer da primeira semana;

IV - por 1 (um) dia, em cada 12(doze) meses de trabalho, em caso de doação voluntária de sangue devidamente comprovada;

V - até 2 (dois) dias consecutivos ou não, para o fim de se alistar eleitor, nos termos da lei respectiva;

VI - no período de tempo em que tiver de cumprir as exigências do Serviço Militar referidas na letra 'c' do art.65 da Lei No. 4.375, de 17 de agosto de 1964 (Lei do Serviço Militar);

VII- nos dias em que estiver comprovadamente realizando provas de exame vestibular para ingresso em estabelecimento de ensino superior.

VIII - pelo tempo que se fizer necessário, quando tiver que comparecer a juízo

IX - *pelo tempo que se fizer necessário, quando, na qualidade de representante de entidade sindical, estiver participando de reunião oficial de organismo internacional do qual o Brasil seja membro.*

Obs.: A exigência do cartão de ponto é uma das formas utilizadas pela empresa, quando da fiscalização de faltas e atrasos.

Exemplo prático: O trabalhador José da Silva tem um salário correspondente a R$ 700,00, conseguidos a muito custo, pois o ambiente de trabalho é insalubre. O grau de insalubridade é grave! Insatisfeito com o salário que recebe, resolveu chegar atrasado por 2 horas no serviço.

1)Quanto a empresa deverá descontar do funcionário pelas 2 horas de atraso?

Salário = R$ 700,00

Adicional de Insalubridade = salário mínimo x grau de insalubridade

= R$ 415,00   x   40%

= R$ 166,00

Base de Cálculo = salário + adicional de insalubridade

= R$ 700 + R$ 166

= R$ 866,00

Valor da Hora Normal = Base de Cálculo dividida por 220

= R$ 866/220

= R$ 3,93 reais por hora

Calculo do Atraso de 2 horas = 3,93 x 2 = R$ 7,86 reais

10.1.4.1 Comunicação de Faltas e Atrasos

COMUNICAÇÃO DE FALTA, ATRASO OU SAÍDA ANTECIPADA	
NOME:	CARTÃO Nº

FALTOU NO DIA	OU NO PERÍDO DE A

ATRASOU DIA	RETIROU-SE DIA

HORA DE ENTRADA: RETORNO:	HORA DE SAIDA:	HORA DE

MOTIVO
AUTORIZADO(A)   ☐ SIM   ☐ NÃO
ANEXA COMPROVANTE   ☐ SIM   ☐ NÃO

DATA _____
                                EMPREGADO

INSTRUÇÕES A SEÇÃO DE PESSOAL

ABONAR   ☐
DESCONTARDIAS HORAS   ☐
DESCONTAR DIA/HORAS + DSR   ☐

_____
SUPERIOR IMEDIATO

10.1.5 Repouso Semanal Remunerado

Todo empregado tem direito a repouso remunerado[1], num dia de cada semana, preferencialmente aos domingos, nos feriados civis e nos religiosos, de acordo com a tradição local, salvo as exceções previstas neste Regulamento. O repouso semanal remunerado será de vinte e quatro horas consecutivas. Será também **obrigatório o repouso remunerado** nos dias feriados locais, até o máximo de sete, desde que declarados como tais por lei municipal, cabendo à autoridade regional competente em matéria de trabalho expedir os atos necessários à

---
[112] Conforme disposto no Decreto nº 27.048/49.

observância do repouso remunerado nesses dias. **Executados os casos** em que a execução dos serviços for imposta pelas exigências técnicas das empresas, é vedado o trabalho nos dias de repouso, garantida, entretanto, a remuneração respectiva.

Não serão acumuladas a remuneração do repouso semanal[113] e a de feriado civil ou religioso, que caírem no mesmo dia. Perderá a remuneração do dia de repouso o trabalhador que, sem motivo justificado ou em virtude de punição disciplinar, não tiver trabalhado durante toda a semana, cumprindo integralmente o seu horário de trabalho.

10.1.5.1 Permissão para Trabalho em dias de Repouso

É concedida, em caráter permanente, permissão para o trabalho nos dias de repouso, nas atividades constantes da relação abaixo:

É concedida, em caráter permanente, permissão para o trabalho nos dias de repouso, nas atividades constantes da relação abaixo:

I - INDÚSTRIA

1) Laticínios (excluídos os serviços de escritório).
2) Frio industrial, fabricação e distribuição de gelo (excluídos os serviços de escritório).
3) Purificação e distribuição de água (usinas e filtros) (excluídos os serviços de escritório).
4) Produção e distribuição de energia elétrica (excluídos os serviços de escritório).
5) Produção e distribuição de gás (excluídos os serviços de escritório).
6) Serviços de esgotos (excluídos os serviços de escritório).
7) Confecção de coroas de flores naturais.
8) Pastelaria, confeitaria e panificação em geral.
9) Indústria do malte (excluídos os serviços de escritório).
10) Indústria do cobre electrolítico, de ferro (metalúrgica) e do vidro (excluídos os serviços de escritório).
11) Turmas de emergência nas empresas industriais, instaladoras e conservadoras de elevadores e cabos aéreos.
12) Trabalhos em cortumes (excluídos os serviços de escritório).
13) Alimentação de animais destinados à realização de pesquisas para preparo de soro e outros produtos farmacêuticos.
14) Fundição e siderurgia (fornos acesos permanentemente (excluídos os serviços de escritório).
15) Lubrificação e reparos do aparelhamento industrial (turma de emergência).

---
[113] Conforme disposto no art.11 §3° do Decreto n° 27.048/49.

16) Indústria moajeira (excluídas os serviços escritório).
17) Usinas de açúcar e de álcool (com exclusão de oficinas e escritórios).
18) Indústria do papel de imprensa (excluídos os serviços de escritórios).
19) Indústria de vidro (excluído o serviço de escritório).

II - COMÉRCIO

1) Varejistas de peixe.
2) Varejistas de carnes frescas e caça.
3) Venda de pão e biscoitos.
4) Varejistas de frutas e verduras.
5) Varejistas de aves e ovos.
6) Varejistas de produtos farmacêuticos (farmácias, inclusive manipulação de receituário).
7) Flores e coroas.
8) Barbearias (quando funcionando em recinto fechado ou fazendo parte do complexo do estabelecimento ou atividade, mediante acordo expresso com os empregados).
9) Entrepostos de combustíveis, lubrificantes e acessórios para automóveis (postos de gasolina).
10) Locadores de bicicletas e similares.
11) Hotéis e similares (restaurantes, pensões, bares, cafés, confeitarias, leiterias, sorveterias e bombonerias).
12) Hospitais, clínicas, casas de saúde e ambulatórios.
13) Casas de diversões (inclusive estabelecimentos esportivos em que o ingresso seja pago).
14) Limpeza e alimentação de animais em estabelecimentos de avicultura.
15) Feiras-livres e mercados, inclusive os transportes inerentes aos mesmos.
16) Porteiros e cabineiros de edifícios residenciais.
17) Serviços de propaganda dominical.
18) Artigos regionais nas estâncias hidrominerais[114]
19) Comércio em portos, aeroportos, estradas, estações rodoviárias e ferroviárias.[115]
20) Comércio em hotéis.
21) Agências de turismo, locadoras de veículos e embarcações.
22) Comércio em postos de combustíveis.
23) Comércio em feiras e exposições.[116]

---

[114] Acrescentado pelo Decreto nº 88.341, de 30.05.1983 e revogado pelo Decreto s/nº de 10.05.1991

[115] Acrescido pelo Decreto nº 94.591, de 10.07.1987

[116] Acrescido pelo Decreto nº 94.591, de 10.07.1987

III - TRANSPORTES
1) Serviços portuários.
2) Navegação (inclusive escritório, unicamente para atender a serviço de navios).
3) Trânsito marítimo de passageiros (exceto de escritório).
4) Serviço propriamente de transportes (excluídos os transportes de carga urbanos e os escritórios e oficinas, salvo as de emergência).
5) Serviço de transportes aéreos (excluídos os departamentos não ligados diretamente ao tráfego aéreo).
6) Transporte interestadual (rodoviário), inclusive limpeza e lubrificação dos veículos.
7) Transporte de passageiros por elevadores e cabos aéreos.

IV COMUNICAÇÕES E PUBLICIDADE
1) Empresa de comunicação telegráficas, radiotelegráficas e telefônicas (excluídos os serviços de escritório e oficinas, salvos as emergência).
2) Empresas de radiodifusão[117], televisão, de jornais e revistas (excluídos os escritórios)
3) Distribuidores e vendedores de jornais e revistas (bancas e ambulantes).
4) Anúncios em bondes e outros veículos (turma de emergência).

V – EDUCAÇÃO E CULTURA
1) Estabelecimentos de ensino (internatos, excluídos os serviços de escritório e magistério).
2) Empresas teatrais (excluídos os serviços de escritório).
3) Biblioteca (excluídos os serviços de escritório).
4) Museu (excluídos de serviços de escritório)
5) Empresas exibidoras cinematográficas (excluídos de serviços de escritório)
6) Empresa de orquestras
7) Cultura física (excluídos de serviços de escritório)
8) Instituições de culto religioso.

VI - SERVIÇOS FUNERÁRIOS
1) Estabelecimentos e entidades que executem serviços funerários.

VII - AGRICULTURA E PECUÁRIA
1) Limpeza e alimentação de animais em propriedades agropecuárias.
2) Execução de serviços especificados nos itens anteriores desta relação

---

[117] Com a redação dada pelo Decreto nº 94.591, de 10.07.1987.

Segundo consta no art.67da CLT: "Será assegurado a todo empregado um descanso semanal de 24 (vinte e quatro) horas consecutivas, o qual, salvo motivo de conveniência pública ou necessidade imperiosa do serviço, deverá coincidir com o domingo, no todo ou em parte".

Podemos notar que a intenção do legislador é propiciar ao empregado um tempo destinado ao convívio familiar e até mesmo a garantia da preservação de sua saúde. Normalmente esse tipo de folga acontece aos domingos, mas, sabemos também que existem empregos que exigem a presença do trabalhador neste dia. Por exemplo, os funcionários de um **shopping center** que, normalmente, abre no domingo!! A solução para este problema é intercalar as folgas e fazer uma escala de revezamento de funcionários. Nestas empresas em que o empregado trabalha no domingo; será merecido o dobro da remuneração normal. Vale lembrar também o que trata o enunciado nº 172 do TST: "Computam-se no cálculo do repouso remunerado as horas extras habitualmente prestadas".

Exemplo prático: O trabalhador Antonio dos Santos tem um salário correspondente a R$ 2000,00, conseguidos a muito custo, pois o ambiente de trabalho é exigente e precisa cumprir horas extras todo mês. No ultimo mês ele foi obrigado a fazer 10 horas extras.

Salário = R$ 2000,00

Valor da Hora Normal = Base de Cálculo dividida por 220

= R$ 2000/220

= R$ 9,09 reais por hora

Acréscimo da Hora Extra = Valor da Hora Normal + Valor da Hora Extra(50%)

= R$ 9,09 + 4,54

= R$ 13,63

Total de Horas Extras a Receber = Calculando as 10 horas extras trabalhadas:

R$13,63 x 10 = R$ 136,30

Valor Recebido de DSR

a) R$ 136,30/26 = R$ 5,24 (valor recebido por dia útil trabalhado)

Obs1: Para se encontrar os dias úteis do mês é preciso diminuir domingos e feriados no calendário mensal = 26 dias.

b) R$ 5,24 x 4 = R$ 20,96 (valor recebido de DSR)

Obs2: Para se encontrar o valor recebido no descanso semanal remunerado deve-se multiplicar o *valor recebido por dia útil trabalhado* pelo número de domingos e feriados que tem no mês (4).

IMPORTANTE: Para efeito de cálculo considera-se que o mês tem 30 dias.

10.1.5.2 Cálculo de RSM em meses com 28,30 e 31 dias

Janeiro de 2008 = 31 dias
1ª Semana – de segunda (feriado) a sábado: 5 dias x 7h20 min__ = 36 h 40 min
2ª Semana – de segunda a sábado: 6 dias x 7h20 min_____ = 44 h
3ª Semana – de segunda a sábado: 6 dias x 7h20 min_____ = 44 h
4ª Semana – de segunda a sábado: 6 dias x 7h20 min_____ = 44 h
5ª Semana – de segunda a terça: 3 dias x 7h20 min_____ = 22 h

Total de Horas Efetivamente Trabalhadas: 190 hs 40 min
(+) Repouso Semanal Remunerado
    4 domingos e 1 feriado__5 x 7h20min = 36 hs 40min
(=)Total de Horas Contadas para Remuneração(Mês de 31 dias): **227h 20 min**

Fevereiro de 2008 = 28 dias
1ª Semana – de sexta a sábado: 2 dias x 7h20 min_____ = 14 h 40min
2ª Semana – de segunda(feriado) a sábado: 5 dias x 7h20 min__ = 36 h 40 min
3ª Semana – de segunda a sábado: 6 dias x 7h20 min_____ = 44 h
4ª Semana – de segunda a sábado: 6 dias x 7h20 min_____ = 44 h
5ª Semana – de segunda a sexta: 5 dias x 7h20 min_____ = 36 h 40 min

Total de Horas Efetivamente Trabalhadas: 176 hs 20 min
(+) Repouso Semanal Remunerado – 4 domingos e 1 feriado_5 x 7h20min = 36 h 40min
(=)Total de Horas Contadas para Remuneração(Mês de 28 dias): **212 h 40 min**

Abril de 2008 = 30 dias
1ª Semana – de terça a sábado: 5 dias x 7h20 min_____ = 36 h 40min
2ª Semana – de segunda a sábado: 6 dias x 7h20 min_____ = 44 h
3ª Semana – de segunda a sábado: 6 dias x 7h20 min_____ = 44 h
4ª Semana– de segunda (feriado) a sábado: 5 dias x 7h20 min = 36h40min
5ª Semana – de segunda a quarta: 3 dias x 7h20 min_____ = 22 h

Total de Horas Efetivamente Trabalhadas: 183h 20 min
(+) Repouso Semanal Remunerado – 4 domingos e 1 feriado_5 x 7h20min = 36 h 40min
(=)Total de Horas Contadas para Remuneração(Mês de 30 dias): **220 horas**

10.1.6 Vale Refeição

Ora, mais do que comum é a pratica das empresas em oferecer vale-refeição para seus funcionários, durante o momento de pausa para o almoço.

Ao contrário do que ocorre com o vale-transporte; o vale-refeição não é obrigatório por lei. Isto quer dizer que a empresa pode ou não optar pelo uso deste mecanismo de promoção social na empresa. Quero antes ressaltar que caso o vale refeição estiver previsto em contrato trabalhista ou convenção coletiva: o uso se tornará obrigatório!

O Programa de Alimentação do Trabalhador (PAT) foi instituído pela lei n.º 6.321/1976, e tem por objetivo incentivar que as empresas forneçam alimentação saudável aos trabalhadores, diminuindo assim, o risco de acidentes de trabalho e doenças oriundas de má alimentação. A adesão ao PAT é voluntária. Porém alertamos que caso a empresa conceda benefício alimentação ao trabalhador e não participe do Programa deverá fazer o recolhimento do FGTS e INSS sobre o valor do benefício concedido para o trabalhador. A adesão ao PAT consistirá na apresentação do formulário oficial adquirido nas agências do ECT, ou através da página eletrônica na INTERNET (www.mte.gov.br) – O comprovante de registro recibo destacável do próprio formulário deverá ser conservado na contabilidade da empresa. Segundo a Legislação do PAT, o benefício concedido ao trabalhador não poderá ser dada em espécie (dinheiro). Dentro do Programa temos várias modalidades que poderão ser adotadas pela empresa:

1- **Serviço Próprio** - A empresa prepara a alimentação do seu trabalhador no próprio estabelecimento.

2- **Administração de Cozinha** - Uma outra empresa (terceirizada) produz a alimentação dentro do refeitório da sua empresa.

3- **Alimentação-Convênio** - Chamado de Tíquete alimentação. O funcionário o utiliza para comprar os alimentos no supermercado.

4- **Refeição-Convênio** -Tíquete refeição, o funcionário poderá usar para almoçar/jantar/lanchar em qualquer restaurante credenciado ao PAT.

5- **Refeições transportadas** - Uma outra empresa prepara a alimentação e leva até os funcionários (no caso comum, a marmita). A empresa poderá também fazer um convênio com um restaurante, para que seus funcionários recebam a alimentação, isso poderá ocorrer desde que as duas sejam cadastradas no PAT. Essa modalidade faz parte de Refeições Transportadas.

6- **Cesta de Alimentos** - A empresa compra cestas de alimentos de empresas credenciadas ao PAT e fornece aos seus funcionários.

A empresa que desejar aderir ao programa deverá fazê-lo nos termos aprovados pelo Ministério do Trabalho e Emprego. Como uma das vantagens para a empresa, será concedido um incentivo fiscal por meio do Imposto de renda. **O vale-refeição fornecido pela empresa não tem natureza salarial**, não se incorporando à remuneração para quaisquer efeitos. Além disso, a empresa poderá determinar a participação do trabalhador nas despesas com o PAT, sendo esta participação financeira do trabalhador limitada, no entanto, a 20% (vinte por cento) do custo direto do benefício concedido. O importante é que a empresa, ao tomar a iniciativa de fornecer o vale-refeição a seus funcionários possa cumprir as exigências do PAT; caso contrário, não receberá os benefícios previstos na lei e ainda, será alvo de constante fiscalização do ministério do trabalho.

10.1.7 Vale Transporte

O vale transporte é um benefício fornecido pela empresa, que visa ajudar o trabalhador em suas despesas com deslocamento da residência para o trabalho. Não existe determinação legal de distância mínima para que seja obrigatório o fornecimento do Vale-Transporte, então, o empregado utilizando-se de *transporte coletivo*, por mínima que seja a distância, o *empregador* será obrigado a fornecê-los. Segundo o art.1º da famosa lei do vale transporte: "Fica instituído o Vale-Transporte, que o empregador, pessoa física ou jurídica, poderá antecipar ao trabalhador para utilização efetiva em despesas de deslocamento residência-trabalho e vice-versa, mediante celebração de convenção coletiva ou de acordo coletivo de trabalho e, na forma que vier a ser regulamentada pelo Poder Executivo, nos contratos individuais de trabalho".

O benefício não possui natureza salarial e, por conseguinte, não se incorpora a remuneração dos empregados, e muito menos ainda, se constitui como base para incidência de FGTS, contribuições previdenciárias e de imposto de renda, férias, horas extras...entre outros. O art. 3º da lei[118] sancionada pelo ex-presidente José Sarney, pode expor melhor meu pensamento:

O Vale-Transporte, concedido nas condições e limites definidos nesta Lei, no que se refere à contribuição do empregador:

a) não tem natureza salarial, nem se incorpora à remuneração para quaisquer efeitos;
b) não constitui base de incidência de contribuição previdenciária ou de Fundo de Garantia por Tempo de Serviço;
c) não se configura como rendimento tributável do trabalhador.

O empregador deve exigir que os funcionários informem em recibo e contra recibo, onde é sua residência e qual é o meio de transporte utilizado para realizar o trajeto casa-trabalho e vice-versa. O custo do transporte é dividido entre empregado e empregador, ficando o empregado destinado a pagar 6% de seu salário básico por conta da utilização deste serviço. Segundo o art. 9º do decreto lei instituído por José Sarney[119]:

---

[118] Lei 7.418/85.

[119] Decreto-Lei no 95.247/87.

O Vale-Transporte será custeado:

I - pelo beneficiário, na parcela equivalente a 6% (seis por cento de seu salário básico ou vencimento, excluídos quaisquer adicionais ou vantagens;

II - pelo empregador, no que exceder a parcela referida no item anterior.

A concessão do Vale-Transporte autorizará o empregador a descontar, mensalmente do beneficiário que exercer o respectivo direito, o valor da parcela de que trata o item I deste artigo. A parcela de custo[120], equivalente a 6% (seis por cento) do salário básico do empregado, que venha a ser recuperada pelo empregador, deverá ser deduzida do montante das despesas efetuadas no período-base, mediante lançamento a crédito das contas que registrem o montante dos custos relativos ao benefício concedido.

Exemplo Prático:

Por exemplo, um operário ganha um salário mensal de R$ 2000,00 e precisa pegar ônibus 04 vezes por dia. Suponhamos que cada passagem custe R$ 2,00 e que o funcionário trabalhe 20 dias durante o mês. Então podemos perceber que o operário gasta com transporte, diariamente, R$ 8,00 (tem que pegar 04 conduções num dia) e, por conseguinte, gastaria R$ 160,00, mensalmente. O cálculo é simples:

20 dias de trabalho x R$ 8,00 gastos em passagem por dia = R$ 160,00

Quando o trabalhador solicita vale transporte tem que pagar 6% de seu salário com este benefício, ou seja, 6% de R$ 2000,00, que passa a ser igual a R$ 120,00. O restante (R$ 40,00) seria completado pelo empregador.

O Vale-Transporte[121] é utilizável em todas as formas de transporte coletivo público urbano ou, ainda, intermunicipal e interestadual com características semelhantes ao urbano, operado diretamente pelo poder público ou mediante delegação, em linhas regulares e com tarifas fixadas pela autoridade competente. No caso de falta ou insuficiência de estoque de Vale-Transporte, necessário ao atendimento da demanda e ao funcionamento do sistema, o beneficiário será ressarcido pelo empregador, na folha de pagamento imediata, da parcela correspondente, quando tiver efetuado, por conta própria, a despesa para seu deslocamento. A empresa operadora do sistema de transporte coletivo público fica obrigada a emitir e comercializar o Vale-Transporte ao preço da tarifa vigente, colocando-o à disposição dos empregadores em geral e assumindo os custos dessa obrigação, sem repassá-los para a tarifa dos serviços. A emissão e a comercialização do Vale-Transporte

---

[120] Decreto-Lei no 95.247/87.

[121] Decreto-Lei no 95.247/87.

poderão também ser efetuadas pelo órgão de gerência ou pelo poder concedente, quando este tiver a competência legal para emissão de passes. A delegação ou transferência da atribuição de emitir e comercializar o Vale-Transporte não elide a proibição de repassar os custos respectivos para a tarifa dos serviços.

10.1.8 Adiantamento Salarial

Adiantamento salarial é facultativo, no entanto, existem alguns acordos coletivos que determinam uma obrigação do empregador conceder este benefício. A solicitação pode ser feita através de formulário especifico, conforme disposto abaixo:

SOLICITAÇÃO DE ADIANTAMENTO SALARIAL

Matricula: Lotação:
Nome:
Endereço:
Cidade: CEP:
Telefone: ( ) **Celular:** ( )
CPF: Data nasc: / /
Email:
Valor a solicitar: R$ N° Parcelas:
Modo pgto: CHEQUE: [ ] FOLHA PGTO:[ ]   1° parcela: / /
Banco: Ag: C. Corrente:

Autorizo o desconto das parcelas em minha folha de pagamento.
Autorizo que os parcelamentos em cheque que não forem pagos sejam debitados em minha folha de pagamento.
Estou ciente que somente poderei solicitar outro adiantamento de salário após o pagamento de 70% das parcelas desta solicitação.

Data: _____/_____/_____

Assinatura do Associado

É obrigatória a assinatura para que seja
Visto autorizado o parcelamento.

Fonte: Associação dos Servidores da Cia. Riograndense de Saneamento

Os salários normalmente são pagos até o último dia útil do mês, pelas empresas que não praticam qualquer tipo de adiantamento salarial. Para as demais empresas, o prazo de pagamento permanece inalterado, isto é, prevalece o prazo legal (até o 5º dia útil do mês seguinte ao vencido). Algumas empresas concedem como regra, adiantamento a **todos** os empregados. Mas, existem algumas que liberam vales aos funcionários que solicitarem e somente irão efetuar o abatimento destes valores, quando da ocasião do pagamento de salário mensal. Segundo o art.462da CLT: "Ao empregador é vedado efetuar qualquer desconto dos salários do empregado, salvo quando este resultar de **adiantamentos**, de dispositivos da lei ou de contrato coletivo".

As empresas que realizam o pagamento aos seus empregados através de conta bancária no 15º dia; fazem o depósito referente ao adiantamento na conta corrente de cada empregado. Normalmente **o adiantamento concedido é de 50% sobre o salário mensal**. Porém, não adianta os leitores ficarem tão animados com a situação descrita, pois, como o adiantamento salarial não é uma obrigação da empresa; acontece que, frequentemente, estamos reféns dos sindicatos, que decidem muitas vezes decidem em não apoiar uma convenção coletiva, sobre o referido tema.

10.1.9 Férias

As férias serão concedidas por ato do empregador[122], em um só período, nos **12 (doze) meses** subsequentes à data em que o empregado tiver adquirido o direito. Sempre que as férias forem concedidas após o prazo acima, o empregador pagará em dobro a respectiva remuneração. Vencido[123] o mencionado prazo sem que o empregador tenha concedido as férias, o empregado poderá ajuizar reclamação pedindo a fixação, por sentença, da época de gozo das mesmas.

Após período de 12 (doze) meses de vigência do contrato de trabalho[124], o empregado terá direito a férias, na seguinte proporção:

I - 30 (trinta) dias corridos, quando não houver faltado ao serviço mais de 5 (cinco) vezes.

II - 24 (vinte e quatro) dias corridos, quando houver tido 6 (seis) a 14 (quatorze) faltas;

III - 18 (dezoito) dias corridos, quando houver tido de 15 (quinze) a 23 (vinte e três) faltas;

IV - 12 (doze) dias corridos, quando houver tido 24 (vinte e quatro) a 32 (trinta e duas) faltas.

---

[122] Conforme disposto no art.134, da CLT.

[123] Conforme disposto no art.137, da CLT.

[124] Conforme disposto no art.130, inciso I a IV, da CLT.

[125] Conforme disposto no art.133, inciso I a IV, da CLT.

Sendo que o objetivo das férias é proporcionar um periodo de *descanso*, sendo assim o trabalhador não pode se privar das férias nem por vontade própria, e deverá cumpri-la 1/3 do período no mínimo.

Não terá direito a férias[125] o empregado que, no curso do período aquisitivo:

I - deixar o emprego e não for readmitido dentro de 60 (sessenta) dias subsequentes à sua saída;

II - permanecer em gozo de licença, com percepção de salário, por mais de 30 (trinta) dias;

III - deixar de trabalhar, com a percepção de salário, por mais de 30 (trinta) dias em virtude de paralisação parcial ou total dos serviços da empresa; e

IV - tiver percebido da Previdência Social prestações de acidentes de trabalho ou de auxílio-doença por mais de 6 (seis) meses, embora descontínuos.

As férias serão concedidas por ato do empregador[126], em um só período, nos 12 (doze) meses subsequentes à data em que o empregado tiver adquirido o direito. Sempre que as férias forem concedidas após o prazo acima, o empregador pagará em dobro a respectiva remuneração.

A época da concessão das férias[127] será a que melhor consulte os interesses do empregador. Os membros de uma família, que trabalharem no mesmo estabelecimento ou empresa, terão direito a gozar férias no mesmo período, se assim o desejarem e se disto não resultar prejuízo para o serviço. O empregado estudante, menor de 18 (dezoito) anos terá direito a fazer coincidir suas férias com as férias escolares.

A concessão das férias será antecipada[128], por escrito, ao empregado com antecedência de, no mínimo de 30 dias. Dessa participação, o interessado dará recibo. O empregado não poderá entrar no gozo das férias sem que apresente ao empregador sua Carteira de Trabalho e Previdência Social, para que nela seja anotada a respectiva concessão.

A concessão das férias será, igualmente, anotada no livro ou nas fichas de registros dos empregados. O pagamento das férias simples[129], em dobro ou proporcionais, será acrescido de, pelo menos, 1/3 (um terço) a mais do que o salário normal. O valor das férias proporcionais será calculado na proporção de 1/12 (um doze) avos por mês ou fração igual ou superior a 15 (quinze) dias de trabalho, observadas as faltas injustificadas no período aquisitivo.Quando o salário for pago por hora ou tarefa, as férias indenizadas serão calculadas com base na média do período aquisitivo, aplicando-se o salário devido na data da rescisão. A média das parcelas variáveis incidentes sobre as

---

[126] Conforme disposto no art.134 da CLT.

[127] Conforme disposto no art.136 da CLT.

[128] Conforme disposto no art.135 da CLT.

[129] Conforme disposto na INSTRUÇÃO NORMATIVA SRT Nº 3, DE 21 DE JUNHO DE 2002.

férias será calculada com base no período aquisitivo, salvo norma mais favorável, aplicando-se o valor do salário devido na data da rescisão. Quando o salário for pago por percentagem, comissão ou viagem, para o cálculo das férias indenizadas, será apurada a média dos salários recebidos nos 12 (doze) meses que precederem o seu pagamento na rescisão contratual, salvo norma mais favorável.

O pagamento das férias, integrais ou proporcionais, gozadas ou não[130], na vigência da Constituição da República de 1988, sujeita-se ao acréscimo do terço previsto em seu Art. 7º, inciso XVII.

10.1.9.1 Recibo de Férias

RECIBO DE FÉRIAS
Recebi de (empregador) .... Residente e domiciliado na rua ...., n· ...., Bairro ...., Cidade ...., UF ...., a importância supra de R$ ....( ), que me é paga adiantadamente por motivos das minhas férias regulamentares, ora concedidas, que vou desfrutar a partir de ....../....../......, com retorno previsto para o dia ....../....../......
Data:
Empregado :

Exemplo prático: Empregado recebe salário de R$ 900,00 e já completou o período para tirar férias. O período de cálculo será referente aos últimos 12 meses trabalhados. Diante destas informações qual será o valor pago ao empregado pelas férias.

Exercício Resolvido	
Período de cálculo	12 meses
Salário	R$ 900
Abono de férias	= 1/3 x R$ 900 = R$ 300,00
Valor bruto de férias	= 12/12 x (R$ 900+ R$ 300,00) = R$ 1200,00
Dedução de INSS	9% (1) x R$ 1200,00 = R$ 108,00
Dedução de IRRF	Isento, pois valor das férias, menos INSS, está dentro do limite de isenção que é de R$ 1.257,12
Férias líquidas	= R$ 1200,00 - R$ 108,00 = **R$ 1092,00**

OBS: (1) = Alíquota de dedução de INSS para rendimentos acima de R$ 911,71 até R$ 1.519,50.

---

[130] Conforme disposto no art.134, da CLT.

O empregado perceberá, durante as férias[131], a remuneração que lhe for devida na data da sua concessão:

- Quando o **salário for pago por hora**, com jornadas variáveis, apurar-se-á a média do período aquisitivo, aplicando-se o valor do salário na data da concessão das férias.
- Quando o **salário for pago por tarefa** tomar-se-á por base a média da produção no período aquisitivo do direito a férias, aplicando-se o valor da remuneração da tarefa na data da concessão das férias.
- Quando o **salário for pago por percentagem, comissão ou viagem**, apurar-se-á a média percebida pelo empregado nos 12 (doze) meses que precederem à concessão das férias.

Importante: Os adicionais por trabalho extraordinário, noturno, insalubre ou perigoso serão computados no salário que servirá de base ao cálculo da remuneração das férias. Se, no momento das férias, o empregado não estiver percebendo o mesmo adicional do período aquisitivo, ou quando o valor deste não tiver sido uniforme, será computada a média duodecimal recebida naquele período, após a atualização das importâncias pagas, mediante incidência dos percentuais dos reajustamentos salariais supervenientes.

10.1.9.2 Abono de Férias

É facultado ao empregado converter 1/3 (um terço) do período de férias a que tiver direito em abono pecuniário, no valor da remuneração que lhe seria devida nos dias correspondentes. (*Redação dada pelo Decreto-lei nº 1.535, de 13.4.1977*)

O gozo de férias anuais remuneradas com, pelo menos, um terço a mais do que o salário normal. Para este procedimento será necessário que o empregador peça tal abono de até 15 dias antes do término do período aquisitivo. O pagamento do abono será efetuado até dois dias antes do início do respectivo período. O abono de férias deverá ser requerido até 15 (quinze) dias antes do término do período aquisitivo.

A instrução Normativa nº 1, de 12-10-88 ensina que: O abono pecuniário previsto no art.143 da CLT será calculado sobre a remuneração das férias, já acrescida de um terço (1/3), referido no citado artigo 7º, inciso XVII, da CF.

Exemplo Prático:

Um funcionário com 30 dias corridos de férias requereu o abono pecuniário. Por ocasião do gozo de férias, e funcionário está com um salário de R$ 1.200,00 e recebe adicional de periculosidade.

Salário de R$ 1.200,00 + 480,00 (adicional de periculosidade) = R$ 1.680,00

---

[131] Conforme disposto no art.142 da CLT.

Remuneração de Férias = R$
1.680,00
(+)1/3, art.7°, inciso XVII, da CF = R$ 560,00
R$ 2.240,00
Abono de Férias = 1/3 de R$ 2.240,00
= R$746,67

10.1.9.3 Férias Coletivas

Convenções coletivas de trabalho[132] é o acordo de caráter normativo, pelo qual dois ou mais Sindicatos representativos de categorias econômicas e profissionais estipulam condições de trabalho aplicáveis, no âmbito das respectivas representações, às relações individuais do trabalho.

É facultado aos Sindicatos representativos de categorias profissionais celebrar Acordos Coletivos com uma ou mais empresas da correspondente categoria econômica, que estipulem condições de trabalho, aplicáveis no âmbito da empresa ou das empresas acordantes às respectivas relações de trabalho. As Federações e, na falta desta, as Confederações representativas de categorias econômicas ou profissionais poderão celebrar convenções coletivas de trabalho para reger as relações das categorias a elas vinculadas, inorganizadas em Sindicatos, no âmbito de suas representações.

Poderão ser concedidas férias coletivas[3] a todos os empregados de uma empresa ou de determinados estabelecimento ou setores da empresa. As férias poderão ser gozadas em dois períodos anuais, desde que nenhum deles seja inferior a 10 (dez) dias corridos. Para os fins previsto neste artigo, o empregador comunicará ao órgão local do Ministério do Trabalho com antecedência mínima de 15 (quinze) dias, as datas de início e fim das férias precisando quais os estabelecimentos ou

COMUNICAÇÃO PARA FÉRIAS COLETIVAS
Ilmo. SrDelegado Regional do trabalho do Estado do Rio de Janeiro
Nesta
A...com sede na rua.................n°.......................inscrita no CNPJ do Ministério da Fazenda sob o n°..................inscrita no CNPJ do Ministério da Fazenda sob o n°............, atendendo ao disposto no parágrafo 2° do artigo 139 da CLT, comunica que, no período de .... a......................,concederá férias coletivas a todos os empregados existentes na empresa.
Rio de Janeiro,
(Carimbo e Assinatura do responsável da empresa)

---

[132] Conforme disposto no art.142 da CLT.

setores abrangidos pela medida. Em igual prazo o empregador enviará cópia da aludida comunicação aos sindicatos representativos da respectiva categoria profissional, e providenciará a fixação de aviso nos locais de trabalho.

10.1.9.4 Férias Proporcionais

Salvo na hipótese de dispensa do empregado por justa causa, a extinção do contrato de trabalho sujeita o empregador ao pagamento da remuneração das férias proporcionais, ainda que incompleto o período aquisitivo de 12 (doze) meses (art. 142, parágrafo único, combinado com o art. 132, da CLT). O empregado que se demite antes de completar 12 (doze) meses de serviço tem direito a férias proporcionais.[1]Pagamento de férias proporcionais, em caso de dispensa sem justa causa ou término normal do contrato temporário de trabalho, calculado na base de 1/12 (um doze avos) do último salário percebido, por mês trabalhado, considerando-se como mês completo a fração igual ou superior a 15 dias. (Decreto 73841/74 - Art. 17 – Inciso II)

Na cessação do contrato de trabalho[2], após 12 (doze) meses de serviço, o empregado, desde que não haja sido demitido por justa causa, terá direito à remuneração relativa ao período incompleto de férias, de acordo com o art. 130, na proporção de 1/12 (um doze avos) por mês de serviço ou fração superior a 14 (quatorze) dias.Deve ser anotada na Carteira de Trabalho e no livro de Registro de Empregados, a concessão de férias.

10.1.9.4.1 Cálculo de Férias Proporcionais

Após período de 12 (doze) meses de vigência do contrato de trabalho[3], o empregado terá direito a férias, na seguinte proporção:

Férias Proporcionais	30 dias (até 05 faltas)
1/12	2,5 dias
2/12	5 dias
3/12	7,5 dias
4/12	10 dias
5/12	12,5 dias
6/12	15 dias
7/12	17,5 dias
8/12	20 dias
9/12	22,5 dias
10/12	25 dias
11/12	27,5 dias
12/12	**30 dias**

I - 30 (trinta) dias corridos, quando não houver faltado ao serviço mais de 5 (cinco) vezes.

II - 24 (vinte e quatro) dias corridos, quando houver tido 6 (seis) a 14 (quatorze) faltas;

III -18 (dezoito) dias corridos, quando houver tido de 15 (quinze) a 23 (vinte três) faltas;

IV - 12 (doze) dias corridos, quando houver tido 24 (vinte e quatro) a 32 (trinta e duas) faltas.

Exemplo Prático:
Imagine que um empregado tenha sido admitido em 15-2-2005 e pedido demissão em 21-9-2006. Desligou-se em 20-10-2006 com salário mensal de R$1.000,00. Gozou normalmente as férias vencidas em 14-2-2006. No período de 15-2-2006 a 20-10-2006 teve 16 faltas não justificadas. Calcular o salário correspondentes ás férias proporcionais. São 8/12 de 18 dias corridos.

R$ 1000 ÷ 30 = R$ 33,33 por dia
R$ 33,33 x 18 = R$ 600,00
R$600 ÷ 12 = R$ 50,00
R$ 50,00 x 8 = R$400,00

Salário Correspondente as Férias Proporcionais: R$400,00

10.1.9.5 Prescrição de Férias

A ação, quanto aos créditos resultantes das relações de trabalho, com prazo prescricional de cinco anos para os trabalhadores urbanos e rurais[137], até o limite de dois anos após a extinção do contrato de trabalho. No caso das férias, a prescrição só se efetua após 5 anos do término do prazo mencionado.

10.1.9.6 Desconto de IR sobre Férias

O contribuinte que perceber rendimentos do trabalho não assalariado[138], inclusive os titulares dos serviços notariais e de registro, a que se refere o art. 236 da Constituição, e os leiloeiros, poderão deduzir, da receita decorrente do exercício da respectiva atividade:

I - a remuneração paga a terceiros, desde que com vínculo empregatício, e os encargos trabalhistas e previdenciários;

II - os emolumentos pagos a terceiros;

III - as despesas de custeio pagas, necessárias à percepção da receita e à manutenção da fonte produtora.

---

[137] Conforme disposto art. 7º inciso XXIX da CF.

[138] Conforme disposto art. 6º da Lei n. 8.134/90.

O disposto neste artigo não se aplica:

- a quotas de depreciação de instalações, máquinas e equipamentos, bem como a despesas de arrendamento;
- a despesas de locomoção e transporte, salvo no caso de representante comercial autônomo.

O contribuinte deverá comprovar a veracidade das receitas e das despesas, mediante documentação idônea, escrituradas em livro-caixa, que serão mantidos em seu poder, a disposição da fiscalização, enquanto não ocorrer a prescrição ou decadência. As deduções de que trata este artigo não poderão exceder à receita mensal da respectiva atividade, permitido o cômputo do excesso de deduções nos meses seguintes, até dezembro, mas o excedente de deduções, porventura existente no final do ano-base, não será transposto para o ano seguinte.

Na determinação da base de cálculo sujeita à incidência mensal do imposto de renda poderão ser deduzidas: [139]

I - a soma dos valores referidos no art. 6º da Lei nº 8.134, de 27 de dezembro de 1990;

II - as importâncias pagas a título de pensão alimentícia em face das normas do Direito de Família, quando em cumprimento de decisão judicial, inclusive a prestação de alimentos provisionais, de acordo homologado judicialmente, ou de escritura pública a que se refere o art. 1.124-A da Lei nº 5.869, de 11 de janeiro de 1973 - Código de Processo Civil;

III - a quantia, por dependente, de:

- R$ 132,05 (cento e trinta e dois reais e cinco centavos), para o ano-calendário de 2007;
- R$ 137,99 (cento e trinta e sete reais e noventa e nove centavos), para o ano-calendário de 2008;
- R$ 144,20 (cento e quarenta e quatro reais e vinte centavos), para o ano-calendário de 2009;
- R$ 150,69 (cento e cinquenta reais e sessenta e nove centavos), a partir do ano-calendário de 2010;
- as contribuições para a Previdência Social da União, dos Estados, do Distrito Federal e dos Municípios;
- as contribuições para as entidades de previdência privada domiciliadas no País, cujo ônus tenha sido do contribuinte, destinadas a custear benefícios complementares assemelhados aos da Previdência Social;

---

[139] Conforme disposto art. 4º da Lei n. 9.250/95.

– a quantia, correspondente à parcela isenta dos rendimentos provenientes de aposentadoria e pensão, transferência para a reserva remunerada ou reforma, pagos pela Previdência Social da União, dos Estados, do Distrito Federal e dos Municípios, por qualquer pessoa jurídica de direito público interno ou por entidade de previdência privada, a partir do mês em que o contribuinte completar 65 (sessenta e cinco) anos de idade, de:

1 - R$ 1.313,69 (mil, trezentos e treze reais e sessenta e nove centavos), por mês, para o ano-calendário de 2007;

2 - R$ 1.372,81 (mil, trezentos e setenta e dois reais e oitenta e um centavos), por mês, para o ano-calendário de 2008;

3 - R$ 1.434,59 (mil, quatrocentos e trinta e quatro reais e cinquenta e nove centavos), por mês, para o ano-calendário de 2009;

4 - R$ 1.499,15 (mil, quatrocentos e noventa e nove reais e quinze centavos), por mês, a partir do ano-calendário de 2010.

10.1.10 Décimo Terceiro Salário

O pagamento do décimo terceiro salário[140] corresponde a 1/12 (um doze) avos da remuneração devida em dezembro ou no mês da rescisão, por mês de serviço. A fração igual ou superior a 15 (quinze) dias de trabalho será havida como mês integral. É devido o décimo terceiro salário na rescisão contratual por iniciativa do empregado. Para o empregado que recebe salário variável, a qualquer título, o décimo terceiro salário será calculado com base na média dos meses trabalhados no ano.

A gratificação de Natal, 13º salário, foi instituída pela Lei nº 4.090, de 13.07.1962. De acordo com a Lei mencionada, o pagamento do 13º salário era efetuado em parcela única, no mês de dezembro. Em 1965, a Lei nº 4.749, de 12 de agosto, determinou que entre os meses de fevereiro e novembro de cada ano o empregador deverá pagar, a título de adiantamento, o 13º salário, sendo a metade do salário recebido pelo empregado no mês anterior. Desta forma, quando a primeira parcela for paga no mês de novembro, o valor corresponderá a 50% (cinquenta por cento) do salário do mês de outubro.

Em 03 de novembro de 1965, as leis citadas foram regulamentadas pelo Decreto nº 57.155. Sendo assim, atualmente a gratificação natalina (13º salário) é paga em 2 (duas) parcelas:

a) a primeira entre os meses de fevereiro a novembro de cada ano; e

b) a segunda até 20 de dezembro.

---

[140] Conforme disposto na INSTRUÇÃO NORMATIVA SRT Nº 3, DE 21 DE JUNHO DE 2002.

Exemplo prático: Empregado admitido em 03.01.2007. Salário mensal do mês de outubro R$ 768,00. O empregado afastou-se por motivo de doença no dia 16.07.2007, retornando no dia 10.09.2007. Pergunto: Qual será o adiantamento devido a funcionário e o montante total do décimo terceiro salário?

Resolução:

a) afastamento: 16.07.2007;

b) retorno: 10.09.2007;

c) adiantamento a que faz jus: 10/12 (dez doze avos), porque no mês de julho os 16 (dezesseis) primeiros dias do afastamento deu uma fração superior a 15 dias e no mês de agosto não preencheu a fração, ficando o encargo deste mês para o INSS.

Cálculo:

R$ 768,00 /12 x 10 = **R$ 640,00**(valor total do 13º salário)

R$ 640,00 / 2 = **R$ 320,00**(valor referente à primeira parcela de 13º salário)

O empregador não está obrigado a pagar a 1ª parcela no mesmo mês a todos os seus empregados, pois tem a faculdade de acordo com a lei de pagar entre os meses de fevereiro a novembro de cada ano, podendo fazer a opção, por exemplo, de pagar um grupo de empregado por mês.

10.1.11 Horas Extras

A CF (Constituição Federal) ampliou o valor de horas extras do percentual de 20% (CLT) [141] para o percentual de 50%.

A duração normal do trabalho poderá ser acrescida de horas suplementares, em número não excedente de duas, mediante acordo escrito entre empregador e empregado, ou mediante contrato coletivo de trabalho. Na hipótese de rescisão de contrato de trabalho sem que tenha havido a compensação integral da jornada extraordinária; fará o trabalhador jus ao pagamento das horas extras não compensadas, calculadas sobre o valor da remuneração na data da rescisão.

A limitação legal[142] da jornada suplementar a duas horas diárias não exime o empregador de pagar todas as horas trabalhadas. O valor da hora extra é de 50%. Para sabermos o valor do salário que o empregado irá receber mediante o acréscimo de hora-extra devemos multiplicar o salário-hora normal com o percentual dito acima.

Exemplo prático: Um empregado da empresa Mundial Ltda ganha R$ 1000,00 por mês. Agora, responda as perguntas abaixo:

[141] Conforme disposto no art.59 da CLT

[142] Conforme disposto na sumula 376 do TST

1) Quanto o funcionário ganha por hora de trabalho?
Hora de Trabalho Normal: 1000 dividido por 220 = R$4,50
2) Qual será sua remuneração, caso comece a fazer hora extra também?
Valor Real = Horário de Trabalho Normal + Acréscimo de Hora Extra

(1)Hora de Trabalho Normal: 1000 dividido por 220 = R$4,50
(2)Acréscimo Hora Extra: R$4,50 x 50% = R$ 2,25

Valor Real = R$ 6,75 por hora trabalhada

A soma da hora normal de trabalho mais o acréscimo de 50% que irá compor o **valor real** ganho por hora trabalhada: (1) R$ 4,50 + (2) R$ 2,25 = R$ 6,75.

"Os empregadores maiores (homens e mulheres) [143] poderão ter a jornada prorrogada no máximo em 2 horas, respeitando o limite de 10 horas diárias, mediante acordo individual, coletivo, convenção ou sentença normativa, com acréscimo de, no mínimo 50% sobre a hora normal. Aos menores é vedada a prorrogação da jornada de trabalho, salvo para efeito de compensação. Na ocorrência de força maior, não há limite de jornada para os empregados maiores (homens e mulheres), cuja remuneração será a da hora normal. Em se tratando de menores, o limite de prorrogação será de 4 horas diárias, com adicional de, no mínimo 50% sobre a hora normal. Os casos de força maior deverão ser comunicados ao órgão local do Ministério do Trabalho, no prazo de 10 dias para os empregados maiores, e 48 horas no caso de menores.

Tratando-se de serviços inadiáveis, a jornada poderá ser aumentada em até 4 horas diárias, exclusivamente para os empregados maiores, com acréscimo de, no mínimo, 50% da hora normal. Os casos de serviços inadiáveis deverão ser comunicados ao órgão local do Ministério do Trabalho, no prazo de 10 dias. As horas não trabalhadas em decorrência de causas acidentais ou de força maior, poderão ser repostas pelos empregados na base de 2 horas por dia, no máximo de 45 dias ao ano, respeitando o limite de 10 horas diárias.As referidas horas não sofrerão acréscimo salarial.

A supressão, pelo empregador, do serviço suplementar prestado com habitualidade, durante pelo menos um ano, assegura ao empregado o direito à indenização correspondente[144] ao valor de um mês das horas suprimidas para cada ano ou fração igual ou superior a 6 (seis) meses de prestação de serviço acima da jornada normal. O cálculo observará a média das horas suplementares efetivamente trabalhadas nos últimos 12 (doze) meses, multiplicada pelo valor da hora extra do

---
[143] Conforme disposto na Instrução Normativa nº 1 de 12-10-88.

[144] Conforme disposto na sumula nº 291 do TST.

[145] Conforme disposto na sumula nº 340 do TST.

dia da supressão.

O empregado, sujeito a controle de horário, remunerado à base de comissões[145], tem direito ao adicional de, no mínimo, 50% (cinquenta por cento) pelo trabalho em horas extras, calculado sobre o valor-hora das comissões recebidas no mês, considerando-se como divisor o número de horas efetivamente trabalhadas.

10.1.12 Ajuda de Custo e Diárias de Viagem

10.1.12.1 Ajuda de Custo

Compreendem-se na remuneração do empregado, para todos os efeitos legais além do salário devido e pago diretamente pelo empregador,[146] como contraprestação do serviço, as gorjetas que receber. Integram o salário não só a importância fixa estipulada, como também as comissões, percentagens, gratificações ajustadas, diárias para viagem e abonos pagos pelo empregador.

Integram o salário, pelo seu valor total e para efeitos indenizatórios, as diárias[147] de viagem que excedam a 50% (cinquenta por cento) do salário do empregado, enquanto perdurarem as viagens.

Segundo a súmula n°101 do TST[148]: "a ajuda de custo é a parcela paga de uma só vez para o empregado atender a certas despesas, sobretudo de transferência. Tem caráter indenizatório, nunca salarial, mesmo quando excede de cinquenta por cento do salário, pois esse mínimo só diz respeito às diárias (CLT, art. 457, §2), que são importâncias concedidas para cobrir gastos com deslocamento do trabalhador da sede da empresa e cessam quando ele retorna, só sendo levadas em conta no cálculo do salário para efeito de indenização."

Entendemos que o pagamento de comissões, ajuda de custos e horas extras, que não são previstos pela Instituição de Ensino[149] ou agente de integração, transformam o estágio profissional em verdadeira relação de emprego.

10.1.12.2 Diárias de Viagem

As diárias para viagem[148] são quantias pagas para cobrir despesas habituais necessárias à execução de serviço externo realizado pelo empregado, como, por exemplo, despesas de transporte, alimentação, alojamento, etc, constituindo, portanto, condições dadas pelo empregador para que o trabalho seja realizado e não

---

[146] Conforme disposto no art. 457 da CLT.
[147] Conforme disposto na sumula n° 101 do TST.
[148] TST-RR-1.059/82 – Ac. 1° T. 1.593/83, 14-6-83, Rel. Min. Coqueijo Costa)
[149] Material disponibilizado pelo SEBRAE/SP.
[150] Conforme disposto no Informativo n° 82 – Ano II – Empresa Machado & Associados

retribuição pelos serviços prestados.

Para que haja o pagamento de tal verba, é necessário que o empregado realize serviço externo, com habitualidade e não haja necessidade de comprovação das despesas efetuadas. As diárias não integram o salário do empregado desde que não excedam a 50% da remuneração mensal. O que a distingue a **ajuda de custo** das diárias é sua natureza eventual ou esporádica. Não pode haver pagamento de ajuda de custo de forma habitual, sob pena de vir ela a ser caracterizada como parcela salarial.

O empregado que utiliza veículo próprio no desempenho de suas atividades pode ter reembolsadas as despesas correspondentes (combustível, lubrificação, lavagem, reparos, etc.), por meio de valor previamente estipulado pela empresa por quilômetro rodado, visando ressarcir os gastos com combustível e desgaste do veículo. O valor correspondente à quilometragem rodada somente não sofrerá incidência de contribuição previdenciária se houver comprovação das despesas efetuadas, caso contrário, o valor sofrerá incidência de INSS se não for devolvido à empresa.

10.1.13 Imposto de Renda

No ano-calendário de 2007, o imposto de renda[151] a ser descontado na fonte sobre os rendimentos do trabalho assalariado, inclusive a gratificação natalina (13º salário), pagos por pessoas físicas ou jurídicas, bem assim sobre os demais rendimentos recebidos por pessoas físicas, que não estejam sujeitos à tributação exclusiva na fonte ou definitiva, pagos por pessoas jurídicas, será calculado mediante a utilização da seguinte tabela progressiva mensal:

Base de Cálculo em R$	Alíquota %	Parcela a Deduzir do Imposto em R$
Até 1.313,69	-	-
De 1.313,70 até 2.625,12	15	197,05
Acima de 2.625,12	27,5	525,19

A base de cálculo sujeita à incidência mensal do imposto de renda na fonte será determinada mediante a dedução das seguintes parcelas do rendimento tributável:

I- as importâncias pagas em dinheiro a título de pensão alimentícia em face das normas do Direito de Família, quando em cumprimento de decisão judicial ou acordo homologado judicialmente, inclusive a prestação de alimentos provisionais;

II- a quantia de R$ 132,05 (cento e trinta e dois reais e cinco centavos) por

---
[151] Conforme disposto na Instrução Normativa SRF nº 704/2007.

dependente;

III- as contribuições para a Previdência Social da União, dos Estados, do Distrito Federal e dos Municípios;

IV- as contribuições para entidade de previdência complementar domiciliada no Brasil e para o Fundo de Aposentadoria Programada Individual (Fapi), cujo ônus tenha sido do contribuinte, destinadas a custear benefícios complementares assemelhados aos da Previdência Social, cujo titular ou quotista seja trabalhador com vínculo empregatício ou administrador e seja também contribuinte do regime geral de previdência social;

V- o valor de até R$ 1.313,69 (um mil, trezentos e treze reais e sessenta e nove centavos) correspondente à parcela isenta dos rendimentos provenientes de aposentadoria e pensão, transferência para a reserva remunerada ou reforma pagos pela Previdência Social da União, dos Estados, do Distrito Federal e dos Municípios, por qualquer pessoa jurídica de direito público interno, ou por entidade de previdência complementar, a partir do mês em que o contribuinte completar 65 anos de idade.

Quando a fonte pagadora não for responsável pelo desconto das contribuições a que se refere o inciso IV, os valores pagos a esse título podem ser considerados para fins de dedução da base de cálculo sujeita ao imposto mensal, desde que haja anuência da empresa e que o beneficiário lhe forneça o original do comprovante de pagamento.

10.1.13.1 Recolhimento Mensal Obrigatório

O recolhimento mensal obrigatório (carnê-leão) das pessoas físicas, relativo aos rendimentos recebidos no ano-calendário de 2008, de outras pessoas físicas ou de fontes situadas no exterior, será calculado com base nos valores da tabela progressiva mensal já disposta acima. A base de cálculo sujeita à incidência mensal do imposto de renda é determinada mediante a dedução das seguintes parcelas do rendimento tributável:

– as importâncias pagas em dinheiro a título de pensão alimentícia em face das normas do Direito de Família, quando em cumprimento de decisão judicial ou acordo homologado judicialmente, inclusive a prestação de alimentos provisionais;

– a quantia de R$ 132,05 (cento e trinta e dois reais e cinco centavos) por dependente;

– as contribuições para a Previdência Social da União, dos Estados, do Distrito Federal e dos Municípios;

– as despesas escrituradas no livro Caixa.

Exemplo prático: Um empregado, com três dependentes, tem renda bruta

de R$ 2000,00 por mês. Agora, responda a pergunta abaixo:
1) Qual a sua retenção na fonte?

Primeiro Passo:

3 dependentes a R$ 132,05	**= R$ 396,15**
INSS- 11% sobre R$ 2300,00	**= R$ 253,00**

Total a Deduzir	**= R$649,15**

Segundo Passo:
Renda Bruta = R$ 2300,00
(-) total a deduzir = R$ 649,15

Base de Cálculo	**= R$ 1.650,85**

A base de cálculo de R$ 2300,00, sobre a qual incide a alíquota de 15%, quando multiplicada, encontramos o seguinte resultado:

Terceiro Passo:

R$ 2.300,00 x 15%	= R$ 345,00
(-) parcela a deduzir	= R$ 197,05

IRRF	= R$ 147,95

Segundo o art.67 da Lei 9.430/96 fica dispensada a retenção do Imposto de Renda, de valor igual ou inferior a R$ 10,00, incidentes na fonte sobre rendimentos que devam integrar a base de cálculo do imposto devido na declaração de ajuste anual. A receita não aceita emissão de DARF no valor de R$ 10,00. Em relação aos fatos geradores ocorridos a partir de 1º de janeiro de 2006, os recolhimentos do Imposto de Renda Retido na Fonte será efetuado no seguinte prazo:

Na data da ocorrência do fato gerador, no caso de:
– rendimentos atribuídos a residentes ou domiciliados no exterior;
– pagamentos a beneficiários não identificados;

Até o terceiro dia útil subsequente ao decêndio de ocorrência dos fatos geradores, no caso de:
– juros sobre o capital próprio e aplicações financeiras, inclusive os atribuídos a residentes ou domiciliados no exterior, e títulos de capitalização;

---

[152] Material disponibilizado pelo Ministério da Previdência Social

- prêmios, inclusive os distribuídos sob a forma de bens e serviços, obtidos em concursos e sorteios de qualquer espécie e lucros decorrentes desses prêmios;
- multa ou qualquer vantagem, de que trata o art. 70 da Lei no 9.430, de 27 de dezembro de 1996;
- até o último dia útil do mês subsequente ao encerramento do período de apuração, no caso de rendimentos e ganhos de capital distribuídos pelos fundos de investimento imobiliário;
- até o último dia útil do 1º (primeiro) decêndio do mês subsequente ao mês de ocorrência dos fatos geradores, nos demais casos;

10.1.14 Auxílio-Doença

Para ter direito ao benefício, o trabalhador tem de contribuir para a Previdência Social por, no mínimo, 12 meses. Esse prazo[152] não será exigido em caso de acidente de qualquer natureza (por acidente de trabalho ou fora do trabalho). Para concessão de auxílio-doença é necessária a comprovação da incapacidade em exame realizado pela perícia médica da Previdência Social.

Terá direito ao benefício sem a necessidade de cumprir o prazo mínimo de contribuição, desde que tenha **qualidade de segurado**, o trabalhador acometido de tuberculose ativa, hanseníase, alienação mental, neoplasia maligna, cegueira, paralisia irreversível e incapacitante, cardiopatia grave, doença de Parkinson, espondiloartrose anquilosante, nefropatia grave, doença de Paget (osteíte deformante) em estágio avançado, síndrome da deficiência imunológica adquirida (Aids) ou contaminado por radiação (comprovada em laudo médico)

O trabalhador que recebe auxílio-doença é obrigado a realizar exame médico periódico e participar do programa de **reabilitação profissional** prescrito e custeado pela Previdência Social, sob pena de ter o benefício suspenso. Não tem direito ao auxílio-doença quem, ao se filiar à Previdência Social, já tiver doença ou lesão que geraria o benefício, a não ser quando a incapacidade resulta do agravamento da enfermidade. Quando o trabalhador perde a qualidade de segurado, as contribuições anteriores só são consideradas para concessão do auxílio-doença após nova filiação à Previdência Social houver pelo menos quatro contribuições que, somadas às anteriores, totalizem no mínimo 12. O auxílio-doença deixa de ser pago quando o segurado recupera a capacidade e retorna ao trabalho ou quando o benefício se transforma em aposentadoria por invalidez.

10.1.14.1 Inicio do Pagamento

- A partir do 16º dia de afastamento do trabalho para o empregado;
- a partir da data da incapacidade para os demais segurados ou a partir da

data de entrada do requerimento, quando o benefício for solicitado após o 30º dia do início da incapacidade;
- da data do novo afastamento nos casos de concessão de novo benefício para segurado empregado, em razão da mesma doença, num prazo de 60 dias, contados da data da cessação do benefício anterior. Nesta situação, o benefício cessado será prorrogado, descontando-se os dias trabalhados e a empresa fica desobrigada de pagar os primeiros 15 dias de afastamento do empregado;
- nos casos em que o segurado empregado se afastar do trabalho por 15 dias consecutivos, retornar à atividade no 16º dia e se afastar novamente dentro de 60 dias, o benefício valerá a partir da data do novo afastamento. Se o retorno a atividade ocorrer antes dos 15 dias, o pagamento será a partir do dia seguinte ao que completar os 15 dias, desde que esses 15 dias estejam dentro do prazo máximo de 60 dias.

10.1.14.2 Valor do Benefício

Corresponde a 91% do salário de benefício. O salário de benefício dos trabalhadores inscritos até 28 de novembro de 1999 corresponderá à média dos 80% maiores salários de contribuição, corrigidos monetariamente, desde julho de 1994. Para os inscritos a partir de 29 de novembro de 1999, o salário de benefício será a média dos 80% maiores salários de contribuição de todo o período contributivo. O segurado especial (trabalhador rural) terá direito a um salário mínimo, se não contribuiu facultativamente.

As faltas ou ausências decorrentes de acidentes do trabalho[153] não são consideradas para os efeitos de duração de férias e cálculo da gratificação natalina". Então podemos afirmar que o 13º salário deve ser pago integralmente; portanto; não deve se levar em conta o tempo que o empregado estiver ausente por motivo de acidente de trabalho.

10.1.15 Salário Maternidade

As trabalhadoras que contribuem para a Previdência Social têm direito ao salário-maternidade nos 120 dias em que ficam afastadas do emprego por causa do parto. O benefício foi estendido também para as mães adotivas.

O salário-maternidade é concedido à segurada que adotar uma criança ou ganhar a guarda judicial para fins de adoça, caso:
- a criança tenha até um ano de idade, o salário-maternidade será de 120 dias;
- a criança tenha de um ano a quatro anos de idade, o salário-maternidade

---
[153] Conforme disposto na sumula nº 46 do TST.

será de 60 dias;
- se tiver de quatro anos a oito anos de idade, o salário-maternidade será de 30 dias.

Para concessão do salário-maternidade, não é exigido tempo mínimo de contribuição das trabalhadoras empregadas, empregadas domésticas e trabalhadoras avulsas, desde que comprovem filiação nesta condição na data do afastamento para fins de salário maternidade ou na data do parto.

A contribuinte facultativa e a individual têm que ter pelo menos dez contribuições para receber o benefício. A segurada especial receberá o salário-maternidade se comprovar no mínimo dez meses de trabalho rural. Se o nascimento for prematuro, a carência será reduzida no mesmo total de meses em que o parto foi antecipado. A trabalhadora que exerce atividades ou tem empregos simultâneos tem direito a um salário-maternidade para cada emprego/atividade, desde que contribua para a Previdência nas duas funções. O salário-maternidade é devido a partir do oitavo mês de gestação (comprovado por atestado médico) ou da data do parto (comprovado pela certidão de nascimento).

A partir de setembro de 2003, o pagamento do salário-maternidade das gestantes empregadas passará a ser feito diretamente pelas empresas, que serão ressarcidas pela Previdência Social. As mães adotivas, contribuintes individuais, facultativas e empregadas domésticas terão de pedir o benefício nas Agências da Previdência Social. Em casos comprovados por atestado médico, o período de repouso poderá ser prorrogado por duas semanas antes do parto e ao final dos 120 dias de licença.

Obs: Cabe à empresa pagar o salário-maternidade devido à empregada gestante, efetivando-se a compensação, de acordo com o disposto no art. 248, da Constituição Federal, à época do recolhimento das contribuições incidentes sobre a folha de salários e demais rendimentos pagos ou creditados, a qualquer título, à pessoa física que lhe preste serviço. A empresa deverá conservar durante 10 (dez) anos os comprovantes dos pagamentos e os atestados correspondentes.

10.1.15.1 Valor do Benefício

Para a **segurada empregada**:
- quem tem salário fixo receberá o valor integral da remuneração mensal;
- quem tem salário variável receberá o equivalente à média salarial dos seis seis meses anteriores;

---

[154] Consolidação das Leis do Trabalho - Decreto-lei nº 5.452/43.

- quem recebe acima do teto salarial do Ministro do Supremo Tribunal Federal terá o salário-maternidade limitado a esse teto, segundo a Resolução nº 236/02 do STF, de 19 de julho de 2002.

A **trabalhadora avulsa** receberá o equivalente ao último mês de trabalho, observado o teto do Ministro do STF.

Para a **empregada doméstica** o salário-maternidade é equivalente ao último salário de contribuição, observados os limites mínimo e máximo do salário de contribuição para a Previdência Social. A trabalhadora rural tem direito a um salário mínimo.

A **contribuinte individual** e a facultativa têm direito ao equivalente a 1/12 da soma dos 12 últimos salários de contribuição apurados em um período de no máximo 15 meses, observado o limite máximo dos benefícios.

10.1.16 Registro em Sindicato Patronal

É necessário que a empresa procure um sindicato patronal para fazer o recolhimento de sua contribuição sindical. Para um estudo mais aprofundado sobre este assunto, recomendo a leitura dos artigos 578 e seguintes da Consolidação das Leis de Trabalho (CLT).

Neste momento, faço questão de destacar o artigo 579[154]: "A **contribuição sindical** é devida por todos aqueles que participarem de uma determinada categoria econômica ou profissional, ou de uma profissão liberal, em favor do sindicato representativo da mesma categoria ou profissão ou, inexistindo este, na conformidade do disposto no art. 591."

A CAIXA é o agente responsável pela gestão, controle e distribuição dos valores arrecadados da contribuição sindical patronal, devendo seu recolhimento ser efetuado por meio de documento específico GRCS – Guia de Recolhimento de Contribuição Sindical.

10.1.16.1 Local de Arrecadação

A contribuição sindical será recolhida[155] por meio de guia fornecida pelas entidades sindicais da classe nas agências **da Caixa Econômica Federal** ou do **Banco do Brasil S/A** ou nos estabelecimentos bancários nacionais integrantes do sistema de arrecadação dos tributos federais. Nas localidades onde inexistem tais estabelecimentos, a arrecadação poderá ser efetuada pelas **Caixas Econômicas Estaduais**.

---

[155] Retirado do site: http://www.fecomercio-sc.org.br/

[156] Retirado do site: http://www.cni.org.br

CÁLCULOS TRABALHISTAS 229

10.1.16.2. Tabela de Contribuição Sindical

Logo abaixo, destacamos a Tabela progressiva para cálculo da Contribuição Sindical, vigente a partir de 1º de janeiro de 2008, aplicável aos empregadores industriais (inclusive do setor rural) e agentes ou profissionais autônomos organizados em firma ou empresa de atividade industrial. A tabela[156] de cálculo é preparada pela CNI – Confederação Nacional da Indústria:

Linha	Capital Social	Alíquota	Parcela Adicional
1	0,01 até 8.516,72	0%	68,13
2	8.516,73 até 17.033,43	0,8%	0
3	17.033,44 até 170.334,30	0,2%	102,2
4	170.334,31 até 17.033.430,00	0,1%	272,53
5	17.033.430,01 até 90.844.960,00	0,02%	13.899,28
6	90.844.960,01 em diante	0%	32.068,27

10.1.17 Aviso Prévio

Aviso prévio é a comunicação da rescisão do contrato de trabalho que uma das partes, empregador ou empregado, que decide extingui-lo, deve fazer à outra com antecedência mínima de 30 dias. Podemos também conceitua-lo, conforme a doutrina, como sendo a denúncia do contrato de trabalho por prazo indeterminado, objetivando fixar o seu termo final. Ocorrendo a rescisão do contrato de trabalho, sem justa causa, por iniciativa do empregador, poderá ele optar pela concessão do aviso prévio trabalhado ou indenizado. O empregado também goza desta mesma prerrogativa.

Quando o empregado cumpre o aviso prévio trabalhando, a remuneração do período obedecerá normalmente à forma contratual. O aviso prévio, nesse caso, apenas estabelece a data em que será rescindido o contrato de trabalho. Desse modo, durante o período de aviso prévio o empregado, apesar de trabalhar duas horas diárias, ou sete dias corridos, a menos, receberá o valor de seu salário normal, acrescido de eventuais horas extras ou reduzido proporcionalmente às eventuais faltas injustificadas ao serviço.

10.1.17.1 Exemplo Prático

Empregado com menos de um ano de trabalho. Admitido em 01.03.2003, demitido em 01.07.2003:

Meses	Fixo	Comissões	Total Comissões
Março/2001	R$ 300,00	R$ 400,00	
Abril/2001	R$ 300,00	R$ 550,00	
Maio/2001	R$ 300,00	R$ 600,00	
Junho/2001	R$ 300,00	R$ 700,00	
Julho/2001	R$ 300,00	R$ 800,00	R$ 3.050,00

10.1.17.2 Cálculo de Aviso Prévio

Cálculo:
Salário fixo: R$ 300,00 (último salário)
Média das Comissões (5 meses de trabalho) = R$ 3.050,00 ÷ 5 = R$ 610,00
Valor do Aviso-prévio (30 dias) = R$ 300,00 + R$ 610,00 = R$ 910,00

10.1.17.3 Prazo de Duração

A duração do aviso prévio é de, no mínimo (trinta) dias, nos termos do inciso XXI do art. 7º da Constituição Federal- CF. Como o referido dispositivo legal ainda não foi regulamentado, a parte que desejar rescindir o contrato de trabalho, sem justa causa, deverá pré- avisar a outra em prazo não inferior a 30 dias.

Aplica-se idêntico procedimento aos empregados que recebem por semana ou em prazo inferior. Por várias razões, como, por exemplo, manter o empregado afastado dos demais empregados, porém, à disposição da empresa, alguns empregadores determinam que o empregado cumpra o período em sua casa.

Contudo, tal posicionamento tem provocado controvérsias na Justiça do Trabalho, posto que algumas decisões são no sentido de que dispensar o empregado da prestação do serviço, apesar de pagar os salários do período, representa dispensa imotivada que exige o pagamento do aviso prévio indenizado, juntamente com as demais parcelas rescisórias até o 10º dia contado da data da notificação de dispensa. Outras decisões são no sentido de que o empregador, ao demitir o empregado e conceder aviso prévio para ser "cumprido em casa", apenas se utiliza do seu direito de exigir ou não o trabalho do empregado em determinado período, pois cumpre a sua obrigação de pagar os salários correspondentes.

Assim, o empregador que optar pela concessão de aviso prévio "cumprido em casa" deve agir com a máxima cautela, pois ao determinar que o empregado cumpra o aviso em casa, poderá ser condenado a pagamento de multa por inobservância do prazo pagamento das parcelas rescisórias.

---

[157] Conforme disposto na Instrução Normativa SRT Nº 3, DE 21 DE JUNHO DE 2002.

10.1.17.4 Tipos de Aviso Prévio

O aviso prévio poderá ser trabalhado ou indenizado conforme preceitua a CLT. Se trabalhado, o contrato de trabalho vigorará plenamente durante o período. Se indenizado, o empregado fará jus à integração ,em seu tempo de serviço do período correspondente.

O aviso prévio[157], inclusive quando **indenizado**, integra o tempo de serviço para todos os efeitos legais. Se o cômputo do aviso prévio indenizado resultar em mais de 1 (um) ano de serviço do empregado, é devida a assistência à rescisão. O prazo de 30 (trinta) dias correspondente ao aviso prévio conta-se a partir do dia seguinte ao da comunicação, que deverá ser formalizada por escrito. Havendo cumprimento parcial de aviso prévio, o prazo para pagamento das verbas rescisórias ao empregado será de 10 (dez) dias contados a partir da dispensa do cumprimento, desde que não ocorra primeiro o termo final do aviso prévio.

O aviso prévio indenizado deverá constar nas anotações gerais da CTPS e a data da saída será a do último dia trabalhado. O denominado "aviso prévio cumprido em casa" equipara-se ao aviso prévio indenizado. O direito ao aviso prévio é irrenunciável pelo empregado, e o pedido de dispensa de seu cumprimento não exime o empregador de pagar o valor respectivo, salvo comprovação de haver o trabalhador obtido novo emprego.

Na falta do aviso prévio por parte do empregador, o empregado terá direito ao salário correspondente ao prazo do aviso, que será, no mínimo, de 30 (trinta) dias. A falta de aviso prévio por parte do empregado dá ao empregador o direito de descontar o salário correspondente ao prazo respectivo. É inválida a concessão do aviso prévio na fluência de garantia de emprego ou férias.Ao empregado despedido arbitrariamente ou sem justa causa, é facultado, durante o aviso prévio, optar entre reduzir a jornada diária em 2 (duas) horas ou faltar 7 (sete) dias corridos, sem prejuízo do salário. Se a opção for faltar 7 (sete) dias corridos, a data de saída será a do termo final do aviso prévio.

O direito ao aviso prévio é irrenunciável pelo empregado. O pedido de dispensa de cumprimento[158] não exime o empregador de pagar o valor respectivo, salvo comprovação de haver o prestador dos serviços obtido novo emprego. Falta grave, salvo a de abandono de emprego[159], praticada pelo empregado no decurso do prazo do aviso prévio, dado pelo empregador, retira àquele qualquer direito à indenização.

---

[158] Conforme disposto no Enunciado nº 276 do TST.

[159] Conforme disposto no Enunciado nº 73 do TST.

11 | Modelos de Documentos Importantes

11.1 Acordo de Compensação de Horas de Trabalho

Entre o **Condomínio Millenium**, estabelecido a Rua_____ e seus funcionários, fica conveniado, de acordo com o disposto no Artigo 59, Parágrafo Segundo (aprovado pelo Decreto Lei No. 5452 de 1 de Maio de 1.943 (CLT), que o horário normal de trabalho será o seguinte:

- De Segunda a Sexta-Feira, 8 (oito) horas normais e aos Sábados 4 (quatro) horas normais de trabalho, totalizando 44 (quarenta e quatro) horas semanais e 220 (duzentas e vinte) horas mensais.
- O funcionário que exceder a esta jornada de trabalho será considerada como Hora Extra e serão pagas na forma da lei ou Convenção da categoria, porém o não cumprimento desta jornada deverá ser compensado em outro dia dentro do mesmo mês, sem que seja prejudicial ao descanso semanal.

E por estarem de comum acordo, as partes Condomínio e Empregado, assinam o presente acordo.

Local e data:

_____   _____
Condomínio Millenium   Condomínio Millenium
Síndico   Colaborador

11.2 Acordo de Prorrogação de Jornada de Trabalho

Acordo de prorrogação de jornada de trabalho, com compensação, entre o Condomínio Millenium e o colaborador _____, portador da C.T.P.S. No._____ ficando convencionado, de acordo com as disposições legais vigentes:

1) A jornada de trabalho do colaborador acordante será de ...

2) O intervalo para repouso e/ou alimentação será das .... horas às ... horas.

3) A compensação das horas prorrogadas será feita no sábado, dia em que não haverá expediente.

4) Quando ocorrer um feriado no meio da semana, o período acrescido da prorrogação correspondente, será feito no (s) outro (s) dia (s), respeitado sempre o limite máximo de 10 (dez) horas diárias e 44 (quarenta e quatro) horas semanais.

5) Quando ocorrer um feriado no dia a ser compensado (sábado, no caso), não haverá prorrogação da jornada de trabalho por compensação na referida semana.

6) O presente acordo terá validade de 02 (dois) anos.

E por estarem de pleno acordo, assinam o presente documento em duas vias.

Local e data

_____
Condomínio Millenium

_____
Colaborador

11.3 Ata da Assembleia Geral Extraordinária

**ATA DA ASSEMBLEIA GERAL EXTRAORDINÁRIA
DO CONDOMÍNIO EDIFÍCIO MILLENIUM**

Aos___ dias do mês de _____ de _____, reuniram-se em Assembleia Geral (Ordinária ou Extraordinária) os Senhores Condôminos do Edifício Millenium situado a Rua _____, _____, nesta cidade de _____. A reunião, atendendo a convocação por determinação do Sr. Síndico, realizou-se no (local da reunião) , às ___:___ horas em (primeira ou Segunda) convocação. Foram instalados os trabalhos com a presença dos Senhores Condôminos que assinaram o livro respectivo, tendo sido eleito Presidente da Mesa o Sr. _____, condômino do apto_____, o qual convidou a mim, _____, condômino do apto. _____, para secretariá-lo. Aberta a sessão, o Sr. Presidente leu a Ordem do Dia, após o que colocou em pauta os assuntos da Ordem do dia, conforme convocação prévia e as respectivas deliberações de cada um:

a) desccrever o item da convocação.

Decisão da assembleia:

b) Idem

Decisão da assembleia:

c) Idem

Decisão da assembleia:

d) Idem

Decisão da assembleia:

Finalizando, como ninguém mais quisesse fazer uso da palavra, o Sr. Presidente deu por encerrado os trabalhos, tendo sido assinada a presente ata pelo Sr. Presidente, por mim Secretário e pelos demais condôminos que estiveram presentes.

Local e data:

Presidente	Secretário
Apto. __ Morador_____ assinatura ___	Apto. __ Morador_____ assinatura ___
Apto. __ Morador_____ assinatura ___	Apto. __ Morador_____ assinatura ___
Apto. __ Morador_____ assinatura ___	Apto. __ Morador_____ assinatura ___

11.4 Autorização de Uso de Salão de Festas

CONDOMÍNIO MILLENIUM

AUTORIZAÇÃO DE USO - TERMO DE RESPONSABILIDADE

    Autorizamos o(a) Sr(a) _____ morador do apartamento No. _____ a utilizar-se do Salão de Festas no dia ___/___/___ , no horário _____, sendo que o mesmo fica ciente de sua responsabilidade sobre o bom uso e a conservação dos moveis e utensílios existentes, os quais, no recebimento da chave do Salão e na entrega após seu uso, anotarão no verso desta as irregularidades encontradas.

    O usuário assina a presente, comprometendo-se a cumprir e/ou fazer cumprir pelos seus convidados o regulamento de uso do respectivo Salão de Festas, sujeitando-se a multa prevista no Regimento Interno do Edifício Regina Izabel, caso venha a infringir estas normas.

                          Local, ___ de _____ de 2.003

Autorizado por   Condômino Responsável

_____   _____

Função: Apto:

_____   _____

11.5 Aviso Prévio de Empregado

LOCAL E DATA

A
CONDOMINIO EDIFICIO MILLENIUM

N E S T A

PREZADOS SENHORES,

    EU, _____ ABAIXO ASSINADO, PORTADOR DA CARTEIRA PROFISSIONAL Nº _____ VENHO PELA PRESENTE E NA MELHOR FORMA DO DIREITO, SOLICITAR EM CARATER IRREVOGÁVEL A RESCISAO DO MEU CONTRATO DE TRABALHO COM ESTA EMPRESA, INICIADO EM __/__/_____.

    MOTIVO: NAO INFORMADO

    SEM MAIS PARA O MOMENTO, SUBSCREVO-ME,

_____
COLABORADOR

11.6 Aviso Prévio de Empregador

AO
SR._____

NESTA

PELO PRESENTE O NOTIFICAMOS QUE A 30 DIAS (INDENIZADO) DA DATA DA ENTREGA DESTE, NAO MAIS SERAO UTILIZADOS OS SEUS SERVICOS PELA NOSSA EMPRESA E POR ISSO VIMOS AVISA-LO, NOS TERMOS E PARA OS EFEITOS DO DISPOSTO NO ARTIGO 487, ITEM II, CAP. VI, TITULO IV DO DECRETO LEI Nº 5452 DE 01/05/43
(CLT).

PEDIMOS A DEVOLUCAO DA PRESENTE COM O SEU 'CIENTE'.

LOCAL E DATA.

CONDOMINIO MILLENIUM

COLABORADOR

FOI PROGRAMADO PARA O DIA: XX/ XX / XXX O PAGAMENTO DOS VALORES DE SUA RESCISAO. PARA TANTO VOCE DEVERA COMPARECER NESTA DATA, MUNIDO DE SEUS DOCUMENTOS, PARA AS DEVIDAS BAIXAS.

MOTIVO DA RESCISAO: NAO INFORMADO

11.7 Cadastro do Morador

CONDOMÍNIO MILLENIUM – CADASTRO DE MORADORES

BLOCO_____ UNIDADE: _____
PROPRIETÁRIO ☐   INQUILINO ☐
NOME DO RESPONSÁVEL: _____
PROFISSÃO: ._____ Local de Trabalho_____
DATA DE NACIMENTO: ___/___/___ FONE RESID: _____
FONE COMERCIAL:_____EM CASO DE EMERGÊNCIA : _____
FONE:_____CPF: _____
RG: ._____ SSP/ _____

DEMAIS OCUPANTES DO APARTAMENTO:

NOME DO PROPRIETÁRIO	ENDEREÇO	TELEFONE

NOME DA ADMINISTRADORA	ENDEREÇO	TELEFONE

VEÍCULOS ( ): ALUGA VAGA(S) NA GARAGEM: ☐ SIM   ☐ NÃO

DESCRIÇÃO	PLACAS	VAGA NA GARAGEM	OBSERVAÇÃO

ANIMAIS DOMÉSTICOS (se tiver):
QUAIS?_____

Local e data

_____
Assinatura

11.8 Carta de Advertência

> Condomínio MILLENIUM
> Rua _____ - CNPJ _____ - Cidade/UF

Local e data
Para

_____

Nesta

Prezado Senhor

REF: ADVERTÊNCIA DISCIPLINAR

Pela presente fica V.Sa. advertido, em razão das irregularidades abaixo mencionadas:
1. Atrito com condômino e consequente falta de respeito;
2. Falta de prestatividade no exercício de sua função.

Tendo em vista que o Sr. é portador de **Certificado de Participação** em curso especial e destinado treinar e orientar empregados de condomínio, onde entre outras matérias, recebeu instruções sob os títulos de Relações Humanas no Trabalho e Segurança no Condomínio, cabe-nos lembrá-lo que tais matérias tem que ser praticadas diariamente, e sempre que houver necessidade ou mesmo por qualquer divergência eventualmente ocorrida com moradores, deve o Sr. procurar a direção deste condomínio para sanar estas questões.

Esclarecemos que a reiteração no cometimento de irregularidades autorizam a rescisão do contrato de trabalho por justa causa, razão pela qual esperamos que o Sr. procure evitar a reincidência neste tipo de procedimento, para que não tenhamos que futuramente tomar medidas que nos são facultadas por lei.

Atenciosamente,

_____
Síndico
Condomínio Millenium

Ciente em ___/___/_____

_____
Colaborador

11.9 Carta de Apresentação

> Condomínio MILLENIUM
> Rua _____ - CNPJ _____ - Cidade/UF

Local e data

A quem possa interessar:

Informamos que o Sr. _____ portador da CTPS _____ e RG._____, trabalhou neste condomínio entre __/__/____ e __/__/____, exercendo a função de _____.

Sem mais, subscrevemo-nos

_____
Condomínio MIllenium
Síndico

11.10 Carta de Comunicação aos Moradores

Condomínio MILLENIUM
Rua _____ - CNPJ _____ - Cidade/UF

COMUNICADO

DECORAÇÃO DE FINAL DE ANO

* (descrever o assunto do comunicado) *

No Domingo (dia __/__/____) pela manhã, estaremos instalando a iluminação para decoração de final de ano, sob a orientação do condômino _____ (apto. _____).

Todavia, contamos com a participação de voluntários que estiverem em condições de ajudar, o que antecipadamente agradecemos.

Atenciosamente,

_____   _____
Síndico   Vice-síndico

11.11 Convocação de Assembleia Geral Extraordinária

> Condomínio MILLENIUM
> Rua _____ - CNPJ _____ - Cidade/UF

EDITAL DE CONVOCAÇÃO DE ASSEMBLEIA GERAL EXTRAORDINÁRIA

Convocamos os SENHORES CONDOMINOS para participarem da Assembleia Geral Extraordinária, a ser realizarda em __/__/____, às __:__ horas, em primeira convocação, com a presença de 2/3 (dois terços) dos condôminos, ou às __:__ horas, em segunda convocação, no mesmo dia e local, com qualquer número de presentes, a fim de deliberarem, aprovarem sobre os seguintes assuntos do dia:

1. DESCREVER O ASSUNTO 1

2. DESCREVER O ASSUNTO 2

3. DESCREVER O ASSUNTO 3 e os demais...

É lícito aos senhores condôminos se fazerem representar na Assembleia ora convocada, mediante a apresentação da respectiva procuração.

A ausência dos senhores condôminos não os desobrigam de aceitarem como tácita concordância aos assuntos que forem tratados e deliberados.

Os condôminos em atraso nos pagamentos de suas taxas condominiais não poderão votar nas deliberações.

Local e data:

_____
Síndico

11.12 Controle de Reserva de Salão de Festa

CONDOMÍNIO MILLENIUM

Controle de Reserva para uso do Salão de Festas

Período: mês de   OUTUBRO/ 2008   CUSTO: R$

Dia	Apto	Nome	Observação
1	Quarta		
2	Quinta		
3	Sexta		
4	Sábado		
5	Domingo		
6	Segunda		
7	Terça		
8	Quarta		
9	Quinta		
10	Sexta		
11	Sábado		
12	Domingo		
13	Segunda		
14	Terça		
15	Quarta		
16	Quinta		
17	Sexta		
18	Sábado		
19	Domingo		
20	Segunda		
21	Terça		
22	Quarta		
23	Quinta		
24	Sexta		
25	Sábado		
26	Domingo		
27	Segunda		
28	Terça		
29	Quarta		
30	Quinta		
31	Sexta		

* Só poderá ser utilizado mediante Autorização de Uso *

11.13 Comunicado Minuta de Reunião

```
            Condomínio MILLENIUM
Rua _____ - CNPJ _____ - Cidade/UF
```

COMUNICADO

Comunicamos aos Srs. colaboradores as decisões tomadas pelos presentes na assembleia Geral Extraordinária realizada no dia 30 de Agosto de 1.999, conforme os tópicos previstos na convocação da referida assembleia:

1. Empregados: escala de horário e controle da portaria:
   Foi aprovada a nova escala de horários, com os funcionários existentes, sendo que deverão cumprir as seguintes normas:
   - toda e qualquer pessoa visitante devera ser previamente anunciada, devendo ser claramente autorizada pelo condômino a subir ao seu apartamento.
   - cabe aos porteiros manter e observar a segurança da portaria, auxiliar os condôminos em transito abrindo a porta de acesso na entrada e saída dos moradores, manter um elevador no térreo para agilizar o acesso dos moradores e visitantes aos apartamentos, dedicar especial atenção às pessoas que transitam pela portaria carregando sacolas, pacotes, etc.

2. Manutenção elevadores: troca de molas e divisão de uso por pavimento:
   Ficou decidido pela manutenção do sistema de uso alternado, sendo que os elevadores serão ligados alternadamente no decorrer do dia, porém funcionarão os dois simultaneamente nos seguintes horários:
   - De 2a. a 6a.feira: das 7.00 as 8.30, das 11.00 as 14.00 e das 17.30 as 20.00hs.
   - Aos sábados e domingos: das 7.00 as 14.00 e das 18.00 as 20.00 hs.
   - O segundo elevador poderá ser ligado a qualquer momento, a pedido de qualquer dos condôminos, desde que se justifique o seu uso.

3. Fornecimento de cesta básica para os funcionários:
   Foi aprovado o fornecimento da cesta básica em espécie (dinheiro), desde este benefício não seja incorporado aos salários, conforme previsto no Aditivo à Convenção Coletiva ref. 1999/2000, celebrado em 08/06/99, podendo ser alterado se necessário, conforme decisão de novas convenções coletivas.

4. Definição de novas regras para utilização do Salão de Festas:
   A utilização do salão de festa obedecera novas regras, sendo que toda autorização de uso/termo de responsabilidade será emitida pelo vice-síndico ou pelo sóndico, de 2a. a 6a.feira, em horário comercial, devendo esta ser solicitada na portaria.
   – fica expressamente vedado o uso do salão de festas sem a apresentação da referida autorização.
   – caberá aos porteiros o controle do acesso ao salão de festas, bem como o recebimento e vistoria do mesmo após o uso.
   – deverá ser respeitada a lei do silencio: para o uso noturno de 2^a a 6ª feira, até as 22:00 horas, no Sábado e Domingo, até as 23:00 – improrrogável.
   – os condôminos em debito não poderão fazer uso do mesmo.

5. Outros assuntos de interesse do condomínio:
   – será colocada uma mola reforçada para fechar automaticamente a porta da portaria (térreo), e também um alarme que soará sempre que a porta não estiver corretamente fechada, silenciando assim que for fechada, sendo que cada condômino será responsável pelo seu fechamento, independentemente de ter ou não um porteiro na portaria
   – o condômino que abrir a porta para outra pessoa, quando solicitado via interfone, o fará sob sua total responsabilidade, ou seja, devera ter certeza absoluta que esta abrindo a porta a uma pessoa conhecida ou uma pessoa que tenha acesso permitido no condomínio.
   – cada morador devera ter uma chave para acesso pela portaria (térreo), bem como seu controle para acesso pelas garagens. Os condôminos que não tiverem a chave, poderão retirar uma cópia na portaria, que será cobrada juntamente com o condomínio do próximo mês, e os controles de portão deverão ser providenciados pelos Srs. Condôminos.

Estas foram as decisões tomadas pelos presentes na referida assembleia, que passam a vigorar para todo o condomínio a partir do conhecimento dos Srs. Condôminos, através da entrega protocolada de uma cópia deste comunicado.

Local e data

_____
Síndico

Cientes,

_____   _____   _____
Colaborador A   Colaborador B   Colaborador C

11.14 Contrato de Prestação de Serviço

Por este instrumento particular, de um lado o Condomínio MILLENIUM, representado pelo seu Síndico, _____, adiante denominado CONTRATANTE e de outro lado _____, pessoa jurídica inscrita junto ao CNPJ (MF) sob o n° _____, com sede à Rua _____ ,adiante denominada CONTRATADA, têm entre si, justo e acertado o presente contrato conforme as cláusulas e condições seguintes:

Objeto do contrato
descrever a a obra ou serviço de forma bem detalhada, especificar a data de início, o prazo para sua realização e o seu término.

Preço
Definir claramente o valor do serviço e como serão efetuados os pagamentos, com as datas e o valor das parcelas. Especificar também os juros e multa no caso de atraso.

Reajuste
Se houver necessidade de reajuste, definir o índice que será utilizado e como será aplicado.

Condições gerais
a) especificar outros itens (item a item) relevantes à contratação, como os materiais utilizados, horários em que o serviço será executado, possível ocorrência de imprevistos, etc.
b) definir como e quando o serviço objeto do presente contrato será considerado executado e entregue, mencionando também que no caso de interrupção do serviço ou obra, o pagamento será feito apenas pelo que foi realizado.

Rescisão
Definir condição para rescisão do contrato, que poderá ser cancelado por qualquer das partes, observadas algumas condições:
a) que a rescisão seja comunicada por escrito, com antecedência de xxx dias;
b) definir a multa que será aplicada à parte que der causa à rescisão.

Foro
As partes, de comum acordo, elegem o foro de _____, para dirimir qualquer dúvida decorrente deste contrato.

Estando assim as partes justas e contratadas, firmam o presente na presença das testemunhas abaixo nomeadas, para que tenha seu efeito legal.

* * * o contrato deverá ser efetuado pelo menos em duas vias.

Local e data

_____
Contratada

_____
Contratante

Testemunhas:

_____

_____

11.15 Contrato de Experiência de Trabalho

EMPREGADOR: (Nome do Empregador), (Nacionalidade), (Profissão), (Estado Civil), Carteira de Identidade nº ____, C.P.F. nº _____, residente e domiciliado na Rua _____, nº ____, da cidade de _____, Estado do ____;

COLABORADOR: (Nome do COLABORADOR), (Nacionalidade), (Estado Civil), Carteira de Identidade nº ____, C.P.F. nº _____, Carteira de Trabalho nº _____, série ____, residente e domiciliado na Rua _____, nº ____, da cidade de _____, Estado do ____.

As partes acima quaificadas têm, entre si, justo e acertado o presente Contrato de Experiência de Trabalho, que se regerá pelas seguintes cláusulas e condições:

Cláusula Primeira - OBJETO DO CONTRATO

O presente contrato tem como OBJETO, a prestação, pelo **COLABORADOR**, do trabalho consistente nos serviços relativos à função de _____, trabalho que se consubstancia na formação específica, a qual o **COLABORADOR** já possui experiência em Carteira de Trabalho, no intuito principal de certificar a aptidão profissional do mesmo.

Parágrafo Primeiro: No período de vigência do presente instrumento, o **COLABORADOR** se compromete a realizar de forma responsável e pontual o trabalho que lhe for determinado, seguindo as instruções e orientações que o **EMPREGADOR** lhe determinar.

Parágrafo Segundo: Os serviços mencionados acima são inerentes ao contratado, portanto não poderá transferir sua responsabilidade na execução para outrem que não esteja previamente contratado.

Clausula Segunda - DOS SERVIÇOS

O **COLABORADOR** realizará todos serviços que o **EMPREGADOR** requisitar, de forma pessoal, ou seja, não poderá utilizar-se de terceiros para execução e auxilio dos mesmos.

Parágrafo Primeiro: Problemas de saúde ou de ausência no trabalho serão comunicados diretamente ao **EMPREGADOR**, que ratificará a ausência, após a apresentação de atestado de dispensa médica ou com simples comunicação verbal feita pelo **COLABORADOR**.

Parágrafo Segundo: Resta desde já acordado que havendo necessidade de realização de viagens a serviço, o **COLABORADOR** as fará e cumprirá as determinações do **EMPREGADOR**, que arcará com todas as despesas.

Clausula Terceira - DA JORNADA DE TRABALHO

A jornada de trabalho consistirá em um expediente, compreendendo o período semanal que vai de __ a __, havendo descanso semanal remunerado às/aos __, iniciando-se às __ horas, e terminando às __ horas, com intervalo de ____minutos/ horas para almoço, podendo não haver expediente às/aos ___, caso haja compensação durante o horário da semana.

Clausula Quarta - DA REMUNERAÇÃO

O salário ajustado entre as partes será de R$ _____(_____), que o **EMPREGADOR** se compromete a pagar até o 5º (quinto) dia útil subsequente ao mês trabalhado, descontado o valor correspondente ao percentual de contribuição ao INSS devido pelo **COLABORADOR**.

Parágrafo Único: O **COLABORADOR** está ciente de que haverá os seguintes descontos:

a) Adiantamento salarial;

b) Reembolso por acidentes causado por culpa ou dolo do **COLABORADOR**.

Clausula Quinta - DA RESCISÃO

Fica assegurado às partes a rescisão do presente contrato antes do término do prazo, devendo comunicar à outra parte com antecedência mínima de __ dias.

Clausula Sexta - DO PRAZO

O presente instrumento terá validade de xx dias, a iniciar-se no dia_____ de _____ de _____ e findar-se no dia __ de _____ de _____, data a qual o mesmo poderá ser renovado por mais xx dias, ficando a exclusivo critério do **EMPREGADOR**. Contudo nunca se excederá 90 (noventa) dias.

Parágrafo Primeiro: Ao final do contrato, restará facultado ao **EMPREGADOR**, realizar a contratação do **COLABORADOR** de forma a concretizar a ralação empregatícia.

Parágrafo Segundo: Não havendo interesse na contratação, o presente instrumento será concluído de plano, na data citada no caput desta Cláusula 11ª, sem qualquer tipo de indenização ou aviso prévio, independente de medidas judiciais ou extrajudiciais.

Clausula Sétima - CONDIÇÕES GERAIS

1. O presente contrato passa a vigorar entre as partes a partir da assinatura do mesmo.
2. O presente instrumento será regido suplementarmente pela Consolidação das Leis do Trabalho (CLT).

3. Quaisquer atos, culposos ou não, direcionados aos bens, às pessoas as quais trabalha e à pessoa do **EMPREGADOR** gerarão de imediato a faculdade de rescisão imediata por justa causa.
4. As infrações contratuais oriundas de ações ou omissões do **COLABORADOR** importarão na aplicação sucessiva das penalidades de advertência (escrita ou verbal), suspensão e demissão.
5. Ao final deste contrato, sem que haja contratação, o **EMPREGADOR** efetuará a quitação de todos os direitos previdenciários como: férias proporcionais, décimo terceiro proporcional, Fundo de Garantia, etc.

Clausula Oitava - DO FORO
Para dirimir quaisquer controvérsias oriundas do presente CONTRATO DE EXPERIÊNCIA DE TRABALHO, elegem o foro da comarca de _____, de acordo com o art. 651, da CLT;
Por estarem assim justos e contratados, firmam o presente instrumento, em duas vias de igual teor, juntamente com 2 (duas) testemunhas.

(Local, data e ano).

_____
Nome e assinatura do EMPREGADOR

_____
Nome e assinatura do COLABORADOR

Testemunhas:

_____
(Nome, RG e assinatura da Testemunha)

_____
(Nome, RG e assinatura da Testemunha)

11.16 Convocação de Assembleia Geral Ordinária

Condomínio MILLENIUM
Rua _____ - CNPJ _____ - Cidade/UF

EDITAL DE CONVOCAÇÃO DE ASSEMBLEIA GERAL ORDINÁRIA

  Convocamos os SENHORES CONDOMINOS para participarem da Assembleia Geral Ordinária, a ser realizarda em __/__/____ às __:__ horas, em primeira convocação, com a presença de 2/3 (dois terços) dos condôminos, ou às __:__ horas, em segunda convocação, no mesmo dia e local, com qualquer número de presentes, a fim de deliberarem, aprovarem sobre os seguintes assuntos do dia:
  1. DESCREVER O ASSUNTO 1
  2. DESCREVER O ASSUNTO 2
  3. DESCREVER O ASSUNTO 3 e os demais...

  É lícito aos senhores condôminos se fazerem representar na Assembleia ora convocada, mediante a apresentação da respectiva procuração.
  A ausência dos senhores condôminos não os desobrigam de aceitarem como tácita concordância aos assuntos que forem tratados e deliberados.
  Os condôminos em atraso nos pagamentos de suas taxas condominiais não poderão votar nas deliberações.

  Local e data:

_____
Síndico

11.17 Declaração de Quitação Condominal

O Síndico do **Condomínio Millenium**, no uso das atribuições que lhe confere a Convenção do Condomínio, consoante disposto na Lei N° 4.591/64 e de conformidade com a ata de Eleição e Posse datada de ___ de _____ de _____, registrada sob N° _____ Cartório de Registro de Títulos e Documentos do ___° Ofício de _____, Estado do _____, declara que não existem quaisquer débitos junto a Tesouraria deste Condomínio com relação ao apartamento _____ (_____), até a data de ___ **de** _____ **de** ____

Por ser a expressão da verdade, firma o presente.

Local e data

_____
Síndico

11.18 Ficha de Identificação de Colaborador

DADOS PESSOAIS

Nome:_____
Endereço:_____
Bairro:_____
CEP:_____ Cidade:_____ UF____
Fone fixo:_____ Celular:_____ Recados: _____
E-mail:_____
Nascimento: ___/___/_____ Cidade:_____ UF____
Estado Civil:_____ Cor:_____ Religião: _____

DOCUMENTAÇÃO:

RG:_____ UF: _____ Data Expedição: ___/___/____
CPF:_____ Cart. Reservista: _____
PIS/Pasep: _____Data de cadastro: ___/___/____
Banco: _____ Agência:_____ Cidade:_____ UF:_____

Titulo eleitor:_____ Zona: _____ Seção: _____
Habilitação:_____ Categoria: _____Validade: ___/___/___

ANOTAÇÕES:

Dependentes menores de 14 anos:_____ (anexar fotocópia registro nascimento).
1. _____ Data Nascimento: ___/___/_____
_____
_____
_____
_____

11.19 Ficha de Frequência

CONDOMÍNIO Millenium

Dia		Entrada	Saída	Entrada	Saída	Anotações (uso do escritório)
1	Quarta					
2	Quinta					
3	Sexta					
4	Sábado					
5	Domingo					
6	Segunda					
7	Terça					
8	Quarta					
9	Quinta					
10	Sexta					
11	Sábado					
12	Domingo					
13	Segunda					
14	Terça					
15	Quarta					
16	Quinta					
17	Sexta					
18	Sábado					
19	Domingo					
20	Segunda					
21	Terça					
22	Quarta					
23	Quinta					
24	Sexta					
25	Sábado					
26	Domingo					
27	Segunda					
28	Terça					
29	Quarta					
30	Quinta					
31	Sexta					

```
                                    034 - H.E.  50%........._____hs.
_____             036 - H.E. 100%........_____hs.
       funcionário                  055 - H.Adic.Noturno _____hs.
                                    ___ - _____ _____hs.
                                    286 – Adiant.Salário R$_____
```

Obs: Formulário a ser preenchido pelo próprio funcionário – o que documenta de forma incontestável suas horas trabalhadas, evitando aborrecimentos em ações trabalhistas.

11.20 O Recibo de Quotas

RECIBO

Recebemos de _____. a importância de **R$** _____
(_____), referentes ao pagamento das Quotas de Condomínio em atraso, do **Apartamento** _____ (_____), vencidas em ___/___/_____ a ___/___/_____, cfe. Cheque No. _____ do Banco _____.

Por ser a expressão da verdade, firmamos o presente recibo.

Local e data

_____
Administração

11.21 Convenção de Condomínio

CONVENÇÃO DE CONDOMÍNIO DO EDIFÍCIO MILLENIUM

Os abaixo assinados, titulares de direito e ação sobre CONDOMÍNIO DO EDIFÍCIO MILLENIUM firmam a presente Convenção, para a administração, conservação e ordem interna do Edifício, que se regerá pela Lei n° 4.591, de 16 de dezembro de 1964, pela legislação posterior complementar, pelas disposições gerais desta Convenção, pelo Regimento Interno e demais Regulamentos aprovados por Assembleia Geral, dentro das formalidades legais e do quorum legal ou convencionalmente previsto. Esta Convenção será devidamente registrada em Cartório do Registro de Imóveis, é obrigatória para todos os condôminos e só poderá ser modificada pelo voto de 2/3 (dois terços) das frações ideais componentes do Condomínio. O Regimento Interno e demais Regulamentos poderão ser modificados, em Assembleia Geral especificamente convocada, por maioria absoluta das unidades componentes do Condomínio.

Capítulo I
Da Propriedade

Art. 1° - O Condomínio do Edifício MILLENIUM é constituído de partes comuns a todos os condôminos e de unidades autônomas de propriedade exclusiva de cada comunheiro.

Art. 2° - O Edifício MILLEINUM é constituído de subsolo, pavimento térreo, ... pavimentos-tipo e cobertura, com ... (....) apartamentos sendo quatro em cada pavimento-tipo, e uma loja, localizada no pavimento térreo, que tomou o número de ..., cabendo a cada uma das unidades autônomas a fração de .... avos do terreno e das coisas comuns.

Art. 3° - São consideradas partes em comum do Condomínio e de serviço de Edifício, ressalvadas as hipóteses reguladas em Lei, inalienáveis e indivisíveis, todas aquelas previstas no art. 3°, da Lei n° 4.591, de 16 de dezembro de 1964, especialmente:

a) o terreno sobre o qual foi construído o Edifício, com m2;
b) o parqueamento para automóveis, localizado no subsolo, com m2;
c) área localizada no pavimento térreo, na parte dos fundos, com m2;
d) o apartamento destinado ao zelador, com m2;
e) a entrada social do edifício, com m2;
f) a entrada de serviço e de acesso ao parqueamento subterrâneo, com m2;

g) o depósito de lixo, com m2;

h) a área de recreação localizada na cobertura com m2;

i) as áreas de circulação, em cada um dos pavimentos-tipos, cada qual com m2;

j) as caixas d'água;

l) os dois elevadores, com a respectiva caixa de máquinas e seus acessórios;

m) os poços de ventilação;

n) as instalações de ventilação e as de águas, esgotos sanitários, pluviais, incêndios, luz, gás e telefones, até os pontos de intersecção com as ligações de propriedade exclusiva de cada condômino;

o) o tubo coletor de lixo;

p) as fundações, estruturas, lajes, paredes que limitam as unidades autônomas, escadas, patamares e tudo o mais que por sua natureza, se destine ao uso dos condôminos.

Art. 4º - São consideradas coisas de propriedade exclusiva de cada condômino as respectivas unidades autônomas, respectivamente numeradas de ... a ..., ..., a ..., ..., a ..., ..., a ..., e Loja ... com todas as suas instalações internas, encanamentos, ralos, registros, eletrodutos, até as respectivas linhas-tronco, conforme as plantas e especificações técnicas, bem como os aparelhos e equipamentos integrantes das respectivas unidades autônomas.

Art. 5º - Ressalvadas as hipóteses previstas em Lei, o aspecto arquitetônico do Edifício só poderá ser modificado pela unanimidade dos votos componentes do Condomínio e as alterações em coisas de propriedade comum dependerão da aprovação de 2/3 (dois terços) dos condôminos.

Capítulo II
Dos Direitos e Deveres dos Condôminos

Art. 6º - São direitos dos condôminos:

a) usar, gozar, fruir e dispor das respectivas unidades autônomas, como melhor lhes aprouver, desde que respeitadas as disposições desta Convenção, do Regimento Interno e demais regulamentos da mesma decorrentes, da Lei nº 4.591, de 16/12/1964, das demais leis aplicáveis, e às normas da moral;

b) comparecer ou fazer-se representar nas Assembleias Gerais do Condomínio, podendo nelas propor, discutir, votar e ser votado, aprovar, impugnar, rejeitar qualquer proposição, desde que quites com o pagamento das cotas condominiais ordinárias ou extras;

c) examinar livros, arquivos, contas e documentos outros, podendo, a qualquer tempo, solicitar informações ao Síndico ou a Administradora, sobre as questões atinentes à administração do Condomínio;

d) fazer consignar no livro de atas das Assembleias ou no livro de sugestões e reclamações do Condomínio, eventuais críticas, sugestões, desacordos ou protestos contra atos que considerem prejudiciais à boa administração do Condomínio, solicitando ao Síndico, se for o caso, a adoção de medidas corretivas adequadas;

e) fazer uso das partes comuns do Condomínio, sobre elas exercendo todos os direitos que lhes são legalmente conferidos, bem como pelos que lhes conferem esta Convenção e o Regimento Interno, desde que não impeça uso igual aos demais comunheiros.

Art. 7º - São deveres dos condôminos:

a) cumprir e fazer cumprir, por si, seus herdeiros, familiares, locatários, serviçais, visitantes e sucessores a qualquer título, o disposto nesta Convenção e no Regimento Interno; na Lei nº 4.591, de 16/12/1964;

b) concorrer para as despesas comuns, na proporção fixada pelo Capítulo III desta Convenção, de acordo com o orçamento anualmente fixado por Assembleia Geral, ou suas alterações subsequentes, também aprovadas por Assembleias Gerais, recolhendo as quotas nos prazos estabelecidos;

c) responder pelas multas aplicadas pelo Síndico, por infração comprovada desta Convenção, do Regimento Interno ou da Lei nº 4.591, de 16-12-1964;

d) respeitar a Lei do Silêncio, especialmente após às 22 horas;

e) zelar pelo asseio e segurança do prédio, lançando o lixo, restos e detritos pelo tubo coletor próprio, devidamente envolvidos em pequenos pacotes ou sacos plásticos, nada podendo ser lançado para as partes comuns e muito menos para a rua, pelas janelas, proibição esta que inclui especificamente, cinza de cigarros;

f) comunicar ao Síndico qualquer caso de moléstia contagiosa, infecciosa ou endêmica, para as providências cabíveis junto às autoridades sanitárias;

g) facilitar ao Síndico, ou seu preposto, o acesso às unidades autônomas, para vistorias em casos de infiltrações, vazamentos ou demais causas;

h) manter em perfeito estado de conservação todas as instalações internas das respectivas unidades autônomas, de forma a evitar prejuízos ao Edifício, ou a outros condôminos, por infiltrações, vazamentos ou problemas daí decorrentes;

i) comunicar ao Síndico qualquer avaria ou mau funcionamento das instalações internas dos apartamentos que, por motivo de força maior, não possam ser imediatamente reparadas;

j) caberá a cada condômino a iniciativa e o ônus pela conservação e reparação das instalações internas dos apartamentos respectivos, bem como das tubulações de luz, gás, água, esgotos, telefones etc., até o encanamento-tronco;

l) cada condomínio será obrigado a reparar, por sua conta, todos e quaisquer danos que nas partes comuns ou a qualquer dos demais apartamentos do Edifício forem causados por defeitos nas instalações da sua propriedade, não reparadas a tempo podendo o Síndico ou os condôminos prejudicados exigir do responsável o ressarcimento do custeio da reparação integral dos danos daí derivados;

m) o condômino em cuja unidade autônoma forem realizadas obras, será responsável pela limpeza dos corredores e outros locais onde transitarem materiais de construção ou entulhos, os quais não poderão ser depositados em qualquer espaço de uso comum, correndo por sua conta e risco, os ônus e prejuízos que resultarem nas partes comuns do Edifício, proibição esta que se estende à colocação dos mesmos no interior das unidades de modo que seja visível da rua;

n) mesmo nas áreas de fundos é vedada a colocação externa de secadores que deixam gotejar;

o) é proibida a colocação de vasos, garrafas etc., nas janelas do edifício;

p) é proibido manter ou guardar nas unidades ou nas partes comuns substâncias perigosas à segurança do Edifício ou de seus ocupantes, tais como inflamáveis, explosivos etc.;

q) é proibido realizar obras que possam afetar a segurança das estruturas, ou lhes aplicar peso excessivo por depósitos, piscinas etc.;

r) os pisos das unidades não deverão ser lavados de modo a inundar as partes comuns e unidades próximas, nem as mesmas produzir infiltrações;

s) é proibido alugar ou transferir a qualquer título a unidade autônoma a pessoas de vida duvidosa ou de maus costumes, ou a converter em pontos de encontro, discotecas, agremiações política ou assemelhados, que se afastem da destinação residencial e familiar do prédio;

t) é proibido transportar nos elevadores cigarros ou similares acesos, bem como é proibido transportar nos mesmos quaisquer animais;

u) é vedado deixar abertas ou entreabertas as portas das unidades autônomas;

v) os condôminos e demais moradores se obrigam a manter fechadas à chave as entradas do prédio, no horário regulamentar de 22 às 7 horas, e a assistir seus visitantes, médicos etc., que devam entrar os sair durante esse período, evitando chamamento em altas vozes, assovios etc., entre a rua e a respectiva unidade autônoma, bem como qualquer outra perturbação do silêncio e sossego do prédio;

w) são proibidas aglomerações nas partes comuns a presença nas mesmas de vendedores e propagandistas, e os jogos ou brincadeiras de qualquer tipo, exceto, neste último caso, no terraço de recreação em horas autorizadas pelo Síndico, e desde que as crianças estejam acompanhadas pelos responsáveis;

x) ressalvadas as ocasiões de obras é proibido bater ou produzir impactos que afetem as demais unidades.

Capítulo III
Das Despesas Atribuídas aos Condôminos

Art. 8º - São conferidas despesas comuns que devem ser suportadas por todos os condôminos, na proporção determinada pelo parágrafo 1º deste artigo, todas aquelas constantes do orçamento a ser anualmente aprovado em Assembleia Geral Ordinária, como sejam, os salários dos empregados, as contribuições previdenciárias, as despesas com luz, força e gás relativas às partes comuns, taxas e esgotos, serviço e material para desinfecção, dedetização, desratização e limpeza das partes comuns, manutenção, remoção ou substituição de peças dos elevadores, das bombas de elevação e sucção de água, do equipamento de prevenção contra incêndio e demais equipamentos, além dos impostos, taxas, prêmios de seguro e contribuições de qualquer natureza que incidam sobre o Edifício, a remuneração do Síndico e da administradora de imóveis contratada e as despesas com a conservação dos elevadores.

§ 1º - Cada uma das unidades ... a ..., ... a ..., ... a ... e ... a .... contribuirão para as despesas comuns na proporção de ... avos por cada unidade; o apartamento ..., localizado na cobertura do Edifício, contribuirá com ... avos.

§ 2º - A loja ... fica isenta do pagamento das despesas comuns, pagando porém o seguro da edificação, na proporção de ... avos e os serviços que, efetivamente, utilizar.

Art. 9º - As despesas referentes a consertos e obras de qualquer natureza nas partes comuns do Edifício, até o valor de ...., poderão ser efetuadas pelo síndico, ouvido o Conselho Consultivo, independentemente da convocação da Assembleia, o qual providenciará imediatamente o rateio correspondente, caso o saldo existente na conta corrente do Condomínio seja insuficiente. Para cada despesa equivalente à prevista neste artigo deverá haver posterior ratificação da Assembleia que, uma vez confirmada, revalidará a autorização acima. Para a realização de obras que excedam o valor acima previsto, deverá ser convocada uma Assembleia Geral que a autorize.

Art. 10 - Haverá um Fundo de Reserva para a realização de despesas não previstas no orçamento, Terá este o valor correspondente a .....% (...... por cento) do valor das contribuições condominiais ordinárias, podendo ser movimentado pelo Síndico, com a aquiescência do Conselho Consultivo.

Art. 11 - As cotas condominiais ordinárias poderão ser cobradas, mensal ou trimestralmente, a critério da Assembleia Geral. Em caso de cobrança mensal, o vencimento recairá no dia .....(........) do mês a que se referir. Se for trimestral a cobrança, recairá o vencimento no dia ...... (........) do primeiro mês do trimestre a que se referir.

Parágrafo único - A cobrança das cotas extraordinárias poderá ser efetuada em datas diversas.

Art. 12 - Todo e qualquer dano causado ao Edifício em suas partes comuns deverá ser indenizado por quem o causar. No caso de morador, locatário, dependente ou visitante, responderá o proprietário pelas despesas.

Capítulo IV
Da Destinação, Uso e Fruição

Art. 13 - Os apartamentos têm destinação exclusivamente residencial, sendo vedada qualquer outra destinação, inclusive a sublocação ou cessão gratuita ou onerosa parcial das unidades.

Art. 14 - A loja ... localizada no pavimento térreo, tem destinação exclusivamente comercial, ficando porém excluídos os ramos de bar, lanchonete, restaurante, boate, discoteca, açougue, oficina mecânica, borracheiro e qualquer outro que possa pertubar a tranquilidade e o sossego dos moradores.

Art. 15 - Aos proprietários, seus dependentes, locatários, serviçais ou moradores a qualquer título, é vedado o uso das partes comuns do Condomínio para depósitos de qualquer natureza, especialmente entulhos, móveis etc., bem como é expressamente proibido o ajuntamento ou reunião de pessoas, exceto nas reuniões do Condomínio.

Art. 16 - Fica expressamente proibida a manutenção de animais nas unidades autônomas ou em partes comuns do Condomínio.

Capítulo V
Da Administração do Condomínio

Art. 17 - A administração do Condomínio será exercida por um Síndico, preferencialmente condômino ou morador no prédio, eleito em Assembleia Geral, com mandato remunerado de um ano, podendo ser reeleito.

Art. 18 - Compete ao Síndico, além das atribuições específicas e constantes do § 1º, do art. 22, da Lei nº 4.591, de 16/12/1964:

a) organizar o quadro dos empregados para os serviços comuns, designando-lhes atribuições, deveres e obrigações;

b) admitir, demitir e punir, os empregados do Edifício, bem como fixar seus respectivos salários, dentro do estabelecido no orçamento contratual;

c) contratar engenheiros, advogados, peritos, contadores etc., quando necessário, para a defesa dos interesses do Condomínio;

d) ter sob sua guarda e transferir ao seu sucessor todos os valores, livros, documentos, plantas, registros etc., e tudo o mais de propriedade do Condomínio;

e) cobrar inclusive judicialmente, as quotas condominiais ordinárias ou extras, aprovadas por Assembleia, e que estejam em atraso, bem como cobrar as multas estabelecidas;

f) receber e dar quitação em nome do Condomínio, movimentar contas bancárias, representar o Condomínio perante repartições públicas e entidades privadas e praticar todos os demais atos necessários à administração, inclusive financeira do Condomínio;

g) notificar, por escrito, o condômino infrator de qualquer dispositivo desta Convenção, do Regimento Interno ou da Lei n° 4.591, de 16/12/1964;

h) remeter, mensal ou trimestralmente aos condôminos, um resumo das receitas e despesas do Condomínio, apresentando, quando solicitado, os documentos comprobatórios;

i) elaborar, com a assistência do Conselho Consultivo, o orçamento anual;

j) convocar Assembleias Gerais Ordinárias no primeiro trimestre de cada ano, e Assembleias Gerais Extraordinárias, sempre que se fizer necessário.

§ 1° - As funções administrativas poderão ser delegadas a pessoas jurídicas da confiança do Síndico, e sob a sua inteira responsabilidade, mediante aprovação da Assembleia Geral.

§ 2° - O Síndico não é pessoalmente responsavél pelas obrigações que assumir em nome do Condomínio. Responderá, porém, se for o caso, pelo excesso de representação.

§ 3° - Das decisões do Síndico caberá recurso para a Assembleia Geral, que poderá ser convocada por solicitação escrita do interessado, que arcará com todas as despesas da convocação, salvo se o recurso for provido.

Art. 19 - Será eleito na mesma Assembleia que eleger o Síndico, e pelo mesmo período, permitida a reeleição, um Conselho Consultivo composto de três membros, todos condôminos.

Parágrafo único - Poderão ser eleitos até dois condôminos para Suplentes do Conselho Consultivo, que substituirão os efetivos em seus impedimentos eventuais ou definitivos.

Art. 20 - Ao Conselho Consultivo compete, além do estabelecido no parágrafo único, do art. 23, da Lei n° 4.591, de 16/12/1964:

a) agir coletivamente e orientar o Síndico, quando solicitado, sobre assuntos de interesse do Condomínio;

b) encaminhar e dar parecer sobre as contas do Síndico;

c) autorizar a movimentação do Fundo de Reserva;

d) autorizar ou não a realização de obras até o valor de dez salários-referência, vigentes neste Estado.

§ 1° - Dentre os membros do Conselho Consultivo será escolhido um Presidente, a quem competirá substituir o Síndico em seus impedimentos eventuais.

§ 2° - As decisões do Conselho Consultivo serão sempre tomadas por maioria de votos.

Art. 21 - O Síndico, ou qualquer dos membros do Conselho Consultivo poderão ser destituídos pelo voto de 2/3 (dois terços) dos condôminos presentes em Assembleia Geral especialmente convocada para este fim.

Capítulo VI
Das Assembleias Gerais

Art. 22 - A Assembleia Geral é o órgão soberano do Condomínio, reunindo-se em local, data e hora indicados no edital de convocação.

Art. 23 - A Assembleia reunir-se-á:

a) Ordinariamente, no primeiro trimestre de cada ano, para discutir, aprovar ou rejeitar, no todo ou em parte, as contas do exercício anterior, aprovar o orçamento para o novo exercício, eleger o Síndico e o Conselho Consultivo e tratar de assuntos de interesse geral;

b) Extraordinariamente, sempre que se fizer necessário, podendo ser convocada pelo Síndico, por condôminos que representem 1/4 (um quarto) das unidades autônomas competentes do Condomínio, ou pelo Conselho Consultivo, especificamente no caso previsto pelo § 3º, do artigo 18, desta Convenção.

§ 1º - As convenções para as Assembleias Gerais serão feitas através de cartas circulares enviadas para todos os condôminos, com antecedência mínima de oito dias da data fixada para a sua realização e por publicação na imprensa, devendo constar do edital os assuntos a serem tratados, além da hora e local para a sua realização.

§ 2º - As Assembleias serão realizadas em primeira convocação com a presença de maioria absoluta dos condôminos, ou em segunda e última convocação, com qualquer número de presentes, trinta minutos após o horário designado para a sua realização em primeira convocação.

§ 3º - As Assembleias serão presididas por qualquer condômino, exceto o Síndico, que escolherá dentre os presentes, o Secretário incumbido de lavrar a ata em livro próprio, que será assinado pelos membros da Mesa e pelos condôminos que assim o desejarem.

§ 4º - Os condôminos poderão se fazer representar por procuradores devidamente habilitados, munidos de instrumentos revestidos das formalidades legais.

§ 5º - Nas Assembleias cada unidade terá direito a um voto. Caso, por qualquer motivo, uma unidade vier a pertencer a duas ou mais pessoas, dentre eles uma será escolhida para representá-la.

§ 6º - Os Condôminos que estiverem em débito para com o Condomínio, seja este oriundo do atraso no pagamento de quotas condominiais ordinárias ou extras, ou de multas aplicadas pelo Síndico, não terão direito a voto nas Assembleias.

§ 7º - As decisões das Assembleias, ressalvados os casos do quorum especial previstos em Lei ou nesta Convenção, serão sempre tomadas por maioria de votos dos presentes o obrigam a todos os condôminos, mesmo os ausentes.

§ 8º - As decisões das Assembleias Gerais serão levadas ao conhecimento dos condôminos, nos oito dias subsequentes à sua realização.

Capítulo VII
Dos Seguros e da Destinação em Caso de Sinistro

Art. 24 - Fazem parte integrante desta Convenção os artigos 13 a 18 e seus parágrafos, da Lei nº 4.591, de 16 de dezembro de 1964.

Capítulo VIII
Da Garagem

Art. 25 - O Edifício possui, no subsolo, área destinada ao parqueamento de veículos, cuja utilização será objeto do regulamento próprio, vez que não existem vagas vinculadas a qualquer das unidades.

Capítulo IX
Das Penalidades

Art. 26 - Pelo não cumprimento às disposições desta Convenção, do Regimento Interno, dos Regulamentos, ou da Lei nº 4.591, de 16/12/1964, ficarão os condôminos, seus dependentes, locatários, serviçais ou sucessores sujeitos às seguintes penalidades:

a) por infração comprovada ao artigo 5 desta Convenção: multa de .... por ocasião do respectivo pagamento, além da obrigação de repor as coisas em seu estado primitivo, no prazo de trinta dias, a contar da data da comunicação escrita do Síndico ou de quem suas vezes fizer;

b) perda do direito de voto e de representação nas Assembleias, se não estiverem quites com o pagamento das contribuições condominiais ordinárias ou extras, ou de multas aplicadas pelo Síndico, por infração comprovada da Convenção ou da Lei do Condomínio;

c) o pagamento das quotas condominiais ordinárias ou extras em data posterior à estabelecida será acrescido dos juros moratórios de 1% (um por cento) ao mês, além da multa de ......% (......... por cento), sendo que, passados cento e oitenta dias sem que o débito tenha sido quitado, será este atualizado com base nos índices fixados pelo Governo Federal;

d) no caso de cobrança judicial do débito relativo a quotas condominiais ordinárias ou extras, ou de multas aplicadas judiciais e honorários advocatícios;

e) quando ocorrerem estragos ou danos à propriedade comum, por culpa ou negligência do condômino, seu inquilino, dependentes, serviçais ou sucessores, ou por força de defeitos nas instalações das respectivas unidades autônomas, o responsável responderá pelo custo dos reparos que serão mandados executar pelo Síndico que, antes, por escrito, comunicará o responsável. Ao custo dos reparos, se não realizados pelo responsável, no prazo de trinta dias a contar da data do recebimento da comunicação do Síndico, serão acrescidos 10% (dez por cento), que reverterão em favor do Condomínio, sem prejuízo das outras penalidades previstas em Lei ou nesta Convenção;

f) o condômino que der causa a despesas suportará sozinho o excesso correspondente;

g) pelo não cumprimento de qualquer disposição desta Convenção do Regimento Interno, dos Regulamentos ou da Lei do Condomínio, exceto nos casos em que houver sido prevista outra penalidade, ficará o infrator sujeito ao pagamento da multa equivalente a dois salários-referência vigentes no Estado de ....., que será cobrada em dobro, em caso de reincidência.

Art. 27 - Independentemente de quem tenha sido o infrator, as multas serão sempre aplicadas ao proprietário da unidade, que poderá acionar regressivamente o causador do dano, após pagar a multa.

Parágrafo único - As multas por infração a esta Convenção, ao Regimento Interno, aos Regulamentos, ou à Lei número 4.591, de 16/12/1964, serão aplicadas pelo Síndico, delas cabendo recurso para a Assembleia Geral.

Capítulo X
Das Disposições Gerais

Art. 28 - Os proprietários, promitentes compradores, cessionários, promitentes cessionários, usufrutuários ou adquirentes a qualquer título, se obrigam por si, seus herdeiros, locatários, serviçais, visitantes e sucessores a qualquer título, pelo fiel cumprimento desta Convenção, do Regimento Interno e dos Regulamentos do Condomínio do Edifício ... sendo obrigatório, em caso de venda, doação, cessão, legado, usufruto, locação ou alienação da unidade autônoma, a qualquer título fazer constar dos respectivos títulos a obrigação de respeitar a presente Convenção, o Regimento Interno e os demais Regulamentos do Edifício.

Art. 29 - Os casos omissos serão resolvidos pelo Síndico, com assistência do Conselho Consultivo, à vista das leis que regem os condomínios ou da jurisprudência firmada em torno do assunto amigável ou judicialmente.

Art. 30 - Fica eleito o foro da Cidade de ... com renúncia expressa de qualquer outro, por mais privilegiado que seja, para dirimir qualquer ação ou dúvida que, direta ou indiretamente, decorra da presente Convenção.

_____
Local e data

_____
Assinaturas

11.22 Regimento Interno

REGIMENTO INTERNO DO CONDOMÍNIO MILLENIUM

Este regulamento, aprovado pelos condôminos presentes na Assembleia Geral Extraordinária do Condomínio, realizada em xx/xx/xxxx, tem como finalidade disciplinar a conduta e o comportamento de todos quantos residem neste edifício, complementando e na conformidade com o que determina a Lei n°. 4591 de 16.12.64 e outras posteriores, como também as determinações da Convenção Condominial.

É PROIBIDO:

1 - Pisar ou brincar nas partes que compõem o jardim, bem como nele intervir, adicionando ou removendo plantas ou mudando-lhe o arranjo a revelia do síndico.

2 - Depositar objetos ou outros materiais em qualquer das áreas de uso comum, isto é, na entrada, passagens, escadas, elevador, vestíbulos, garagem, etc. sem a permissão do síndico. Os volumes depositados serão removidos pelo zelador e somente serão devolvidos após o infrator pagar as despesas e danos porventura ocasionados.

3 - O uso de bola, skate, patins e bicicletas, com exceção de patins e bicicletas pequenas para crianças menores de 12 anos, nas vias de passeio do condomínio.

4 - Sujar, danificar, afixar cartazes ou avisos nas áreas comuns, exceto os de ordem legal, com prévia anuência do síndico.

5 - Estender, bater ou secar tapetes ou lençóis e quaisquer roupas, bem como vasos de plantas e objetos de peso nas janelas ou outros sítios fronteiriços, nos quais também não é permitido instalar varais de qualquer tipo, uma vez que sejam visíveis no exterior.

6 - Modificar as disposições das paredes internas de divisões de seu apartamento, sem a prévia anuência do síndico, bem como modificar a forma ou aspecto externo do edifício, sem a prévia autorização da Assembleia Geral dos Condôminos.

7 - Ter ou usar instalações ou material, por qualquer forma, que venham a afetar a saúde, segurança e tranquilidade dos demais condôminos ou inquilinos ou que possam onerar as despesas do seguro comum do condomínio.

8 - Fazer em sua propriedade qualquer instalação que importe em sobrecarga ou alteração da estrutura do edifício, sem autorização do Corpo Diretivo.

9 - Manter ou guardar substâncias odoríferas ou que causem perigo a segurança do edifício ou de seus moradores, tais como produtos químicos, inflamáveis, explosivos, etc.

10 - Fazer uso de fogão que não a gás ou elétrico, sendo vedado terminantemente o emprego de outros tipos, que não sejam considerados como de uso doméstico. Por exemplo: comercial qualquer, gasolina, querosene, diesel, carvão, etc.

11 - Atirar pelas janelas para a rua ou área comum, no piso dos corredores, escadas ou elevadores, garagens e demais dependências do condomínio, fragmentos de lixo, papéis, pontas de cigarro ou quaisquer objetos.

12 - Fazer reparos no seu apartamento, sem o cumprimento do Art. 10 do Capítulo "É DEVER" e Art. 4 das "DISPOSIÇÕES GERAIS", promover festividades ou reuniões suscetíveis de prejudicar os pertences comuns ou de perturbar o sossego e a tranquilidade dos demais condôminos.

13 - Utilizar os empregados do condomínio para serviços particulares durante o horário de serviço.

14 - Realizar mudanças totais ou parciais, sem cumprir o Art. 9 do capítulo "'É DEVER" e o Art. 3 das "DISPOSIÇÕES GERAIS".

15 - Utilizar, alugar, ceder ou explorar no todo ou em parte os apartamentos para fins que não sejam estritamente residenciais.

16 - Realizar lavagem ou conserto de veículos em qualquer área do condomínio, excetuando-se os de caráter emergencial que não causem transtornos e sujeira.

17 - Alugar ou ceder sua vaga na garagem, sob qualquer hipótese a pessoas não residentes no condomínio.

17.1 - Terminantemente proibido o estacionamento de motocicletas e bicicletas em qualquer área comum, que não a respectiva garagem do apartamento.

18 - O trânsito de operários ou outras pessoas estranhas ao condomínio nas áreas comuns do condomínio.

18.1 - Será permitido somente no trajeto portaria/apartamento e vice-versa, nos dias e horários estabelecidos e devidamente identificados, sob a anuência do Síndico e conhecimento do Zelador.

18.2 - Não se aplica este tópico, se acompanhado pelo proprietário, funcionário do condomínio ou do Corpo Diretivo.

18.3 - O proprietário do imóvel, ou quem detenha legalmente a sua posse é responsável por danos e atos praticados por terceiros que a seu contrato adentrem o condomínio.

É DEVER:
1 - No período das 22:00 às 8:00 hs. da manhã, cumpre aos moradores guardar silêncio evitando a produção de ruídos ou sons que possa perturbar o sossego e o bem estar dos demais moradores.

2 - Em qualquer horário o uso de aparelhos sonoros ou musicais deve ser feito de modo a não perturbar os vizinhos.

3 - Manter aberta a porta de elevador somente o tempo necessário para a entrada e saída de pessoas, salvo nos casos de manutenção, carga ou descarga.

4 - Observar as normas de segurança dos elevadores, determinadas tanto por lei quanto pelo fabricante.

5 - Tratar com respeito os empregados. Toda reclamação ou sugestão deve ser dirigida ao zelador ou ao Corpo Diretivo.

6 - Acondicionar o lixo em sacos plásticos colocando-os nos coletores e cuidando para que não haja respingos.

7 - Estacionar o veículo de acordo com a demarcação da vaga do respectivo apartamento.

8 - Apresentar o cartão de estacionamento ao porteiro sempre que solicitado e uma vez estacionado, deixá-lo em local visível.

9 - Comunicar as mudanças à Zeladoria, por escrito, com a assinatura do proprietário ou administradora do apartamento, reconhecendo-se a(s) firma(s) em cartório de notas com antecedência mínima de 2 (dois) dias do evento.

9.1 - Ato contínuo a mudança, atualizar os dados cadastrais junto à Administração.

9.2 - Se novo proprietário, apresentar documentação de transmissão da propriedade e posse do apartamento.

10 - Comunicar à Zeladoria, com antecedência de 2 (dois) dias as reformas a serem efetuadas no apartamento.

11 - Daqueles que não residem no apartamento de sua propriedade, comunicar à Administração o seu domicílio para recepção de correspondência.

11.1 - Não o fazendo não poderão alegar em juízo ou fora dele a não recepção das correspondências, nem tampouco o desconhecimento do seu conteúdo.

12 - Ao informar o seu endereço forneça sempre o número do apartamento de

forma a facilitar a distribuição da correspondência. Na falta deste dado, não poderá o morador em juízo ou fora dele, responsabilizar o condomínio por possíveis atrasos ou extravios das mesmas.

13 - Prestigiar e fazer cumprir as decisões do síndico, subsíndico e Assembleia Geral e a esta comparecer, a fim de que as decisões tomadas expressem, realmente, a vontade condominial.

14 - Observar dentro do condomínio a mais rigorosa moralidade, decência e respeito.

15 - Notificar imediatamente o síndico, e/ou subsíndico, a incidência de moléstia infecto-contagiosa grave no seu apartamento.

16 - Permitir a entrada em sua unidade, do Síndico, Subsíndico e/ou Zelador e das pessoas que os acompanharem, desde que se torne necessário a inspeção e execução de medidas que se relacionem com o interesse coletivo.

17 - Contribuir para as despesas gerais, na forma do aprovado pela Assembleia Geral.

18 - Providenciar o conserto ou substituição de qualquer peça ou aparelho pertencente ao condomínio, que tenha sido danificado por animais ou pessoas de sua relação, seja moradora ou esteja em visita ao condomínio.

19- Fazer constar como parte integrante dos contratos de locação ou venda, exemplar deste regulamento, cuja infringência possa motivar a respectiva rescisão.

20 – Qualquer sugestão, crítica ou denúncia de atos irregulares, deverão ser efetuadas no livro de Ocorrências, disponível na Zeladoria.

DAS ÁREAS DE LAZER:

1 - O play-ground é limitado ao uso de crianças com até 10 (dez) anos de idade, acompanhadas ou não pelos responsáveis.

2 - O salão de festas será utilizado para a realização de festas, bem como eventos ou reuniões dos moradores ou do condomínio. Será permitida a participação de não moradores a convite.

2.1 - É necessário apresentar ao zelador uma lista de convidados não moradores que será mantida na portaria durante toda a realização do evento.

2.2 - É proibido música ao vivo.

2.3 - É expressamente proibido o uso de bebidas alcóolicas para menores de 18 (dezoito) anos.

2.4 - Fica limitado o número de convidados para 50 (cinquenta) pessoas.

2.5 - É necessária a presença de um maior condômino responsável pelo uso do salão durante toda a realização do evento.

2.6 - Não será permitida a utilização do salão de festas para a prática de jogos.

2.7 - Para a utilização do salão de festas deverá ser feita a solicitação com antecedência de 10 (dez) dias, explicando o tipo de evento a ser realizado e entregue à Administração para aprovação.

2.8 - Será de responsabilidade do requisitante, independente de quem use o salão, a limpeza, reposição e restauração por dano ocorrido nas instalações e/ou equipamentos.

2.8.1 - Inicia e cessa, respectivamente, a sua responsabilidade, na recepção e devolução das chaves, após vistoria efetuada em companhia do Zelador.

2.8.2 - O horário para utilização do salão é livre, observando-se as normas da lei de condomínio, convenção condominial e este regulamento.

2.8.3 - Havendo mais de uma solicitação de reserva do salão de festas, para o mesmo dia, a preferência será dada ao primeiro requisitante.

2.8.4 - Não será permitido o uso do salão de festas e churrasqueira, simultaneamente, pelo mesmo solicitante.

2.9 - A não observância deste regulamento do uso do salão de festas, implica o requisitante nas seguintes sanções a critério do Corpo Diretivo:

a) Suspensão do direito de uso por 03 (três) a 12 (doze) meses;

b) Advertência;

c) Multa por uso indevido e danos materiais, se não retificados num prazo de 02 (dois) dias úteis, no valor correspondente a 01 (uma) taxa condominial, vigente na época da infração.

2.10 - O uso do salão de festas não se estende à circulação livre de seus participantes por todas as áreas comuns do condomínio.

2.11 – Será cobrada uma taxa, a título de uso do salão de festas, à razão de % (por cento) da taxa condominial, vigente à época de sua utilização, cujo pagamento será antecipado no ato da reserva.

3 - As crianças e adultos poderão brincar nas áreas de lazer, sendo todavia vedado os jogos que possam por em risco a segurança dos moradores e área verde.

4 - A churrasqueira será utilizada para a realização de festas, bem como eventos ou reuniões dos moradores ou do Condomínio. Será permitida a participação de não moradores, a convite.

4.1 - Para a utilização da churrasqueira, deverá ser feita a solicitação ao Zelador, com antecedência de 07 (sete) dias, explicando o tipo de evento a ser realizado e entregue à Administração para aprovação.

4.2 - Havendo mais de uma solicitação de reserva para o mesmo dia, a preferência será dada ao primeiro requisitante.

4.3 - O horário para a utilização da churrasqueira é livre, observando-se as normas da Lei do Condomínio e este Regulamento.

4.4 - Será de inteira responsabilidade do requisitante, a reposição ou restauração por dano ocorrido na instalação e/ou equipamento.

4.5 - É proibido música ao vivo.

4.6 - É proibido o uso de bebidas alcóolicas para menores de 18 (dezoito) anos.

4.7 - Fica limitado o número de convidados para 30 (trinta) pessoas.

4.8 - É necessário a presença de um maior condômino responsável pelo uso da churrasqueira.

4.9 - É necessário apresentar ao zelador, uma lista de convidados não moradores que será mantida na portaria durante toda a realização do evento.

4.10 – Será cobrada uma taxa, a título de uso da churrasqueira, à razão de % (por cento) da taxa condominial, vigente à época de sua utilização, cujo pagamento será antecipado no ato da reserva.

5- A sauna será utilizada pelos moradores do Edifício, maiores de 14 (quatorze) anos ou menores acompanhados pelos pais ou responsáveis, sendo permitido o seu uso para visitantes, acompanhados pelos moradores.

5.1 - Devido à natureza da instalação é necessário notificar o empregado encarregado do início e término de uso da sauna.

6 - A piscina será utilizada pelos moradores do Edifício, sendo permitido o ingresso de visitantes, a convite, mas não sendo considerada como local extensivo às atividades ou eventos autorizados para realização no salão de recreação ou churrasqueira.

6.1 - É vedada sua utilização para serviçais de condôminos ou empregados do Edifício;

6.2 - É vedada a utilização de óleos bronzeadores, garrafas, vidros e objetos cortantes no local;

6.3 - É de inteira responsabilidade dos pais a entrada de menores desacompanhados na piscina.

7 - As áreas de lazer ficarão disponíveis ininterruptamente durante a semana, não havendo restrições de horários.

SEGURANÇA:

1- O trânsito de veículos dentro dos limites do condomínio é de no máximo 10 (dez) Km/h.

2 - Não será permitida a entrada de pessoas estranhas no condomínio, sem prévio consentimento dos condôminos. Os visitantes deverão aguardar na portaria até que o porteiro tenha obtido a necessária autorização.

2.1 - No caso de pedreiro ou serviçais esporádicos, deverão deixar documento de identificação na portaria.

2.2 - Encomenda(s) deve(m) ser retirada(s) pelo(s) morador(es) na Portaria do Edifício.

2.3 - Deve ser observado o teor do Art. 14, 17 e 18, do capítulo "É PROIBIDO" e Art. 2.1 e 4.9, do capítulo "DAS ÁREAS DE LAZER", para entrada inadvertida de estranhos.

DISPOSIÇÕES GERAIS:

1 - Ficam estabelecidas ___ vagas de garagem determinadas para veículos de passeio.

2 - Os veículos de terceiros adentrados clandestinamente ou por cessão temporária ou permanente do cartão de estacionamento não estarão sob responsabilidade do condomínio em caso de sinistro de qualquer natureza.

2.1 - No caso de sinistro de qualquer natureza, inclusive os sucedidos envolvendo a segurança em geral do condomínio causados pelo veículo infrator (Art. 17, capítulo "É PROIBIDO"), será de total responsabilidade do condômino relacionado ao veículo infrator.

3 - Só serão permitidas mudanças nos seguintes dias e horários:

De segunda a sexta das 8:00 às 16:00 hs.

Sábados e Domingos: proibido.

4 - São permitidas as reformas nos seguintes dias e horários:

De segunda a sexta-feira das 8:30 às 17:30 hs.

Sábados das 9:00 às 16:00 hs.

Domingos: proibido

5 - Os animais existentes no condomínio serão tolerados, desde que não perturbem os demais moradores, sejam vacinados, de pequeno porte (cães, gatos, tartaruga, papagaio, etc.), não sujem áreas comuns e que permaneçam sob estrita vigilância. O abuso e a não observância destas normas colocará em vigor a norma da convenção condominial que proíbe a permanência de animais no condomínio, além de não isentar o proprietário das sanções previstas neste regulamento.

5.1 - É proibida a permanência de animais nas áreas comuns.

6 - Fica determinado que após as 22:00 horas, a entrada do hall social será fechada pelo porteiro e reaberta às 06:00 horas da manhã pelo Zelador.

7 - Fica obrigado o condômino a retirar o entulho de sobras de reformas (madeira, concreto, tijolos, carpetes, etc.) de sua unidade para fora das dependências do condomínio. A não retirada será efetuada pela Administração e cobrada nas taxas condominais da unidade acrescida de multa.

8 - No caso de hóspedes (moradores temporários por tempo indeterminado) dos apartamentos que porventura necessitem usar a vaga da garagem do respectivo apartamento, o condômino deverá notificar o zelador com antecedência (um ou dois dias úteis) para que seja providenciado um cartão de identificação pelo Corpo Diretivo do condomínio mediante aprovação deste mesmo.

8.1 - O hóspede deve cumprir o disposto no Art. 8 do capítulo "É DEVER".

8.2 - As visitas breves não se enquadram no disposto do presente Artigo, valendo o disposto no Art. 17 do capítulo "É PROIBIDO", e observando o Artigo 2 deste Capítulo.

DAS PENALIDADES:

1 - O condômino que violar as disposições legais bem como as contidas neste regulamento (além de ser compelido a desfazer a obra ou abster-se do ato praticado ou ainda reparar os danos que causar) ficará sujeito a multa de 1/2 (meia) taxa condominial, vigente à época da infração, após carta de advertência,

duplicando-se este valor em caso de reincidência.

1.1 - Excetuando nesse caso as multas referentes ao ítem "Área de Lazer" que devem seguir o valor descrito no Art. 2.9, ítem "c".

PARÁGRAFO ÚNICO: A multa será imposta pelo Conselho e cobrada pelo síndico juntamente com a contribuição, no vencimento imediatamente posterior, facultado ao interessado recorrer a Assembleia Geral. A imposição da multa será comunicada por escrito ao infrator ou quem por ele responsável dentro do vínculo de sua relação, não tendo efeito suspensivo o recurso eventualmente interposto.

2 - O pagamento da multa não exime o infrator de sua responsabilidade civil pelos danos causados.

3 - Os casos omissos neste regulamento, na Convenção Condominial ou na Lei de Condomínios, serão resolvidos pelo Corpo Diretivo e se necessário, pela Assembleia específica para tal fim.

NÃO SERÁ ACEITA EM QUALQUER HIPÓTESE, POR QUEM QUER QUE SEJA, ALEGAÇÃO DE DESCONHECIMENTO DAS NORMAS ESTABELECIDAS NESTE REGULAMENTO, SENDO QUE O MESMO FICARÁ AFIXADO NO HALL DE ENTRADA DO EDIFÍCIO.

_____
Local e data

_____
Assinaturas

12 | *Legislação Anexa*

12.1 Lei de Locação

LEI Nº 8.245, DE 18 DE OUTUBRO DE 1991.

Mensagem de veto

Dispõe sobre as locações dos imóveis urbanos e os procedimentos a elas pertinentes.

O PRESIDENTE DA REPÚBLICA Faço saber que o Congresso Nacional decreta e eu sanciono a seguinte lei:

TÍTULO I
Da Locação
CAPÍTULO I
Disposições Gerais
SEÇÃO I

Da locação em geral

Art. 1º A locação de imóvel urbano regula - se pelo disposto nesta lei:

Parágrafo único. Continuam regulados pelo Código Civil e pelas leis especiais:

a) as locações:

1. de imóveis de propriedade da União, dos Estados e dos Municípios, de suas autarquias e fundações públicas;

2. de vagas autônomas de garagem ou de espaços para estacionamento de veículos;

3. de espaços destinados à publicidade;

4. em *apart*- hotéis, hotéis - residência ou equiparados, assim considerados aqueles que prestam serviços regulares a seus usuários e como tais sejam autorizados a funcionar;

b) o arrendamento mercantil, em qualquer de suas modalidades.

Art. 2º Havendo mais de um locador ou mais de um locatário, entende - se que são solidários se o contrário não se estipulou.

Parágrafo único. Os ocupantes de habitações coletivas multifamiliares presumem - se locatários ou sublocatários.

Art. 3º O contrato de locação pode ser ajustado por qualquer prazo, dependendo de vênia conjugal, se igual ou superior a dez anos.

Parágrafo único. Ausente a vênia conjugal, o cônjuge não estará obrigado a observar o prazo excedente.

Art. 4º Durante o prazo estipulado para a duração do contrato, não poderá o locador reaver o imóvel alugado. O locatário, todavia, poderá devolvê - lo, pagando a multa pactuada, segundo a proporção prevista no art. 924 do Código Civil e, na sua falta, a que for judicialmente estipulada.

Parágrafo único. O locatário ficará dispensado da multa se a devolução do imóvel decorrer de transferência, pelo seu empregador, privado ou público, para prestar serviços em localidades diversas daquela do início do contrato, e se notificar, por escrito, o locador com prazo de, no mínimo, trinta dias de antecedência.

Art. 5º Seja qual for o fundamento do término da locação, a ação do locador para reaver o imóvel é a de despejo.

Parágrafo único. O disposto neste artigo não se aplica se a locação termina em decorrência de desapropriação, com a imissão do expropriante na posse do imóvel.

Art. 6º O locatário poderá denunciar a locação por prazo indeterminado mediante aviso por escrito ao locador, com antecedência mínima de trinta dias.

Parágrafo único. Na ausência do aviso, o locador poderá exigir quantia correspondente a um mês de aluguel e encargos, vigentes quando da resilição.

Art. 7º Nos casos de extinção de usufruto ou de fideicomisso, a locação celebrada pelo usufrutuário ou fiduciário poderá ser denunciada, com o prazo de trinta dias para a desocupação, salvo se tiver havido aquiescência escrita do nuproprietário ou do fideicomissário, ou se a propriedade estiver consolidada em mãos do usufrutuário ou do fiduciário.

Parágrafo único. A denúncia deverá ser exercitada no prazo de noventa dias contados da extinção do fideicomisso ou da averbação da extinção do usufruto, presumindo - se, após esse prazo, a concordância na manutenção da locação.

Art. 8º Se o imóvel for alienado durante a locação, o adquirente poderá denunciar o contrato, com o prazo de noventa dias para a desocupação, salvo se a locação for por tempo determinado e o contrato contiver cláusula de vigência em caso de alienação e estiver averbado junto à matrícula do imóvel.

§ 1º Idêntico direito terá o promissário comprador e o promissário cessionário, em caráter irrevogável, com imissão na posse do imóvel e título registrado junto à matrícula do mesmo.

§ 2º A denúncia deverá ser exercitada no prazo de noventa dias contados do registro da venda ou do compromisso, presumindo - se, após esse prazo, a concordância na manutenção da locação.

Art. 9º A locação também poderá ser desfeita:

I - por mútuo acordo;

II - em decorrência da prática de infração legal ou contratual;

III - em decorrência da falta de pagamento do aluguel e demais encargos;

IV - para a realização de reparações urgentes determinadas pelo Poder Público, que não possam ser normalmente executadas com a permanência do locatário no imóvel ou, podendo, ele se recuse a consenti - las.

Art. 10. Morrendo o locador, a locação transmite - se aos herdeiros.

Art. 11. Morrendo o locatário, ficarão sub - rogados nos seus direitos e obrigações:

I - nas locações com finalidade residencial, o cônjuge sobrevivente ou o companheiro e, sucessivamente, os herdeiros necessários e as pessoas que viviam na dependência econômica do *de cujus*, desde que residentes no imóvel;

II - nas locações com finalidade não residencial, o espólio e, se for o caso, seu sucessor no negócio.

Art. 12. Em casos de separação de fato, separação judicial, divórcio ou dissolução da sociedade concubinária, a locação prosseguirá automaticamente com o cônjuge ou companheiro que permanecer no imóvel.

Parágrafo único. Nas hipóteses previstas neste artigo, a sub - rogação será comunicada por escrito ao locador, o qual terá o direito de exigir, no prazo de trinta dias, a substituição do fiador ou o oferecimento de qualquer das garantias previstas nesta lei.

Art. 13. A cessão da locação, a sublocação e o empréstimo do imóvel, total ou parcialmente, dependem do consentimento prévio e escrito do locador.

1º Não se presume o consentimento pela simples demora do locador em manifestar formalmente a sua oposição.

2º Desde que notificado por escrito pelo locatário, de ocorrência de uma das hipóteses deste artigo, o locador terá o prazo de trinta dias para manifestar formalmente a sua oposição.

SEÇÃO II
Das sublocações

Art. 14. Aplicam - se às sublocações, no que couber, as disposições relativas às locações.

Art. 15. Rescindida ou finda a locação, qualquer que seja sua causa, resolvem - se as sublocações, assegurado o direito de indenização do sublocatário contra o sublocador.

Art. 16. O sublocatário responde subsidiariamente ao locador pela importância que dever ao sublocador, quando este for demandado e, ainda, pelos aluguéis que se vencerem durante a lide.

SEÇÃO III
Do aluguel

Art. 17. É livre a convenção do aluguel, vedada a sua estipulação em moeda estrangeira e a sua vinculação à variação cambial ou ao salário mínimo.

Parágrafo único. Nas locações residenciais serão observados os critérios de reajustes previstos na legislação específica.

Art. 18. É lícito às partes fixar, de comum acordo, novo valor para o aluguel, bem como inserir ou modificar cláusula de reajuste.

Art. 19. Não havendo acordo, o locador ou locatário, após três anos de vigência do contrato ou do acordo anteriormente realizado, poderão pedir revisão judicial do aluguel, a fim de ajustá - lo ao preço de mercado.

Art. 20. Salvo as hipóteses do art. 42 e da locação para temporada, o locador não poderá exigir o pagamento antecipado do aluguel.

Art. 21. O aluguel da sublocação não poderá exceder o da locação; nas habitações coletivas multifamiliares, a soma dos aluguéis não poderá ser superior ao dobro do valor da locação.

Parágrafo único. O descumprimento deste artigo autoriza o sublocatário a reduzir o aluguel até os limites nele estabelecidos.

SEÇÃO IV
Dos deveres do locador e do locatário

Art. 22. O locador é obrigado a:

I - entregar ao locatário o imóvel alugado em estado de servir ao uso a que se destina;

II - garantir, durante o tempo da locação, o uso pacífico do imóvel locado;

III - manter, durante a locação, a forma e o destino do imóvel;

IV - responder pelos vícios ou defeitos anteriores à locação;

V - fornecer ao locatário, caso este solicite, descrição minuciosa do estado do imóvel, quando de sua entrega, com expressa referência aos eventuais defeitos existentes;

VI - fornecer ao locatário recibo discriminado das importâncias por este pagas, vedada a quitação genérica;

VII - pagar as taxas de administração imobiliária, se houver, e de intermediações, nestas compreendidas as despesas necessárias à aferição da idoneidade do pretendente ou de seu fiador;

VIII - pagar os impostos e taxas, e ainda o prêmio de seguro complementar contra fogo, que incidam ou venham a incidir sobre o imóvel, salvo disposição expressa em contrário no contrato;

IX - exibir ao locatário, quando solicitado, os comprovantes relativos às parcelas que estejam sendo exigidas;

X - pagar as despesas extraordinárias de condomínio.

Parágrafo único. Por despesas extraordinárias de condomínio se entendem aquelas que não se refiram aos gastos rotineiros de manutenção do edifício, especialmente:

a) obras de reformas ou acréscimos que interessem à estrutura integral do imóvel;

b) pintura das fachadas, empenas, poços de aeração e iluminação, bem como das esquadrias externas;

c) obras destinadas a repor as condições de habitabilidade do edifício;

d) indenizações trabalhistas e previdenciárias pela dispensa de empregados, ocorridas em data anterior ao início da locação;

e) instalação de equipamento de segurança e de incêndio, de telefonia, de intercomunicação, de esporte e de lazer;

f) despesas de decoração e paisagismo nas partes de uso comum;

g) constituição de fundo de reserva.

Art. 23. O locatário é obrigado a:

I - pagar pontualmente o aluguel e os encargos da locação, legal ou contratualmente exigíveis, no prazo estipulado ou, em sua falta, até o sexto dia útil do mês seguinte ao vencido, no imóvel locado, quando outro local não tiver sido indicado no contrato;

II - servir - se do imóvel para o uso convencionado ou presumido, compatível com a natureza deste e com o fim a que se destina, devendo tratá - lo com o mesmo cuidado como se fosse seu;

III - restituir o imóvel, finda a locação, no estado em que o recebeu, salvo as deteriorações decorrentes do seu uso normal;

IV - levar imediatamente ao conhecimento do locador o surgimento de qualquer dano ou defeito cuja reparação a este incumba, bem como as eventuais turbações de terceiros;

V - realizar a imediata reparação dos danos verificados no imóvel, ou nas suas instalações, provocadas por si, seus dependentes, familiares, visitantes ou prepostos;

VI - não modificar a forma interna ou externa do imóvel sem o consentimento prévio e por escrito do locador;

VII - entregar imediatamente ao locador os documentos de cobrança de tributos e encargos condominiais, bem como qualquer intimação, multa ou exigência de autoridade pública, ainda que dirigida a ele, locatário;

VIII - pagar as despesas de telefone e de consumo de força, luz e gás, água e esgoto;

IX - permitir a vistoria do imóvel pelo locador ou por seu mandatário, mediante combinação prévia de dia e hora, bem como admitir que seja o mesmo visitado e examinado por terceiros, na hipótese prevista no art. 27;

X - cumprir integralmente a convenção de condomínio e os regulamentos internos;

XI - pagar o prêmio do seguro de fiança;

XII - pagar as despesas ordinárias de condomínio.

1º Por despesas ordinárias de condomínio se entendem as necessárias à administração respectiva, especialmente:

a) salários, encargos trabalhistas, contribuições previdenciárias e sociais dos empregados do condomínio;

b) consumo de água e esgoto, gás, luz e força das áreas de uso comum;

c) limpeza, conservação e pintura das instalações e dependências de uso comum;

d) manutenção e conservação das instalações e equipamentos hidráulicos, elétricos, mecânicos e de segurança, de uso comum;

e) manutenção e conservação das instalações e equipamentos de uso comum destinados à prática de esportes e lazer;

f) manutenção e conservação de elevadores, porteiro eletrônico e antenas coletivas;

g) pequenos reparos nas dependências e instalações elétricas e hidráulicas de uso comum;

h) rateios de saldo devedor, salvo se referentes a período anterior ao início da locação;

i) reposição do fundo de reserva, total ou parcialmente utilizado no custeio ou complementação das despesas referidas nas alíneas anteriores, salvo se referentes a período anterior ao início da locação.

2º O locatário fica obrigado ao pagamento das despesas referidas no parágrafo anterior, desde que comprovadas a previsão orçamentária e o rateio mensal, podendo exigir a qualquer tempo a comprovação das mesmas.

3º No edifício constituído por unidades imobiliárias autônomas, de propriedade da mesma pessoa, os locatários ficam obrigados ao pagamento das despesas referidas no § 1º deste artigo, desde que comprovadas.

Art. 24. Nos imóveis utilizados como habitação coletiva multifamiliar, os locatários ou sublocatários poderão depositar judicialmente o aluguel e encargos se a construção for considerada em condições precárias pelo Poder Público.

1º O levantamento dos depósitos somente será deferido com a comunicação, pela autoridade pública, da regularização do imóvel.

2º Os locatários ou sublocatários que deixarem o imóvel estarão desobrigados do aluguel durante a execução das obras necessárias à regularização.

3º Os depósitos efetuados em juízo pelos locatários e sublocatários poderão ser levantados, mediante ordem judicial, para realização das obras ou serviços necessários à regularização do imóvel.

Art. 25. Atribuída ao locatário a responsabilidade pelo pagamento dos tributos, encargos e despesas ordinárias de condomínio, o locador poderá cobrar tais verbas juntamente com o aluguel do mês a que se refiram.

Parágrafo único. Se o locador antecipar os pagamentos, a ele pertencerão as vantagens daí advindas, salvo se o locatário reembolsá - lo integralmente.

Art. 26. Necessitando o imóvel de reparos urgentes, cuja realização incumba ao locador, o locatário é obrigado a consenti - los.

Parágrafo único. Se os reparos durarem mais de dez dias, o locatário terá direito ao abatimento do aluguel, proporcional ao período excedente; se mais de trinta dias, poderá resilir o contrato.

SEÇÃO V
Do direito de preferência

Art. 27. No caso de venda, promessa de venda, cessão ou promessa de cessão de direitos ou dação em pagamento, o locatário tem preferência para adquirir o imóvel locado, em igualdade de condições com terceiros, devendo o locador dar - lhe conhecimento do negócio mediante notificação judicial, extrajudicial ou outro meio de ciência inequívoca.

Parágrafo único. A comunicação deverá conter todas as condições do negócio e, em especial, o preço, a forma de pagamento, a existência de ônus reais, bem como o local e horário em que pode ser examinada a documentação pertinente.

Art. 28. O direito de preferência do locatário caducará se não manifestada, de maneira inequívoca, sua aceitação integral à proposta, no prazo de trinta dias.

Art. 29. Ocorrendo aceitação da proposta, pelo locatário, a posterior desistência do negócio pelo locador acarreta, a este, responsabilidade pelos prejuízos ocasionados, inclusive lucros cessantes.

Art. 30. Estando o imóvel sublocado em sua totalidade, caberá a preferência ao sublocatário e, em seguida, ao locatário. Se forem vários os sublocatários, a preferência caberá a todos, em comum, ou a qualquer deles, se um só for o interessado.

Parágrafo único. Havendo pluralidade de pretendentes, caberá a preferência ao locatário mais antigo, e, se da mesma data, ao mais idoso.

Art. 31. Em se tratando de alienação de mais de uma unidade imobiliária, o direito de preferência incidirá sobre a totalidade dos bens objeto da alienação.

Art. 32. O direito de preferência não alcança os casos de perda da propriedade ou venda por decisão judicial, permuta, doação, integralização de capital, cisão, fusão e incorporação.

Parágrafo único. Nos contratos firmados a partir de 1º de outubro de 2001, o direito de preferência de que trata este artigo não alcançará também os casos de constituição da propriedade fiduciária e de perda da propriedade ou venda por quaisquer formas de realização de garantia, inclusive mediante leilão extrajudicial, devendo essa condição constar expressamente em cláusula contratual específica, destacando-se das demais por sua apresentação gráfica. (Incluído pela Lei nº 10.931, de 2004)

Art. 33. O locatário preterido no seu direito de preferência poderá reclamar do alienante as perdas e danos ou, depositando o preço e demais despesas do ato de transferência, haver para si o imóvel locado, se o requerer no prazo de seis meses, a contar do registro do ato no cartório de imóveis, desde que o contrato de locação esteja averbado pelo menos trinta dias antes da alienação junto à matrícula do imóvel.

Parágrafo único. A averbação far - se - á à vista de qualquer das vias do contrato de locação desde que subscrito também por duas testemunhas.

Art. 34. Havendo condomínio no imóvel, a preferência do condômino terá prioridade sobre a do locatário.

SEÇÃO VI
Das benfeitorias

Art. 35. Salvo expressa disposição contratual em contrário, as benfeitorias necessárias introduzidas pelo locatário, ainda que não autorizadas pelo locador, bem como as úteis, desde que autorizadas, serão indenizáveis e permitem o exercício do direito de retenção.

Art. 36. As benfeitorias voluptuárias não serão indenizáveis, podendo ser levantadas pelo locatário, finda a locação, desde que sua retirada não afete a estrutura e a substância do imóvel.

SEÇÃO VII
Das garantias locatícias

Art. 37. No contrato de locação, pode o locador exigir do locatário as seguintes modalidades de garantia:

I - caução;
II - fiança;
III - seguro de fiança locatícia.
IV - cessão fiduciária de quotas de fundo de investimento. (Incluído pela Lei nº 11.196, de 2005)

Parágrafo único. É vedada, sob pena de nulidade, mais de uma das modalidades de garantia num mesmo contrato de locação.

Art. 38. A caução poderá ser em bens móveis ou imóveis.

§ 1º A caução em bens móveis deverá ser registrada em cartório de títulos e documentos; a em bens imóveis deverá ser averbada à margem da respectiva matrícula.

§ 2º A caução em dinheiro, que não poderá exceder o equivalente a três meses de aluguel, será depositada em caderneta de poupança, autorizada, pelo Poder Público e por ele regulamentada, revertendo em benefício do locatário todas as vantagens dela decorrentes por ocasião do levantamento da soma respectiva.

§ 3º A caução em títulos e ações deverá ser substituída, no prazo de trinta dias, em caso de concordata, falência ou liquidação das sociedades emissoras.

Art. 39. Salvo disposição contratual em contrário, qualquer das garantias da locação se estende até a efetiva devolução do imóvel.

Art. 40. O locador poderá exigir novo fiador ou a substituição da modalidade de garantia, nos seguintes casos:

I - morte do fiador;
II - ausência, interdição, falência ou insolvência do fiador, declaradas judicialmente;
III - alienação ou gravação de todos os bens imóveis do fiador ou sua mudança de residência sem comunicação ao locador;
IV - exoneração do fiador;
V - prorrogação da locação por prazo indeterminado, sendo a fiança ajustada por prazo certo;

VI - desaparecimento dos bens móveis;

VII - desapropriação ou alienação do imóvel.

VIII - exoneração de garantia constituída por quotas de fundo de investimento; (Incluído pela Lei nº 11.196, de 2005)

IX - liquidação ou encerramento do fundo de investimento de que trata o inciso IV do art. 37 desta Lei. (Incluído pela Lei nº 11.196, de 2005)

Art. 41. O seguro de fiança locatícia abrangerá a totalidade das obrigações do locatário.

Art. 42. Não estando a locação garantida por qualquer das modalidades, o locador poderá exigir do locatário o pagamento do aluguel e encargos até o sexto dia útil do mês vincendo.

SEÇÃO VIII
Das penalidades criminais e civis

Art. 43. Constitui contravenção penal, punível com prisão simples de cinco dias a seis meses ou multa de três a doze meses do valor do último aluguel atualizado, revertida em favor do locatário:

I - exigir, por motivo de locação ou sublocação, quantia ou valor além do aluguel e encargos permitidos;

II - exigir, por motivo de locação ou sublocação, mais de uma modalidade de garantia num mesmo contrato de locação;

III - cobrar antecipadamente o aluguel, salvo a hipótese do art. 42 e da locação para temporada.

Art. 44. Constitui crime de ação pública, punível com detenção de três meses a um ano, que poderá ser substituída pela prestação de serviços à comunidade:

I - recusar - se o locador ou sublocador, nas habitações coletivas multifamiliares, a fornecer recibo discriminado do aluguel e encargos;

II - deixar o retomante, dentro de cento e oitenta dias após a entrega do imóvel, no caso do inciso III do art. 47, de usá - lo para o fim declarado ou, usando - o, não o fizer pelo prazo mínimo de um ano;

III - não iniciar o proprietário, promissário comprador ou promissário cessionário, nos casos do inciso IV do art. 9º, inciso IV do art. 47, inciso I do art. 52 e inciso II do art. 53, a demolição ou a reparação do imóvel, dentro de sessenta dias contados de sua entrega;

IV - executar o despejo com inobservância do disposto no § 2º do art. 65.

Parágrafo único. Ocorrendo qualquer das hipóteses previstas neste artigo, poderá o prejudicado reclamar, em processo próprio, multa equivalente a um mínimo de doze e um máximo de vinte e quatro meses do valor do último aluguel atualizado ou do que esteja sendo cobrado do novo locatário, se realugado o imóvel.

SEÇÃO IX
Das nulidades

Art. 45. São nulas de pleno direito as cláusulas do contrato de locação que visem a elidir os objetivos da presente lei, notadamente as que proíbam a prorrogação prevista no art. 47, ou que afastem o direito à renovação, na hipótese do art. 51, ou que imponham obrigações pecuniárias para tanto.

CAPÍTULO II
Das Disposições Especiais
SEÇÃO I

Da locação residencial

Art. 46. Nas locações ajustadas por escrito e por prazo igual ou superior a trinta meses, a resolução do contrato ocorrerá findo o prazo estipulado, independentemente de notificação ou aviso.

§ 1º Findo o prazo ajustado, se o locatário continuar na posse do imóvel alugado por mais de trinta dias sem oposição do locador, presumir - se - á prorrogada a locação por prazo indeterminado, mantidas as demais cláusulas e condições do contrato.

§ 2º Ocorrendo a prorrogação, o locador poderá denunciar o contrato a qualquer tempo, concedido o prazo de trinta dias para desocupação.

Art. 47. Quando ajustada verbalmente ou por escrito e como prazo inferior a trinta meses, findo o prazo estabelecido, a locação prorroga - se automaticamente, por prazo indeterminado, somente podendo ser retomado o imóvel:

I - Nos casos do art. 9º;

II - em decorrência de extinção do contrato de trabalho, se a ocupação do imóvel pelo locatário relacionada com o seu   emprego;

III - se for pedido para uso próprio, de seu cônjuge ou companheiro, ou para uso residencial de ascendente ou descendente que não disponha, assim como seu cônjuge ou companheiro, de imóvel residencial próprio;

IV - se for pedido para demolição e edificação licenciada ou para a realização de obras aprovadas pelo Poder Público, que aumentem a área construída, em, no mínimo, vinte por cento ou, se o imóvel for destinado a exploração de hotel ou pensão, em cinquenta por cento;

V - se a vigência ininterrupta da locação ultrapassar cinco anos.

§ 1º Na hipótese do inciso III, a necessidade deverá ser judicialmente demonstrada, se:

a) O retomante, alegando necessidade de usar o imóvel, estiver ocupando, com a mesma finalidade, outro de sua propriedade situado nas mesma localidade ou, residindo ou utilizando imóvel alheio, já tiver retomado o imóvel anteriormente;

b) o ascendente ou descendente, beneficiário da retomada, residir em imóvel próprio.

§ 2º Nas hipóteses dos incisos III e IV, o retomante deverá comprovar ser proprietário, promissário comprador ou promissário cessionário, em caráter irrevogável, com imissão na posse do imóvel e título registrado junto à matrícula do mesmo.

SEÇÃO II

Das locação para temporada

Art. 48. Considera - se locação para temporada aquela destinada à residência temporária do locatário, para prática de lazer, realização de cursos, tratamento de saúde, feitura de obras em seu imóvel, e outros fatos que decorrem tão-somente de determinado tempo, e contratada por prazo não superior a noventa dias, esteja ou não mobiliado o imóvel.

Parágrafo único. No caso de a locação envolver imóvel mobiliado, constará do contrato, obrigatoriamente, a descrição dos móveis e utensílios que o guarnecem, bem como o estado em que se encontram.

Art. 49. O locador poderá receber de uma só vez e antecipadamente os aluguéis e encargos, bem como exigir qualquer das modalidades de garantia previstas no art. 37 para atender as demais obrigações do contrato.

Art. 50. Findo o prazo ajustado, se o locatário permanecer no imóvel sem oposição do locador por mais de trinta dias, presumir - se - á prorrogada a locação por tempo indeterminado, não mais sendo exigível o pagamento antecipado do aluguel e dos encargos.

Parágrafo único. Ocorrendo a prorrogação, o locador somente poderá denunciar o contrato após trinta meses de seu início ou nas hipóteses do art. 47.

SEÇÃO III

Da locação não residencial

Art. 51. Nas locações de imóveis destinados ao comércio, o locatário terá direito a renovação do contrato, por igual prazo, desde que, cumulativamente:

I - o contrato a renovar tenha sido celebrado por escrito e com prazo determinado;

II - o prazo mínimo do contrato a renovar ou a soma dos prazos ininterruptos dos contratos escritos seja de cinco anos;

III - o locatário esteja explorando seu comércio, no mesmo ramo, pelo prazo mínimo e ininterrupto de três anos.

1º O direito assegurado neste artigo poderá ser exercido pelos cessionários ou sucessores da locação; no caso de sublocação total do imóvel, o direito a renovação somente poderá ser exercido pelo sublocatário.

2º Quando o contrato autorizar que o locatário utilize o imóvel para as atividades de sociedade de que faça parte e que a esta passe a pertencer o fundo de comércio, o direito a renovação poderá ser exercido pelo locatário ou pela sociedade.

3º Dissolvida a sociedade comercial por morte de um dos sócios, o sócio sobrevivente fica sub - rogado no direito a renovação, desde que continue no mesmo ramo.

4º O direito a renovação do contrato estende - se às locações celebradas por indústrias e sociedades civis com fim lucrativo, regularmente constituídas, desde que ocorrentes os pressupostos previstos neste artigo.

5º Do direito a renovação decai aquele que não propuser a ação no interregno de um ano, no máximo, até seis meses, no mínimo, anteriores à data da finalização do prazo do contrato em vigor.

Art. 52. O locador não estará obrigado a renovar o contrato se:

I - por determinação do Poder Público, tiver que realizar no imóvel obras que importarem na sua radical transformação; ou para fazer modificações de tal natureza que aumente o valor do negócio ou da propriedade;

II - o imóvel vier a ser utilizado por ele próprio ou para transferência de fundo de comércio existente há mais de um ano, sendo detentor da maioria do capital o locador, seu cônjuge, ascendente ou descendente.

1º Na hipótese do inciso II, o imóvel não poderá ser destinado ao uso do mesmo ramo do locatário, salvo se a locação também envolvia o fundo de comércio, com as instalações e pertences.

2º Nas locações de espaço em *shopping centers*, o locador não poderá recusar a renovação do contrato com fundamento no inciso II deste artigo.

3º O locatário terá direito a indenização para ressarcimento dos prejuízos e dos lucros cessantes que tiver que arcar com mudança, perda do lugar e desvalorização do fundo de comércio, se a renovação não ocorrer em razão de proposta de terceiro, em melhores condições, ou se o locador, no prazo de três meses da entrega do imóvel, não der o destino alegado ou não iniciar as obras determinadas pelo Poder Público ou que declarou pretender realizar.

Art. 53 - Nas locações de imóveis utilizados por hospitais, unidades sanitárias oficiais, asilos, estabelecimentos de saúde e de ensino autorizados e fiscalizados pelo Poder Público, bem como por entidades religiosas devidamente registradas, o contrato somente poderá ser rescindido. (Redação dada pela Lei nº 9.256, de 9.1.1996)

I - nas hipóteses do art. 9º;

II - se o proprietário, promissário comprador ou promissário cessionário, em caráter irrevogável e imitido na posse, com título registrado, que haja quitado o preço da promessa ou que, não o tendo feito, seja autorizado pelo proprietário, pedir o imóvel para demolição, edificação, licenciada ou reforma que venha a resultar em aumento mínimo de cinquenta por cento da área útil.

Art. 54. Nas relações entre lojistas e empreendedores de *shopping center*, prevalecerão as condições livremente pactuadas nos contratos de locação respectivos e as disposições procedimentais previstas nesta lei.

1º O empreendedor não poderá cobrar do locatário em *shopping center* :

a) as despesas referidas nas alíneas *a*, *b* e *d* do parágrafo único do art. 22; e

b) as despesas com obras ou substituições de equipamentos, que impliquem modificar o projeto ou o memorial descritivo da data do habite - se e obras de paisagismo nas partes de uso comum.

2º As despesas cobradas do locatário devem ser previstas em orçamento, salvo casos de urgência ou força maior, devidamente demonstradas, podendo o locatário, a cada sessenta dias, por si ou entidade de classe exigir a comprovação das mesmas.

Art. 55. Considera - se locação não residencial quando o locatário for pessoa jurídica e o imóvel, destinar - se ao uso de seus titulares, diretores, sócios, gerentes, executivos ou empregados.

Art. 56. Nos demais casos de locação não residencial, o contrato por prazo determinado cessa, de pleno direito, findo o prazo estipulado, independentemente de notificação ou aviso.

Parágrafo único. Findo o prazo estipulado, se o locatário permanecer no imóvel por mais de trinta dias sem oposição do locador, presumir - se - á prorrogada a locação nas condições ajustadas, mas sem prazo determinado.

Art. 57. O contrato de locação por prazo indeterminado pode ser denunciado por escrito, pelo locador, concedidos ao locatário trinta dias para a desocupação.

TÍTULO II
Dos Procedimentos
CAPÍTULO I

Das Disposições Gerais

Art. 58. Ressalvados os casos previstos no parágrafo único do art. 1º, nas ações de despejo, consignação em pagamento de aluguel e acessório da locação, revisionais de aluguel e renovatórias de locação, observar - se - á o seguinte:

I - os processos tramitam durante as férias forenses e não se suspendem pela superveniência delas;

II - é competente para conhecer e julgar tais ações o foro do lugar da situação do imóvel, salvo se outro houver sido eleito no contrato;

III - o valor da causa corresponderá a doze meses de aluguel, ou, na hipótese do inciso II do art. 47, a três salários vigentes por ocasião do ajuizamento;

IV - desde que autorizado no contrato, a citação, intimação ou notificação far - se - á mediante correspondência com aviso de recebimento, ou, tratando - se de pessoa jurídica ou firma individual, também mediante telex ou *fac-símile* , ou, ainda, sendo necessário, pelas demais formas previstas no Código de Processo Civil;

V - os recursos interpostos contra as sentenças terão efeito somente devolutivo.

CAPÍTULO II
Das Ações de Despejo

Art. 59. Com as modificações constantes deste capítulo, as ações de despejo terão o rito ordinário.

§ 1º Conceder - se - á liminar para desocupação em quinze dias, independentemente da audiência da parte contrária e desde que prestada a caução no valor equivalente a três meses de aluguel, nas ações que tiverem por fundamento exclusivo:

I - o descumprimento do mútuo acordo (art. 9º, inciso I), celebrado por escrito e assinado pelas partes e por duas testemunhas, no qual tenha sido ajustado o prazo mínimo de seis meses para desocupação, contado da assinatura do instrumento;

II - o disposto no inciso II do art. 47, havendo prova escrita da rescisão do contrato de trabalho ou sendo ela demonstrada em audiência prévia;

III - o término do prazo da locação para temporada, tendo sido proposta a ação de despejo em até trinta dias após o vencimento do contrato;

IV - a morte do locatário sem deixar sucessor legítimo na locação, de acordo com o referido no inciso I do art. 11, permanecendo no imóvel pessoas não autorizadas por lei;

V - a permanência do sublocatário no imóvel, extinta a locação, celebrada com o locatário.

2º Qualquer que seja o fundamento da ação dar - se - á ciência do pedido aos sublocatários, que poderão intervir no processo como assistentes.

Art. 60. Nas ações de despejo fundadas no inciso IV do art. 9º, inciso IV do art. 47 e inciso II do art. 53, a petição inicial deverá ser instruída com prova da propriedade do imóvel ou do compromisso registrado.

Art. 61 Nas ações fundadas no § 2º do art. 46 e nos incisos III e IV do art. 47, se o locatário, no prazo da contestação, manifestar sua concordância com a desocupação do imóvel, o juiz acolherá o pedido fixando prazo de seis meses para a desocupação, contados da citação, impondo ao vencido a responsabilidade pelas custas e honorários advocatícios de vinte por cento sobre o valor dado à causa. Se a desocupação ocorrer dentro do prazo fixado, o réu ficará isento dessa responsabilidade; caso contrário, será expedido mandado de despejo.

Art. 62. Nas ações de despejo fundadas na falta de pagamento de aluguel e acessórios da locação, observar-se-á o seguinte:

I - o pedido de rescisão da locação poderá ser cumulado com o de cobrança dos aluguéis e acessórios da locação, devendo ser apresentado, com a inicial, cálculo discriminado do valor do débito;

II - o locatário poderá evitar a rescisão da locação requerendo, no prazo da contestação, autorização para o pagamento do débito atualizado, independentemente de cálculo e mediante depósito judicial, incluídos:

a) os aluguéis e acessórios da locação que vencerem até a sua efetivação;

b) as multas ou penalidades contratuais, quando exigíveis;

c) os juros de mora;

d) as custas e os honorários do advogado do locador, fixados em dez por cento sobre o montante devido, se do contrato não constar disposição diversa;

III - autorizada a emenda da mora e efetuado o depósito judicial até quinze dias após a intimação do deferimento, se o locador alegar que a oferta não é integral, justificando a diferença, o locatário poderá complementar o depósito no prazo de dez dias, contados da ciência dessa manifestação;

IV - não sendo complementado o depósito, pedido de rescisão prosseguirá pela diferença, podendo o locador levantar a quantia depositada;

V - os aluguéis que forem vencendo até a sentença deverão ser depositados à disposição do juízo, nos respectivos vencimentos, podendo o locador levantá-los desde que incontroversos;

VI - havendo cumulação dos pedidos de rescisão da locação e cobrança dos aluguéis, a execução desta pode ter início antes da desocupação do imóvel, caso ambos tenham sido acolhidos.

Parágrafo único. Não se admitirá a emenda da mora se o locatário já houver utilizado essa faculdade por duas vezes nos doze meses imediatamente anteriores à propositura da ação.

Art. 63. Julgada procedente a ação de despejo, o juiz fixará prazo de trinta dias para a desocupação voluntária, ressalvado o disposto nos parágrafos seguintes:

1º O prazo será de quinze dias se:

a) entre a citação e a sentença de primeira instância houverem decorrido mais de quatro meses; ou

b) o despejo houver sido decretado com fundamento nos incisos II e III do art. 9° ou no § 2° do art. 46.

§ 2° Tratando-se de estabelecimento de ensino autorizado e fiscalizado pelo Poder Público, respeitado o prazo mínimo de seis meses e o máximo de um ano, o juiz disporá de modo que a desocupação coincida com o período de férias escolares.

§ 3° Tratando-se de hospitais, repartições públicas, unidades sanitárias oficiais, asilos, estabelecimentos de saúde e de ensino autorizados e fiscalizados pelo Poder Público, bem como por entidades religiosas devidamente registradas, e o despejo for decretado com fundamento no inciso IV do art. 9° ou no inciso II do art. 53, o prazo será de um ano, exceto no caso em que entre a citação e a sentença de primeira instância houver decorrido mais de um ano, hipótese em que o prazo será de seis meses. (Redação dada pela Lei n° 9.256, de 9.1.1996)

§ 4° A sentença que decretar o despejo fixará o valor da caução para o caso de ser executada provisoriamente.

Art. 64. Salvo nas hipóteses das ações fundadas nos incisos I, II e IV do art. 9°, a execução provisória do despejo dependerá de caução não inferior a doze meses e nem superior a dezoito meses do aluguel, atualizado até a data do depósito da caução.

§ 1° A caução poderá ser real ou fidejussória e será prestada nos autos da execução provisória.

§ 2° Ocorrendo a reforma da sentença ou da decisão que concedeu liminarmente o despejo, o valor da caução reverterá em favor do réu, como indenização mínima das perdas e danos, podendo este reclamar, em ação própria, a diferença pelo que a exceder.

Art. 65. Findo o prazo assinado para a desocupação, contado da data da notificação, será efetuado o despejo, se necessário com emprego de força, inclusive arrombamento.

1° Os móveis e utensílios serão entregues à guarda de depositário, se não os quiser retirar o despejado.

2° O despejo não poderá ser executado até o trigésimo dia seguinte ao do falecimento do cônjuge, ascendente, descendente ou irmão de qualquer das pessoas que habitem o imóvel.

Art. 66. Quando o imóvel for abandonado após ajuizada a ação, o locador poderá imitir-se na posse do imóvel.

CAPÍTULO III
Da Ação de Consignação de Aluguel e Acessórios da Locação

Art. 67. Na ação que objetivar o pagamento dos aluguéis e acessórios da locação mediante consignação, será observado o seguinte:

I - a petição inicial, além dos requisitos exigidos pelo art. 282 do Código de Processo Civil, deverá especificar os aluguéis e acessórios da locação com indicação dos respectivos valores;

II - determinada a citação do réu, o autor será intimado a, no prazo de vinte e quatro horas, efetuar o depósito judicial da importância indicada na petição inicial, sob pena de ser extinto o processo;

III - o pedido envolverá a quitação das obrigações que vencerem durante a tramitação do feito e até ser prolatada a sentença de primeira instância, devendo o autor promover os depósitos nos respectivos vencimentos;

IV - não sendo oferecida a contestação, ou se o locador receber os valores depositados, o juiz acolherá o pedido, declarando quitadas as obrigações, condenando o réu ao pagamento das custas e honorários de vinte por cento do valor dos depósitos;

V - a contestação do locador, além da defesa de direito que possa caber, ficará adstrita, quanto à matéria de fato, a:

a) não ter havido recusa ou mora em receber a quantia devida;
b) ter sido justa a recusa;
c) não ter sido efetuado o depósito no prazo ou no lugar do pagamento;
d} não ter sido o depósito integral;

VI - além de contestar, o réu poderá, em reconvenção, pedir o despejo e a cobrança dos valores objeto da consignatória ou da diferença do depósito inicial, na hipótese de ter sido alegado não ser o mesmo integral;

VII - o autor poderá complementar o depósito inicial, no prazo de cinco dias contados da ciência do oferecimento da resposta, com acréscimo de dez por cento sobre o valor da diferença. Se tal ocorrer, o juiz declarará quitadas as obrigações, elidindo a rescisão da locação, mas imporá ao autor-reconvindo a responsabilidade pelas custas e honorários advocatícios de vinte por cento sobre o valor dos depósitos;

VIII - havendo, na reconvenção, cumulação dos pedidos de rescisão da locação e cobrança dos valores objeto da consignatória, a execução desta somente poderá ter início após obtida a desocupação do imóvel, caso ambos tenham sido acolhidos.

Parágrafo único. O réu poderá levantar a qualquer momento as importâncias depositadas sobre as quais não penda controvérsia.

CAPÍTULO IV
Da Ação Revisional de Aluguel

Art. 68. Na ação revisional de aluguel, que terá o rito sumaríssimo, observar-se-á o seguinte:

I - além dos requisitos exigidos pelos arts. 276 e 282 do Código de Processo Civil, a petição inicial deverá indicar o valor do aluguel cuja fixação é pretendida;

II - ao designar a audiência de instrução e julgamento, o juiz, se houver pedido e com base nos elementos fornecidos pelo autor ou nos que indicar, fixará aluguel provisório, não excedente a oitenta por cento do pedido, que será devido desde a citação;

III - sem prejuízo da contestação e até a audiência, o réu poderá pedir seja revisto o aluguel provisório, fornecendo os elementos para tanto;

IV - na audiência de instrução e julgamento, apresentada a contestação, que deverá conter contraproposta se houver discordância quanto ao valor pretendido, o juiz tentará a conciliação e, não sendo esta possível, suspenderá o ato para a realização de perícia, se necessária, designando, desde logo, audiência em continuação.

1° Não caberá ação revisional na pendência de prazo para desocupação do imóvel (arts. 46, parágrafo 2° e 57), ou quando tenha sido este estipulado amigável ou judicialmente.

2° No curso da ação de revisão, o aluguel provisório será reajustado na periodicidade pactuada ou na fixada em lei.

Art. 69. O aluguel fixado na sentença retroage à citação, e as diferenças devidas durante a ação de revisão, descontados os alugueres provisórios satisfeitos, serão pagas corrigidas, exigíveis a partir do trânsito em julgado da decisão que fixar o novo aluguel.

1° Se pedido pelo locador, ou sublocador, a sentença poderá estabelecer periodicidade de reajustamento do aluguel diversa daquela prevista no contrato revisando, bem como adotar outro indexador para reajustamento do aluguel.

2° A execução das diferenças será feita nos autos da ação de revisão.

Art. 70. Na ação de revisão do aluguel, o juiz poderá homologar acordo de desocupação, que será executado mediante expedição de mandado de despejo.

CAPÍTULO V

Da Ação Renovatória

Art. 71. Além dos demais requisitos exigidos no art. 282 do Código de Processo Civil, a petição inicial da ação renovatória deverá ser instruída com:

I - prova do preenchimento dos requisitos dos incisos I, II e III do art. 51;

II - prova do exato cumprimento do contrato em curso;

III - prova da quitação dos impostos e taxas que incidiram sobre o imóvel e cujo pagamento lhe incumbia;

IV - indicação clara e precisa das condições oferecidas para a renovação da locação;

V - indicação de fiador quando houver no contrato a renovar e, quando não for o mesmo, com indicação do nome ou denominação completa, número de sua inscrição no Ministério da Economia, Fazenda e Planejamento, endereço e, tratando-se de pessoa natural, a nacionalidade, o estado civil, a profissão e o número da carteira de identidade, comprovando, em qualquer caso e desde logo, a idoneidade financeira;

VI - prova de que o fiador do contrato ou o que o substituir na renovação aceita os encargos da fiança, autorizado por seu cônjuge, se casado for;

VII - prova, quando for o caso, de ser cessionário ou sucessor, em virtude de título oponível ao proprietário.

Parágrafo único. Proposta a ação pelo sublocatário do imóvel ou de parte dele, serão citados o sublocador e o locador, como litisconsortes, salvo se, em virtude de locação originária ou renovada, o sublocador dispuser de prazo que admita renovar a sublocação; na primeira hipótese, procedente a ação, o proprietário ficará diretamente obrigado à renovação.

Art. 72. A contestação do locador, além da defesa de direito que possa caber, ficará adstrita, quanto à matéria de fato, ao seguinte:

I - não preencher o autor os requisitos estabelecidos nesta lei;

II - não atender, a proposta do locatário, o valor locativo real do imóvel na época da renovação, excluída a valorização trazida por aquele ao ponto ou lugar;

III - ter proposta de terceiro para a locação, em condições melhores;

IV - não estar obrigado a renovar a locação (incisos I e II do art. 52).

1° No caso do inciso II, o locador deverá apresentar, em contraproposta, as condições de locação que repute compatíveis com o valor locativo real e atual do imóvel.

2° No caso do inciso III, o locador deverá juntar prova documental da proposta do terceiro, subscrita por este e por duas testemunhas, com clara indicação do ramo a ser explorado, que não poderá ser o mesmo do locatário. Nessa hipótese, o locatário poderá, em réplica, aceitar tais condições para obter a renovação pretendida.

3° No caso do inciso I do art. 52, a contestação deverá trazer prova da determinação do Poder Público ou relatório pormenorizado das obras a serem realizadas e da estimativa de valorização que sofrerá o imóvel, assinado por engenheiro devidamente habilitado.

4° Na contestação, o locador, ou sublocador, poderá pedir, ainda, a fixação de aluguel provisório, para vigorar a partir do primeiro mês do prazo do contrato a ser renovado, não excedente a oitenta por cento do pedido, desde que apresentados elementos hábeis para aferição do justo valor do aluguel.

5° Se pedido pelo locador, ou sublocador, a sentença poderá estabelecer periodicidade de reajustamento do aluguel diversa daquela prevista no contrato renovando, bem como adotar outro indexador para reajustamento do aluguel.

Art. 73. Renovada a locação, as diferenças dos aluguéis vencidos serão executadas nos próprios autos da ação e pagas de uma só vez.

Art. 74. Não sendo renovada a locação, o juiz fixará o prazo de até seis meses após o trânsito em julgado da sentença para desocupação, se houver pedido na contestação.

Art. 75. Na hipótese do inciso III do art. 72, a sentença fixará desde logo a indenização devida ao locatário em consequência da não prorrogação da locação, solidariamente devida pelo locador e o proponente.

TÍTULO III

Das Disposições Finais e Transitórias

Art. 76. Não se aplicam as disposições desta lei aos processos em curso.

Art. 77. Todas as locações residenciais que tenham sido celebradas anteriormente à vigência desta lei serão automaticamente prorrogadas por tempo indeterminado, ao término do prazo ajustado no contrato.

Art. 78. As locações residenciais que tenham sido celebradas anteriormente à vigência desta lei e que já vigorem ou venham a vigorar por prazo indeterminado, poderão ser denunciadas pelo locador, concedido o prazo de doze meses para a desocupação.

Parágrafo único. Na hipótese de ter havido revisão judicial ou amigável do aluguel, atingindo o preço do mercado, a denúncia somente poderá ser exercitada após vinte e quatro meses da data da revisão, se esta ocorreu nos doze meses anteriores à data da vigência desta lei.

Art. 79. No que for omissa esta lei aplicam-se as normas do Código Civil e do Código de Processo Civil.

Art. 80. Para os fins do inciso I do art. 98 da Constituição Federal, as ações de despejo poderão ser consideradas como causas cíveis de menor complexidade.

Art. 81. O inciso II do art. 167 e o art. 169 da Lei n° 6.015, de 31 de dezembro de 1973, passam a vigorar com as seguintes alterações:

"Art. 167. ....

II - ....

16) do contrato de locação, para os fins de exercício de direito de preferência."

"Art. 169. ....
....

III - o registro previsto no n° 3 do inciso I do art. 167, e a averbação prevista no n° 16 do inciso II do art. 167 serão efetuados no cartório onde o imóvel esteja matriculado mediante apresentação de qualquer das vias do contrato, assinado pelas partes e subscrito por duas testemunhas, bastando a coincidência entre o nome de um dos proprietários e o locador."

Art. 82. O art. 3° da Lei n° 8.009, de 29 de março de 1990, passa a vigorar acrescido do seguinte inciso VII:

"Art. 3° ....
....

VII - por obrigação decorrente de fiança concedida em contrato de locação."

Art. 83. Ao art. 24 da Lei n° 4.591, de 16 de dezembro de 1964 fica acrescido o seguinte § 4°:

"Art. 24. ....
....

4° Nas decisões da assembleia que envolvam despesas ordinárias do condomínio, o locatário poderá votar, caso o condômino locador a ela não compareça."

Art. 84. Reputam-se válidos os registros dos contratos de locação de imóveis, realizados até a data da vigência desta lei.

Art. 85. Nas locações residenciais, é livre a convenção do aluguel quanto a preço, periodicidade e indexador de reajustamento, vedada a vinculação à variação do salário mínimo, variação cambial e moeda estrangeira:

I dos imóveis novos, com habite-se concedido a partir da entrada em vigor desta lei;

II - dos demais imóveis não enquadrados no inciso anterior, em relação aos contratos celebrados, após cinco anos de entrada em vigor desta lei.

Art. 86. O art. 8° da Lei n° 4.380, de 21 de agosto de 1964 passa a vigorar com a seguinte redação:

"Art. 8° O sistema financeiro da habitação, destinado a facilitar e promover a construção e a aquisição da casa própria ou moradia, especialmente pelas classes de menor renda da população, será integrado."

Art. 87. (Vetado).

Art. 88. (Vetado).

Art. 89. Esta lei entrará em vigor sessenta dias após a sua publicação.

Art. 90. Revogam-se as disposições em contrário, especialmente:

I - o Decreto n° 24.150, de 20 de abril de 1934;

II - a Lei n° 6.239, de 19 de setembro de 1975;

III - a Lei n° 6.649, de 16 de maio de 1979;
IV - a Lei n° 6.698, de 15 de outubro de 1979;
V - a Lei n° 7.355, de 31 de agosto de 1985;
VI - a Lei n° 7.538, de 24 de setembro de 1986;
VII - a Lei n° 7.612, de 9 de julho de 1987; e
VIII - a Lei n° 8.157, de 3 de janeiro de 1991.

Brasília, 18 de outubro de 1991; 170° da Independência e 103° da República.
FERNANDO COLLOR
Jarbas Passarinho
Este texto não substitui o publicado no D.O.U. de 21.10.1991

12.2 Lei de Condomínios

Lei dos Condomínios n° 4.591, de 16 de dezembro de 1964

O PRESIDENTE DA REPÚBLICA, faço saber que o CONGRESSO NACIONAL decreta e eu sanciono a seguinte Lei:

TÍTULO I

CAPÍTULO I

Do Condomínio

Art. 1° As edificações ou conjuntos de edificações, de um ou mais pavimentos, construídos sob a forma de unidades isoladas entre si, destinadas a fins residenciais ou não-residenciais, poderão ser alienados, no todo ou em parte, objetivamente considerados, e constituirá, cada unidade, propriedade autônoma sujeita às limitações desta Lei.

§ 1° Cada unidade será assinalada por designação especial, numérica ou alfabética, para efeitos de identificação e discriminação.

§ 2° A cada unidade caberá, como parte inseparável, uma fração ideal do terreno e coisas comuns, expressa sob forma decimal ou ordinária.

Art. 2° Cada unidade com saída para a via pública, diretamente ou por processo de passagem comum, será sempre tratada como objeto de propriedade exclusiva, qualquer que seja o número de suas peças e sua desatinação, inclusive (VETADO) edifício-garagem, com ressalva das restrições que se lhe imponham.

Parágrafo único. (VETADO).

Art. 3º O terreno em que se levantam a edificação ou o conjunto de edificações e suas instalações, bem como as fundações, paredes externas, o teto, as áreas internas de ventilação, e tudo o mais que sirva a qualquer dependência de uso comum dos proprietários ou titulares de direito à aquisição de unidades ou ocupantes, constituirão condomínio de todos, e serão insuscetíveis de divisão, ou de alienação destacada da respectiva unidade. Serão, também, insuscetíveis de utilização exclusiva por qualquer condômino (VETADO).

Art. 4º A alienação de cada unidade, a transferência de direitos pertinentes à sua aquisição e a constituição de direitos reais sobre ela independerão do consentimento dos condôminos, (VETADO).

Parágrafo único. O adquirente de uma unidade responde pelos débitos do alienante, em relação ao condomínio, inclusive multas.

Art. 5º O condomínio por meação de parede, soalhos, e tetos das unidades isoladas, regular-se-á pelo disposto no Código Civil, no que lhe for aplicável.

Art. 6º Sem prejuízo do disposto nesta Lei, regular-se-á pelas disposições de direito comum o condomínio por quota ideal de mais de uma pessoa sobre a mesma unidade autônoma.

Art. 7º O condomínio por unidades autônomas instituir-se-á por ato entre vivos ou por testamento, com inscrição obrigatória no Registro de Imóvel, dele constando; a individualização de cada unidade, sua identificação e discriminação, bem como a fração ideal sobre o terreno e partes comuns, atribuída a cada unidade, dispensando-se a descrição interna da unidade.

Art. 8º Quando, em terreno onde não houver edificação, o proprietário, o promitente comprador, o cessionário deste ou o promitente cessionário sobre ele desejar erigir mais de uma edificação, observar-se-á também o seguinte:

a) em relação às unidades autônomas que se constituírem em casas térreas ou assobradadas, será discriminada a parte do terreno ocupada pela edificação e também aquela eventualmente reservada como de utilização exclusiva dessas casas, como jardim e quintal, bem assim a fração ideal do todo do terreno e de partes comuns, que corresponderá às unidades;

b) em relação às unidades autônomas que constituírem edifícios de dois ou mais pavimentos, será discriminada a parte do terreno ocupada pela edificação, aquela que eventualmente for reservada como de utilização exclusiva, correspondente às unidades do edifício, e ainda a fração ideal do todo do terreno e de partes comuns, que corresponderá a cada uma das unidades;

c) serão discriminadas as partes do total do terreno que poderão ser utilizadas em comum pelos titulares de direito sobre os vários tipos de unidades autônomas;

d) serão discriminadas as áreas que se constituírem em passagem comum para as vias públicas ou para as unidades entre si.

CAPÍTULO II

Da Convenção de Condomínio

Art. 9º Os proprietários, promitentes compradores, cessionários ou promitentes cessionários dos direitos pertinentes à aquisição de unidades autônomas, em edificações a serem construídas, em construção ou já construídas, elaborarão, por escrito, a Convenção de condomínio, e deverão, também, por contrato ou por deliberação em assembleia, aprovar o Regimento Interno da edificação ou conjunto de edificações.

§ 1º Far-se-á o registro da Convenção no Registro de Imóveis, bem como a averbação das suas eventuais alterações.

§ 2º Considera-se aprovada, e obrigatória para os proprietários de unidades, promitentes compradores, cessionários e promitentes cessionários, atuais e futuros, como para qualquer ocupante, a Convenção que reuna as assinaturas de titulares de direitos que representem, no mínimo, 2/3 das frações ideais que compõem o condomínio.

§ 3º Além de outras normas aprovadas pelos interessados, a Convenção deverá conter:

a) a discriminação das partes de propriedade exclusiva, e as de condomínio, com especificações das diferentes áreas;

b) o destino das diferentes partes;

c) o modo de usar as coisas e serviços comuns;

d) encargos, forma e proporção das contribuições dos condôminos para as despesas de custeio e para as extraordinárias;

e) o modo de escolher o síndico e o Conselho Consultivo;

f) as atribuições do síndico, além das legais;

g) a definição da natureza gratuita ou remunerada de suas funções;

h) o modo e o prazo de convocação das assembleias gerais dos condôminos;

i) o quorum para os diversos tipos de votações;

j) a forma de contribuição para constituição de fundo de reserva;

l) a forma e o quorum para as alterações de convenção;

m) a forma e o quorum para a aprovarão do Regimento Interno quando não incluídos na própria Convenção.

Art. 10. É defeso a qualquer condômino:

I - alterar a forma externa da fachada;

II - decorar as partes e esquadriais externas com tonalidades ou cores diversas das empregadas no conjunto da edificação;

III - destinar a unidade a utilização diversa de finalidade do prédio, ou usá-la de forma nociva ou perigosa ao sossego, à salubridade e à segurança dos demais condôminos;

IV - embaraçar o uso das partes comuns.

§ 1º O transgressor ficará sujeito ao pagamento de multa prevista na convenção ou no regulamento do condomínio, além de ser compelido a desfazer a obra ou abster-se da prática do ato, cabendo, ao síndico, com autorização judicial, mandar desmanchá-la, à custa do transgressor, se este não a desfizer no prazo que lhe for estipulado.

§ 2º O proprietário ou titular de direito à aquisição de unidade poderá fazer obra que ou modifique sua fachada, se obtiver a aquiescência da unidade dos condôminos.

Art. 11. Para efeitos tributários, cada unidade autônoma será tratada como prédio isolado, contribuindo o respectivo condômino, diretamente, com as importâncias relativas aos impostos e taxas federais, estaduais e municipais, na forma dos respectivos lançamentos.

CAPÍTULO III

Das Despesas do Condomínio

Art. 12. Cada condômino concorrerá nas despesas do condomínio, recolhendo, nos prazos previstos na Convenção, a quota-parte que lhe couber em rateio.

§ 1º Salvo disposição em contrário na Convenção, a fixação da quota no rateio corresponderá à fração ideal de terreno de cada unidade.

§ 2º Cabe ao síndico arrecadar as contribuições competindo-lhe promover, por via executiva, a cobrança judicial das quotas atrasadas.

§ 3º O condômino que não pagar a sua contribuição no prazo fixado na Convenção fica sujeito ao juro moratório de 1% ao mês, e multa de até 20% sobre o débito, que será atualizado, se o estipular a Convenção, com a aplicação dos índices de correção monetária levantados pelo Conselho Nacional de Economia, no caso da mora por período igual ou superior a seis meses.

§ 4º As obras que interessarem à estrutura integral da edificação ou conjunto de edificações, ou ao serviço comum, serão feitas com o concurso pecuniário de todos os proprietários ou titulares de direito à aquisição de unidades, mediante orçamento prévio aprovado em assembleia geral, podendo incumbir-se de sua execução o síndico, ou outra pessoa, com aprovação da assembleia.

§ 5º A renúncia de qualquer condômino aos seus direitos, em caso algum valerá como escusa para exonerá-lo de seus encargos.

CAPÍTULO IV

Do Seguro, do Incêndio, da Demolição e da Reconstrução Obrigatória

Art. 13. Proceder-se-á ao seguro da edificação ou do conjunto de edificações, neste caso, discriminadamente, abrangendo todas as unidades autônomas e partes comuns, contra incêndio ou outro sinistro que cause destruição no todo ou em parte, computando-se o prêmio nas despesas ordinárias do condomínio.

Parágrafo único. O seguro de que trata este artigo será obrigatoriamente feito dentro de 120 dias, contados da data da concessão do "habite-se", sob pena de ficar o condomínio sujeito à multa mensal equivalente a 1/12 do impôsto predial, cobrável executivamente pela Municipalidade.

Art. 14. Na ocorrência de sinistro total, ou que destrua mais de dois terços de uma edificação, seus condôminos reunir-se-ão em assembleia especial, e deliberarão sobre a sua reconstrução ou venda do terreno e materiais, por quorum mínimo de votos que representem metade, mais uma das frações ideais do respectivo terreno.

§ 1º Rejeitada a proposta de reconstrução, a mesma assembleia, ou outra para este fim convocada, decidirá, pelo mesmo quorum, do destino a ser dado ao terreno, e aprovará a partilha do valor do seguro entre os condôminos, sem prejuízo do que receber cada um pelo seguro facultativo de sua unidade.

§ 2º Aprovada, a reconstrução será feita, guardados, obrigatoriamente, o mesmo destino, a mesma forma externa e a mesma disposição interna.

§ 3º Na hipótese do parágrafo anterior, a minoria não poderá ser obrigada a contribuir para a reedificação, caso em que a maioria poderá adquirir as partes dos dissidentes, mediante avaliação judicial, feita em vistoria.

Art. 15. Na hipótese de que trata o § 3º do artigo antecedente, à maioria poderão ser adjudicadas, por sentença, as frações ideais da minoria.

§ 1º Como condição para o exercício da ação prevista neste artigo, com a inicial, a maioria oferecerá e depositará, à disposição do Juízo, as importâncias arbitradas na vistoria para avaliação, prevalecendo as de eventual desempatador.

§ 2º Feito o depósito de que trata o parágrafo anterior, o Juiz, liminarmente, poderá autorizar a adjudicação à maioria, e a minoria poderá levantar as importâncias depositadas; o Oficial de Registro de Imóveis, nestes casos, fará constar do registro que a adjudicação foi resultante de medida liminar.

§ 3º Feito o depósito, será expedido o mandado de citação, com o prazo de dez dias para a contestação, VETADO.

§ 4º Se não contestado, o Juiz, imediatamente, julgará o pedido.

§ 5º Se contestado o pedido, seguirá o processo o rito ordinário.

§ 6º Se a sentença fixar valor superior ao da avaliação feita na vistoria, o condomínio em execução restituirá à minoria a respectiva diferença, acrescida de juros de mora à prazo de 1% ao mês, desde a data da concessão de eventual Liminar, ou pagará o total devido, com os juros da mora a conter da citação.

§ 7º Transitada em julgado a sentença, servirá ela de título definitivo para a maioria, que deverá registrá-la no Registro de Imóveis.

§ 8º A maioria poderá pagar e cobrar da minoria, em execução de sentença, encargos fiscais necessários à adjudicação definitiva a cujo pagamento se recusar a minoria.

Art. 16. Em caso de sinistro que destrua menos de dois terços da edificação, o síndico promoverá o recebimento do seguro e a reconstrução ou os reparos nas partes danificadas.

Art. 17. Em caso de condenação da edificação pela autoridade pública, ou ameaça de ruína, pelo voto dos condôminos que representem mais de dois terços das quotas ideais do respectivo terreno poderá ser decidida a sua demolição e reconstrução.

Parágrafo único. A minoria não fica obrigada a contribuir para as obras, mas assegura-se a maioria o direito de adquirir as partes dos dissidentes, mediante avaliação judicial, aplicando-se o processo previsto no art. 15.

Art. 18. Em caso de desapropriação parcial de uma edificação ou de um conjunto de edificações, serão indenizados os proprietários das unidades expropriadas, ingressando no condomínio a entidade expropriante, que se sujeitará às disposições desta Lei e se submeterá às da Convenção do condomínio e do Regulamento Interno.

Parágrafo único. VETADO.

CAPÍTULO V

Utilização da Edificação ou do Conjunto de Edificações

Art. 19. Cada condômino tem o direito de usar e fruir, com exclusividade, de sua unidade autônoma, segundo suas conveniências e interesses, condicionados, umas e outros às normas de boa vizinhança, e poderá usar as partes e coisas comuns de maneira a não causar dano ou incômodo aos demais condôminos ou moradores, nem obstáculo ou embaraço ao bom uso das mesmas partes por todos.

Parágrafo único. VETADO.

Art. 20. Aplicam-se ao ocupante do imóvel, a qualquer título, todas as obrigações referentes ao uso, fruição e destino da unidade.

Art. 21. A violação de qualquer dos deveres estipulados na Convenção sujeitará o infrator à multa fixada na própria Convenção ou no Regimento Interno, sem prejuízo da responsabilidade civil ou criminal que, no caso, couber.

Parágrafo único. Compete ao síndico a iniciativa do processo e a cobrança da multa, por via executiva, em benefício do condomínio, e, em caso de omitir-se ele, a qualquer condômino.

CAPÍTULO VI

Da Administração do Condomínio

Art. 22. Será eleito, na forma prevista pela Convenção, um síndico do condomínio, cujo mandato não poderá exceder de 2 anos, permitida a reeleição.

§ 1º Compete ao síndico:

a) representar ativa e passivamente, o condomínio, em juízo ou fora dele, e praticar os atos de defesa dos interesses comuns, nos limites das atribuições conferidas por esta Lei ou pela Convenção;

b) exercer a administração interna da edificação ou do conjunto de edificações, no que respeita à sua vigência, moralidade e segurança, bem como aos serviços que interessam a todos os moradores;

c) praticar os atos que lhe atribuírem as leis a Convenção e o Regimento Interno;

d) impor as multas estabelecidas na Lei, na Convenção ou no Regimento Interno;

e) cumprir e fazer cumprir a Convenção e o Regimento Interno, bem como executar e fazer executar as deliberações da assembleia;

f) prestar contas à assembleia dos condôminos.

§ 2º As funções administrativas podem ser delegadas a pessoas de confiança do síndico, e sob a sua inteira responsabilidade, mediante aprovação da assembleia geral dos condôminos.

§ 3º A Convenção poderá estipular que dos atos do síndico caiba recurso para a assembleia, convocada pelo interessado.

§ 4º Ao síndico, que poderá ser condômino ou pessoa física ou jurídica estranha ao condomínio, será fixada a remuneração pela mesma assembleia que o eleger, salvo se a Convenção dispuser diferentemente.

§ 5º O síndico poderá ser destituído, pela forma e sob as condições previstas na Convenção, ou, no silêncio desta pelo voto de dois terços dos condôminos, presentes, em assembleia geral especialmente convocada.

§ 6º A Convenção poderá prever a eleição de subsíndicos, definindo-lhes atribuições e fixando-lhes o mandato, que não poderá exceder de 2 anos, permitida a reeleição.

Art. 23. Será eleito, na forma prevista na Convenção, um Conselho Consultivo, constituído de três condôminos, com mandatos que não poderão exceder de 2 anos, permitida a reeleição.

Parágrafo único. Funcionará o Conselho como órgão consultivo do síndico, para assessorá-lo na solução dos problemas que digam respeito ao condomínio, podendo a Convenção definir suas atribuições específicas.

CAPÍTULO VII

Da Assembleia Geral

Art. 24. Haverá, anualmente, uma assembleia geral ordinária dos condôminos, convocada pelo síndico na forma prevista na Convenção, à qual compete, além das demais matérias inscritas na ordem do dia, aprovar, por maioria dos presentes, as verbas para as despesas de condomínio, compreendendo as de conservação da edificação ou conjunto de edificações, manutenção de seus serviços e correlatas.

§ 1º As decisões da assembleia, tomadas, em cada caso, pelo quorum que a Convenção fixar, obrigam todos os condôminos.

§ 2º O síndico, nos oito dias subsequentes à assembleia, comunicará aos condôminos o que tiver sido deliberado, inclusive no tocante à previsão orçamentária, o rateio das despesas, e promoverá a arrecadação, tudo na forma que a Convenção previr.

§ 3º Nas assembleias gerais, os votos serão proporcionais às frações ideais do terreno e partes comuns, pertencentes a cada condômino, salvo disposição diversa da Convenção.

Art. 25. Ressalvado o disposto no § 3º do art. 22, poderá haver assembleias gerais extraordinárias, convocadas pelo síndico ou por condôminos que representem um quarto, no mínimo do condomínio, sempre que o exigirem os interesses gerais.

Parágrafo único. Salvo estipulação diversa da Convenção, esta só poderá ser modificada em assembleia geral extraordinária, pelo voto mínimo de condôminos que representem 2/3 do total das frações ideais.

Art. 26. VETADO.

Art. 27. Se a assembleia não se reunir para exercer qualquer dos poderes que lhe competem, 15 dias após o pedido de convocação, o Juiz decidirá a respeito, mediante requerimento dos interessados.

TÍTULO II

DAS INCORPORAÇÕES

CAPÍTULO I

Disposições Gerais

Art. 28. As incorporações imobiliárias, em todo o território nacional, reger-se-ão pela presente Lei.

Parágrafo único. Para efeito desta Lei, considera-se incorporação imobiliária a atividade exercida com o intuito de promover e realizar a construção, para alienação total ou parcial, de edificações ou conjunto de edificações compostas de unidades autônomas, VETADO.

Art. 29. Considera-se incorporador a pessoa física ou jurídica, comerciante ou não, que embora não efetuando a construção, compromisse ou efetive a venda de frações ideais de terreno objetivando a vinculação de tais frações a unidades autônomas, VETADO em edificações a serem construídas ou em construção sob regime condominial, ou que meramente aceite propostas para efetivação de tais transações, coordenando e levando a termo a incorporação e responsabilizando-se, conforme o caso, pela entrega, a certo prazo, preço e determinadas condições, das obras concluídas. Parágrafo único. Presume-se a vinculação entre a alienação das frações do terreno e o negócio de construção, se, ao ser contratada a venda, ou promessa de venda ou de cessão das frações de terreno, já houver sido aprovado e estiver em vigor, ou pender de aprovação de autoridade administrativa, o respectivo projeto de construção, respondendo o alienante como incorporador.

Art. 30. Estende-se a condição de incorporador aos proprietários e titulares de direitos aquisitivos que contratem a construção de edifícios que se destinem a constituição em condomínio, sempre que iniciarem as alienações antes da conclusão das obras.

Art. 31. A iniciativa e a responsabilidade das incorporações imobiliárias caberão ao incorporador, que somente poderá ser:

a) o proprietário do terreno, o promitente comprador, o cessionário deste ou promitente cessionário com título que satisfaça os requisitos da alínea a do art. 32;

b) o construtor (Decreto número 23.569, de 11-12-33, e 3.995, de 31 de dezembro de 1941, e Decreto-lei número 8.620, de 10 de janeiro de 1946) ou corretor de imóveis (Lei n° 4.116, de 27-8-62).

§ 1° No caso da alínea b, o incorporador será investido, pelo proprietário de terreno, o promitente comprador e cessionário deste ou o promitente cessionário, de mandato outorgado por instrumento público, onde se faça menção expressa desta Lei e se transcreva o disposto no § 4°, do art. 35, para concluir todos os negócios tendentes à alienação das frações ideais de terreno, mas se obrigará pessoalmente pelos atos que praticar na qualidade de incorporador.

§ 2° Nenhuma incorporação poderá ser proposta à venda sem a indicação expressa do incorporador, devendo também seu nome permanecer indicado ostensivamente no local da construção.

§ 3° Toda e qualquer incorporação, independentemente da forma por que seja constituída, terá um ou mais incorporadores solidariamente responsáveis, ainda que em fase subordinada a período de carência, referido no art. 34.

CAPÍTULO II

Das Obrigações e Direitos do Incorporador

Art. 32. O incorporador somente poderá negociar sobre unidades autônomas após ter arquivado, no cartório competente de Registro de Imóveis, os seguintes documentos:

a) título de propriedade de terreno, ou de promessa, irrevogável e irretratável, de compra e venda ou de cessão de direitos ou de permuta do qual conste cláusula de imissão na posse do imóvel, não haja estipulações impeditivas de sua alienação em frações ideais e inclua consentimento para demolição e construção, devidamente registrado;

b) certidões negativas de impostos federais, estaduais e municipais, de protesto de títulos de ações cíveis e criminais e de ônus reais relativante ao imóvel, aos alienantes do terreno e ao incorporador;

c) histórico dos títulos de propriedade do imóvel, abrangendo os últimos 20 anos, acompanhado de certidão dos respectivos registros;

d) projeto de construção devidamente aprovado pelas autoridades competentes;

e) cálculo das áreas das edificações, discriminando, além da global, a das partes comuns, e indicando, cada tipo de unidade a respectiva metragem de área construída;

f) certidão negativa de débito para com a Previdência Social, quando o titular de direitos sobre o terreno for responsável pela arrecadação das respectivas contribuições;

g) memorial descritivo das especificações da obra projetada, segundo modelo a que se refere o inciso IV, do art. 53, desta Lei;

h) avaliação do custo global da obra, atualizada à data do arquivamento, calculada de acordo com a norma do inciso III, do art. 53 com base nos custos unitários referidos no art. 54, discriminando-se, também, o custo de construção de cada unidade, devidamente autenticada pelo profissional responsável pela obra;

i) discriminação das frações ideais de terreno com as unidades autônomas que a elas corresponderão;

j) minuta da futura Convenção de condomínio que regerá a edificação ou o conjunto de edificações;

l) declaração em que se defina a parcela do preço de que trata o inciso II, do art. 39;

m) certidão do instrumento público de mandato, referido no § 1º do artigo 31;

n) declaração expressa em que se fixe, se houver, o prazo de carência (art. 34);

o) atestado de idoneidade financeira, fornecido por estabelecimento de crédito que opere no País há mais de cinco anos.

§ 1º A documentação referida neste artigo, após o exame do Oficial de Registro de Imóveis, será arquivada em cartório, fazendo-se o competente registro.

§ 2º Os contratos de compra e venda, promessa de venda, cessão ou promessa de cessão de unidades autônomas, serão também averbáveis à margem do registro de que trata este artigo.

§ 3º O número do registro referido no § 1º, bem como a indicação do cartório competente, constará, obrigatoriamente, dos anúncios, impressos, publicações, propostas, contratos, preliminares ou definitivos, referentes à incorporação, salvo dos anúncios "classificados".

§ 4º O Registro de Imóveis dará certidão ou fornecerá, a quem o solicitar, cópia fotostática, heliográfica, termofar, microfilmagem ou outra equivalente, dos documentos especificados neste artigo, ou autenticará cópia apresentada pela parte interessada.

§ 5º A existência de ônus fiscais ou reais, salvo os impeditivos de alienação, não impedem o registro, que será feito com as devidas ressalvas, mencionando-se, em todos os documentos, extraídos do registro, a existência e a extensão dos ônus.

§ 6º Os Oficiais de Registro de Imóveis terão 15 dias para apresentar, por escrito, todas as exigências que julgarem necessárias ao arquivamento, e, satisfeitas as referidas exigências, terão o prazo de 15 dias para fornecer certidão, relacionando a documentação apresentada, e devolver, autenticadas, as segundas vias da mencionada documentação, com exceção dos documentos públicos. Em casos de divergência, o Oficial levantará a dúvida segundo as normas processuais aplicáveis.

§ 7º O Oficial de Registro de Imóveis responde, civil e criminalmente, se efetuar o arquivamento de documentação contraveniente à lei ou der certidão ... VETADO ... sem o arquivamento de todos os documentos exigidos.

Art. 33. O registro da incorporação será válido pelo prazo de 120 dias, findo o qual, se ela ainda não se houver concretizado, o incorporador só poderá negociar unidades depois de atualizar a documentação a que se refere o artigo anterior, revalidando o registro por igual prazo.

Art. 34. O incorporador poderá fixar, para efetivação da incorporação, prazo de carência, dentro do qual lhe é lícito desistir do empreendimento.

§ 1º A fixação do prazo de carência será feita pela declaração a que se refere a alínea "n", do art. 32 onde se fixem as condições que autorizarão o incorporador a desistir do empreendimento.

§ 2º Em caso algum poderá o prazo de carência ultrapassar o termo final do prazo de validade do registro ou, se for o caso, de sua revalidação.

§ 3º Os documentos preliminares de ajuste, se houver, mencionarão, obrigatoriamente, o prazo de carência, inclusive para efeitos do art. 45.

§ 4º A desistência da incorporação será denunciada, por escrito, ao Registro de Imóveis ... VETADO ... e comunicada, por escrito, a cada um dos adquirentes ou candidatos à aquisição, sob pena de responsabilidade civil e criminal do incorporador.

§ 5º Será averbada no registro da incorporação a desistência de que trata o parágrafo anterior arquivando-se em cartório o respectivo documento.

§ 6º O prazo de carência é improrrogável.

Art. 35. O incorporador terá o prazo máximo de 45 anos, a contar do termo final do prazo de carência, se houver, para promover a celebração do competente contrato relativo à fração ideal de terreno, e, bem assim, do contrato de construção e da Convenção do condomínio, de acordo com discriminação constante da alínea "i", do art. 32.

§ 1º No caso de não haver prazo de carência, o prazo acima se contará da data de qualquer documento de ajuste preliminar.

§ 2º Quando houver prazo de carência, a obrigação somente deixará de existir se o incorporador tiver denunciado, dentro do mesmo prazo e nas condições previamente estabelecidas, por escrito, ao Registro de Imóveis, a não concretização do empreendimento.

§ 3º Se, dentro do prazo de carência, o incorporador não denunciar a incorporação, embora não se tenham reunido as condições a que se refere o § 1º, o outorgante do mandato de que trata o § 1º, do art. 31, poderá fazê-lo nos cinco dias subsequentes ao prazo de carência, e nesse caso ficará solidariamente responsável com o incorporador pela devolução das quantias que os adquirentes ou candidatos à aquisição houverem entregue ao incorporador, resguardado o direito de regresso sobre eles, dispensando-se, então, do cumprimento da obrigação fixada no caput deste artigo.

§ 4º Descumprida pelo incorporador e pelo mandante de que trata o § 1º do art. 31 a obrigação da outorga dos contratos referidos no caput deste artigo, nos prazos ora fixados, a carta-proposta ou o documento de ajuste preliminar poderão ser averbados no Registro de Imóveis, averbação que conferirá direito real oponível a terceiros, com o consequente direito à obtenção compulsória do contrato correspondente.

§ 5º Na hipótese do parágrafo anterior, o incorporador incorrerá também na multa de 50% sobre a quantia que efetivamente tiver recebido, cobrável por via executiva, em favor do adquirente ou candidato à aquisição.

§ 6º Ressalvado o disposto no artigo 43, do contrato de construção deverá constar expressamente a menção dos responsáveis pelo pagamento da construção de cada uma das unidades. O incorporador responde, em igualdade de condições, com os demais contratantes, pelo pagamento da construção das unidades que não tenham tido a responsabilidade pela sua construção assumida por terceiros e até que o tenham.

Art. 36. No caso de denúncia de incorporação, nos termos do art. 34, se o incorporador, até 30 dias a contar da denúncia, não restituir aos adquirentes as importâncias pagas, estes poderão cobrá-la por via executiva, reajustado o seu valor a contar da data do recebimento, em função do índice geral de preços mensalmente publicado pelo Conselho Nacional de Economia, que reflita as variações no poder aquisitivo da moeda nacional, e acrescido de juros de 6% ao ano, sobre o total corrigido.

Art. 37. Se o imóvel estiver gravado de ônus real ou fiscal ou se contra os alienantes houver ação que possa comprometê-lo, o fato será obrigatoriamente mencionado em todos os documentos de ajuste, com a indicação de sua natureza e das condições de liberação.

Art. 38. Também constará, obrigatoriamente, dos documentos de ajuste, se for o caso, o fato de encontrar-se ocupado o imóvel, esclarecendo-se a que título se deve esta ocupação e quais as condições de desocupação.

Art. 39. Nas incorporações em que a aquisição do terreno se der com pagamento total ou parcial em unidades a serem construídas, deverão ser discriminadas em todos os documentos de ajuste:

I - a parcela que, se houver, será paga em dinheiro;

II - a quota-parte da área das unidades a serem entregues em pagamento do terreno que corresponderá a cada uma das unidades, a qual deverá ser expressa em metros quadrados. Parágrafo único. Deverá constar, também, de todos os documentos de ajuste, se o alienante do terreno ficou ou não sujeito a qualquer prestação ou encargo.

Art. 40. No caso de rescisão de contrato de alienação do terreno ou de fração ideal, ficarão rescindidas as cessões ou promessas de cessão de direitos correspondentes à aquisição do terreno.

§ 1º Nesta hipótese, consolidar-se-á, no alienante em cujo favor se opera a resolução, o direito sobre a construção porventura existente.

§ 2º No caso do parágrafo anterior, cada um dos ex-titulares de direito à aquisição de unidades autônomas haverá do mencionado alienante o valor da parcela de construção que haja adicionado à unidade, salvo se a rescisão houver sido causada pelo ex-titular.

§ 3º Na hipótese dos parágrafos anteriores, sob pena de nulidade, não poderá o alienante em cujo favor se operou a resolução voltar a negociar seus direitos sobre a unidade autônoma, sem a prévia indenização aos titulares, de que trata o § 2º.

§ 4º No caso do parágrafo anterior, se os ex-titulares tiverem de recorrer à cobrança judicial do que lhes for devido, somente poderão garantir o seu pagamento a unidade e respectiva fração de terreno objeto do presente artigo.

Art. 41. Quando as unidades imobiliárias forem contratadas pelo incorporador por preço global compreendendo quota de terreno e construção, inclusive com parte de pagamento após a entrega da unidade, discriminar-se-ão, no contrato, o preço da quota de terreno e o da construção.

§ 1º Poder-se-á estipular que, na hipótese de o adquirente atrasar o pagamento de parcela relativa a construção, os efeitos da mora recairão não apenas sobre a aquisição da parte construída, mas, também, sobre a fração ideal de terreno, ainda que esta tenha sido totalmente paga.

§ 2º Poder-se-á também estipular que, na hipótese de o adquirente atrasar o pagamento da parcela relativa à fração ideal de terreno, os efeitos da mora recairão não apenas sobre a aquisição da fração ideal, mas, também, sobre a parte construída, ainda que totalmente paga.

Art. 42. No caso de rescisão do contrato relativo à fração ideal de terreno e partes comuns, a pessoa em cujo favor se tenha operado a resolução sub-rogar-se-á nos direitos e obrigações contratualmente atribuídos ao inadimplente, com relação a construção.

Art. 43. Quando o incorporador contratar a entrega da unidade a prazo e preços certos, determinados ou determináveis, mesmo quando pessoa física, ser-lhe-ão impostas as seguintes normas:

I - informar obrigatoriamente aos adquirentes, por escrito, no mínimo de seis em seis meses, o estado da obra;

II - responder civilmente pela execução da incorporação, devendo indenizar os adquirentes ou compromissários, dos prejuízos que a estes advierem do fato de não se concluir a edificação ou de se retardar injustificadamente a conclusão das obras, cabendo-lhe ação regressiva contra o construtor, se for o caso e se a este couber a culpa;

III - em caso de falência do incorporador, pessoa física ou jurídica, e não ser possível à maioria prosseguir na construção das edificações, os subscritores ou candidatos à aquisição de unidades serão credores privilegiados pelas quantias que houverem pago ao incorporador, respondendo subsidiariamente os bens pessoais deste;

IV - é vedado ao incorporador alterar o projeto, especialmente no que se refere à unidade do adquirente e às partes comuns, modificar as especificações, ou desviar-se do plano da construção, salvo autorização unânime dos interessados ou exigência legal;

V - não poderá modificar as condições de pagamento nem reajustar o preço das unidades, ainda no caso de elevação dos preços dos materiais e da mão-de-obra, salvo se tiver sido expressamente ajustada a faculdade de reajustamento, procedendo-se, então, nas condições estipuladas;

VI - se o incorporador, sem justa causa devidamente comprovada, paralisar as obras por mais de 30 dias, ou retardar-lhes excessivamente o andamento, poderá o Juiz notificá-lo para que no prazo mínimo de 30 dias as reinicie ou torne a dar-lhes o andamento normal. Desatendida a notificação, poderá o incorporador ser destituído pela maioria absoluta dos votos dos adquirentes, sem prejuízo da responsabilidade civil ou penal que couber, sujeito à cobrança executiva das importâncias comprovadamente devidas, facultando-se aos interessados prosseguir na obra (VETADO).

Art. 44. Após a concessão do "habite-se" pela autoridade administrativa, o incorporador deverá requerer, (VETADO) a averbação da construção das edificações, para efeito de individualização e discriminação das unidades, respondendo perante os adquirentes pelas perdas e danos que resultem da demora no cumprimento dessa obrigação.

§ 1º Se o incorporador não requerer a averbação (VETADO) o construtor requerê-la-á (VETADO) sob pena de ficar solidariamente responsável com o incorporador perante os adquirentes.

§ 2º Na omissão do incorporador e do construtor, a averbação poderá ser requerida por qualquer dos adquirentes de unidade.

Art. 45. É lícito ao incorporador recolher o imposto do selo devido, mediante apresentação dos contratos preliminares, até 10 dias a contar do vencimento do prazo de carência a que se refere o art. 34, extinta a obrigação se, dentro deste prazo, for denunciada a incorporação.

Art. 46. Quando o pagamento do imposto sobre lucro imobiliário e respectivos acréscimos e adicionais for de responsabilidade do vendedor do terreno, será lícito ao adquirente reter o pagamento das últimas prestações anteriores à data-limite em que é lícito pagar, sem reajuste, o referido imposto e os adicionais, caso o vendedor não apresente a quitação até 14 dias antes do vencimento das prestações cujo pagamento torne inferior ao débito fiscal a parte do preço a ser ainda paga até a referida data-limite.

Parágrafo único. No caso de retenção pelo adquirente, esse ficará responsável para todos os efeitos perante o Fisco, pelo recolhimento do tributo, adicionais e acréscimos, inclusive pelos reajustamentos que vier a sofrer o débito fiscal, (VETADO).

Art. 47. Quando se fixar no contrato que a obrigação do pagamento do imposto sobre lucro imobiliário acréscimos e adicionais devidos pelo alienante e transferida ao adquirente, dever-se-á explicitar o montante que tal obrigação atingiria, se sua satisfação se desse na data da escritura.

§ 1º Neste caso, o adquirente será tido, para todos os efeitos, como responsável perante o Fisco.

§ 2º Havendo parcela restituível, a restituição será feita ao adquirente e, se for o caso em nome deste serão emitidas as obrigações do Tesouro Nacional a que se refere o art. 4º da Lei nº 4.357 de 16.7.64.

§ 3º Para efeitos fiscais, não importará em aumento do preço de aquisição a circunstância de obrigar-se o adquirente ao pagamento do imposto sobre lucro mobiliário, seus acréscimos e adicionais.

CAPÍTULO III
Da Construção de Edificação em Condomínio

Seção I
Da Construção em Geral

Art. 48. A construção de imóveis, objeto de incorporação nos moldes previstos nesta Lei poderá ser contratada sob o regime de empreitada ou de administração conforme adiante definidos e poderá estar incluída no contrato com o incorporador (VETADO), ou ser contratada diretamente entre os adquirentes e o construtor.

§ 1º O Projeto e o memorial descritivo das edificações farão parte integrante e complementar do contrato;

§ 2º Do contrato deverá constar a prazo da entrega das obras e as condições e formas de sua eventual prorrogação.

Art. 49. Os contratantes da construção, inclusive no caso do art. 43, para tratar de seus interesses, com relação a ela, poderão reunir-se em assembleia, cujas deliberações, desde que aprovadas por maioria simples dos votos presentes, serão válidas e obrigatórias para todos eles salvo no que afetar ao direito de propriedade previsto na legislação.

§ 1º As assembleias serão convocadas, pelo menos, por 1/3 (um terço) dos votos dos contratantes pelo incorporador ou pelo construtor, com menção expressa do assunto a tratar, sendo admitido comparecimento de procurador bastante.

§ 2º A convocação da assembleia será feita por carta registrada ou protocolo, com antecedência mínima de 5 dias para a primeira convocação, e mais 3 dias para a segunda, podendo ambas as convocações ser feitas no mesmo aviso.

§ 3º A assembleia instalar-se-á, no mínimo, com metade dos contratantes, em primeira convocação, e com qualquer número, em segunda, sendo, porém, obrigatória a presença, em qualquer caso do incorporador ou do construtor, quando convocantes, e pelo menos, com metade dos contratantes que a tenham convocado, se for o caso.

§ 4º Na assembleia, os votos dos contratantes serão proporcionais às respectivas frações ideais de terreno.

Art. 50. Será designada no contrato de construção, ou eleita em assembleia especial devidamente convocada antes do início da obra, uma Comissão de Representantes, composta de 3 membros pelo menos, escolhidos entre os contratantes, no caso do art. 43 em tudo que interessar ao bom andamento da obra.

§ 1º Uma vez eleita a Comissão, cuja constituição se comprovará com a ata da assembleia, devidamente inscrita no Registro de Títulos e Documentos, esta ficará de pleno direito investida dos poderes necessários para exercer todas as atribuições e praticar todos os atos que esta Lei e o contrato de construção lhe deferirem, sem necessidade de instrumento especial outorgado pelos contratantes ou se for caso, pelos que se sub-rogarem nos direitos e obrigações destes.

§ 2º A assembleia poderá revogar, pela maioria absoluta dos votos dos contratantes, qualquer decisão da Comissão, ressalvados os direitos de terceiros quanto aos efeitos já produzidos.

§ 3º Respeitados os limites constantes desta Lei, o contrato poderá discriminar as atribuições da Comissão e deverá dispor sobre os mandatos de seus membros, sua destituição e a forma de preenchimento das vagas eventuais, sendo lícita a estipulação de que o mandato conferido a qualquer membro, no caso de sub-rogação de seu contrato a terceiros, se tenha por transferido, de pleno direito, ao sub-rogatário, salvo se este não o aceitar.

§ 4º Nas incorporações em que o número de contratantes de unidades for igual ou inferior a 3, a totalidade deles exercerá, em conjunto as atribuições que esta Lei confere à Comissão, aplicando-se, no que couber, o disposto nos parágrafos anteriores.

Art. 51. Nos contratos de construção, seja qual for seu regime deverá constar expressamente a quem caberão as despesas com ligações de serviços públicos, devidas ao Poder Público, bem como as despesas indispensáveis à instalação, funcionamento e regulamentação do condomínio.

Parágrafo único. Quando o serviço público for explorado mediante concessão, os contratos de construção deverão também especificar a quem caberão as despesas com as ligações que incumbam às concessionárias no caso de não estarem elas obrigadas a fazê-las, ou, em o estando, se a isto se recusarem ou alegarem impossibilidade.

Art. 52. Cada contratante da construção só será imitido na posse de sua unidade se estiver em dia com as obrigações assumidas, inclusive as relativas à construção exercendo o construtor e o condomínio até então, o direito de retenção sobre a respectiva unidade; no caso do art. 43, este direito será exercido pelo incorporador.

Art. 53. O Poder Executivo, através do Banco Nacional da Habitação, promoverá a celebração de contratos com a Associação Brasileira de Normas Técnicas (A.B.N.T.), no sentido de que esta, tendo em vista o disposto na Lei n° 4.150, de novembro de 1962, prepare, no prazo máximo de 120 dias, normas que estabeleçam, para cada tipo de prédio que padronizar:

I - critérios e normas para cálculo de custos unitários de construção, para uso dos sindicatos, na forma do art. 54;

II - critérios e normas para execução de orçamentos de custo de construção, para fins de disposto no artigo 59;

III - critérios e normas para a avaliação de custo global de obra, para fins da alínea h, do art. 32;

IV - modelo de memorial descritivo dos acabamentos de edificação, para fins do disposto no art. 32;

V - critério para entrosamento entre o cronograma das obras e o pagamento das prestações, que poderá ser introduzido nos contratos de incorporação inclusive para o efeito de aplicação do disposto no § 2° do art. 48.

§ 1° O número de tipos padronizados deverá ser reduzido e na fixação se atenderá primordialmente:

a) o número de pavimentos e a existência de pavimentos especiais (subsolo, pilotis etc.);

b) o padrão da construção (baixo, normal, alto), tendo em conta as condições de acabamento, a qualidade dos materiais empregados, os equipamentos, o número de elevadores e as inovações de conforto;

c) as áreas de construção.

§ 2° Para custear o serviço a ser feito pela A.B.N.T., definido neste artigo, fica autorizado o Poder Executivo a abrir um crédito especial no valor de Cr$10.000.000,00 (dez milhões de cruzeiros), em favor do Banco Nacional de Habitação, vinculado a este fim, podendo o Banco adiantar a importância à A.B.N.T., se necessário.

§ 3° No contrato a ser celebrado com a A.B.N.T., estipular-se-á a atualização periódica das normas previstas neste artigo, mediante remuneração razoável.

Art. 54 Os sindicatos estaduais da indústria da construção civil ficam obrigados a divulgar mensalmente, até o dia 5 de cada mês, os custos unitários de construção a serem adotados nas respectivas regiões jurisdicionais, calculados com observância dos critérios e normas a que se refere o inciso I, do artigo anterior.

§ 1° O sindicato estadual que deixar de cumprir a obrigação prevista neste artigo deixará de receber dos cofres públicos, enquanto perdurar a omissão, qualquer subvenção ou auxílio que pleiteie ou a que tenha direito.

§ 2° Na ocorrência de omissão de sindicato estadual, o construtor usará os índices fixados por outro sindicato estadual, em cuja região os custos de construção mais lhe pareçam aproximados dos da sua.

§ 3º Os orçamentos ou estimativas baseados nos custos unitários a que se refere este artigo só poderão ser considerados atualizados, em certo mês, para os efeitos desta Lei, se baseados em custos unitários relativos ao próprio mês ou a um dos dois meses anteriores.

SEÇÃO II
Da Construção por Empreitada

Art. 55. Nas incorporações em que a construção seja feita pelo regime de empreitada, esta poderá ser a preço fixo, ou a preço reajustável por índices previamente determinados.

§ 1º Na empreitada a preço fixo, o preço da construção será irreajustável, independentemente das variações que sofrer o custo efetivo das obras e qualquer que sejam suas causas.

§ 2º Na empreitada a preço reajustável, o preço fixado no contrato será reajustado na forma e nas épocas nele expressamente previstas, em função da variação dos índices adotados, também previstos obrigatoriamente no contrato.

§ 3º Nos contratos de construção por empreitada, a Comissão de Representantes fiscalizará o andamento da obra e a obediência ao Projeto e às especificações exercendo as demais obrigações inerentes à sua função representativa dos contratantes e fiscalizadora da construção.

§ 4º Nos contratos de construção fixados sob regime de empreitada, reajustável, a Comissão de Representantes fiscalizará, também, o cálculo do reajustamento.

§ 5º No Contrato deverá ser mencionado o montante do orçamento atualizado da obra, calculado de acordo com as normas do inciso III, do art. 53, com base nos custos unitários referidos no art. 54, quando o preço estipulado for inferior ao mesmo.

§ 6º Na forma de expressa referência, os contratos de empreitada entendem-se como sendo a preço fixo.

Art. 56. Em toda a publicidade ou propaganda escrita, destinada a promover a venda de incorporação com construção pelo regime de empreitada reajustável, em que conste preço, serão discriminados explicitamente o preço da fração ideal do terreno e o preço da construção, com indicação expressa da reajustabilidade.

§ 1º As mesmas indicações deverão constar em todos os papéis utilizados para a realização da incorporação, tais como cartas, propostas, escrituras, contratos e documentos semelhantes.

§ 2º Esta exigência será dispensada nos anúncios "classificados" dos jornais.

Art. 57. Ao construtor que contratar, por empreitada a preço fixo, uma obra de incorporação, aplicar-se-á, no que couber o disposto nos itens II, II, IV, (VETADO) e VI, do art. 43.

SEÇÃO III
Da Construção por Administração

Art. 58. Nas incorporações em que a construção for contratada pelo regime de administração, também chamado "a preço de custo", será de responsabilidade dos proprietários ou adquirentes o pagamento do custo integral de obra, observadas as seguintes disposições:

I - todas as faturas, duplicatas, recibos e quaisquer documentos referentes às transações ou aquisições para construção, serão emitidos em nome do condomínio dos contratantes da construção;

II - todas as contribuições dos condôminos para qualquer fim relacionado com a construção serão depositadas em contas abertas em nome do condomínio dos contratantes em estabelecimentos bancários, as quais, serão movimentadas pela forma que for fixada no contrato.

Art. 59. No regime de construção por administração, será obrigatório constar do respectivo contrato o montante do orçamento do custo da obra, elaborado com estrita observância dos critérios e normas referidos no inciso II, do art. 53 e a data em que se iniciará efetivamente a obra.

§ 1º Nos contratos lavrados até o término das fundações, este montante não poderá ser inferior ao da estimativa atualizada, a que se refere o § 3º, do art. 54.

§ 2º Nos contratos celebrados após o término das fundações, este montante não poderá ser inferior à última revisão efetivada na forma do artigo seguinte.

§ 3º As transferências e sub-rogações do contrato, em qualquer fase da obra, aplicar-se-á o disposto neste artigo.

Art. 60. As revisões da estimativa de custo da obra serão efetuadas, pelo menos semestralmente, em comum entre a Comissão de Representantes e o construtor. O contrato poderá estipular que, em função das necessidades da obra sejam alteráveis os esquemas de contribuições quanto ao total, ao número, ao valor e à distribuição no tempo das prestações.

Parágrafo único. Em caso de majoração de prestações, o novo esquema deverá ser comunicado aos contratantes, com antecedência mínima de 45 dias da data em que deverão ser efetuados os depósitos das primeiras prestações alteradas.

Art. 61. A Comissão de Representantes terá poderes para, em nome de todos os contratantes e na forma prevista no contrato:

a) examinar os balancetes organizados pelos construtores, dos recebimentos e despesas do condomínio dos contratantes, aprová-los ou impugná-los, examinando a documentação respectiva;

b) fiscalizar concorrências relativas às compras dos materiais necessários à obra ou aos serviços a ela pertinentes;

c) contratar, em nome do condomínio, com qualquer condômino, modificações por ele solicitadas em sua respectiva unidade, a serem administradas pelo construtor, desde que não prejudiquem unidade de outro condômino e não estejam em desacordo com o parecer técnico do construtor;

d) fiscalizar a arrecadação das contribuições destinadas à construção;

e) exercer as demais obrigações inerentes a sua função representativa dos contratantes e fiscalizadora da construção e praticar todos os atos necessários ao funcionamento regular do condomínio.

Art. 62. Em toda publicidade ou propaganda escrita destinada a promover a venda de incorporação com construção pelo regime de administração em que conste preço, serão discriminados explicitamente o preço da fração ideal de terreno e o montante do orçamento atualizado do custo da construção, na forma dos artigos 59 e 60, com a indicação do mês a que se refere o dito orçamento e do tipo padronizado a que se vincule o mesmo.

CAPÍTULO IV
Das Infrações

§ 1º As mesmas indicações deverão constar em todos os papéis utilizados para a realização da incorporação, tais como cartas, propostas, escrituras, contratos e documentos semelhantes.

§ 2º Esta exigência será dispensada nos anúncios "classificados" dos jornais.

Art. 63. É lícito estipular no contrato, sem prejuízo de outras sanções, que a falta de pagamento, por parte do adquirente ou contratante, de 3 prestações do preço da construção, quer estabelecidas inicialmente, quer alteradas ou criadas posteriormente, quando for o caso, depois de prévia notificação com o prazo de 10 dias para purgação da mora, implique na rescisão do contrato, conforme nele se fixar, ou que, na falta de pagamento, pelo débito respondem os direitos à respectiva fração ideal de terreno e à parte construída adicionada, na forma abaixo estabelecida, se outra forma não fixar o contrato.

§ 1º Se o débito não for liquidado no prazo de 10 dias, após solicitação da

Comissão de Representantes, esta ficará, desde logo, de pleno direito, autorizada a efetuar, no prazo que fixar, em público leilão anunciado pela forma que o contrato previr, a venda, promessa de venda ou de cessão, ou a cessão da quota de terreno e correspondente parte construída e direitos, bem como a sub-rogação do contrato de construção.

§ 2º Se o maior lanço obtido for inferior ao desembolso efetuado pelo inadimplemente, para a quota do terreno e a construção, despesas acarretadas e as percentagens expressas no parágrafo seguinte será realizada nova praça no prazo estipulado no contrato. Nesta segunda praça, será aceito o maior lanço apurado, ainda que inferior àquele total, VETADO.

§ 3º No prazo de 24 horas após a realização do leilão final, o condomínio, por decisão unânime de Assembleia Geral em condições de igualdade com terceiros, terá preferência na aquisição dos bens, caso em que serão adjudicados ao condomínio.

§ 4º Do preço que for apurado no leilão, serão deduzidas as quantias em débito, todas as despesas ocorridas, inclusive honorário de advogado e anúncios, e mais 5% a título de comissão e 10% de multa compensatória, que reverterão em benefício do condomínio de todos os contratantes, com exceção do faltoso, ao qual será entregue o saldo, se houver.

§ 5º Para os fins das medidas estipuladas neste artigo, a Comissão de Representantes ficará investida de mandato irrevogável, isento do imposto do selo, na vigência do contrato geral de construção da obra, com poderes necessários para, em nome do condômino inadimplente, efetuar as citadas transações, podendo para este fim fixar preços, ajustar condições, sub-rogar o arrematante nos direitos e obrigações decorrentes do contrato de construção e da quota de terreno e construção; outorgar as competentes escrituras e contratos, receber preços, dar quitações; imitir o arrematante na posse do imóvel; transmitir domínio, direito e ação; responder pela evicção; receber citação, propor e variar de ações; e também dos poderes ad juditia, a serem substabelecidos a advogado lealmente habilitado;

§ 6º A morte, falência ou concordata do condomínio ou sua dissolução, se tratar de sociedade, não revogará o mandato de que trata o parágrafo anterior, o qual poderá ser exercido pela Comissão de Representantes até a conclusão dos pagamentos devidos, ainda que a unidade pertença a menor de idade.

§ 7º Os eventuais débitos fiscais ou para com a Previdência Social, não impedirão a alienação por leilão público. Neste caso, ao condômino somente será entregue o saldo, se houver, desde que prove estar quite com o Fisco e a Previdência Social, devendo a Comissão de Representantes, em caso contrário, consignar judicialmente a importância equivalente aos débitos existentes dando ciência ao fato à entidade credora.

§ 8º Independentemente das disposições deste artigo e seus parágrafos, e como penalidades preliminares, poderá o contrato de construção estabelecer a incidência de multas e juros de mora em caso de atraso no depósito de contribuições sem prejuízo do disposto no parágrafo seguinte.

§ 9º O contrato poderá dispor que o valor das prestações pagas com atraso, seja corrigível em função da variação do índice geral de preços mensalmente publicado pelo Conselho Nacional de Economia, que reflita as oscilações do poder aquisitivo da moeda nacional.

§ 10. O membro da Comissão de Representantes que incorrer na falta prevista neste artigo, estará sujeito à perda automática do mandato e deverá ser substituído segundo dispuser o contrato.

Art. 64. Os órgãos de informação e publicidade que divulgarem publicamente sem os requisitos exigidos pelo § 3º do artigo 32 e pelos artigos 56 e 62, desta Lei, sujeitar-se-ão à multa em importância correspondente ao dobro do preço pago pelo anunciante, a qual reverterá em favor da respectiva Municipalidade.

Art. 65. É crime contra a economia popular promover incorporação, fazendo, em proposta, contratos, prospectos ou comunicação ao público ou aos interessados, afirmação falsa sobre a construção do condomínio, alienação das frações ideais do terreno ou sobre a construção das edificações. PENA - reclusão de um a quatro anos e multa de cinco a cinquenta vezes o maior salário mínimo legal vigente no País.

§ 1º Incorrem na mesma pena:

I - o incorporador, o corretor e o construtor, individuais bem como os diretores ou gerentes de empresa coletiva incorporadora, corretora ou construtora que, em proposta, contrato, publicidade, prospecto, relatório, parecer, balanço ou comunicação ao público ou aos condôminos, candidatos ou subscritores de unidades, fizerem afirmação falsa sobre a constituição do condomínio, alienação das frações ideais ou sobre a construção das edificações;

II - o incorporador, o corretor e o construtor individuais, bem como os diretores ou gerentes de empresa coletiva, incorporadora, corretora ou construtora que usar, ainda que a título de empréstimo, em proveito próprio ou de terceiros, bens ou haveres destinados a incorporação contratada por administração, sem prévia autorização dos interessados.

§ 2º O julgamento destes crimes será de competência de Juízo singular, aplicando-se os artigos 5º, 6º e 7º da Lei nº 1.521, de 26 de dezembro de 1951.

Art. 66. São contravenções relativas à economia popular, puníveis na forma do artigo 10 da Lei nº 1.521, de 26 de dezembro de 1951:

I - negociar o incorporador frações ideais de terreno, sem previamente satisfazer às exigências constantes desta Lei;

II - omitir o incorporador, em qualquer documento de ajuste, as indicações a que se referem os artigos 37 e 38, desta Lei;

III - deixar o incorporador, sem justa causa, no prazo do artigo 35 e ressalvada a hipótese de seus § 2º e 3º, de promover a celebração do contrato relativo à fração ideal de terreno, do contrato de construção ou da Convenção do condomínio;

IV - VETADO.

V - omitir o incorporador, no contrato, a indicação a que se refere o § 5º do artigo 55, desta Lei;

VI - paralisar o incorporador a obra, por mais de 30 dias, ou retardar-lhe excessivamente o andamento sem justa causa.

PENA - Multa de 5 a 20 vezes o maior salário mínimo legal vigente no País. Parágrafo único. No caso de contratos relativos a incorporações, de que não participe o incorporador, responderão solidariamente pelas faltas capituladas neste artigo o construtor, o corretor, o proprietário ou titular de direitos aquisitivos do terreno, desde que figurem no contrato, com direito regressivo sobre o incorporador, se as faltas cometidas lhe forem imputáveis.

CAPÍTULO V
Das Disposições Finais e Transitórias

Art. 67. Os contrato poderão consignar exclusivamente às cláusulas, termo ou condições variáveis ou específicas.

§ 1º As cláusulas comuns a todos os adquirentes não precisarão figurar expressamente nos respectivos contratos.

§ 2º Os contratos no entanto, consignarão obrigatoriamente que as partes contratantes, adotem e se comprometam a cumprir as cláusulas, termos e condições contratuais a que se refere o parágrafo anterior, sempre transcritas, verbo ad verbum no respectivo cartório ou ofício, mencionando, inclusive, o número do livro e das folhas do competente registro.

§ 3º Aos adquirentes, ao receberem os respectivos instrumentos, será obrigatoriamente entregue cópia impressa ou mimeografada, autenticada, do contrato-padrão, contendo as cláusulas, termos e condições referidas no § 1º deste artigo.

§ 4º Os cartórios de Registro de Imóveis, para os devidos efeitos, receberão dos incorporadores, autenticadamente, o instrumento a que se refere o parágrafo anterior.

Art. 68. Os proprietários ou titulares de direito aquisitivo, sobre as terras rurais ou os terrenos onde pretendam constituir ou mandar construir habitações isoladas para aliená-las antes de concluídas, mediante pagamento do preço a prazo, deverão, previamente, satisfazer às exigências constantes no art. 32, ficando sujeitos ao regime instituído nesta Lei para os incorporadores, no que lhes for aplicável.

Art. 69. O Poder Executivo baixará, no prazo de 90 dias, regulamento sobre o registro no Registro de Imóveis VETADO.

Art. 70. A presente lei entrará em vigor na data de sua publicação, revogados o Decreto nº 5.481, de 25 de junho de 1928 e quaisquer disposições em contrário.

Brasília, 16 de dezembro de 1964; 143º da Independência e 76º da República.

H. CASTELLO BRANCO

Milton Soares Campos

12.3 Lei do Consumidor

O **PRESIDENTE DA REPÚBLICA**, faço saber que o Congresso Nacional decreta e eu sanciono a seguinte lei:

TÍTULO I
Dos Direitos do Consumidor

CAPÍTULO I
Disposições Gerais

Art. 1° O presente código estabelece normas de proteção e defesa do consumidor, de ordem pública e interesse social, nos termos dos arts. 5°, inciso XXXII, 170, inciso V, da Constituição Federal e art. 48 de suas Disposições Transitórias.

Art. 2° Consumidor é toda pessoa física ou jurídica que adquire ou utiliza produto ou serviço como destinatário final.

Parágrafo único. Equipara-se a consumidor a coletividade de pessoas, ainda que indetermináveis, que haja intervindo nas relações de consumo.

Art. 3° Fornecedor é toda pessoa física ou jurídica, pública ou privada, nacional ou estrangeira, bem como os entes despersonalizados, que desenvolvem atividade de produção, montagem, criação, construção, transformação, importação, exportação, distribuição ou comercialização de produtos ou prestação de serviços.

§ 1° Produto é qualquer bem, móvel ou imóvel, material ou imaterial.

§ 2° Serviço é qualquer atividade fornecida no mercado de consumo, mediante remuneração, inclusive as de natureza bancária, financeira, de crédito e securitária, salvo as decorrentes das relações de caráter trabalhista.

CAPÍTULO II
Da Política Nacional de Relações de Consumo

Art. 4° A Política Nacional das Relações de Consumo tem por objetivo o atendimento das necessidades dos consumidores, o respeito à sua dignidade, saúde e segurança, a proteção de seus interesses econômicos, a melhoria da sua qualidade de vida, bem como a transparência e harmonia das relações de consumo, atendidos os seguintes princípios: (Redação dada pela Lei n° 9.008, de 21.3.1995)

I - reconhecimento da vulnerabilidade do consumidor no mercado de consumo;

II - ação governamental no sentido de proteger efetivamente o consumidor:

a) por iniciativa direta;

b) por incentivos à criação e desenvolvimento de associações representativas;

c) pela presença do Estado no mercado de consumo;

d) pela garantia dos produtos e serviços com padrões adequados de qualidade, segurança, durabilidade e desempenho.

III - harmonização dos interesses dos participantes das relações de consumo e compatibilização da proteção do consumidor com a necessidade de desenvolvimento econômico e tecnológico, de modo a viabilizar os princípios nos quais se funda a ordem econômica (art. 170, da Constituição Federal), sempre com base na boa-fé e equilíbrio nas relações entre consumidores e fornecedores;

IV - educação e informação de fornecedores e consumidores, quanto aos seus direitos e deveres, com vistas à melhoria do mercado de consumo;

V - incentivo à criação pelos fornecedores de meios eficientes de controle de qualidade e segurança de produtos e serviços, assim como de mecanismos alternativos de solução de conflitos de consumo;

VI - coibição e repressão eficientes de todos os abusos praticados no mercado de consumo, inclusive a concorrência desleal e utilização indevida de inventos e criações industriais das marcas e nomes comerciais e signos distintivos, que possam causar prejuízos aos consumidores;

VII - racionalização e melhoria dos serviços públicos;

VIII - estudo constante das modificações do mercado de consumo.

Art. 5° Para a execução da Política Nacional das Relações de Consumo, contará o poder público com os seguintes instrumentos, entre outros:

I - manutenção de assistência jurídica, integral e gratuita para o consumidor carente;

II - instituição de Promotorias de Justiça de Defesa do Consumidor, no âmbito do Ministério Público;

III - criação de delegacias de polícia especializadas no atendimento de consumidores vítimas de infrações penais de consumo;

IV - criação de Juizados Especiais de Pequenas Causas e Varas Especializadas para a solução de litígios de consumo;

V - concessão de estímulos à criação e desenvolvimento das Associações de Defesa do Consumidor.

§ 1° (Vetado).

§ 2° (Vetado).

CAPÍTULO III

Dos Direitos Básicos do Consumidor

Art. 6° São direitos básicos do consumidor:

I - a proteção da vida, saúde e segurança contra os riscos provocados por práticas no fornecimento de produtos e serviços considerados perigosos ou nocivos;

II - a educação e divulgação sobre o consumo adequado dos produtos e serviços, asseguradas a liberdade de escolha e a igualdade nas contratações;

III - a informação adequada e clara sobre os diferentes produtos e serviços, com especificação correta de quantidade, características, composição, qualidade e preço, bem como sobre os riscos que apresentem;

IV - a proteção contra a publicidade enganosa e abusiva, métodos comerciais coercitivos ou desleais, bem como contra práticas e cláusulas abusivas ou impostas no fornecimento de produtos e serviços;

V - a modificação das cláusulas contratuais que estabeleçam prestações desproporcionais ou sua revisão em razão de fatos supervenientes que as tornem excessivamente onerosas;

VI - a efetiva prevenção e reparação de danos patrimoniais e morais, individuais, coletivos e difusos;

VII - o acesso aos órgãos judiciários e administrativos com vistas à prevenção ou reparação de danos patrimoniais e morais, individuais, coletivos ou difusos, assegurada a proteção Jurídica, administrativa e técnica aos necessitados;

VIII - a facilitação da defesa de seus direitos, inclusive com a inversão do ônus da prova, a seu favor, no processo civil, quando, a critério do juiz, for verossímil a alegação ou quando for ele hipossuficiente, segundo as regras ordinárias de experiências;

IX - (Vetado);

X - a adequada e eficaz prestação dos serviços públicos em geral.

Art. 7° Os direitos previstos neste código não excluem outros decorrentes de tratados ou convenções internacionais de que o Brasil seja signatário, da legislação interna ordinária, de regulamentos expedidos pelas autoridades administrativas competentes, bem como dos que derivem dos princípios gerais do direito, analogia, costumes e equidade.

Parágrafo único. Tendo mais de um autor a ofensa, todos responderão solidariamente pela reparação dos danos previstos nas normas de consumo.

CAPÍTULO IV

Da Qualidade de Produtos e Serviços, da Prevenção e da Reparação dos Danos

SEÇÃO I
Da Proteção à Saúde e Segurança

Art. 8º Os produtos e serviços colocados no mercado de consumo não acarretarão riscos à saúde ou segurança dos consumidores, exceto os considerados normais e previsíveis em decorrência de sua natureza e fruição, obrigando-se os fornecedores, em qualquer hipótese, a dar as informações necessárias e adequadas a seu respeito.

Parágrafo único. Em se tratando de produto industrial, ao fabricante cabe prestar as informações a que se refere este artigo, através de impressos apropriados que devam acompanhar o produto.

Art. 9º O fornecedor de produtos e serviços potencialmente nocivos ou perigosos à saúde ou segurança deverá informar, de maneira ostensiva e adequada, a respeito da sua nocividade ou periculosidade, sem prejuízo da adoção de outras medidas cabíveis em cada caso concreto.

Art. 10. O fornecedor não poderá colocar no mercado de consumo produto ou serviço que sabe ou deveria saber apresentar alto grau de nocividade ou periculosidade à saúde ou segurança.

§ 1º O fornecedor de produtos e serviços que, posteriormente à sua introdução no mercado de consumo, tiver conhecimento da periculosidade que apresentem, deverá comunicar o fato imediatamente às autoridades competentes e aos consumidores, mediante anúncios publicitários.

§ 2º Os anúncios publicitários a que se refere o parágrafo anterior serão veiculados na imprensa, rádio e televisão, às expensas do fornecedor do produto ou serviço.

§ 3º Sempre que tiverem conhecimento de periculosidade de produtos ou serviços à saúde ou segurança dos consumidores, a União, os Estados, o Distrito Federal e os Municípios deverão informá-los a respeito.

Art. 11. (Vetado).

SEÇÃO II
Da Responsabilidade pelo Fato do Produto e do Serviço

Art. 12. O fabricante, o produtor, o construtor, nacional ou estrangeiro, e o importador respondem, independentemente da existência de culpa, pela reparação dos danos causados aos consumidores por defeitos decorrentes de projeto, fabricação, construção, montagem, fórmulas, manipulação, apresentação ou acondicionamento de seus produtos, bem como por informações insuficientes ou inadequadas sobre sua utilização e riscos.

§ 1º O produto é defeituoso quando não oferece a segurança que dele legitimamente se espera, levando-se em consideração as circunstâncias relevantes, entre as quais:

I - sua apresentação;
II - o uso e os riscos que razoavelmente dele se esperam;
III - a época em que foi colocado em circulação.

§ 2º O produto não é considerado defeituoso pelo fato de outro de melhor qualidade ter sido colocado no mercado.

§ 3º O fabricante, o construtor, o produtor ou importador só não será responsabilizado quando provar:

I - que não colocou o produto no mercado;
II - que, embora haja colocado o produto no mercado, o defeito inexiste;
III - a culpa exclusiva do consumidor ou de terceiro.

Art. 13. O comerciante é igualmente responsável, nos termos do artigo anterior, quando:

I - o fabricante, o construtor, o produtor ou o importador não puderem ser identificados;
II - o produto for fornecido sem identificação clara do seu fabricante, produtor, construtor ou importador;
III - não conservar adequadamente os produtos perecíveis.

Parágrafo único. Aquele que efetivar o pagamento ao prejudicado poderá exercer o direito de regresso contra os demais responsáveis, segundo sua participação na causação do evento danoso.

Art. 14. O fornecedor de serviços responde, independentemente da existência de culpa, pela reparação dos danos causados aos consumidores por defeitos relativos à prestação dos serviços, bem como por informações insuficientes ou inadequadas sobre sua fruição e riscos.

§ 1º O serviço é defeituoso quando não fornece a segurança que o consumidor dele pode esperar, levando-se em consideração as circunstâncias relevantes, entre as quais:

I - o modo de seu fornecimento;
II - o resultado e os riscos que razoavelmente dele se esperam;
III - a época em que foi fornecido.

§ 2º O serviço não é considerado defeituoso pela adoção de novas técnicas.

§ 3º O fornecedor de serviços só não será responsabilizado quando provar:

I - que, tendo prestado o serviço, o defeito inexiste;
II - a culpa exclusiva do consumidor ou de terceiro.

§ 4º A responsabilidade pessoal dos profissionais liberais será apurada mediante a verificação de culpa.

Art. 15. (Vetado).
Art. 16. (Vetado).

Art. 17. Para os efeitos desta Seção, equiparam-se aos consumidores todas as vítimas do evento.

SEÇÃO III
Da Responsabilidade por Vício do Produto e do Serviço

Art. 18. Os fornecedores de produtos de consumo duráveis ou não duráveis respondem solidariamente pelos vícios de qualidade ou quantidade que os tornem impróprios ou inadequados ao consumo a que se destinam ou lhes diminuam o valor, assim como por aqueles decorrentes da disparidade, com a indicações constantes do recipiente, da embalagem, rotulagem ou mensagem publicitária, respeitadas as variações decorrentes de sua natureza, podendo o consumidor exigir a substituição das partes viciadas.

§ 1° Não sendo o vício sanado no prazo máximo de trinta dias, pode o consumidor exigir, alternativamente e à sua escolha:

I - a substituição do produto por outro da mesma espécie, em perfeitas condições de uso;

II - a restituição imediata da quantia paga, monetariamente atualizada, sem prejuízo de eventuais perdas e danos;

III - o abatimento proporcional do preço.

§ 2° Poderão as partes convencionar a redução ou ampliação do prazo previsto no parágrafo anterior, não podendo ser inferior a sete nem superior a cento e oitenta dias. Nos contratos de adesão, a cláusula de prazo deverá ser convencionada em separado, por meio de manifestação expressa do consumidor.

§ 3° O consumidor poderá fazer uso imediato das alternativas do § 1° deste artigo sempre que, em razão da extensão do vício, a substituição das partes viciadas puder comprometer a qualidade ou características do produto, diminuir-lhe o valor ou se tratar de produto essencial.

§ 4° Tendo o consumidor optado pela alternativa do inciso I do § 1° deste artigo, e não sendo possível a substituição do bem, poderá haver substituição por outro de espécie, marca ou modelo diversos, mediante complementação ou restituição de eventual diferença de preço, sem prejuízo do disposto nos incisos II e III do § 1° deste artigo.

§ 5° No caso de fornecimento de produtos in natura, será responsável perante o consumidor o fornecedor imediato, exceto quando identificado claramente seu produtor.

§ 6° São impróprios ao uso e consumo:

I - os produtos cujos prazos de validade estejam vencidos;

II - os produtos deteriorados, alterados, adulterados, avariados, falsificados, corrompidos, fraudados, nocivos à vida ou à saúde, perigosos ou, ainda, aqueles em desacordo com as normas regulamentares de fabricação, distribuição ou apresentação;

III - os produtos que, por qualquer motivo, se revelem inadequados ao fim a que se destinam.

Art. 19. Os fornecedores respondem solidariamente pelos vícios de quantidade do produto sempre que, respeitadas as variações decorrentes de sua natureza, seu conteúdo líquido for inferior às indicações constantes do recipiente, da embalagem, rotulagem ou de mensagem publicitária, podendo o consumidor exigir, alternativamente e à sua escolha:

I - o abatimento proporcional do preço;

II - complementação do peso ou medida;

III - a substituição do produto por outro da mesma espécie, marca ou modelo, sem os aludidos vícios;

IV - a restituição imediata da quantia paga, monetariamente atualizada, sem prejuízo de eventuais perdas e danos.

§ 1° Aplica-se a este artigo o disposto no § 4° do artigo anterior.

§ 2° O fornecedor imediato será responsável quando fizer a pesagem ou a medição e o instrumento utilizado não estiver aferido segundo os padrões oficiais.

Art. 20. O fornecedor de serviços responde pelos vícios de qualidade que os tornem impróprios ao consumo ou lhes diminuam o valor, assim como por aqueles decorrentes da disparidade com as indicações constantes da oferta ou mensagem publicitária, podendo o consumidor exigir, alternativamente e à sua escolha:

I - a reexecução dos serviços, sem custo adicional e quando cabível;

II - a restituição imediata da quantia paga, monetariamente atualizada, sem prejuízo de eventuais perdas e danos;

III - o abatimento proporcional do preço.

§ 1° A reexecução dos serviços poderá ser confiada a terceiros devidamente capacitados, por conta e risco do fornecedor.

§ 2° São impróprios os serviços que se mostrem inadequados para os fins que razoavelmente deles se esperam, bem como aqueles que não atendam as normas regulamentares de prestabilidade.

Art. 21. No fornecimento de serviços que tenham por objetivo a reparação de qualquer produto considerar-se-á implícita a obrigação do fornecedor de empregar componentes de reposição originais adequados e novos, ou que mantenham as especificações técnicas do fabricante, salvo, quanto a estes últimos, autorização em contrário do consumidor.

Art. 22. Os órgãos públicos, por si ou suas empresas, concessionárias, permissionárias ou sob qualquer outra forma de empreendimento, são obrigados a fornecer serviços adequados, eficientes, seguros e, quanto aos essenciais, contínuos.

Parágrafo único. Nos casos de descumprimento, total ou parcial, das obrigações referidas neste artigo, serão as pessoas jurídicas compelidas a cumpri-las e a reparar os danos causados, na forma prevista neste código.

Art. 23. A ignorância do fornecedor sobre os vícios de qualidade por inadequação dos produtos e serviços não o exime de responsabilidade.

Art. 24. A garantia legal de adequação do produto ou serviço independe de termo expresso, vedada a exoneração contratual do fornecedor.

Art. 25. É vedada a estipulação contratual de cláusula que impossibilite, exonere ou atenue a obrigação de indenizar prevista nesta e nas seções anteriores.

§ 1º Havendo mais de um responsável pela causação do dano, todos responderão solidariamente pela reparação prevista nesta e nas seções anteriores.

§ 2º Sendo o dano causado por componente ou peça incorporada ao produto ou serviço, são responsáveis solidários seu fabricante, construtor ou importador e o que realizou a incorporação.

SEÇÃO IV
Da Decadência e da Prescrição

Art. 26. O direito de reclamar pelos vícios aparentes ou de fácil constatação caduca em:

I - trinta dias, tratando-se de fornecimento de serviço e de produtos não duráveis;

II - noventa dias, tratando-se de fornecimento de serviço e de produtos duráveis.

§ 1º Inicia-se a contagem do prazo decadencial a partir da entrega efetiva do produto ou do término da execução dos serviços.

§ 2º Obstam a decadência:

I - a reclamação comprovadamente formulada pelo consumidor perante o fornecedor de produtos e serviços até a resposta negativa correspondente, que deve ser transmitida de forma inequívoca;

II - (Vetado).

III - a instauração de inquérito civil, até seu encerramento.

§ 3º Tratando-se de vício oculto, o prazo decadencial inicia-se no momento em que ficar evidenciado o defeito.

Art. 27. Prescreve em cinco anos a pretensão à reparação pelos danos causados por fato do produto ou do serviço prevista na Seção II deste Capítulo, iniciando-se a contagem do prazo a partir do conhecimento do dano e de sua autoria.

Parágrafo único. (Vetado).

SEÇÃO V

Da Desconsideração da Personalidade Jurídica

Art. 28. O juiz poderá desconsiderar a personalidade jurídica da sociedade quando, em detrimento do consumidor, houver abuso de direito, excesso de poder, infração da lei, fato ou ato ilícito ou violação dos estatutos ou contrato social. A desconsideração também será efetivada quando houver falência, estado de insolvência, encerramento ou inatividade da pessoa jurídica provocados por má administração.

§ 1° (Vetado).

§ 2° As sociedades integrantes dos grupos societários e as sociedades controladas, são subsidiariamente responsáveis pelas obrigações decorrentes deste código.

§ 3° As sociedades consorciadas são solidariamente responsáveis pelas obrigações decorrentes deste código.

§ 4° As sociedades coligadas só responderão por culpa.

§ 5° Também poderá ser desconsiderada a pessoa jurídica sempre que sua personalidade for, de alguma forma, obstáculo ao ressarcimento de prejuízos causados aos consumidores.

CAPÍTULO V

Das Práticas Comerciais

SEÇÃO I

Das Disposições Gerais

Art. 29. Para os fins deste Capítulo e do seguinte, equiparam-se aos consumidores todas as pessoas determináveis ou não, expostas às práticas nele previstas.

SEÇÃO II

Da Oferta

Art. 30. Toda informação ou publicidade, suficientemente precisa, veiculada por qualquer forma ou meio de comunicação com relação a produtos e serviços oferecidos ou apresentados, obriga o fornecedor que a fizer veicular ou dela se utilizar e integra o contrato que vier a ser celebrado.

Art. 31. A oferta e apresentação de produtos ou serviços devem assegurar informações corretas, claras, precisas, ostensivas e em língua portuguesa sobre suas características, qualidades, quantidade, composição, preço, garantia, prazos de validade e origem, entre outros dados, bem como sobre os riscos que apresentam à saúde e segurança dos consumidores.

Art. 32. Os fabricantes e importadores deverão assegurar a oferta de componentes e peças de reposição enquanto não cessar a fabricação ou importação do produto.

Parágrafo único. Cessadas a produção ou importação, a oferta deverá ser mantida por período razoável de tempo, na forma da lei.

Art. 33. Em caso de oferta ou venda por telefone ou reembolso postal, deve constar o nome do fabricante e endereço na embalagem, publicidade e em todos os impressos utilizados na transação comercial.

Art. 34. O fornecedor do produto ou serviço é solidariamente responsável pelos atos de seus prepostos ou representantes autônomos.

Art. 35. Se o fornecedor de produtos ou serviços recusar cumprimento à oferta, apresentação ou publicidade, o consumidor poderá, alternativamente e à sua livre escolha:

I - exigir o cumprimento forçado da obrigação, nos termos da oferta, apresentação ou publicidade;

II - aceitar outro produto ou prestação de serviço equivalente;

III - rescindir o contrato, com direito à restituição de quantia eventualmente antecipada, monetariamente atualizada, e a perdas e danos.

SEÇÃO III
Da Publicidade

Art. 36. A publicidade deve ser veiculada de tal forma que o consumidor, fácil e imediatamente, a identifique como tal.

Parágrafo único. O fornecedor, na publicidade de seus produtos ou serviços, manterá, em seu poder, para informação dos legítimos interessados, os dados fáticos, técnicos e científicos que dão sustentação à mensagem.

Art. 37. É proibida toda publicidade enganosa ou abusiva.

§ 1° É enganosa qualquer modalidade de informação ou comunicação de caráter publicitário, inteira ou parcialmente falsa, ou, por qualquer outro modo, mesmo por omissão, capaz de induzir em erro o consumidor a respeito da natureza, características, qualidade, quantidade, propriedades, origem, preço e quaisquer outros dados sobre produtos e serviços.

§ 2° É abusiva, dentre outras a publicidade discriminatória de qualquer natureza, a que incite à violência, explore o medo ou a superstição, se aproveite da deficiência de julgamento e experiência da criança, desrespeita valores ambientais, ou que seja capaz de induzir o consumidor a se comportar de forma prejudicial ou perigosa à sua saúde ou segurança.

§ 3° Para os efeitos deste código, a publicidade é enganosa por omissão quando deixar de informar sobre dado essencial do produto ou serviço.

§ 4° (Vetado).

Art. 38. O ônus da prova da veracidade e correção da informação ou comunicação publicitária cabe a quem as patrocina.

SEÇÃO IV

Das Práticas Abusivas

Art. 39. É vedado ao fornecedor de produtos ou serviços, dentre outras práticas abusivas: (Redação dada pela Lei n° 8.884, de 11.6.1994)

I - condicionar o fornecimento de produto ou de serviço ao fornecimento de outro produto ou serviço, bem como, sem justa causa, a limites quantitativos;

II - recusar atendimento às demandas dos consumidores, na exata medida de suas disponibilidades de estoque, e, ainda, de conformidade com os usos e costumes;

III - enviar ou entregar ao consumidor, sem solicitação prévia, qualquer produto, ou fornecer qualquer serviço;

IV - prevalecer-se da fraqueza ou ignorância do consumidor, tendo em vista sua idade, saúde, conhecimento ou condição social, para impingir-lhe seus produtos ou serviços;

V - exigir do consumidor vantagem manifestamente excessiva;

VI - executar serviços sem a prévia elaboração de orçamento e autorização expressa do consumidor, ressalvadas as decorrentes de práticas anteriores entre as partes;

VII - repassar informação depreciativa, referente a ato praticado pelo consumidor no exercício de seus direitos;

VIII - colocar, no mercado de consumo, qualquer produto ou serviço em desacordo com as normas expedidas pelos órgãos oficiais competentes ou, se normas específicas não existirem, pela Associação Brasileira de Normas Técnicas ou outra entidade credenciada pelo Conselho Nacional de Metrologia, Normalização e Qualidade Industrial (Conmetro);

IX - recusar a venda de bens ou a prestação de serviços, diretamente a quem se disponha a adquiri-los mediante pronto pagamento, ressalvados os casos de intermediação regulados em leis especiais; **(Redação dada pela Lei n° 8.884, de 11.6.1994)**

X - elevar sem justa causa o preço de produtos ou serviços. **(Inciso acrescentado pela Lei n° 8.884, de 11.6.1994)**

XI - Dispositivo incorporado pela MPV nº 1.890-67, de 22.10.1999, transformado em inciso XIII, quando da conversão na Lei nº 9.870, de 23.11.1999

XII - deixar de estipular prazo para o cumprimento de sua obrigação ou deixar a fixação de seu termo inicial a seu exclusivo critério.(Inciso acrescentado pela Lei nº 9.008, de 21.3.1995)

XIII - aplicar fórmula ou índice de reajuste diverso do legal ou contratualmente estabelecido. (Inciso acrescentado pela Lei nº 9.870, de 23.11.1999)

Parágrafo único. Os serviços prestados e os produtos remetidos ou entregues ao consumidor, na hipótese prevista no inciso III, equiparam-se às amostras grátis, inexistindo obrigação de pagamento.

Art. 40. O fornecedor de serviço será obrigado a entregar ao consumidor orçamento prévio discriminando o valor da mão-de-obra, dos materiais e equipamentos a serem empregados, as condições de pagamento, bem como as datas de início e término dos serviços.

§ 1º Salvo estipulação em contrário, o valor orçado terá validade pelo prazo de dez dias, contado de seu recebimento pelo consumidor.

§ 2º Uma vez aprovado pelo consumidor, o orçamento obriga os contraentes e somente pode ser alterado mediante livre negociação das partes.

§ 3º O consumidor não responde por quaisquer ônus ou acréscimos decorrentes da contratação de serviços de terceiros não previstos no orçamento prévio.

Art. 41. No caso de fornecimento de produtos ou de serviços sujeitos ao regime de controle ou de tabelamento de preços, os fornecedores deverão respeitar os limites oficiais sob pena de não o fazendo, responderem pela restituição da quantia recebida em excesso, monetariamente atualizada, podendo o consumidor exigir à sua escolha, o desfazimento do negócio, sem prejuízo de outras sanções cabíveis.

SEÇÃO V
Da Cobrança de Dívidas

Art. 42. Na cobrança de débitos, o consumidor inadimplente não será exposto a ridículo, nem será submetido a qualquer tipo de constrangimento ou ameaça.

Parágrafo único. O consumidor cobrado em quantia indevida tem direito à repetição do indébito, por valor igual ao dobro do que pagou em excesso, acrescido de correção monetária e juros legais, salvo hipótese de engano justificável.

SEÇÃO VI

Dos Bancos de Dados e Cadastros de Consumidores

Art. 43. O consumidor, sem prejuízo do disposto no art. 86, terá acesso às informações existentes em cadastros, fichas, registros e dados pessoais e de consumo arquivados sobre ele, bem como sobre as suas respectivas fontes.

§ 1° Os cadastros e dados de consumidores devem ser objetivos, claros, verdadeiros e em linguagem de fácil compreensão, não podendo conter informações negativas referentes a período superior a cinco anos.

§ 2° A abertura de cadastro, ficha, registro e dados pessoais e de consumo deverá ser comunicada por escrito ao consumidor, quando não solicitada por ele.

§ 3° O consumidor, sempre que encontrar inexatidão nos seus dados e cadastros, poderá exigir sua imediata correção, devendo o arquivista, no prazo de cinco dias úteis, comunicar a alteração aos eventuais destinatários das informações incorretas.

§ 4° Os bancos de dados e cadastros relativos a consumidores, os serviços de proteção ao crédito e congêneres são considerados entidades de caráter público.

§ 5° Consumada a prescrição relativa à cobrança de débitos do consumidor, não serão fornecidas, pelos respectivos Sistemas de Proteção ao Crédito, quaisquer informações que possam impedir ou dificultar novo acesso ao crédito junto aos fornecedores.

Art. 44. Os órgãos públicos de defesa do consumidor manterão cadastros atualizados de reclamações fundamentadas contra fornecedores de produtos e serviços, devendo divulgá-lo pública e anualmente. A divulgação indicará se a reclamação foi atendida ou não pelo fornecedor.

§ 1° É facultado o acesso às informações lá constantes para orientação e consulta por qualquer interessado.

§ 2° Aplicam-se a este artigo, no que couber, as mesmas regras enunciadas no artigo anterior e as do parágrafo único do art. 22 deste código.

Art. 45. (Vetado).

CAPÍTULO VI
Da Proteção Contratual

SEÇÃO I
Disposições Gerais

Art. 46. Os contratos que regulam as relações de consumo não obrigarão os consumidores, se não lhes for dada a oportunidade de tomar conhecimento prévio de seu conteúdo, ou se os respectivos instrumentos forem redigidos de modo a dificultar a compreensão de seu sentido e alcance.

Art. 47. As cláusulas contratuais serão interpretadas de maneira mais favorável ao consumidor.

Art. 48. As declarações de vontade constantes de escritos particulares, recibos e pré-contratos relativos às relações de consumo vinculam o fornecedor, ensejando inclusive execução específica, nos termos do art. 84 e parágrafos.

Art. 49. O consumidor pode desistir do contrato, no prazo de 7 dias a contar de sua assinatura ou do ato de recebimento do produto ou serviço, sempre que a contratação de fornecimento de produtos e serviços ocorrer fora do estabelecimento comercial, especialmente por telefone ou a domicílio.

Parágrafo único. Se o consumidor exercitar o direito de arrependimento previsto neste artigo, os valores eventualmente pagos, a qualquer título, durante o prazo de reflexão, serão devolvidos, de imediato, monetariamente atualizados.

Art. 50. A garantia contratual é complementar à legal e será conferida mediante termo escrito.

Parágrafo único. O termo de garantia ou equivalente deve ser padronizado e esclarecer, de maneira adequada em que consiste a mesma garantia, bem como a forma, o prazo e o lugar em que pode ser exercitada e os ônus a cargo do consumidor, devendo ser-lhe entregue, devidamente preenchido pelo fornecedor, no ato do fornecimento, acompanhado de manual de instrução, de instalação e uso do produto em linguagem didática, com ilustrações.

SEÇÃO II
Das Cláusulas Abusivas

Art. 51. São nulas de pleno direito, entre outras, as cláusulas contratuais relativas ao fornecimento de produtos e serviços que:

I - impossibilitem, exonerem ou atenuem a responsabilidade do fornecedor por vícios de qualquer natureza dos produtos e serviços ou impliquem renúncia ou disposição de direitos. Nas relações de consumo entre o fornecedor e o consumidor pessoa jurídica, a indenização poderá ser limitada, em situações justificáveis;

II - subtraiam ao consumidor a opção de reembolso da quantia já paga, nos casos previstos neste código;

III - transfiram responsabilidades a terceiros;

IV - estabeleçam obrigações consideradas iníquas, abusivas, que coloquem o consumidor em desvantagem exagerada, ou sejam incompatíveis com a boa-fé ou a equidade;

V - (Vetado);

VI - estabeleçam inversão do ônus da prova em prejuízo do consumidor;

VII - determinem a utilização compulsória de arbitragem;

VIII - imponham representante para concluir ou realizar outro negócio jurídico pelo consumidor;

IX - deixem ao fornecedor a opção de concluir ou não o contrato, embora obrigando o consumidor;

X - permitam ao fornecedor, direta ou indiretamente, variação do preço de maneira unilateral;

XI - autorizem o fornecedor a cancelar o contrato unilateralmente, sem que igual direito seja conferido ao consumidor;

XII - obriguem o consumidor a ressarcir os custos de cobrança de sua obrigação, sem que igual direito lhe seja conferido contra o fornecedor;

XIII - autorizem o fornecedor a modificar unilateralmente o conteúdo ou a qualidade do contrato, após sua celebração;

XIV - infrinjam ou possibilitem a violação de normas ambientais;

XV - estejam em desacordo com o sistema de proteção ao consumidor;

XVI - possibilitem a renúncia do direito de indenização por benfeitorias necessárias.

§ 1º Presume-se exagerada, entre outros casos, a vontade que:

I - ofende os princípios fundamentais do sistema jurídico a que pertence;

II - restringe direitos ou obrigações fundamentais inerentes à natureza do contrato, de tal modo a ameaçar seu objeto ou equilíbrio contratual;

III - se mostra excessivamente onerosa para o consumidor, considerando-se a natureza e conteúdo do contrato, o interesse das partes e outras circunstâncias peculiares ao caso.

§ 2º A nulidade de uma cláusula contratual abusiva não invalida o contrato, exceto quando de sua ausência, apesar dos esforços de integração, decorrer ônus excessivo a qualquer das partes.

§ 3º (Vetado).

§ 4º É facultado a qualquer consumidor ou entidade que o represente requerer ao Ministério Público que ajuíze a competente ação para ser declarada a nulidade de cláusula contratual que contrarie o disposto neste código ou de qualquer forma não assegure o justo equilíbrio entre direitos e obrigações das partes.

Art. 52. No fornecimento de produtos ou serviços que envolva outorga de crédito ou concessão de financiamento ao consumidor, o fornecedor deverá, entre outros requisitos, informá-lo prévia e adequadamente sobre:

I - preço do produto ou serviço em moeda corrente nacional;

II - montante dos juros de mora e da taxa efetiva anual de juros;

III - acréscimos legalmente previstos;

IV - número e periodicidade das prestações;

V - soma total a pagar, com e sem financiamento.

§ 1º As multas de mora decorrentes do inadimplemento de obrigações no seu termo não poderão ser superiores a dois por cento do valor da prestação.(Redação dada pela Lei nº 9.298, de 1º.8.1996)

§ 2º É assegurado ao consumidor a liquidação antecipada do débito, total ou parcialmente, mediante redução proporcional dos juros e demais acréscimos.

§ 3º (Vetado).

Art. 53. Nos contratos de compra e venda de móveis ou imóveis mediante pagamento em prestações, bem como nas alienações fiduciárias em garantia, consideram-se nulas de pleno direito as cláusulas que estabeleçam a perda total das prestações pagas em benefício do credor que, em razão do inadimplemento, pleitear a resolução do contrato e a retomada do produto alienado.

§ 1º (Vetado).

§ 2º Nos contratos do sistema de consórcio de produtos duráveis, a compensação ou a restituição das parcelas quitadas, na forma deste artigo, terá descontada, além da vantagem econômica auferida com a fruição, os prejuízos que o desistente ou inadimplente causar ao grupo.

§ 3º Os contratos de que trata o caput deste artigo serão expressos em moeda corrente nacional.

SEÇÃO III
Dos Contratos de Adesão

Art. 54. Contrato de adesão é aquele cujas cláusulas tenham sido aprovadas pela autoridade competente ou estabelecidas unilateralmente pelo fornecedor de produtos ou serviços, sem que o consumidor possa discutir ou modificar substancialmente seu conteúdo.

§ 1º A inserção de cláusula no formulário não desfigura a natureza de adesão do contrato.

§ 2º Nos contratos de adesão admite-se cláusula resolutória, desde que a alternativa, cabendo a escolha ao consumidor, ressalvando-se o disposto no § 2º do artigo anterior.

§ 3º Os contratos de adesão escritos serão redigidos em termos claros e com caracteres ostensivos e legíveis, de modo a facilitar sua compreensão pelo consumidor.

§ 4º As cláusulas que implicarem limitação de direito do consumidor deverão ser redigidas com destaque, permitindo sua imediata e fácil compreensão.

§ 5º (Vetado).

CAPÍTULO VII
Das Sanções Administrativas

Art. 55. A União, os Estados e o Distrito Federal, em caráter concorrente e nas suas respectivas áreas de atuação administrativa, baixarão normas relativas à produção, industrialização, distribuição e consumo de produtos e serviços.

§ 1° A União, os Estados, o Distrito Federal e os Municípios fiscalizarão e controlarão a produção, industrialização, distribuição, a publicidade de produtos e serviços e o mercado de consumo, no interesse da preservação da vida, da saúde, da segurança, da informação e do bem-estar do consumidor, baixando as normas que se fizerem necessárias.

§ 2° (Vetado).

§ 3° Os órgãos federais, estaduais, do Distrito Federal e municipais com atribuições para fiscalizar e controlar o mercado de consumo manterão comissões permanentes para elaboração, revisão e atualização das normas referidas no § 1°, sendo obrigatória a participação dos consumidores e fornecedores.

§ 4° Os órgãos oficiais poderão expedir notificações aos fornecedores para que, sob pena de desobediência, prestem informações sobre questões de interesse do consumidor, resguardado o segredo industrial.

Art. 56. As infrações das normas de defesa do consumidor ficam sujeitas, conforme o caso, às seguintes sanções administrativas, sem prejuízo das de natureza civil, penal e das definidas em normas específicas:

I - multa;
II - apreensão do produto;
III - inutilização do produto;
IV - cassação do registro do produto junto ao órgão competente;
V - proibição de fabricação do produto;
VI - suspensão de fornecimento de produtos ou serviço;
VII - suspensão temporária de atividade;
VIII - revogação de concessão ou permissão de uso;
IX - cassação de licença do estabelecimento ou de atividade;
X - interdição, total ou parcial, de estabelecimento, de obra ou de atividade;
XI - intervenção administrativa;
XII - imposição de contrapropaganda.

Parágrafo único. As sanções previstas neste artigo serão aplicadas pela autoridade administrativa, no âmbito de sua atribuição, podendo ser aplicadas cumulativamente, inclusive por medida cautelar, antecedente ou incidente de procedimento administrativo.

Art. 57. A pena de multa, graduada de acordo com a gravidade da infração, a vantagem auferida e a condição econômica do fornecedor, será aplicada mediante procedimento administrativo, revertendo para o Fundo de que trata a Lei n° 7.347, de 24 de julho de 1985, os valores cabíveis à União, ou para os Fundos estaduais ou municipais de proteção ao consumidor nos demais casos. (Redação dada pela Lei n° 8.656, de 21.5.1993)

Parágrafo único. A multa será em montante não inferior a duzentas e não superior a três milhões de vezes o valor da Unidade Fiscal de Referência (Ufir), ou índice equivalente que venha a substituí-lo. (Parágrafo acrescentado pela Lei nº 8.703, de 6.9.1993)

Art. 58. As penas de apreensão, de inutilização de produtos, de proibição de fabricação de produtos, de suspensão do fornecimento de produto ou serviço, de cassação do registro do produto e revogação da concessão ou permissão de uso serão aplicadas pela administração, mediante procedimento administrativo, assegurada ampla defesa, quando forem constatados vícios de quantidade ou de qualidade por inadequação ou insegurança do produto ou serviço.

Art. 59. As penas de cassação de alvará de licença, de interdição e de suspensão temporária da atividade, bem como a de intervenção administrativa, serão aplicadas mediante procedimento administrativo, assegurada ampla defesa, quando o fornecedor reincidir na prática das infrações de maior gravidade previstas neste código e na legislação de consumo.

§ 1º A pena de cassação da concessão será aplicada à concessionária de serviço público, quando violar obrigação legal ou contratual.

§ 2º A pena de intervenção administrativa será aplicada sempre que as circunstâncias de fato desaconselharem a cassação de licença, a interdição ou suspensão da atividade.

§ 3º Pendendo ação judicial na qual se discuta a imposição de penalidade administrativa, não haverá reincidência até o trânsito em julgado da sentença.

Art. 60. A imposição de contrapropaganda será cominada quando o fornecedor incorrer na prática de publicidade enganosa ou abusiva, nos termos do art. 36 e seus parágrafos, sempre às expensas do infrator.

§ 1º A contrapropaganda será divulgada pelo responsável da mesma forma, frequência e dimensão e, preferencialmente no mesmo veículo, local, espaço e horário, de forma capaz de desfazer o malefício da publicidade enganosa ou abusiva.

§ 2º (Vetado).

§ 3º (Vetado).

TÍTULO II
Das Infrações Penais

Art. 61. Constituem crimes contra as relações de consumo previstas neste código, sem prejuízo do disposto no Código Penal e leis especiais, as condutas tipificadas nos artigos seguintes.

Art. 62. (Vetado).

Art. 63. Omitir dizeres ou sinais ostensivos sobre a nocividade ou periculosidade de produtos, nas embalagens, nos invólucros, recipientes ou publicidade:

Pena - Detenção de seis meses a dois anos e multa.

§ 1º Incorrerá nas mesmas penas quem deixar de alertar, mediante recomendações escritas ostensivas, sobre a periculosidade do serviço a ser prestado.

§ 2º Se o crime é culposo:

Pena Detenção de um a seis meses ou multa.

Art. 64. Deixar de comunicar à autoridade competente e aos consumidores a nocividade ou periculosidade de produtos cujo conhecimento seja posterior à sua colocação no mercado:

Pena - Detenção de seis meses a dois anos e multa.

Parágrafo único. Incorrerá nas mesmas penas quem deixar de retirar do mercado, imediatamente quando determinado pela autoridade competente, os produtos nocivos ou perigosos, na forma deste artigo.

Art. 65. Executar serviço de alto grau de periculosidade, contrariando determinação de autoridade competente:

Pena Detenção de seis meses a dois anos e multa.

Parágrafo único. As penas deste artigo são aplicáveis sem prejuízo das correspondentes à lesão corporal e à morte.

Art. 66. Fazer afirmação falsa ou enganosa, ou omitir informação relevante sobre a natureza, característica, qualidade, quantidade, segurança, desempenho, durabilidade, preço ou garantia de produtos ou serviços:

Pena - Detenção de três meses a um ano e multa.

§ 1º Incorrerá nas mesmas penas quem patrocinar a oferta.

§ 2º Se o crime é culposo;

Pena Detenção de um a seis meses ou multa.

Art. 67. Fazer ou promover publicidade que sabe ou deveria saber ser enganosa ou abusiva:

Pena Detenção de três meses a um ano e multa.

Parágrafo único. (Vetado).

Art. 68. Fazer ou promover publicidade que sabe ou deveria saber ser capaz de induzir o consumidor a se comportar de forma prejudicial ou perigosa a sua saúde ou segurança:

Pena - Detenção de seis meses a dois anos e multa:

Parágrafo único. (Vetado).

Art. 69. Deixar de organizar dados fáticos, técnicos e científicos que dão base à publicidade:

Pena Detenção de um a seis meses ou multa.

Art. 70. Empregar na reparação de produtos, peça ou componentes de reposição usados, sem autorização do consumidor:

Pena Detenção de três meses a um ano e multa.

Art. 71. Utilizar, na cobrança de dívidas, de ameaça, coação, constrangimento físico ou moral, afirmações falsas incorretas ou enganosas ou de qualquer outro procedimento que exponha o consumidor, injustificadamente, a ridículo ou interfira com seu trabalho, descanso ou lazer:

Pena Detenção de três meses a um ano e multa.

Art. 72. Impedir ou dificultar o acesso do consumidor às informações que sobre ele constem em cadastros, banco de dados, fichas e registros:

Pena Detenção de seis meses a um ano ou multa.

Art. 73. Deixar de corrigir imediatamente informação sobre consumidor constante de cadastro, banco de dados, fichas ou registros que sabe ou deveria saber ser inexata:

Pena Detenção de um a seis meses ou multa.

Art. 74. Deixar de entregar ao consumidor o termo de garantia adequadamente preenchido e com especificação clara de seu conteúdo;

Pena Detenção de um a seis meses ou multa.

Art. 75. Quem, de qualquer forma, concorrer para os crimes referidos neste código, incide as penas a esses cominadas na medida de sua culpabilidade, bem como o diretor, administrador ou gerente da pessoa jurídica que promover, permitir ou por qualquer modo aprovar o fornecimento, oferta, exposição à venda ou manutenção em depósito de produtos ou a oferta e prestação de serviços nas condições por ele proibidas.

Art. 76. São circunstâncias agravantes dos crimes tipificados neste código:

I - serem cometidos em época de grave crise econômica ou por ocasião de calamidade;

II - ocasionarem grave dano individual ou coletivo;

III - dissimular-se a natureza ilícita do procedimento;

IV - quando cometidos:

a) por servidor público, ou por pessoa cuja condição econômico-social seja manifestamente superior à da vítima;

b) em detrimento de operário ou rurícola; de menor de dezoito ou maior de sessenta anos ou de pessoas portadoras de deficiência mental interditadas ou não;

V - serem praticados em operações que envolvam alimentos, medicamentos ou quaisquer outros produtos ou serviços essenciais

Art. 77. A pena pecuniária prevista nesta Seção será fixada em dias-multa, correspondente ao mínimo e ao máximo de dias de duração da pena privativa da liberdade cominada ao crime. Na individualização desta multa, o juiz observará o disposto no art. 60, §1° do Código Penal.

Art. 78. Além das penas privativas de liberdade e de multa, podem ser impostas, cumulativa ou alternadamente, observado odisposto nos arts. 44 a 47, do Código Penal:

I - a interdição temporária de direitos;

II - a publicação em órgãos de comunicação de grande circulação ou audiência, às expensas do condenado, de notícia sobre os fatos e a condenação;

III - a prestação de serviços à comunidade.

Art. 79. O valor da fiança, nas infrações de que trata este código, será fixado pelo juiz, ou pela autoridade que presidir o inquérito, entre cem e duzentas mil vezes o valor do Bônus do Tesouro Nacional (BTN), ou índice equivalente que venha a substituí-lo.

Parágrafo único. Se assim recomendar a situação econômica do indiciado ou réu, a fiança poderá ser:

a) reduzida até a metade do seu valor mínimo;

b) aumentada pelo juiz até vinte vezes.

Art. 80. No processo penal atinente aos crimes previstos neste código, bem como a outros crimes e contravenções que envolvam relações de consumo, poderão intervir, como assistentes do Ministério Público, os legitimados indicados no art. 82, inciso III e IV, aos quais também é facultado propor ação penal subsidiária, se a denúncia não for oferecida no prazo legal.

TÍTULO III
Da Defesa do Consumidor em Juízo

CAPÍTULO I
Disposições Gerais

Art. 81. A defesa dos interesses e direitos dos consumidores e das vítimas poderá ser exercida em juízo individualmente, ou a título coletivo.

Parágrafo único. A defesa coletiva será exercida quando se tratar de:

I - interesses ou direitos difusos, assim entendidos, para efeitos deste código, os transindividuais, de natureza indivisível, de que sejam titulares pessoas indeterminadas e ligadas por circunstâncias de fato;

II - interesses ou direitos coletivos, assim entendidos, para efeitos deste código, os transindividuais, de natureza indivisível de que seja titular grupo, categoria ou classe de pessoas ligadas entre si ou com a parte contrária por uma relação jurídica base;

III - interesses ou direitos individuais homogêneos, assim entendidos os decorrentes de origem comum.

Art. 82. Para os fins do art. 81, parágrafo único, são legitimados concorrentemente: (Redação dada pela Lei n° 9.008, de 21.3.1995)

I - o Ministério Público,

II - a União, os Estados, os Municípios e o Distrito Federal;

III - as entidades e órgãos da Administração Pública, direta ou indireta, ainda que sem personalidade jurídica, especificamente destinados à defesa dos interesses e direitos protegidos por este código;

IV - as associações legalmente constituídas há pelo menos um ano e que incluam entre seus fins institucionais a defesa dos interesses e direitos protegidos por este código, dispensada a autorização assemblear.

§ 1° O requisito da pré-constituição pode ser dispensado pelo juiz, nas ações previstas nos arts. 91 e seguintes, quando haja manifesto interesse social evidenciado pela dimensão ou característica do dano, ou pela relevância do bem jurídico a ser protegido.

§ 2° (Vetado).

§ 3° (Vetado).

Art. 83. Para a defesa dos direitos e interesses protegidos por este código são admissíveis todas as espécies de ações capazes de propiciar sua adequada e efetiva tutela.

Parágrafo único. (Vetado).

Art. 84. Na ação que tenha por objeto o cumprimento da obrigação de fazer ou não fazer, o juiz concederá a tutela específica da obrigação ou determinará providências que assegurem o resultado prático equivalente ao do adimplemento.

§ 1° A conversão da obrigação em perdas e danos somente será admissível se por elas optar o autor ou se impossível a tutela específica ou a obtenção do resultado prático correspondente.

§ 2° A indenização por perdas e danos se fará sem prejuízo da multa (art. 287, do Código de Processo Civil).

§ 3° Sendo relevante o fundamento da demanda e havendo justificado receio de ineficácia do provimento final, é lícito ao juiz conceder a tutela liminarmente ou após justificação prévia, citado o réu.

§ 4° O juiz poderá, na hipótese do § 3° ou na sentença, impor multa diária ao réu, independentemente de pedido do autor, se for suficiente ou compatível com a obrigação, fixando prazo razoável para o cumprimento do preceito.

§ 5° Para a tutela específica ou para a obtenção do resultado prático equivalente, poderá o juiz determinar as medidas necessárias, tais como busca e apreensão, remoção de coisas e pessoas, desfazimento de obra, impedimento de atividade nociva, além de requisição de força policial.

Art. 85. (Vetado).

Art. 86. (Vetado).

Art. 87. Nas ações coletivas de que trata este código não haverá adiantamento de custas, emolumentos, honorários periciais e quaisquer outras despesas, nem condenação da associação autora, salvo comprovada má-fé, em honorários de advogados, custas e despesas processuais.

Parágrafo único. Em caso de litigância de má-fé, a associação autora e os diretores responsáveis pela propositura da ação serão solidariamente condenados em honorários advocatícios e ao décuplo das custas, sem prejuízo da responsabilidade por perdas e danos.

Art. 88. Na hipótese do art. 13, parágrafo único deste código, a ação de regresso poderá ser ajuizada em processo autônomo, facultada a possibilidade de prosseguir-se nos mesmos autos, vedada a denunciação da lide.

Art. 89. (Vetado).

Art. 90. Aplicam-se às ações previstas neste título as normas do Código de Processo Civil e da Lei n° 7.347, de 24 de julho de 1985, inclusive no que respeita ao inquérito civil, naquilo que não contrariar suas disposições. civil, naquilo que não contrariar suas disposições.

CAPÍTULO II
Das Ações Coletivas Para a Defesa de Interesses Individuais Homogêneos

Art. 91. Os legitimados de que trata o art. 82 poderão propor, em nome próprio e no interesse das vítimas ou seus sucessores, ação civil coletiva de responsabilidade pelos danos individualmente sofridos, de acordo com o disposto nos artigos seguintes. (Redação dada pela Lei n° 9.008, de 21.3.1995)

Art. 92. O Ministério Público, se não ajuizar a ação, atuará sempre como fiscal da lei.

Parágrafo único. (Vetado).

Art. 93. Ressalvada a competência da Justiça Federal, é competente para a causa a justiça local:

I - no foro do lugar onde ocorreu ou deva ocorrer o dano, quando de âmbito local;

II - no foro da Capital do Estado ou no do Distrito Federal, para os danos de âmbito nacional ou regional, aplicando-se as regras do Código de Processo Civil aos casos de competência concorrente.

Art. 94. Proposta a ação, será publicado edital no órgão oficial, a fim de que os interessados possam intervir no processo como litisconsortes, sem prejuízo de ampla divulgação pelos meios de comunicação social por parte dos órgãos de defesa do consumidor.

Art. 95. Em caso de procedência do pedido, a condenação será genérica, fixando a responsabilidade do réu pelos danos causados.

Art. 96. (Vetado).

Art. 97. A liquidação e a execução de sentença poderão ser promovidas pela vítima e seus sucessores, assim como pelos legitimados de que trata o art. 82.

Parágrafo único. (Vetado).

Art. 98. A execução poderá ser coletiva, sendo promovida pelos legitimados de que trata o art. 82, abrangendo as vítimas cujas indenizações já tiveram sido fixadas em sentença de liquidação, sem prejuízo do ajuizamento de outras execuções. (Redação dada pela Lei nº 9.008, de 21.3.1995)

§ 1° A execução coletiva far-se-á com base em certidão das sentenças de liquidação, da qual deverá constar a ocorrência ou não do trânsito em julgado.

§ 2° É competente para a execução o juízo:

I - da liquidação da sentença ou da ação condenatória, no caso de execução individual;

II - da ação condenatória, quando coletiva a execução.

Art. 99. Em caso de concurso de créditos decorrentes de condenação prevista na Lei n.° 7.347, de 24 de julho de 1985 e de indenizações pelos prejuízos individuais resultantes do mesmo evento danoso, estas terão preferência no pagamento.

Parágrafo único. Para efeito do disposto neste artigo, a destinação da importância recolhida ao fundo criado pela Lei n°7.347 de 24 de julho de 1985, ficará sustada enquanto pendentes de decisão de segundo grau as ações de indenização pelos danos individuais, salvo na hipótese de o patrimônio do devedor ser manifestamente suficiente para responder pela integralidade das dívidas.

Art. 100. Decorrido o prazo de um ano sem habilitação de interessados em número compatível com a gravidade do dano, poderão os legitimados do art. 82 promover a liquidação e execução da indenização devida.

Parágrafo único. O produto da indenização devida reverterá para o fundo criado pela Lei n.° 7.347, de 24 de julho de 1985.

CAPÍTULO III

Das Ações de Responsabilidade do Fornecedor de Produtos e Serviços

Art. 101. Na ação de responsabilidade civil do fornecedor de produtos e serviços, sem prejuízo do disposto nos Capítulos I e II deste título, serão observadas as seguintes normas:

I - a ação pode ser proposta no domicílio do autor;

II - o réu que houver contratado seguro de responsabilidade poderá chamar ao processo o segurador, vedada a integração do contraditório pelo Instituto de Resseguros do Brasil. Nesta hipótese, a sentença que julgar procedente o pedido condenará o réu nos termos do art. 80 do Código de Processo Civil. Se o réu houver sido declarado falido, o síndico será intimado a informar a existência de seguro de responsabilidade, facultando-se, em caso afirmativo, o ajuizamento de ação de indenização diretamente contra o segurador, vedada a denunciação da lide ao Instituto de Resseguros do Brasil e dispensado o litisconsórcio obrigatório com este.

Art. 102. Os legitimados a agir na forma deste código poderão propor ação visando compelir o Poder Público competente a proibir, em todo o território nacional, a produção, divulgação distribuição ou venda, ou a determinar a alteração na composição, estrutura, fórmula ou acondicionamento de produto, cujo uso ou consumo regular se revele nocivo ou perigoso à saúde pública e à incolumidade pessoal.

§ 1° (Vetado).

§ 2° (Vetado).

CAPÍTULO IV
Da Coisa Julgada

Art. 103. Nas ações coletivas de que trata este código, a sentença fará coisa julgada:

I - erga omnes, exceto se o pedido for julgado improcedente por insuficiência de provas, hipótese em que qualquer legitimado poderá intentar outra ação, com idêntico fundamento valendo-se de nova prova, na hipótese do inciso I do parágrafo único do art. 81;

II - ultra partes, mas limitadamente ao grupo, categoria ou classe, salvo improcedência por insuficiência de provas, nos termos do inciso anterior, quando se tratar da hipótese prevista no inciso II do parágrafo único do art. 81;

III - erga omnes, apenas no caso de procedência do pedido, para beneficiar todas as vítimas e seus sucessores, na hipótese do inciso III do parágrafo único do art. 81.

§ 1° Os efeitos da coisa julgada previstos nos incisos I e II não prejudicarão interesses e direitos individuais dos integrantes da coletividade, do grupo, categoria ou classe.

§ 2° Na hipótese prevista no inciso III, em caso de improcedência do pedido, os interessados que não tiverem intervindo no processo como litisconsortes poderão propor ação de indenização a título individual.

§ 3° Os efeitos da coisa julgada de que cuida o art. 16, combinado com o art. 13 da Lei n° 7.347, de 24 de julho de 1985, não prejudicarão as ações de indenização por danos pessoalmente sofridos, propostas individualmente ou na forma prevista neste código, mas, se procedente o pedido, beneficiarão as vítimas e seus sucessores, que poderão proceder à liquidação e à execução, nos termos dos arts. 96 a 99.

§ 4° Aplica-se o disposto no parágrafo anterior à sentença penal condenatória.

Art. 104. As ações coletivas, previstas nos incisos I e II e do parágrafo único do art. 81, não induzem litispendência para as ações individuais, mas os efeitos da coisa julgada erga omnes ou ultra partes a que aludem os incisos II e III do artigo anterior não beneficiarão os autores das ações individuais, se não for requerida sua suspensão no prazo de trinta dias, a contar da ciência nos autos do ajuizamento da ação coletiva.

TÍTULO IV
Do Sistema Nacional de Defesa do Consumidor

Art. 105. Integram o Sistema Nacional de Defesa do Consumidor (SNDC), os órgãos federais, estaduais, do Distrito Federal e municipais e as entidades privadas de defesa do consumidor.

Art. 106. O Departamento Nacional de Defesa do Consumidor, da Secretaria Nacional de Direito Econômico (MJ), ou órgão federal que venha substituí-lo, é organismo de coordenação da política do Sistema Nacional de Defesa do Consumidor, cabendo-lhe:

I - planejar, elaborar, propor, coordenar e executar a política nacional de proteção ao consumidor;

II - receber, analisar, avaliar e encaminhar consultas, denúncias ou sugestões apresentadas por entidades representativas ou pessoas jurídicas de direito público ou privado;

III - prestar aos consumidores orientação permanente sobre seus direitos e garantias;

IV - informar, conscientizar e motivar o consumidor através dos diferentes meios de comunicação;

V - solicitar à polícia judiciária a instauração de inquérito policial para a apreciação de delito contra os consumidores, nos termos da legislação vigente;

VI - representar ao Ministério Público competente para fins de adoção de medidas processuais no âmbito de suas atribuições;

VII - levar ao conhecimento dos órgãos competentes as infrações de ordem administrativa que violarem os interesses difusos, coletivos, ou individuais dos consumidores;

VIII - solicitar o concurso de órgãos e entidades da União, Estados, do Distrito Federal e Municípios, bem como auxiliar a fiscalização de preços, abastecimento, quantidade e segurança de bens e serviços;

IX - incentivar, inclusive com recursos financeiros e outros programas especiais, a formação de entidades de defesa do consumidor pela população e pelos órgãos públicos estaduais e municipais;

X - (Vetado).

XI - (Vetado).

XII - (Vetado).

XIII - desenvolver outras atividades compatíveis com suas finalidades.

Parágrafo único. Para a consecução de seus objetivos, o Departamento Nacional de Defesa do Consumidor poderá solicitar o concurso de órgãos e entidades de notória especialização técnico-científica.

TÍTULO V
Da Convenção Coletiva de Consumo

Art. 107. As entidades civis de consumidores e as associações de fornecedores ou sindicatos de categoria econômica podem regular, por convenção escrita, relações de consumo que tenham por objeto estabelecer condições relativas ao preço, à qualidade, à quantidade, à garantia e características de produtos e serviços, bem como à reclamação e composição do conflito de consumo.

§ 1º A convenção tornar-se-á obrigatória a partir do registro do instrumento no cartório de títulos e documentos.

§ 2º A convenção somente obrigará os filiados às entidades signatárias.

§ 3º Não se exime de cumprir a convenção o fornecedor que se desligar da entidade em data posterior ao registro do instrumento.

Art. 108. (Vetado).

TÍTULO VI
Disposições Finais

Art. 109. (Vetado).

Art. 110. Acrescente-se o seguinte inciso IV ao art. 1º da Lei nº 7.347, de 24 de julho de 1985:

"IV - a qualquer outro interesse difuso ou coletivo".

Art. 111. O inciso II do art. 5° da Lei n° 7.347, de 24 de julho de 1985, passa a ter a seguinte redação:

"II - inclua, entre suas finalidades institucionais, a proteção ao meio ambiente, ao consumidor, ao patrimônio artístico, estético, histórico, turístico e paisagístico, ou a qualquer outro interesse difuso ou coletivo".

Art. 112. O § 3° do art. 5° da Lei n° 7.347, de 24 de julho de 1985, passa a ter a seguinte redação:

"§ 3° Em caso de desistência infundada ou abandono da ação por associação legitimada, o Ministério Público ou outro legitimado assumirá a titularidade ativa".

Art. 113. Acrescente-se os seguintes §§ 4°, 5° e 6° ao art. 5°. da Lei n.° 7.347, de 24 de julho de 1985:

"§ 4.° O requisito da pré-constituição poderá ser dispensado pelo juiz, quando haja manifesto interesse social evidenciado pela dimensão ou característica do dano, ou pela relevância do bem jurídico a ser protegido.

§ 5.° Admitir-se-á o litisconsórcio facultativo entre os Ministérios Públicos da União, do Distrito Federal e dos Estados na defesa dos interesses e direitos de que cuida esta lei.

§ 6° Os órgãos públicos legitimados poderão tomar dos interessados compromisso de ajustamento de sua conduta às exigências legais, mediante combinações, que terá eficácia de título executivo extrajudicial".

Art. 114. O art. 15 da Lei n° 7.347, de 24 de julho de 1985, passa a ter a seguinte redação:

"Art. 15. Decorridos sessenta dias do trânsito em julgado da sentença condenatória, sem que a associação autora lhe promova a execução, deverá fazê-lo o Ministério Público, facultada igual iniciativa aos demais legitimados".

Art. 115. Suprima-se o caput do art. 17 da Lei n° 7.347, de 24 de julho de 1985, passando o parágrafo único a constituir o caput, com a seguinte redação:

"Art. 17. Em caso de litigância de má-fé, a danos".

Art. 116. Dê-se a seguinte redação ao art. 18 da Lei n° 7.347, de 24 de julho de 1985:

"Art. 18. Nas ações de que trata esta lei, não haverá adiantamento de custas, emolumentos, honorários periciais e quaisquer outras despesas, nem condenação da associação autora, salvo comprovada má-fé, em honorários de advogado, custas e despesas processuais".

Art. 117. Acrescente-se à Lei n° 7.347, de 24 de julho de 1985, o seguinte dispositivo, renumerando-se os seguintes:

"Art. 21. Aplicam-se à defesa dos direitos e interesses difusos, coletivos e individuais, no que for cabível, os dispositivos do Título III da lei que instituiu o Código de Defesa do Consumidor".

Art. 118. Este código entrará em vigor dentro de cento e oitenta dias a contar de sua publicação.

Art. 119. Revogam-se as disposições em contrário.

Brasília, 11 de setembro de 1990; 169° da Independência e 102° da República.

FERNANDO COLLOR
Bernardo Cabral
Zélia M. Cardoso de Mello
Ozires Silva

Referências Bibliográficas

ALBUQUERQUE, Sandra Márcia Ribeiro Lins de. Qualidade de Vida do Idoso: a assistência domiciliar faz a diferença? Casa do Psicólogo: Cedecis, 2003.

ALMEIDA, Joao Batista de. A Proteção Jurídica do Consumidor, 6.ed. Saraiva, 2008.

ANDRADE, Ronaldo Alves de. Contrato Eletrônico no Novo Código Civil e no Código do Consumidor, Manole, 2004.

AZEVEDO, Fernando Costa. Defesa do Consumidor e Regulação, Livraria do advogado, 2002.

AZEVÊDO, Jackson Chaves de. Curso de Direito do Trabalho. São Paulo: LTR Editora, 2001.

BARAÚNA, Augusto Cezar Ferreira de. Manual de Direito do Trabalho. Belo Horizonte: Del Rey, 2000.

BARROS, Alice Monteiro de. Compêndio de Direito Processual do Trabalho. São Paulo: LTr, 1998.

BELLINI JR., Antonio Carlos. A Inversão do Ônus da Prova - No Código de Defesa do Consumidor, ed. Servanda, 2006.

BESSA, Leonardo Roscoe. O Consumidor e os Limites dos Bancos de Dados de Proteção ao Crédito, ed. RT, 2003.

BESSONE, Darcy. Direitos Reais. 2. ed. São Paulo: Saraiva, 1996.

BITTAR, Eduardo C. B.; Silva F, Artur Marques da. Estudos de Direito de Autor, Direito da Personalidade, Direito do Consumidor e Danos Morais, Ed. Forense Universitária, 2002.

BOBBIO, Norberto. A era dos Direitos. Rio de Janeiro: Campus, 2004.

BRASIL. Consolidação das Leis do Trabalho - CLT. 30. ed. São Paulo: LTr, 2003.

CAMBLER, Everaldo Augusto. Responsabilidade Civil na Incorporação Imobiliária. São Paulo: RT, 1998.

CAMPANHOLE, H. L. Consolidação das Leis do Trabalho e Legislação Complementar. São Paulo: Atlas, 2003.

CARRION, Valentin. Comentários à Consolidação das Leis do Trabalho. 33. ed. São Paulo: Saraiva, 2008.

CASTRO, Carlos Alberto Pereira de; LAZZARI, João Batista. 5. ed. . Manual de Direito Previdenciário. São Paulo: LTr, 2004. Emendas constitucionais ns. 41 e 42 e a legislação em vigor até 14.3.2004.

CATTANI, Antônio David. Processo de trabalho e novas tecnologias. Porto Alegre: Editora da Universidade – UFRGS, 1995.

CINTRA, Antonio Carlos de Araújo, Grinover, Ada Pellegrini e DINAMARCO, Cândido Rangel. **Teoria Geral do Processo**. São Paulo: Malheiros, 2002.

COHEN, Allan R. & Fink L. Stephen Effective. Comportamento Organizacional: Conceitos e Estudos de Caso. 7 edição.Rio de Janeiro: Campus, 2003.

CUNHA, Maria Inês Alves. **Direito do Trabalho**.5.ed. São Paulo: Saraiva, 2009.

DALVI, Luciano. Direito Constitucional Esquematizado. Florianópolis: Conceito, 2008.

DELGADO, Maurício Godinho. Curso de Direito do Trabalho. São Paulo: LTr, 2002.

FRANCO, Paulo Alves. Estatuto do Idoso Anotado. São Paulo: Editora de Direito, 2004.

FRANCO, J. Nascimento e GONDO, Nisske. Condomínio em Edifícios. 4. ed. São Paulo: RT, 1987.

_____. Incorporações Imobiliárias. 2. ed. São Paulo: RT, 1984.

FRANCO FILHO, Georgenor de Souza et alii. Direito do Trabalho e a Nova Ordem Constitucional. São Paulo: Ltr, 1991.

GENRO, Tarso Femando. Direito individual do trabalho - uma abordagem crítica. 2.ed. São Paulo: LTr, 1994.

GOMES, Orlando. Direitos Reais. 16. ed. Rio de Janeiro: Forense, 2000.

GONÇALVES, Edwar Abreu. Manual de segurança e saúde no trabalho. São Paulo: LTr, 2000.

HOUAISS, Antônio. Enciclopédia e Dicionário ilustrado. São Paulo:Objetiva, 2001.

IBRAHIM, Fábio Zambite, Curso de direito previdenciário, 3 ed., Rio de Janeiro: Editora Impetus, 2003.

JORGE NETO, Francisco Ferreira Jorge. Direito do Trabalho: Para Provas e Concursos. São Paulo: Edipro, 1997.

KEYNES, J. M. A teoria geral do emprego, do juro e da moeda. In: Os Economistas. São Paulo: Abril Cultural, 1983.

LIMA, Francisco Meton Marques de. Os princípios de direito do trabalho na lei e na jurisprudência. 2. ed. rev. e ampl. São Paulo: LTr, 1997.

LOPES, João Batista Lopes. Condomínio. 5. ed. São Paulo: RT, 1996.

MANUS, Pedro Paulo Teixeira. **Direito do Trabalho.** São Paulo: Atlas, 2005.

MARCONI, Marina de Andrade, LAKATOS, Eva Maria. Fundamentos da Metodologia Cientifica. 6a ed. São Paulo: Atlas, 2005.

MARINEZ, Wladimir Novaes. Comentários à Lei básica da Previdência Complementar. São Paulo: LTR Editora, 2003.

MARTINS, Sérgio Pinto. **Direito do Trabalho.** São Paulo: Atlas, 2006.

MARX, Karl. O processo de trabalho e o processo de produzir mais valia. In: O Capital. São Paulo: Dief, livro I, vol 1,1987.

MENDES, Gilmar Ferreira. Os direitos individuais e suas limitações: breves reflexões. In Hermenêutica Constitucional e Direitos Fundamentais. Brasília: Jurídica, 2002.

MONTEIRO, Antônio Lopes e BERTAGNI, Roberto Fleury S. Acidentes do Trabalho e Doenças Ocupacionais. 2. ed. São Paulo: Saraiva, 2000.

MONTEIRO, José Cláudio, Brito Filho. **Direito Sindical.** São Paulo, LTR.

MORAES, Alexandre de. Direito Constitucional. 9.ed.São Paulo:Atlas, 2001.

MORAES FILHO, Evaristo de; MORAES, Antônio Carlos Flores de. Introdução ao Direito do Trabalho. 8.ed., rev., atualizada e ampliada. São Paulo: LTr, 2000.

MORO, Sérgio Fernando, Questões controvertidas sobre o benefício da assistência social.in Temas atuais de direito previdenciário e assistência social. Org. Daniel Machado da Rocha. Porto Alegre: Livraria do Advogado, 2003.

NADER, Paulo. Introdução ao Estudo do Direito. 18 ed. Rio de Janeiro: Editora Forense, 2000.

NASCIMENTO, Amauri Mascaro. **Curso de Direito do Trabalho.** São Paulo: Saraiva, 2006.

NASCIMENTO, Edmundo Dantes. Linguagem forense. São Paulo: Saraiva: 2007.

NEDEL, J. Ética, Direito e Justiça. Porto Alegre: EDIPUCRS, 1998.

NERY JR., Nelson. Código brasileiro de defesa do consumidor comentado pelos autores do anteprojeto. Rio de Janeiro: Forense Universitária, 1991.

NERY JR., Nelson & ANDRADE NERY, Rosa Maria de. Código Civil anotado e legislação extravagante. 2ª ed. rev. e ampl., São Paulo: Revista dos Tribunais, 2003.

NUNES, Luiz Antonio Rizzatto. Comentários ao Código de Defesa do Consumidor. São Paulo: Ed. Saraiva, 2004.

OLIVEIRA, Aristeu. Manual de prática trabalhista. 32. ed. São Paulo: Atlas, 2000.

OLIVEIRA, Francisco Antônio de. Manual de Direito Individual e Coletivo do Trabalho. 2.ed., São Paulo: RT, 2000.

PLÁ RODRIGUEZ, Américo. Princípios de direito do trabalho. 3. ed. São Paulo: LTr, 2000.

PEREIRA, Caio Mário da Silva. Condomínio e Incorporações. 7. ed. Rio de Janeiro: Forense, 1993.

REIS, Jair Teixeira dos. Direitos humanos: para provas e concursos. 2. ed. rev. e atual. Curitiba: Juruá, 2007.

ROCHA, Daniel Machado da, O direito fundamental à previdência social na perspectiva dos princípios constitucionais diretivos do sistema previdenciário brasileiro, Porto Alegre: Livraria do Adrogado, 2004.

RODRIGUES, José Augusto Pinto. Direito Sindical e Coletivo do Trabalho. 2 ed. São Paulo: LTR, 2002.

RODRIGUES, Silvio. Direito civil. São Paulo: Saraiva, 1975, vol. 4.

ROSA, F. A. de Miranda. Sociologia do Direito. O Fenômeno Jurídico como Fato Social. 13 ed. Rio de Janeiro: Jorge Zahar Editor, 1996.

ROSSETTI, Jose Paschoal. Introdução à economia. 18. ed. atual. e ampl. São Paulo: Atlas, 2002.

ROULAND, Norbert. Nos Confins do Direito. Trad. Maria Ermantina de Almeida Prado Galvão. São Paulo: Martins Fontes, 2003.

RUPRECHT, Alfredo J. Direito da seguridade social. São Paulo: Editora LTr, 1996.

RUSSOMANO, Mozart Victor. Curso de Direito do Trabalho. 8ª ed. Curitiba: Juruá, 2000.

SAAD, Eduardo Gabriel. Consolidação das Leis do Trabalho Comentada. 31. ed. São Paulo: LTr, 1999.

SALLES, José Carlos de Moraes. Usucapião de bens imóveis e móveis. São Paulo: RT, 1991.

SANTORO, José Jayme de Souza. Manual de Direito Previdenciário. 2 ed. São Paulo; Freitas Bastos, 2001.

SARLET, Ingo Wolfgang, A eficácia dos direitos fundamentais, Porto Alegre: Livraria do Advogado, 1998.

SILVA, DE PLÁCIDO. Vocabulário Jurídico. Rio de Janeiro: Forense, v. I, 1978.

SILVA, José Afonso. Curso de Direito Constitucional Positivo. 23. ed. São Paulo malheiros, 2004.

SILVA, Luiz de Pinho Pedreira. Principiologia do direito do trabalho. 2. ed. São Paulo: LTr, 1999.

SILVA, Marilene Luiza da. Recrutamento & Seleção de Pessoal. São Paulo: Érica, 2002.

SILVESTRE, Carlos, Manual de benefícios do INSS para deficientes e idosos, Bauru: Edipro, 1999.

SINGER, P. Ética prática. São Paulo: Martins Fontes, 1993.

SIQUEIRA NETO, José Francisco. Contrato Coletivo de Trabalho. São Paulo: Ltr, 1993.

SOARES, Celso. Direito do Trabalho: reflexões críticas. São Paulo: LTR Editora, 2003.

STEPHANES, Reinhold, Reforma da previdência sem segredos, Rio de Janeiro: Record,1999.

STOCCO, Rui. Responsabilidade Civil e sua Interpretação Jurisprudencial. 4ª ed., São Paulo: Revista dos Tribunais, 1999.

SÜSSEKIND, Arnaldo. Direito do Trabalho e Previdência Social. Pareceres vol X. São Paulo: LTR Editora, 2002

TABOSA, Argerson. Direito romano. Fortaleza: Imprensa Universitária, 1999.

TAVARES, Marcelo Leonardo, Previdência e assistência social: legitimação e fundamentação constitucional brasileira, Rio de Janeiro: Lúmen Júris, 2004.

TEIXEIRA FILHO, Manoel Antonio. Sistemas de Recursos Trabalhistas. São Paulo: LTr, 1997.

TEMER, Michel. Elementos de direito constitucional. 9ª ed., Malheiros, 1992.

TEPEDINO, Gustavo. Temas de Direito Civil. Rio de Janeiro: Renovar, 1999.

THEISEN, Ana Maria Wickert e outros, Direito previdenciário, Aspectos materiais, processuais e penais, 2ª ed. Porto Alegre: Livraria do Advogado, 1999.

THEODORO JÚNIOR, Humberto. Comentários ao novo Código Civil. São Paulo:Forense, 2003. Tomos 1 e 2.

TORRES, Ricardo Lobo, A metamorfose dos direitos sociais em mínimo existencial, in Direitos Fundamentais Sociais: Estudos de direito constitucional, internacional e comparado. Org. Ingo Wolfgang Sarlet. Rio de Janeiro: Renovar, 2003.

Impressão e acabamento
Gráfica da Editora Ciência Moderna Ltda.
Tel: (21) 2201-6662